Mehl.

DAS GROSSE KOCHBUCH

Dr. Oetker · Tradition und Fortschritt

Dr. Oetker

DAS GROSSE KOCHBUCH

Tradition

und

Fortschritt

Eine gute Küche ist das
Fundament allen Glücks
Escoffier

Im Sinne dieses Leitspruchs möchte ich allen denen Erfolg wünschen, die sich von dem vorliegenden Großen Dr. Oetker Kochbuch anleiten oder anregen lassen wollen.
Dieses Buch wurde inhaltlich vollkommen überarbeitet und neu gestaltet. Bereits vorhandene Rezepte wurden in der Versuchsküche überprüft und neue Rezepte zusätzlich ausprobiert. Alle Rezepte wurden in übersichtlicher Form getextet und mit Kalorienangaben versehen, so daß sich der Wunsch nach Abwechslung und zeitgemäßer gesunder Ernährung sowohl bei der Hausmannskost als auch bei der Zubereitung ausgefallener Gerichte ohne jede Mühe erfüllen läßt.
Darüber hinaus machen farbige Abbildungen auf besonders appetitliche Weise deutlich, daß nicht nur der Gaumen, sondern auch die Augen am Essen beteiligt sind. Mit einfachen Mitteln, mit ein bißchen Geschick und mit etwas Fantasie ist es jeder Hausfrau – jedem Hausmann – möglich, die lebensnotwendige Atmosphäre für die Familie oder für eine gepflegte Gastlichkeit zu schaffen.
Ich wünsche viel Spaß bei der Arbeit nach diesen Rezepten, guten Erfolg und guten Appetit!

Ihre Marie-Luise Haase
(Leiterin der Dr. Oetker-Versuchsküche)

In diesem Buch finden Sie Hinweise auf Erzeugnisse der Firmen:	Dr. Oetker Haushaltsgeräte Gesellschaft mbH & Co KG, Bielefeld SURIG Essig-Essenz, Frankfurt/M. Württembergische Metallwarenfabrik (WMF), Geislingen/Steige
Copyright:	© 1977 by Ceres-Verlag Rudolf-August Oetker KG, Bielefeld
Graphische Gestaltung:	Hans-Jürgen Geyer, Bielefeld
Illustrationen:	Paul-Gerhard Benkelberg, Lemgo
Fotos:	Heino Banderob, Hamburg Centrale Marketinggesellschaft der deutschen Agrarwirtschaft mbH, Bonn Studio Büttner, Bielefeld Food Styling: Eike Upmeier, Bielefeld
Wissenschaftliche Beratung:	Prof. Dr. Lothar Schneider, Köln
Rezepte und Anleitungen:	Versuchsküche Dr. August Oetker, Bielefeld
Redaktion:	Gisela Knutzen, Bielefeld
Gesamtherstellung:	E. Gundlach KG, Bielefeld 4. Auflage, 1979 Printed in Germany

ISBN 3-7670-0064-4

INHALTS-ÜBERSICHT

ALLGEMEINES

Seite

REZEPTTEIL

GESUNDE ERNÄHRUNG DES MENSCHEN

Von allen Hausfrauen sind nur wenige speziell für ihre wichtigen Familienaufgaben ausgebildet worden. Bei den Männern sieht es noch schlimmer aus. Dabei haben die veränderten Lebensumstände und Bedürfnisse der Familienmitglieder dazu geführt, daß gerade im Haushalt die umfassendsten Änderungen erforderlich wären, um eine optimale Versorgung in körperlicher wie seelischer Hinsicht sicherzustellen.

Der Wunsch, die Familie so gut wie möglich zu ernähren, führt zu Spannungen und Unsicherheiten von drei Seiten. Einmal haben gestiegene Einkommen und das reichliche Angebot an Nahrungsmitteln dafür gesorgt, den Speisezettel so vielfältig wie nie zuvor gestalten zu können. Zugleich entstand jedoch Unsicherheit, ob denn Konserven, Tiefkühlerzeugnisse und andere vorgefertigte Nahrungsmittel, ob Fisch, Innereien, Butter, Zucker u. a. m. gesund sind oder nicht.

Zum anderen werden die Warnungen immer lauter, daß ein Drittel der Deutschen überernährt ist, viele Krankheiten und selbst Todesfälle ganz oder teilweise durch Fehlernährung hervorgerufen werden.

Schließlich kann die Hausfrau keine Illustrierte, keine Kundenzeitschrift, kaum eine Zeitung aufschlagen, ohne daß ihr Informationen über richtige Ernährung, über unterschiedliche Diäten zum Abnehmen und Warnungen, bestimmte Nahrungsmittel zu meiden, geliefert werden.

Es gibt nur einen Weg, die geschilderten Spannungen abzubauen und mit neuer Sicherheit eine der schönsten Aufgaben im Haushalt zu erfüllen: die gesunde, wohlschmeckende Ernährung der Familie. Dieser Weg ist, sich einmal gründlich mit den Zusammenhängen richtiger Ernährung auseinanderzusetzen, wie sie die nächsten Seiten liefern, um sich dann mit neuem Spaß den Rezepten dieses Buches zu widmen.

Ernährung und Organismus

Der menschliche Körper ist ein Organismus, in dem sich pausenlos chemische Reaktionen abspielen. Aus den Bestandteilen der Nahrung werden über den Stoffwechsel die Bausteine des Körpers (Knochen, Muskeln, Nerven, Drüsen, Blut usw.) geschaffen. Aus der Nahrung bezieht der Körper wiederum über den Stoffwechsel die nötige Energie, um den Organismus aufzubauen und zu erhalten, um dem Körper die nötige „Betriebswärme" von ca. 37° Celsius zu geben und um ihn zur Arbeitsleistung zu befähigen. Für diese Leistungen sind die verschiedensten Stoffe aus der Nahrung nötig, die nur eine richtig und vielseitig zusammengesetzte Nahrung liefern können. Trotz Sättegefühls, trotz Übergewichts kann demnach durchaus Mangelernährung vorliegen, wenn bestimmte Stoffe fehlen.

Kalorien, Joule

Die zum Leben, zur Leistung seiner Funktionen nötige Energie schafft sich der Organismus durch Verbrennen energiereicher chemischer Verbindungen (aus Nahrungsmitteln). Bei diesen Vorgängen wird Sauerstoff gebraucht, der, durch Einatmen gewonnen vom Blut an alle Orte des Körpers gebracht wird, wo Verbrennungen stattfinden. Wenn wir z. B. Treppen steigen, atmen wir schneller, weil der Körper mehr Energie liefern muß (mehr verbrennt).
Der Organismus benötigt nun nicht gleichzeitig die Zufuhr von Nahrungsmitteln (Nährstoffen), wenn er Energie liefern soll. Er ist in der Lage, die meisten erforderlichen über den Stoffwechsel gewonnenen Um diese Energie (Wärme-)bildung meßbar zu machen, wurde der Begriff Kalorie eingeführt. Er wird im normalen Sprachgebrauch für die wissenschaftliche Maßeinheit 1 kcal (Kilokalorie) verwendet. Diese ist erforderlich, um 1 Liter Wasser um 1 Grad Celsius (von 14,5 auf 15,5° C) zu erwärmen. Demnächst wird diese Energiemenge auch in Joule benannt (1 Kalorie [kcal] = 4,186 Joule [kJ]).
Die verschiedenen Nährstoffe der Nahrung liefern unterschiedliche Energiemengen, und zwar

	Physiologischer Brennwert	
	kcal	kJ
1 g Eiweiß	4,1	17,2
1 g Fett	9,3	38,9
1 g Kohlenhydrate	4,1	17,2
1 g Alkohol	7,1	29,7

Der Kalorienbedarf des Menschen

Bei der zur Aufrechterhaltung von Leben und Leistung erforderlichen Energiemenge unterscheidet man Grundumsatz und Leistungsumsatz.

Grundumsatz

Der Grundumsatz ist der Kalorienbedarf des ruhenden Menschen für die Aufrechterhaltung der Körpertemperatur, die Arbeitsleistung des Herzens, die Gehirntätigkeit (auch im Schlaf) usw. Er hängt ab von Körpergröße (Körperoberfläche), Alter und Geschlecht und beträgt z. B. bei Männern (172 cm, 70 kg) sowie Frauen (165 cm, 60 kg) je nach Alter[1]).

Jahre	Männer		Frauen	
	kcal	kJ	kcal	kJ
25	1750	7330	1430	5990
45	1620	6780	1330	5570
65	1480	6200	1240	5190

Leistungsumsatz

Darunter wird der über den Grundumsatz hinausgehende Energiebedarf verstanden, der durch körperliche Leistung in Arbeit (Beruf) und Freizeit entsteht. Er beträgt bei Erwachsenen ca. 200–300 kcal (840–1260 kJ) für die tägliche Bewegung in der berufsarbeitsfreien Zeit. Bei Leistungssport sind Zuschläge vorzunehmen. Für die Berufstätigkeit kommen pro Stunde noch einmal dazu:[1]

	männlich kcal	kJ	weiblich kcal	kJ
Leichtarbeiter	unter 75	unter 315	unter 60	unter 250
Mittelschwer-arbeiter	75–150	315–630	60–120	250–500
Schwerarbeiter	150–200	630–840	über 120	über 500
Schwerstarbeiter	über 200	über 840	–	–

Leichtarbeiter sind z. B.:	Bürobedienstete, Pkw-Fahrer
Mittelschwerarbeiter:	Verkäuferinnen, hauswirtschaftliche Tätigkeiten, vorwiegend manuell
Schwerarbeiter:	Maurer, Dachdecker
Schwerstarbeiter:	Steinbrucharbeiter, Stahlarbeiter, Waldarbeiter.

Um den täglichen Kalorienbedarf festzustellen, muß man erst einmal sein Idealgewicht kennen. Es läßt sich leicht errechnen:

Körpergröße in cm
minus 100 in kg
minus 10% beim Mann
minus 15% bei der Frau

Beispiel: Mann, 172 cm: 172
./. 100
72
./. 10% 7,2
63,8 kg = Idealgewicht

[1]) So Deutsche Gesellschaft für Ernährung, Empfehlungen für die Nährstoffzufuhr, Ffm. 1975

Hat dieser Mann nun 70 kg Gewicht und möchte dieses halten und ist er 45 Jahre alt und Bürobediensteter, so bedeutet das:

Grundumsatz	1620 kcal	(7330 kJ)
+ Freizeit-Kalorien	250 kcal	(1047 kJ)
+ Berufs-Kalorien	8 x 75 = 600 kcal	(2512 kJ)
	2470 kcal	(10889 kJ)

Will dieser Mann abnehmen, um sich auf sein Idealgewicht zuzubewegen, muß er unter dieser täglichen Energiemenge bleiben.
Die Kalorienlehre ist allerdings nur ein Teil der Ernährungswissenschaft. Eine Ernährung, die sich nur auf die Deckung des Kalorienbedarfs richtet, also z. B. nur aus Kohlenhydraten oder Fett besteht, ist schädlich und muß langfristig zum Tod führen.
Neben der Deckung des Kalorienbedarfs ist wichtig der Anteil der einzelnen Nährstoffe (Eiweiß, Fett, Kohlenhydrate) an der täglichen Nahrung, der vom Alter abhängt und der Ausstattung der aufgenommenen Nahrung mit Mineralstoffen und Vitaminen.
Es ist eine ganz besondere und ihn vor den Tieren auszeichnende Eigenart des Menschen, daß er einen großen Teil seiner Nahrung nur „zubereitet", d. h. durch Kochen, Braten, Backen leichter verdaulich und schmackhaft gemacht, zu sich nimmt und die tischfertigen Speisen zu Mahlzeiten zusammenstellt. Durch diese „Kochkunst" kann aber auch Schaden angerichtet werden, weil tiefgreifende Veränderungen stattfinden und gerade die lebenswichtigen Vitamine zerstört werden können, so daß von den Nahrungsmitteln, die derartig leicht veränderliche Stoffe enthalten, wenigstens ein Teil im natürlichen, unveränderten Zustand verzehrt werden sollte.
Der andere Teil sollte so schonend wie möglich zubereitet werden. Dampfdrucktopf und andere Geschirre leisten hier vorzügliche Dienste.
Die Zubereitung der Nahrung beruht auf jahrhundertealten Erfahrungen und Traditionen und ist ein Zeichen für den Kulturzustand eines Volkes. Ebenso wie der Boden und das Klima hat auch die Ernährung in den verschiedenen Landstrichen den Charakter des Menschen geprägt. Die „Leibgerichte" und Besonderheiten verschiedener Regionen sind nicht ohne Bedeutung.
Daß die Ernährung möglichst einfach, naturgemäß, und den persönlichen Lebensbedürfnissen angepaßt sein muß, ist heute eine selbstverständliche Forderung. Dieses Ziel wird in unseren Gegenden am zweckmäßigsten erreicht mit einer gemischten Kost unter Verwendung pflanzlicher und tierischer Lebensmittel, mit Brot, Kartoffeln (als Pellkartoffeln) und Gemüse (teilweise in ungekochtem Zustand) als Grundlage. Als hochwertiges tierisches Eiweiß dienen Fleisch und Milchprodukte (Quark) zur notwendigen Ergänzung. Zur Verfeinerung und abwechs-

lungsreicheren Gestaltung des Speisezettels, aber auch als Träger wichtiger Ernährungsstoffe durchaus wertvoll, schätzen wir noch als Zukost Obst und Süßspeisen, feinere Gemüse und Delikatessen. Diese Nahrungsmittel liefern uns, außer der eigenen Erzeugung auf unserem Heimatboden, der Welthandel und die Nahrungsmittelindustrie.

DIE ERFORDERLICHEN BESTANDTEILE UNSERER NAHRUNG

NÄHRSTOFFE

Die Zahl der Nahrungsmittel ist unübersehbar, aber die Zahl ihrer gleichartigen, immer wiederkehrenden Bestandteile, Nährstoffe genannt, ist nur klein. Die wichtigsten Nährstoffe sind Kohlenhydrate, Fett und Eiweiß; dazu kommen Wasser, Mineralsalze und Vitamine.

Kohlenhydrate

Kohlenhydrate sind zucker- und stärkeartige Stoffe. Sie liefern in erster Linie Energie. Sie bestehen nur aus Kohlenstoff und den Grundstoffen des Wassers, daher stammt ihr Name (Hydrat = Wasser). Einfache Zukker sind Traubenzucker und Fruchtzucker, die, wie der Name sagt, reichlich in Früchten vorkommen. Der Traubenzucker ist auch ein normaler Bestandteil des Blutes.
Unser gewöhnlicher Haushaltszucker wird in den Tropen aus Zuckerrohr und bei uns seit etwa 200 Jahren aus Zuckerrüben gewonnen. Rohr- und Rübenzucker ist dasselbe, er ist ein Doppelzucker, d. h. aus paarweise miteinander verbundenen Teilen Trauben- und Fruchtzucker zusammengesetzt. Zu den Doppelzuckern gehören auch Milch- und Malzzucker. Bei der Verdauung und auch chemisch läßt sich der Rohrzucker durch Spaltung in die beiden Einfachzucker zerlegen. Dieses Gemisch von Traubenzucker und Fruchtzucker heißt Invertzucker. Aus ihm bestehen der Bienen- und auch der Kunsthonig. Alle einfachen und Doppelzucker schmecken mehr oder weniger süß und sind leicht in Wasser löslich.
Die höheren Kohlenhydrate dagegen, die aus vielen einfachen Zuckern zusammengesetzt sind, haben keine Zuckereigenschaften mehr. Zu ihnen gehört die Stärke, die nur aus Traubenzucker besteht, bei der aber sehr viele dieser einzelnen Bausteine fest miteinander verbunden sind. Eine besondere Eigenart der Stärke ist ihre Fähigkeit, zu quellen und zu verkleistern (Pudding). Stärke ist der wichtigste Bestandteil in Kartoffeln und Getreide, also auch in Brot, und in allen Nährmitteln, Haferflokken, Grieß, Graupen, Reis usw.
Die Stärke wird von der Pflanze erzeugt und als Kraftreserve gespeichert, um in Zeiten erhöhten Bedarfs (Wachstum, Keimung) wieder zur Verfügung zu stehen. Das entsprechende Reserve-Kohlenhydrat im tieri-

schen und menschlichen Körper ist das bei Überfluß aus dem Traubenzucker des Blutes aufgebaute Glykogen, das in der Leber und in den Muskeln gespeichert wird. Beide, Stärke und Glykogen, werden bei Bedarf sowohl im Körper als auch chemisch wieder vollkommen in die einzelnen Traubenzucker-Bausteine zerlegt.
Ein weiteres höheres Kohlenhydrat, ebenfalls nur aus Traubenzucker-Bausteinen zusammengesetzt, ist die Zellulose. Bei der Zellulose sind offenbar die einzelnen kleinen Zuckerbausteine so miteinander verbunden, daß sie von den menschlichen Verdauungssäften nicht gespalten werden können. Die Zellulose ist deshalb für den Menschen unverdaulich, also „Ballaststoff". Der Tagesbedarf eines Erwachsenen an Kohlehydraten beträgt etwa 50% der Tageskalorien.

Fett Fett ist hauptsächlicher Energielieferant. Die Fette werden unterschieden in tierische und pflanzliche Fette bzw. nach ihrem Gehalt an gesättigten, einfach und mehrfach ungesättigten Fettsäuren. Die gesättigten Fettsäuren (Butter, überhaupt mehr in tierischem Fett) erhöhen den Cholesterinspiegel im Blut, die mehrfach ungesättigten (Pflanzenöle, bestimmte Pflanzenmargarinen) senken ihn. Die mehrfach ungesättigten Fettsäuren kann der menschliche Organismus nicht aufbauen, obwohl er sie lebensnotwendig braucht.
Der bewußte Verzehr von mehrfach ungesättigten Fettsäuren beugt auch dem Schaden vor, der durch die versteckten Fette entsteht. Sie sind besonders reichlich vorhanden in: Mettwurst (51%), Rahmkäse (37%), Torte (45%), Schweinefleisch (31%), Eidotter (32%). Diese Fettmengen müssen unbedingt beim täglichen Fettverzehr mitgerechnet werden, so daß nur die Hälfte der erlaubten Fettmenge in offenem Fett (Butter, Margarine, Öl etc.) bestehen darf. Der Fettanteil an unserer täglich erforderlichen Kalorienmenge sollte nur 30–35% ausmachen.

Eiweiß Eiweiß dient hauptsächlich als Baustoff. Erst wenn aus Kohlenhydraten und Fetten nicht genügend Energie geliefert wird, wird Eiweiß vom Körper als Brennstoff verwertet. Eiweiß kann der Körper nur bedingt speichern. Seine tägliche ausreichende Zufuhr ist daher lebensnotwendig. Jeder Organismus baut sich sein arteigenes, ja sogar sein persönliches Eiweiß auf und braucht dazu die entsprechenden Bausteine. Die Eiweißstoffe sind aus Aminosäuren sehr verschiedenartig und kompliziert zusammengesetzt. Die Zahl der bisher aufgefundenen Aminosäuren beträgt ungefähr 20, von denen etwa 10 absolut lebensnotwendig und nicht durch andere zu ersetzen sind. Je nach dem Gehalt an diesen wichtigsten und unentbehrlichen Aminosäuren unterscheidet man für die Ernährung vollwertiges und nicht vollwertiges Eiweiß. Vollwertiges Eiweiß findet sich in allen tierischen Nahrungsmitteln wie Fleisch, Fisch, Eiern, Milch, Quark und Käse. Nicht vollwertig ist z. B. das in Mehl, Brot

und Hülsenfrüchten vorkommende Eiweiß. Bei einer gemischten und ausreichenden Kost hat der Körper die Möglichkeit, sich die einzelnen Aminosäuren, die er zum Aufbau seines eigenen Eiweißes braucht, aus verschiedenen Quellen zusammenzuholen, und kann so nicht vollwertiges mit vollwertigem ergänzen.
Da tierisches Eiweiß teurer ist als pflanzliches, sollte in der Ernährung unbedingt beides miteinander kombiniert werden.
Der tägliche Eiweißverzehr sollte rund 15% der Kalorienmenge ausmachen. Das entspricht 0,9 g/kg Körpergewicht und Tag, Kinder und Jugendliche erheblich mehr, Ältere (über 65 Jahre) auch mehr, etwa 1,2 g/kg.

Mineralstoffe und Spurenelemente

Mineralstoffe sind die aus dem Mineralreich stammenden, anorganischen Bestandteile der Nahrung, die unverbrennbar sind und die Asche bilden. Diese anorganischen Stoffe sind also im Gegensatz zu den Kohlenhydraten und Fetten wertlos für die Lieferung von Energie, aber unentbehrlich für den Aufbau des Körpers, z. B. die des Knochengerüstes aus Kalk und Phosphorsäure, und den richtigen Ablauf aller Lebensvorgänge. Der Körper enthält die meisten anorganischen Stoffe in Form von Salzen, und die Verteilung dieser Salze ist maßgebend für den Flüssigkeitsaustausch zwischen den Zellen (Osmose). Da die Mineralstoffe fortwährend ausgeschieden werden, ist ständiger Ersatz durch die Nahrung nötig. Bei gemischter Kost sind sie normalerweise in ausreichender Menge vorhanden, werden aber oft mit dem Kochwasser, das bei Gemüse den größten Teil enthält, weggegossen. Dämpfen oder Dünsten ist deshalb viel richtiger.
Um die richtige Mischkost zusammenzustellen, seien hier Tagesbedarf und liefernde Nahrungsmittel kurz zusammengestellt:

		Menge/Tag	Spender
Mineralstoffe	Calcium (Kalk)	1 g	Milch, Quark, Käse
	Phosphor	1,2–1,5 g	Milch, Quark, Käse, Leber, Fleisch, Fisch
	Natrium/Chlor	3 (–5) g Kochsalz	tierische Nahrungsmittel
	Kalium	2–3 g	pflanzliche Nahrungsmittel
	Magnesium	0,3 g	grüne Blattgemüse
Spurenelemente	Eisen	12 mg	Leber, Niere, Fleisch, Vollkornprodukte,
	Jod	0,15–0,3 mg	Milch, Seefische
	Kupfer	2 mg	in gemischter Kost
	Mangan	3,5 mg	ausreichend vorhanden
	Zink	6 mg	
	Fluor	0,5–1,5 mg	Trink- und Kochwasser, pflanzliche Nahrungsmittel

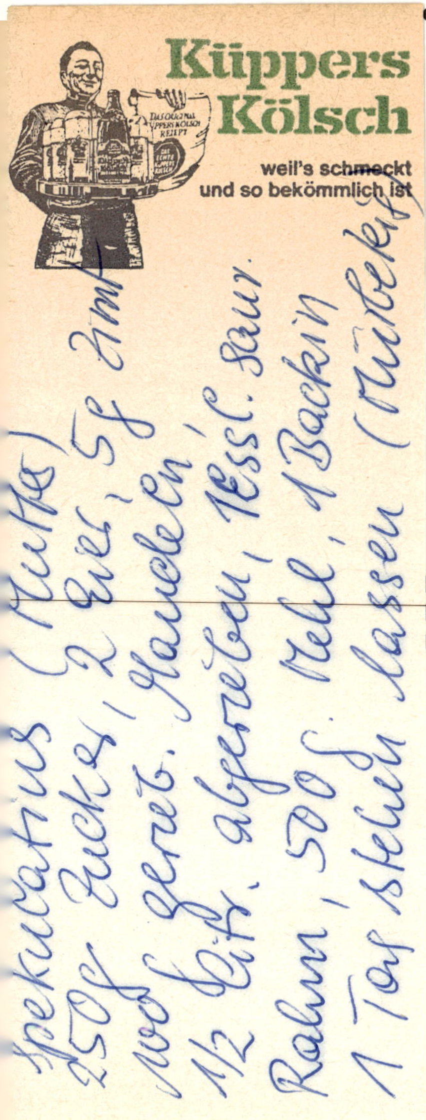

e

Im Gegensatz zu den körpereigenen Hormonen muß der Mensch die Vitamine alle mit der Nahrung zu sich nehmen, und zwar direkt aus dem Pflanzenreich oder indirekt über die Pflanze aus dem Tierreich. Man bezeichnet die Vitamine deshalb auch als Ergänzungs- oder Zusatznährstoffe, die aber natürlich bei ihrer winzigen Menge als Nährwert und zur Kalorienerzeugung nicht in Betracht kommen.

Im Zusammenhang mit verschiedenen Krankheiten, deren Ursachen lange Zeit unklar waren, und auf Grund zahlloser Tierversuche mit künstlich zusammengesetzten Nahrungsgemischen war man allmählich auf den Gedanken gekommen, daß bestimmte Stoffe in der Nahrung enthalten sein müssen, um langfristig Krankheiten zu vermeiden: die Vitamine.

Solche Mängel sind oft erst sehr spät zu erkennen, da bei Fehlen eines Vitamins in der Nahrung zuerst der Vitaminspeicher im Körper entleert wird, das kann je nach Vitamin Wochen bis zu einem Jahr reichen. Erst danach führt der Vitaminmangel zu Störungen in den Stoffwechselvorgängen des Körpers. Später können dann Organschäden auftreten.

N
B
C

Von der Bedeutung des Vitamins C haben die Menschen auf Grund vieler Beobachtungen und Erfahrungen bei Seefahrern, die sich lange Zeit ausschließlich von Schiffszwieback und Pökelfleisch ernährten, am frühesten etwas geahnt. Dabei traten zunächst Entzündungen und Blutungen der Mundschleimhaut auf mit allmählich einsetzendem, oft zum Tode führendem Kräfteverfall. Diese Erscheinungen wurden überraschenderweise geheilt durch frisches Obst und Gemüse. Schon vor Jahrhunderten behandelte man diesen Skorbut mit Kiefernnadelextrakten und Zitronen und fand instinktiv im Laufe der Zeit genau diejenigen Stoffe, die sich später als Vitamin-C-reichste Quellen herausstellten: Hagebutten, Vogelbeeren, schwarze Johannisbeeren, Apfelsinen, Zitronen, Paprika, Tomaten, frische Gemüse, Salat, Kohlarten usw.

Bei normaler gemischter Kost wird unser Vitamin-C-Bedarf (täglich etwa 50tausendstel Gramm) vor allem aus frischem Gemüse und Kartoffeln gedeckt. Dabei ist es wichtig, seine große Empfindlichkeit gegen Erhitzen, vor allem bei freiem Luftzutritt und verstärkt in Gegenwart von Kupfer, zu beachten. Bei der Zubereitung in der Küche geht der größte Teil des C-Gehalts durch Kochen und Abbrühen, langes Warmhalten der Speisen (Kochkiste) verloren, ebenso beim Lagern, Trocknen, Dörren und Konservieren. Schon beim Welken des Gemüses tritt eine Verminderung seines Vitaminwertes ein. Man soll also stets einen Teil von Früchten und Gemüse roh genießen und den Verlust durch Abbrühen und längeres Kochen soweit wie möglich vermeiden, z. B. bei Kartoffeln durch Dämpfen mit der Schale als Pellkartoffeln.

Eine sehr wichtige Quelle ist auch Sauerkraut, wenn es wenigstens teilweise roh oder im eigenen Saft gekocht genossen wird. Auch unsere

deutschen Äpfel, Birnen und Beeren haben einen guten C-Gehalt, vor allem unter der Schale. Der Vitamin-C-Mangel ist naturgemäß am größten im Frühjahr, in den Monaten März, April, Mai, wenn noch kein frisches Gemüse vorhanden ist und besonders die Kartoffeln ihren größten Gehalt durch Lagerung verloren haben. Dann tritt die bekannte Frühjahrsmüdigkeit auf als erstes Vorzeichen eines Vitaminmangels.
Vitamin C hat verschiedene wichtige Aufgaben im Körper, z. B. ist es notwendig für die Bildung von Hormonen, zum Wirksamwerden von Fermenten, bei zahlreichen Stoffwechselvorgängen und der Blutgerinnung. Ganz allgemein hebt es die Widerstandskraft gegen Ansteckungen bei Infektionskrankheiten. Es steigert die Leistungsfähigkeit, vor allem auch bei Menschen, die unter erschwerten Bedingungen, z. B. unter Tage, arbeiten müssen. Der Bedarf ist gesteigert bei fieberhaften Erkrankungen, Krebs- und Zuckerkrankheit. Eine Schonkost bei Magen- und Darmkranken ist besonders vitaminarm und kann, wenn die Aufnahme des Vitamins aus den natürlichen Nahrungsmitteln gestört ist, die Verabreichung des künstlichen Vitamins C erforderlich machen.

Das Vitamin B oder die Vitamin-B-Gruppe

Man faßt in dieser Gruppe eine Reihe von Vitaminen zusammen, die zwar im allgemeinen gemeinsam vorkommen, aber trotzdem verschiedenen Charakter und ebenso verschiedene Aufgaben haben. Hier seien nur die beiden wichtigsten herausgegriffen. Die typische B_1-Mangelkrankheit ist die Beriberi in den vorwiegend Reis essenden Ländern des fernen Ostens. Der Reis wird dort poliert (geschält) gegessen, d. h. nach Entfernung der Randschichten und des Keimlings, und gerade diese haben einen hohen B_1-Gehalt, so daß schon mit Zugabe von Reiskleie allein die Krankheit geheilt werden kann. Dasselbe geschieht bei uns mit dem Getreidekorn. Die feinst ausgemahlenen weißen Mehle sind ihres ganzen Vitamin-B_1-Gehaltes beraubt, da sie praktisch nichts mehr von Keimling und Randschichten enthalten. Diese Tatsache ist außerordentlich wichtig für unser „tägliches Brot" und der Grund, die Vorzüge des Vollkornbrotes mit seinem vollen Vitamingehalt zu propagieren. Bei gut gemischter Kost läßt sich jedoch ein Vitamin-B_1-Mangel vermeiden. Die Nahrung sollte dann enthalten: Hefe, mageres Schweinefleisch, Schinken, Hülsenfrüchte, Herz, Leber, Niere.
Vitamin B_1 ist hitzeempfindlich, so daß beim Kochen etwa die Hälfte verlorengeht, besonders bei Blattgemüse. Der Bedarf ist nicht gleichmäßig, sondern abhängig von der Menge der aufgenommenen Nahrung. Er ist erheblich vergrößert bei einseitiger Kohlenhydraternährung und wird herabgesetzt bei stärkerer Fettaufnahme. Gerade das wirkte sich in Mangelzeiten mit viel Brot und Kartoffeln und wenig vitaminsparendem Fett sehr ungünstig aus, so daß unter diesen Umständen Mangelerscheinungen (Schäden am Nervensystem) häufiger waren.

Der Wachstumsfaktor B_2 heißt Riboflavin und ist ein Farbstoff, der für das Wachstum und die Zellatmung überall notwendig ist, aber auch überall vorkommt, so daß ein Mangel nicht zu befürchten ist. Allerdings darf die Ernährung nicht zu sehr auf helle Mehle und süße Speisen eingerichtet sein, eher Vollkornbrot, Gemüse, Milch, Käse.

DIE FETTLÖSLICHEN VITAMINE A UND D

Vitamin A

Es verhindert Schäden an der Haut und den Schleimhäuten, vor allem das Eindringen von Krankheitskeimen durch die Haut, und schützt so den Körper gegen Infektionen (Tuberkulose, Angina, Erkältungen, Furunkel). Charakteristische Ausfallserscheinungen bei A-Mangel sind Nachtblindheit und andere Augenerkrankungen. Bei Kindern bewirkt A-Mangel Wachstumsstillstand.

Vitamin A kommt in reiner Form nur im Tierreich vor, im Körperfett und Leberöl von Fischen (Dorschlebertran), in Milch, Butter, Eigelb und Leber. Außerdem ist es im Tier- und Pflanzenreich weit verbreitet als Vorstufe. Aus dieser Vorstufe, dem gelben Farbstoff Carotin, der mit dem Blattgrün (Chlorophyll) zusammen in grünen Pflanzen, Karotten, Spinat, Grünkohl, Salat (vor allem den äußeren grünen Blättern), Sellerie und Paprika vorkommt, können Mensch und Tier in der Leber unter Beteiligung des Schilddrüsenhormons das fertige Vitamin A bilden und speichern. Der A-Gehalt in Milch und Butter ist vom Futter (Weidegang der Tiere) abhängig und im Sommer erhöht. Wegen günstiger Erfahrungen wird Vitamin A auch der Margarine künstlich zugesetzt. Vitamin und Provitamin A sind nur fettlöslich, deshalb ist zu ihrer Aufnahme in den Körper eine Mindestmenge Fett unerläßlich, was sich in Mangelzeiten unter Umständen ungünstig auswirkt. Gegen Erhitzen ist es weniger empfindlich, wohl aber gegen Luftsauerstoff und ultraviolettes Licht der Sonnenstrahlen.

Im Gegensatz zu den ausgesprochenen C- und B-Mangel-Krankheiten kommt die D-Avitaminose Rachitis oder Englische Krankheit gerade bei uns auch noch vor, besonders unter ungünstigen Lebens- und lichtlosen Wohnverhältnissen. Die Ursache dieser Erkrankung im Kindesalter ist eine Störung im Kalk-Phosphor-Stoffwechsel durch Vitamin D-Mangel. Die dadurch verhinderte Kalkablagerung in den Knochen hat Knochenverbiegungen zur Folge. Auch bei Erwachsenen verursacht D-Mangel Störungen im Mineralhaushalt, z. B. Schäden an den Zähnen. Der Bedarf der Erwachsenen an Vitamin D wird jedoch durch normale Sonnenbestrahlung der Haut in Eigenproduktion geschaffen.

DIE VERWERTUNG DER NAHRUNG

Mit Ausnahme von Zucker, der als Kohlenhydrat in reiner Form zur Verfügung steht, sind in allen Nahrungsmitteln die Nährstoffe gemischt enthalten. Es ist die Aufgabe der Verdauung, diese Stoffe herauszulösen, in die kleinsten Bausteine zu zerlegen und aufnahmefähig zu machen, damit der Körper dann mit ihnen wieder neu aufbauen kann. Tierische Nahrungsmittel werden durchschnittlich besser ausgenutzt als pflanzliche, die einen hohen Gehalt an Zellmembran oder Rohfaser aus unverdaulicher Zellulose besitzen. Aber auch diese „Ballaststoffe" sind unentbehrlich für die mechanische Anregung der Darmtätigkeit; denn die Verdauung ist ein enges Zusammenwirken mechanischer und chemischer Vorgänge.

Als Werkzeuge zum Zerlegen der Nahrungsstoffe in kleinste, wasserlösliche Bausteine dienen die Enzyme der Verdauungssäfte. Schon im Mund beginnt die Verdauung der Kohlenhydrate mit der Spaltung der Stärke. Durch das Kauen wird die Nahrung mechanisch zerkleinert, mit Mundspeichel durchtränkt und dadurch breiförmig und gleitfähig gemacht, und zwar besonders reichlich bei trockener Nahrung und gründlichem Kauen. „Gut gekaut ist halb verdaut!" Diese beginnende Zerlegung der Stärke in Zucker wird im Magen fortgesetzt. Gleichzeitig findet im Magen mit Hilfe des Magensaftes und verhältnismäßig starker Salzsäure die Zerteilung von Eiweiß in gröbere Bruchstücke statt. Die Verweildauer im Magen beträgt bei leichtverdaulichen Speisen (Kohlenhydraten) etwa 2 Stunden, bei schwerverdaulichen (Fett) 6 Stunden und länger. Sie verlassen den Magen durch den Pförtner (Magenschließmuskel). Dieser läßt schubweise nur so viel von dem Speisebrei durch, wie jeweils von dem Darmsaft alkalisch (Gegensatz zu sauer) gemacht werden kann.

In dem auf den Magen folgenden Zwölffingerdarm und Dünndarm finden unter dem Einfluß dieses alkalischen Darmsaftes in Verbindung mit dem hinzutretenden Bauchspeichel die Zerlegung der gröberen Eiweißbausteine in wasserlösliche Aminosäuren statt und ebenso die restliche Aufspaltung in einfache Zucker. Im Dünndarm wird so die Hauptverdauungsarbeit geleistet. Sie wird unterstützt durch dauernde rhythmische Bewegungen, fortlaufende Zusammenziehung und Erschlaffung, die den Speisebrei durchkneten und vor sich herschieben.

Noch komplizierter ist die Verdauung der Fette. Die Fett-Tröpfchen müssen erst sehr fein verteilt, „emulgiert" werden, ähnlich wie in der Milch, damit sie für die fettspaltenden Fermente des Darmsaftes und Bauchspeichels angreifbar und in Fettsäuren zerlegt werden. Hierbei fällt der von der Leber gebildeten und in der Gallenblase gespeicherten Galle eine besonders wichtige Aufgabe zu.

Im Dünndarm sind die eigentlichen Verdauungsprozesse beendet. Die entstandenen einfachen Spaltprodukte wandern durch die Darmwand in die Blutbahn. Die großen Wassermengen der Verdauungssäfte werden zurückgewonnen. Im Dickdarm erfolgen dann noch Gärungs- und Fäulnisvorgänge unter Mitwirkung der normalerweise dort vorhandenen Bakterien. Dabei wird mit ihrer Hilfe noch ein Teil der sonst unverdaulichen Zellulose abgebaut und verwertet, bei frischem, zartem Gemüse bis zu 60%.

Die menschliche Ernährung umfaßt ein feines Zusammenspiel von körperlichen Leistungen bei der Nahrungsaufnahme einerseits und natürli-

chen Eigenschaften der Nahrung andererseits. Die tierischen Nahrungsmittel, Fleisch, Eier, Milchprodukte und Fett, stehen in ihrer Zusammensetzung unserem eigenen Körper am nächsten und werden praktisch vollkommen (zu rund 95%) ausgenutzt.
Die Verdaulichkeit pflanzlicher Nahrungsmittel ist von derjenigen tierischer durchaus verschieden. Die pflanzlichen Nährstoffe sind gleichsam wabenartig von festen Zellhüllen eingeschlossen, die den Angriff der Verdauungssäfte erschweren, obwohl diese teilweise die unverdaulichen Zellulosehüllen durchdringen können und den Inhalt herauszulösen vermögen. Die pflanzlichen Nährstoffe, insbesondere das pflanzliche Eiweiß, werden deshalb nur zu etwa 50–60% erschlossen. Die Menge der verzehrten, unverdaulichen Zellmembranen kann beträchtlich sein, z. B. bei Kartoffeln, Gemüse, Vollkornbrot, und die Bedeutung dieser „Ballaststoffe" ist lange Zeit unterschätzt worden. Sie sind wichtig für die Darmtätigkeit und werden geradezu als „Magen-Darm-Besen" bezeichnet.
Die Stärke des Getreidemehles wird durch Kochen und Backen verkleistert und leichter angreifbar. Helles Mehl wird am besten ausgenutzt. Bei stärkerer Ausmahlung des Getreidekorns nimmt dagegen die Verdaulichkeit ab; der Vorteil des durch Schalenteile und Keime bei der stärkeren Ausmahlung erhöhten Eiweißgehalts wird dadurch zwar wieder zunichte gemacht, aber die anderen Vorzüge des Vollkornbrotes, wie der hohe Vitamingehalt und die Bedeutung für die Gesunderhaltung der Zähne, bleiben bestehen. Die Nährstoffe von Hülsenfrüchten werden nur schlecht verwertet – und am ungünstigsten ist die Ausnutzung von Gemüse und Pilzen. Bei Sauerkraut und anderen eingesäuerten Gemüsen wird aber die Bekömmlichkeit erleichtert durch die Milchsäurebildung und andere die Verdauung einleitende Vorgänge. Schwerverdauliche Hülsenfrüchte werden deshalb mit Sauerkraut zusammen leichter vertragen. Das nährwertarme Gemüse ist durch seinen hohen Mineralsalz- und Vitamingehalt außerordentlich wertvoll, wie überhaupt außer dem Nährwert einer Nahrung auch immer ihr Gesundheitswert zu berücksichtigen ist.

GESCHMACK UND GESCHMACKSSTOFFE

Geschmack, Geruch

Seit jeher ist es eine große Kunst, die Schmackhaftigkeit der Speisen zu erhöhen und dadurch wiederum ihre Ausnutzung zu verbessern. Bestimmte Stoffe, die im Mundspeichel gelöst sind, kann man durch den Geschmackssinn wahrnehmen, merkwürdigerweise aber nur 4 verschiedene Arten: süß, sauer, salzig, bitter, und zwar an verschiedenen Stellen, an der Spitze, den Rändern und dem Grund der Zunge. Alles, was man sonst noch zu schmecken glaubt, riecht man in Wirklichkeit. Der Geruchssinn ist wesentlich vielseitiger und spielt eine größere Rolle als der eigentliche Geschmack. Es gibt sehr empfindliche Zungen und „Feinschmecker".

Die Auffassungen über den Geschmack sind durch Erziehung und Gewohnheit beeinflußbar, ändern sich auch bisweilen im Laufe der Zeit. Was den einzelnen „gut" schmeckt, ist verschieden von Land zu Land und Region zu Region.

Optik

„Die Augen essen mit". Als dritter beteiligter Sinn, sollte den Augen etwas geboten werden. Die Art, den Tisch zu decken, die Speisen anzurichten, bestimmt wesentlich, ob in Ruhe, mit Genuß oder lieblos geschlungen wird. Ruhig essen fördert die Verdauung und läßt den Körper dadurch die wichtigen Bestandteile der Nahrung viel besser auswerten.

Gewürze

Schon seit Jahrtausenden dienen zur Geschmacksverbesserung die Gewürze. Manche Pflanzenteile haben einen ausgesprochenen Wohlgeruch und charakteristischen, auffallend guten Geschmack; sie enthalten wunderbare, aromatische Duftstoffe oder auch sehr scharfe Reizstoffe. Diese Gewürze im engeren Sinne bildeten, meist im getrockneten Zustand, die ältesten Tausch- und Handelsobjekte im alten Morgenland und beim blühenden Handel Arabiens, und über alle Zeiten hinweg haben sie bis heute nichts von ihrem hoch geschätzten Genußwert und ihrer Bedeutung für den Welthandel verloren. Sie enthalten aromatische, sogenannte ätherische Öle, Harze und Bitterstoffe, die teilweise durch große Destillierkunst verfeinert und als reine Öle gewonnen werden, z. B. Senföl, Bittermandelöl, Pfefferminzöl, Rosenöl usw. Zu den ältesten Gewürzen gehören: Zimt, Nelken, Muskatnüsse, Pfeffer, Ingwer und viele andere.

Kräuter

Nicht nur von den Ärzten ist die belebende, „tonisierende" Wirkung eigenartig schmeckender Pflanzen und Kräuter schon früh erkannt worden, auch die Hausfrau schätzt viele Küchenkräuter zum Würzen der Speisen und besonders beim Anmachen von Salaten.

Fruchtaroma, Fruchtsäure

Nicht zu vergessen sind auch die duftenden Aromastoffe unserer Früchte. Beim Vergleich des Geschmackswertes von frischem Obst und Kompott kann man feststellen, wie diese Aromastoffe beim Erhitzen leiden. Die Früchte enthalten außer den ätherischen Ölen eine Anzahl von organischen Säuren, Zitronensäure, Weinsäure, Apfelsäure, die ihnen den erfrischenden und belebenden Geschmack verleihen, „sauer macht lustig". Auch Zusatz von Tomatensaft oder -mark gibt Suppen und Soßen einen etwas säuerlichen, verfeinerten Geschmack.

Karamel

Manche Aroma- und Geschmacksstoffe entstehen erst bei der Zubereitung der Nahrungsmittel aus diesen selbst. Zucker wird z. B. beim trokkenen Erhitzen bräunlich verfärbt und zersetzt und enthält dann in einem bestimmten Stadium sehr gut schmeckende, karamelartige Produkte. Bei allen Backvorgängen, auch beim Brotbacken, spielt das eine große Rolle. Die glänzende Brotkruste enthält Abbauprodukte der Stärke, sogenannte Dextrine, und malzartige Stoffe mit gutem Geschmack.

Röstprodukte, Rauchgeschmack

Ganz besonders beliebt sind alle Röstprodukte beim trockenen Erhitzen von Brot, Fleisch, Kaffee, Kakao und ebenso beim Braten in Fett, gebräunter Butter, gebräunten Zwiebeln, Mehlschwitzen usw. Auch das Räuchern von Fleisch und Fischen wird sehr geschätzt.

DIE RICHTIGE ERNÄHRUNG

Nachdem nun die wichtigsten Grundsätze gesunder Ernährung aufgezeigt sind, bleiben noch einige Ergänzungen, die aus der gesunden Ernährung die richtige Ernährung machen.

Die Verteilung der Nahrung über den Tag

Die Ernährungswissenschaft empfiehlt täglich fünf Mahlzeiten. Die drei Hauptmahlzeiten sind Frühstück, Mittagessen und Abendbrot und zwei Zwischenimbisse vormittags und nachmittags. Erstes und zweites Frühstück sollten zusammen etwa 35 Prozent der Tageskalorienmenge ausmachen, das Mittagessen noch einmal 35 Prozent und Nachmittagsimbiß sowie Abendbrot zusammen die restlichen 30 Prozent.
Wichtig ist, auch die Nährstoffe entsprechend zu verteilen. Da in der Regel die Mahlzeiten einen Arbeitstag umfassen, sollten sie nicht die Leistung schmälern, sondern steigern. Das kann die Nahrung nur, wenn sie der Arbeitsschwere und den Leistungstiefs angepaßt wird.
In die Kalorienmenge sind unbedingt auch Alkohol und Knabbereien, Limonaden und Süßigkeiten aufzunehmen. Täglich 50 g Erdnüsse und $^{1}/_{2}$ Liter Bier machen 25 Pfund Mehrgewicht im Jahr aus.

Richtig Einkaufen, richtig Lagern

Immer wieder wurde auf die breite Mischkost hingewiesen. Mit ihr wird am ehesten sichergestellt, daß die Familie gesund ernährt wird. Allerdings gehört schon eine Menge Wissen, Nachdenken und Planen dazu, so preiswert wie möglich, zu jeder Jahreszeit, diese gesunde Kost zusammenzukaufen.
Der Kaufmann verdient Belohnung, der stets frische Produkte anbietet. Pro Tag Lagerzeit verlieren manche Gemüse 50 Prozent und mehr ihres Vitamin-C-Gehaltes. Daran sollte auch im Haushalt gedacht werden. Beim Kauf von Frischprodukten können für Gemüse ruhig die Jahreszei-

ten ihrer Ernte berücksichtigt werden. Tiefkühlprodukte sind häufig preiswerter, oft auch vitaminreicher als lange gelagerte Treibhausprodukte.
Tierische Produkte sind oft teurer als pflanzliche. Bei Fleisch gibt es sehr preisgünstige Sorten, die besonders gut sind. Es muß nicht immer Filet sein.

Richtig kochen und zubereiten

Das für Einkauf und Lagerung Gesagte gilt auch für Kochen und Zubereiten. Oft gehen die wichtigsten Stoffe durch Kochen verloren. Dämpfen (Dünsten) und Garen in Spezialtöpfen und Pfannen schonen die Mineralstoffe und Vitamine.
Quark mit Kräutern, viele Salate, Fisch bringen Gesundheit auf den Tisch. Wechsel in den Brotsorten, überhaupt Abwechslung in der Zubereitungsart machen immer wieder Appetit und verhindert, daß aus Appetitmangel zu fetteren, ungesünderen, jedoch wohlschmeckenden Dingen gegriffen wird (Salate in Mayonnaise, Wurstsorten mit hohem Anteil versteckter Fette, Knabberzeug und Alkohol).

Zum Abschluß

Gesunde Ernährung ist nicht langweilige Ernährung, im Gegenteil. Jeder kann sündigen, er muß es nur wissen und mit den folgenden Mahlzeiten wieder ausgleichen.
Die kurzen Ausführungen konnten nur ein Einstieg in das Wissen um gesunde Ernährung sein. Wer mehr wissen will über den Kaloriengehalt aller Nahrungsmittel und ihre Nährwerte, über Mineralstoffe und Vitamine, der wende sich an eine der folgenden Adressen:

Deutsche Gesellschaft für Ernährung
Feldbergstraße 28
6000 Frankfurt (Main)

Bundesausschuß für volkswirtschaftliche Aufklärung e.V.
Sachsenring 38
5000 Köln 1

Von dort erhält er, zum Teil kostenlos, das gewünschte Material.
Und nun viel Spaß mit den folgenden Rezepten und guten Appetit!

HÄUSLICHE GASTLICHKEIT

Das Tischdecken

Ein hübsch gedeckter Tisch regt die Eßlust an und hebt das Aussehen der Speisen. Deswegen sollte nicht nur bei festlichen Gelegenheiten, sondern auch bei den täglichen Mahlzeiten auf einen gepflegten Tisch Wert gelegt werden. Das aufgelegte Tischtuch muß tadellos sauber und glatt sein, es soll an allen Seiten gleichmäßig lang herunterhängen. Polierte, überhaupt empfindliche Tischplatten sollten vor dem Auflegen des Tischtuches mit einem Moltontuch bedeckt werden, damit heiße Gefäße keine Flecken auf der Politur hervorrufen. Außerdem wird unangenehmes Klappern beim Aufsetzen des Geschirrs vermieden. Angeschlagenes und nicht zusammenpassendes Geschirr sollte auch für den täglichen Gebrauch nicht verwendet werden. Bei Neuanschaffungen sollte Geschirr bevorzugt werden, das jederzeit ergänzt werden kann. Selbst formschönes Geschirr wird heute zu erschwinglichen Preisen angeboten.

Auch die Bestecke für den alltäglichen Gebrauch sollten zusammenpassen. Ein paar Blumen geben darüber hinaus dem Tisch ein freundliches Aussehen.

Auf dem Frühstücks- oder Kaffeetisch steht der Dessertteller links von der Tasse. Der Teller wird so gestellt, daß er etwa 1 cm von der Tischkante entfernt ist. Die Tasse steht auf der Untertasse, ihr Henkel zeigt nach rechts, sie wird etwa 15 cm höher als der Teller gestellt. Das Messer liegt rechts vom Teller, seine Schneide muß stets zum Teller hin liegen. Der Teelöffel liegt auf der Untertasse rechts von der Tasse.

Der Teetisch unterscheidet sich vom Kaffeetisch durch eine festlichere Note. Die Teetasse unterscheidet sich von der Kaffeetasse dadurch, daß sie breiter und niedriger ist und aus möglichst feinem, d. h. dünnem Porzellan besteht.

Auf den Mittagstisch werden Eß- und Suppenteller so gesetzt, daß sie mit der Tischkante abschließen oder gleichmäßig 1 cm weit davon entfernt sind. Im allgemeinen liegt die Gabel links und das Messer rechts vom Teller. Rechts neben dem Messer (nach Belieben auch quer über dem Teller) ist der Platz für den Eßlöffel (Löffelrücken muß auf dem Tisch liegen). Der Kompottlöffel liegt quer über dem Teller, sein Stiel muß nach rechts zeigen (Abb. S. 29).

Die Serviette wird links neben den Teller gelegt, entweder befindet sie sich in einem Ring oder in einer Tasche. Falls ein Salatteller erforderlich ist, wird er links schräg zum Teller gesetzt.

Das Decken einer mittäglichen oder abendlichen Festtafel richtet sich im allgemeinen nach den oben gemachten Ausführungen. Das Aussehen einer Festtafel hat sich gegen früher wesentlich gewandelt; es ist einfacher und schlichter geworden. Kunstvoll gefaltete und gekniffte Servietten gehören der Vergangenheit an. Erwünscht sind einfache und geschmackvolle Tischdekorationen, die am besten der Jahreszeit angepaßt werden (Abb. S. 38).

Da die Speisenfolge eines Festmahls wesentlich umfangreicher als die einer täglichen Mahlzeit ist, sind über das Decken des Tisches noch wei-

tere Ausführungen zu machen. Wenn sich eine Festmahlzeit aus Vorspeise, Suppe, Fisch, Fleischgericht und Dessert zusammensetzt, so muß folgendermaßen gedeckt werden: Auf jeden Platz kommt zunächst ein flacher, großer Teller. Die Bestecke werden grundsätzlich so gelegt, daß das, welches zuerst gebraucht wird, sich am weitesten nach außen befindet. An der linken Seite des Tellers liegt zunächst die Gabel für den Fleischgang, daran schließt sich die Gabel für das Fischgericht an. An der rechten Seite des Tellers hat zunächst das Messer für den Fleischgang seinen Platz, daneben liegt das Fischmesser, dann folgt der Eßlöffel, daneben hat die Gabel für die Vorspeise ihren Platz. Falls die Nachspeise mit einer kleinen Gabel und einem Teelöffel gegessen werden soll, liegt der Teelöffel quer über dem großen Teller mit dem Stiel nach rechts, die Gabel befindet sich darüber mit dem Griff nach links (Abb. S. 29). Die erforderlichen Gläser stehen oberhalb des Tellers, und zwar so, daß das erste Glas sich rechts oben vom Teller befindet, die übrigen schließen sich schräg nach oben an. Links oberhalb des Tellers steht ein kleiner Teller, der für Brot oder Salat bestimmt ist. Während der ersten vier Gänge bleibt der Unterteller stehen. Zunächst wird die Vorspeise darauf gesetzt (Abb. S. 29). Der 2. Gang, die Suppe, wird in Tellern oder Tassen (mit einem oder zwei Henkeln) gereicht (Abb. S. 29).
Nach dem 2. Gang wird auf den Unterteller ein gewärmter Eßteller für das Fischgericht gesetzt (Abb. S. 29).
Nach dem 3. Gang wird zunächst der bereits benutzte Teller entfernt und dann ein sauberer, gewärmter Eßteller aufgestellt (Abb. S. 29). Für den 5. Gang, den Nachtisch, stellt man kleine flache Teller auf. Ein Glasteller wird für Kompott darauf gesetzt, Eis oder Cremespeisen werden dagegen im allgemeinen portionsweise in Schälchen gereicht.
Besteht der 5. Gang aus Käse, wird er vom Teller selbst gegessen, dafür sieht man ein kleines Besteck vor.
Neben der richtigen Wahl des Geschirrs und der Bestecke ist wichtig, daß zu jedem Getränk die dazugehörigen Gläser gewählt werden (Abb. S. 37).

1. *Für Wasser oder Bier* sind schlichte Glasbecher bestimmt, sie dürfen $^3/_4$ gefüllt werden.
2. *Branntweine* wie Kognak, „Steinhäger", Kirschwasser usw. werden in kleine Gläser ohne Stiel oder in sogenannte Schwenkgläser gefüllt.
3. *Liköre* können in kleine Stielgläser oder in große flache Schalen gegossen werden. Die Gläschen dürfen ziemlich voll gefüllt sein, während die Schalen höchstens $^1/_3$ gefüllt werden.
4. *Cocktails* und andere Mischgetränke gehören in weite, möglichst eisgekühlte Schalen.
5. *Südweine* werden aus kleinen Stielgläsern getrunken, die $^3/_4$ gefüllt sein dürfen.
6. *Weißwein* wird in schlanken, hohen Gläsern gereicht.

Festtafel-Gedeck, Seite 27

1. Gang, Seite 28

2. Gang, Seite 28

3. Gang, Seite 28

Benehmen bei Tisch, Seite 31

Benehmen bei Tisch, Seite 31

7. *Rotwein* gehört dagegen in Stielgläser, die breiter und gedrungener als Weißweingläser sind.
8. *Schaumwein* fühlt sich in hohen, spitzen Kelchen oder in flachen Schalen am wohlsten.

Benehmen bei Tisch

„Ein gelungener Abend", sagen die Gäste auf dem Heimweg und denken noch einmal dankbar an all die gebotenen Genüsse. Sie vergessen weder den geschmackvollen Blumenschmuck zu erwähnen noch die ausgewählten Speisen. Sie genießen noch einmal die Freude an den gepflegten Weinen und loben die geschickte Einteilung in Eßzimmer und Küche. Nur vergessen sie dabei, daß auch sie selbst - die Gäste - zum Gelingen des Abends beigetragen haben. Denn ein festliches Mahl wird erst vollkommen, wenn alle Beteiligten sich so verhalten, daß seine Harmonie nicht gestört wird.
Wie gut, wenn man schon als Kind gelernt hat, Rücksicht auf die Tischgenossen zu nehmen, sich mit natürlichem Anstand zu bewegen und die Tischregeln selbstverständlich zu beherrschen und - anzuwenden. Es ist eine wertvolle und dabei „kostenlose" Ausbildung, die alle Eltern ihren Kindern mit ins Leben geben können. Schon beim Platznehmen gilt es, gute Sitten zu beweisen. Nicht, wer am hungrigsten ist, darf sich zuerst hinsetzen, sondern die Hausfrau gibt das Zeichen, indem sie selbst Platz nimmt. Servietten sind nicht als Tischschmuck gedacht, sondern zur Benutzung bereitgelegt. Sie werden auseinandergefaltet auf den Schoß gebreitet.
Meistens gibt es als ersten Gang eine Suppe. Das darf aber beileibe nicht gehört werden. Und auch was zu sehen ist, soll ästhetisch wirken. Der Löffel wird mit der Spitze zum Mund geführt. Blasen geziemt sich nicht. Wird die Suppe in Tassen gereicht, wird sie zunächst mit dem Löffel gegessen. Der Rest darf getrunken werden. Finden sich noch Einlagen am Grund der Tasse, werden sie nicht herausgeschnappt, sondern mit dem Löffel gegessen. Brot oder Brötchen, die gern zur Suppe gereicht werden, haben ihren Platz auf dem Tischtuch oder einem dafür bestimmten Tellerchen. Es werden kleine Stücke davon abgebrochen und zum Munde geführt.
An größeren Tafeln werden die Speisen oft vom Personal serviert, und zwar links von jedem Gast. Getränke werden von rechts eingegossen. Ist der Kreis kleiner und reichen sich die Tischgenossen selbst die Platten, so kommen die Speisen ebenfalls von links. Wird nicht angeboten, so werden Schüsseln und Platten bis vor den eigenen Teller gerückt und nicht umgekehrt. Für jedes Gericht ist ein besonderes Vorlegebesteck bereit. Das eigene Besteck bleibt also immer auf dem Teller. Ist jeder Gast versorgt, gibt wiederum die Hausfrau das Zeichen zum Beginn. (Und auch das Ende einer Mahlzeit zeigt sie an, indem sie sich erhebt). Man ißt ruhig, nicht hastig und der Teller wird nicht vollgeladen, selbst wenn der Hunger noch so groß und das Gebotene noch so gut schmeckt. Dagegen aber kann gern noch einmal nachgenommen wer-

den. Zum Zeichen, daß noch Appetit vorhanden ist, wird das Besteck gekreuzt auf den Teller gelegt; liegt es nebeneinander auf dem Teller, so weiß die Hausfrau, daß der Gast nicht mehr bedient werden will (Abb. S. 29). Je weniger Platz für die Ellbogen gebraucht wird, um so besser.

Das Messer tritt nur in Tätigkeit, wenn wirklich etwas geschnitten werden muß. Kartoffeln, Gemüse, Frikadellen, Klöße werden mit der Gabel zerteilt. Eier, Vorspeisen und Mehlspeisen werden nur mit der Gabel gegessen. Eine Ausnahme bildet Stangenspargel, der neuerdings auch geschnitten werden darf. Sonst ist es fast nur das Fleisch, für das das Messer gebraucht wird. In manchen Gerichten finden sich heimtückische Knöchelchen oder Gräten, im Kompott oft noch Steine. Man läßt diese unerwünschten Zugaben unauffällig von den Lippen auf die Gabel oder das Löffelchen gleiten und legt sie auf den Tellerrand oder in die dafür bestimmten Schälchen.

Wird zum Essen Wein, Bier oder Wasser getrunken, ist es zwar manchmal sehr verlockend, eine trockene Kartoffel mit herzhaftem Schluck hinunterzuspülen. Man sollte es aber nicht tun! Erst wenn der Mund leer und die Lippen mit der Serviette von Fettspuren befreit sind, wird das Glas zum Munde geführt.

Eines sei zum Schluß allen noch ans Herz gelegt, die gerne Gast an einer guten Tafel sind: Jede Hausfrau freut sich über ein paar anerkennende Worte, über ein aufrichtiges Lob ihrer Kochkunst. Und selbst ein Stilfehler während des Essens wird verziehen, wenn der Gast die Kunst der Köchin liebenswürdig zu erwähnen weiß!

Eine Plauderei über das Tischgetränk

Vom verständnisvollen beschwingten Wechselspiel zwischen Küche und Keller, Gericht und Getränk sind Stil und Kultur des gedeckten Tisches wie der Mahlzeit selbst bedingt. Wie bescheiden man auch zu leben gezwungen sein mag, niemand sollte sich den Genuß entgehen lassen, mit Ruhe und bewußtem Behagen wenigstens an Sonn- und Feiertagen des Essens froh zu werden. Das beginnt mit dem sorgfältigen Zubereiten der Speisen, wie es in diesem Buch empfohlen wird, und geht weiter über das nicht minder liebevolle, hübsche Tischdecken, das Bereitstellen der Getränke bis zum Mahl selbst, dem geruhsamen, stillvergnügten Sich-Schmeckenlassen der Gaben aus Küche und Keller.

Wenn in diesem kleinen Sonderkapitel, das sich unserem Kochbuch einfügt, von Getränken die Rede sein soll, so mag dabei im Vordergrund der Betrachtung der Wein stehen. Damit sollen keineswegs etwa die Bedeutung und der Wert des Bieres verkannt werden. Zur rechten Zeit und zu einem ihm gemäßen Gericht wird auch das Glas Bier stets seine volle Geltung behalten.

Insbesondere zum Ausklang eines weinfrohen Abends, wenn sich leise wieder Hunger regt, der an schmackhaften Würstchen oder an einer Käseplatte oder auch nur an Salzgebäck sich gütlich tut, ist ein Trunk frischen Biers willkommen und begehrt. In diesem Zusammenhang ein Wort über das Löschen spürbaren Durstes. Der Weinfreund betrachtet den Wein nie als Durstlöscher. Auch er feuchtet die trockene Kehle gern mit einem „Gespritzten", mit einer „Schorle", dem angenehm prikkelden Gemisch von Wein und Mineralwasser, oder mit einem der köstlichen Fruchtsäfte, die vor allem auch von Kindern geschätzt werden und ihnen bekömmlich sind. Auch Weinbrand oder Kognak mit Soda mundet gut. Und notabene: Der Trunk frischen Quellwassers hat gleichfalls seine respektablen Reize und weiß herrlich zu laben . . .

Mit Bedacht und Andacht will der Wein genossen sein. Man kann das den sogenannten „Weinbeißern" abschauen, wie dabei zu verfahren ist. Auge, Nase, Zunge und Gaumen wollen genießen. Man läßt das Licht durchs gefüllte Glas fallen und freut sich am hellen oder dunkleren oder grünlich schimmernden Gold des Tropfens, der einem gegönnt ist. Dann beseligt den Geruchssinn die Blume, der wehende Duft des Weines, und jetzt erst wird das Glas an die Lippen gesetzt, und lautlos wird der erste Schluck der köstlichen Gabe geschlürft. Bisweilen allerdings hört man bei einem erklärten Weinfreund auch einmal das Schlürfen, das dann aber mit unverkennbarem Charme geschieht.

Meist wird der Wein viel zu kalt gereicht. Je eisgekühlter ein Wein sei, desto besser munde er, meinen Leute, die vom Wein kaum viel wissen können. Überkühlter Wein büßt seine Blume ein. Wo der Wein in einem trockenen Keller mit 10–12 Grad Celsius lagert, kann er beherzt in der „Kellertemperatur" aufgetischt werden. Er befindet sich dann in einer Verfassung, in der er sich am natürlichsten und liebenswertesten zu präsentieren vermag. Rotwein freilich soll in Zimmertemperatur getrunken werden, also mit 15–16 Grad Celsius. Man muß ihn deshalb rechtzeitig aus dem Keller holen. Auf keinen Fall darf er künstlich, also etwa durch Eintauchen der Flasche in warmes Wasser „erwärmt" werden. Rotwein sollte man, wenn es irgendwie möglich ist, aus Tulpenform-Gläsern kosten. Das Bukett wird durch das am Rande nach innen umgebogene Glas gewissermaßen eingefangen. Durch gemächliches Drehen des Glases bringt man den Duft zum Entströmen. Rotwein im besonderen will „gekaut" sein, Schluck um Schluck getrunken werden. Mit Rotwein- aber auch mit Weißweinflaschen gehe man wie mit einem liebevollen Gegenstand um. Man trage sie vorsichtig, entkorke sie, ohne sie zu schütteln, gieße den Wein in die Gläser mit bewußter Gemessenheit. Gläser für Weiß- wie für Rotwein sollen farblos, glasklar sein, damit die Tönung und Farbnuance des Weines nicht beeinträchtigt und ungemindert genossen werden können.

Welchen Wein reicht man zu welchen Gerichten?

Man beginne, wenn zu einer Mahlzeit verschiedene Weine gereicht werden, mit den leichtesten und lasse die kräftigen, meist älteren Jahrgänge, so auch die (spätgeernteten) Spätlesen, Auslesen, Trockenbeeren-Auslesen folgen. Werden Weißwein und Rotwein gereicht, so sollte man dem ersteren den Vortritt lassen. Süffige, leichtere, herbere Weißweine begleiten vortrefflich Fischgerichte. Das französische Sprichwort: „Poisson sans boisson est poison" – Fisch ohne Getränk ist Gift – braucht gewiß nicht wörtlich genommen zu werden, aber etwas Wahres steckt schon in dieser Regel. Zu Vorgerichten paßt ein nicht zu temperamentvoller Mosel, ein anmutiger Markgräfler (Baden), ein nicht zu blumiger Rheingauer, jeder „unpathetische" Tropfen. Rotsponfreunde schätzen zu Vorgerichten einen leichten Rotwein. Würzigere, schwere, gereifte Rheinweine, Pfälzer, Bocksbeutelweine (aus Franken und aus Neuweier in Baden), rassige Kaiserstühler und Ortenauer (beide aus Baden), aber auch zünftige Moselweine gesellen sich zu Fleischgerichten, zu Wildbret, Gänsebraten u. ä. Auch füllige Rotweine sind für Liebhaber von diesen am Platze. Leichteres Geflügel verträgt sich mit milderen Weißweinen. In Frankreich, wo auch der „einfache Mann" vom Wein meist recht viel versteht, widerspricht man mit einleuchtenden Gründen der oft vertretenen Auffassung, „süße" Weißweine, die im übrigen kühler sein dürfen als kräftigere, eigneten sich besonders gut zu Nachtisch und Süßspeisen. Man serviert solche Weine gerne zur Gänseleberpastete, zum jungen Hähnchen, zum Lammbraten oder auch wohl zu gekochten Fischen. Ja, und zum Dessert? Gerade das sorgsam zubereitete Dessert will oft ohne Getränke genossen sein. Geht es um eine festliche Veranlassung, leiste man sich zum Nachtisch ein Glas Sekt. Nichts wäre nun verkehrter und abwegiger, als zu glauben, es handle sich bei diesen Anregungen um „bindende Vorschriften". Es sollten in ihnen nicht mehr als persönlich gefärbte Hinweise gesehen werden. Wenn allgemein gilt, daß über „Geschmäcker" nicht zu streiten sei, so hat diese These für den Wein besondere Geltung. Nur – wer zum Wein innigere Beziehung als lediglich eine zufällige Bekanntschaft knüpfen möchte, wird immer darauf achten, wie Weine und Gerichte sich am besten vertragen.

Ein Wort noch über gebrannte Wasser und Liköre. Sie werden nach dem Mahl gereicht, zum Kaffee, wohl auch einmal für sich allein bei besonderem Anlaß. Wie beim Wein spielt die persönliche Liebhaberei eine entscheidende Rolle. Nur daran sei erinnert, daß ein guter Kirsch oder Kognak an Duft verliert, wenn er zu kalt ist. In Frankreich, und besonders in Cognac selbst, der Heimat des französischen „Seelentrösters", wird dieser mit Zimmertemperatur getrunken. Nicht selten werden die großen Tulpengläser, in denen er gereicht wird, leicht angewärmt. Es mag Leute geben, die darüber lächeln und behaupten, der „Schnaps" müsse „eisgekühlt" sein. Man versuche den gleichen Kirsch, Kognak oder Weinbrand und so weiter „eisgekühlt" und mit Zimmertemperatur

und sage dann, in welcher Haltung der „Geist“ der gebrannten Wässer sich am eindringlichsten offenbart.
Damit aber nun genug. Es ließe sich über Getränke und über das Trinken natürlich noch erheblich mehr sagen, als es in diesen Zeilen geschah. Aber letztlich muß man sich im Reich der edlen Tropfen selbst zurechtfinden. Immerhin möchte die Handvoll erprobter Hinweise den wohlgeneigten Lesern, sofern sie nicht bereits selbst mit dem Wein im reinen sind, wert erscheinen, über Augen, Nase, Zunge und Gaumen nachgeprüft zu werden. Vite vita, sagt der Lateiner: In der Rebe das Leben!
Die Wahrheit dieses schönen, beziehungsvollen Wortes zu ergründen und ihrer immer wieder inne zu werden, gehört zu den beglückendsten Erlebnissen.

MASSE UND GEWICHTE

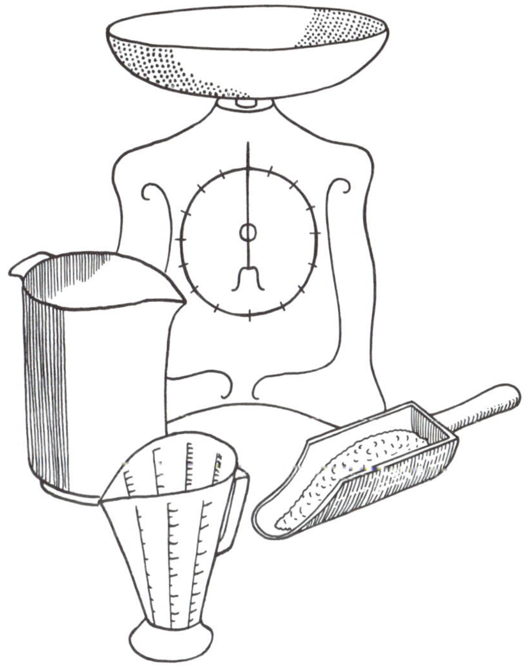

In den Rezepten des vorliegenden Kochbuches sind die Zutaten in Gramm angegeben, um nach Möglichkeit ein Bemessen der Mengen nach Gutdünken auszuschalten, weil dabei Material verschwendet wird und Mißerfolge häufig sind. Das genaue Abmessen und Wiegen ist eine selbstverständliche Forderung für jede Hausfrau, die rationell wirtschaften und mit dem Pfennig rechnen will. Um ein Abmessen kleiner Mengen zu erleichtern, sei nachfolgende Tabelle angeführt, doch sollte jede Hausfrau im Anfang ihrer Praxis auch kleinste Mengen abwiegen und sie danach mit dem Löffel messen, um ihr Augenmaß auszubilden.

1 l Wasser	=	1 kg
$^1/_4$ l Flüssigkeit	=	1 Suppenteller
$^1/_5$ l Flüssigkeit	=	200 ccm (ml)
$^1/_8$ l Flüssigkeit	=	8 Eßl.
$^1/_{10}$ l Flüssigkeit	=	6 Eßl.
1 kg	=	1000 g
$^1/_2$ kg	=	500 g (1 Pfund)
1 Eßl. Mehl, gestrichen	=	10 g
1 Eßl. Gustin, schwach gehäuft	=	10 g
1 Eßl. Semmelmehl, gestrichen	=	10 g
1 Eßl. Grieß, gestrichen	=	12 g
1 Eßl. Graupen, Grütze, gestrichen	=	12 g
1 Eßl. Salz, gestrichen	=	15 g
1 Eßl. Zucker, gestrichen	=	15 g
1 Eßl. Zucker, schwach gehäuft	=	20 g
1 Eßl. Zucker, gut gehäuft	=	25 g
1 Eßl. Fett, gestrichen	=	15 g
1 Teel. Gustin, gestrichen	=	2 g
1 Teel. Salz, gestrichen	=	5 g
1 Teel. Backpulver Backin, gestrichen	=	3 g
5 mittelgroße Äpfel	=	$^1/_2$ kg
6–7 mittelgroße Kartoffeln	=	$^1/_2$ kg
1 Gewürzdosis	=	4 Pfefferkörner, 2 Nelkenpfeffer, 1 Nelke, 1 kleines Lorbeerblatt
Suppengrün (Wurzelwerk)	=	Möhre, Porree, Sellerie, Petersilienwurzel.

Mengenangaben Bei den folgenden Angaben handelt es sich um Durchschnittsmengen, die jede Hausfrau auf Grund ihrer Erfahrung für die besonderen Verhältnisse ihrer Familie abändern muß. Bei der Veranschlagung des Kostmaßes sind Alter, Berufsarbeit, Gewöhnung und Veranlagung der einzelnen Personen zu berücksichtigen. Im allgemeinen legt man folgende

Gläser, Bleikristall-Serie „Comtessa" aus dem Hause WMF
Hinweis Seite 28

Whiskybecher
Bowlenglas
Kognakschwenker
Biertulpe
Bierbecher
Likörbecher

Sektkelch
Rotweinkelch
Weißweinkelch
Süßweinkelch
Sektschale
Likörschale

Mengen für eine Person und Mahlzeit zugrunde:

1/4 l Suppe als Vorgericht,	150–200 g Fischfilet,
1/2 l Suppe als Hauptgericht,	200–250 g Gemüse,
1/10–1/8 l Soße	250 g Kartoffeln,
100–125 g Fleisch ohne Knochen,	125 g frisches Obst,
125–150 g Fleisch mit Knochen,	60 g Backobst.
250 g Fisch mit Kopf,	

Abkürzungen

kg	=	Kilogramm			
l	=	Liter	*S.*	=	Seite
Eßl.	=	Eßlöffel	*s. oben*	=	siehe oben
Teel.	=	Teelöffel	*Abb.*	=	Abbildung

Alle Rezepte dieses Buches sind, wenn nicht anders vermerkt, für 4 Personen berechnet.
Die Zutaten sind in der Reihenfolge des Verbrauchs aufgeführt.
Die zu verschiedenen Rezepten empfohlenen Beilagen oder Veränderungen in diesem Buch sind in den Kalorienberechnungen nicht enthalten.

Festlich gedeckter Tisch, Gläser und Bestecke aus dem Hause WMF
Hinweis Seite 27/28

KÜCHEN-TECHNISCHE GRUNDBEGRIFFE

Im Küchenbereich verwendet man für das Zubereiten von Speisen und Backwerk bestimmte Fachausdrücke. Um diese zu verdeutlichen, werden auf der nachfolgenden Seite die Gebräuchlichsten aufgeführt und erklärt.

Abziehen (legieren) Eigelb oder Ganz-Ei mit etwas Flüssigkeit (Wasser oder Sahne) verquirlen und unter Schlagen in die kochendheiße Speise geben, diese darf nicht mehr aufkochen.

Anschwitzen (andünsten) Erhitzen des Kochgutes (Suppengrün, Zwiebel, Gemüse) in heißem Fett, ohne daß es bräunt.

Ausbacken Garen in heißem Fett, das Kochgut muß darin schwimmen. Entweder verwendet man dazu nur Speiseöl oder nur festes Fett, z. B. Kokosfett, aber nicht Öl und festes Fett gemischt.

Backen Garen durch heiße Luft im Backofen oder in Spezialgeräten, wie Backhaube, Waffeleisen usw.

Binden Suppen oder Soßen mit kalt angerührtem Gustin oder Mehl sämig machen.

Braten Garen in Fett bei hoher Temperatur im Brattopf, in der Pfanne, im-Backofen auf dem Rost oder in der Rostbratpfanne. Wichtig ist die schnelle und gute Bräunung, bei der sich Röst- und Aromastoffe bilden.

Dämpfen Garen im Siebeinsatz in Wasserdampf im gut verschlossenen Topf. Der Nährstoffverlust ist gering, da das Kochgut nicht unmittelbar mit dem Kochwasser in Berührung kommt.

Dünsten Garen im eigenen Saft, wenn nötig unter Zugabe von etwas Fett oder Flüssigkeit. Die Nährstoffe bleiben weitgehend erhalten.

Gar ziehen lassen Das Kochgut knapp unter der Kochtemperatur halten.

Grillen Garen durch Strahlungshitze bei besonders hoher Temperatur.

Kochen Garen in Flüssigkeit. Nur anzuwenden, wenn die Flüssigkeit zu Suppen oder Soßen verwendet werden kann, da ein Teil der Nährstoffe in das Kochwasser übergeht. Grundsätzlich muß das Kochgut bei hoher Einstellung zum Kochen gebracht und dann bei niedriger Einstellung kochend gehalten werden, ohne überzukochen. Bei Herden mit Automatikplatten, die auf den Bereich „Kochen" gestellt werden können, entfällt das Umstellen, denn der Kochvorgang wird selbsttätig durch die Temperaturautomatik überwacht.

Panieren Das Bratgut nacheinander wenden in Weizenmehl, verschlagenem Ei und Semmelmehl

Schmoren Anbraten in Fett im offenen Gefäß bis zur Bräunung und garen unter Zugabe von Flüssigkeit im geschlossenen Topf.

Überbacken (gratinieren) Fertige Speisen, die mit geriebenem Käse oder Semmelmehl und Butterflöckchen belegt sind, bei starker Hitze von oben bräunen oder überkrusten lassen.

Mehlschwitze Fett zergehen lassen, Mehl dazugeben und gelb oder braun werden lassen. Langsam Flüssigkeit auffüllen und mit einem Schneebesen durchschlagen, damit sich keine Klumpen bilden. 5–10 Minuten schwach kochen lassen.

SUPPEN

Mit Recht hat die Suppe ihren Platz in jedem „richtigen Essen“ seit jeher behauptet. Sie bietet unzählige Möglichkeiten, den Speisezettel abwechslungsreich zu gestalten und verlangt keine teuren Zutaten. Mit Liebe und Phantasie lassen sich besonders aus Resten immer wieder neue und wohlschmeckende Suppen zubereiten. Eine wesentliche Erleichterung für die Hausfrau bieten die kochfertigen Suppen, z. B. die ETO-Suppen.

Groß ist auch der gesundheitliche Wert der Suppe. Sie belebt nach anstrengender Arbeit und trägt zur Entspannung derjenigen bei, die sich abgehetzt zu Tisch setzen. Sie durchwärmt im Winter und erfrischt als Kaltschale im Sommer. Sie stillt den ersten Hunger, bereitet den Magen auf die kommenden Genüsse schonend vor und erhöht dadurch die Verträglichkeit der ganzen Mahlzeit. Bei den salzigen Suppen unterscheidet man klare und gebundene. Damit *klare Suppen* durch Zugabe von Einlagen wie Teigwaren, Reis, Klöße usw. nicht trübe werden, ist es ratsam, diese in Salzwasser gar zu kochen, mit kaltem Wasser abzuspülen (Klöße nicht!) und sie erst kurz vor dem Anrichten in die Suppe zu geben. *Gebundene Suppen* können Mehl, Gustin, Grieß, Reis, Sago, Teigwaren, Brot oder Gemüse enthalten. Das Dickungsmittel wird in der Suppe gar gekocht. Man rechnet für 1 Liter Flüssigkeit bei warmen Suppen im allgemeinen 35–40 g Mehl oder Gustin und 40–50 g Reis, Sago oder Teigwaren. Für Suppen, die kalt gereicht werden, genügen pro Liter Flüssigkeit 30 g Mehl oder Gustin. Während Mehl und Gustin nur angerührt, und zwar mit kalter Flüssigkeit, in die kochende Suppe gegeben werden, streut man Grieß, Reis, Sago und Teigwaren in die kochende Flüssigkeit.

Über die Beigabe von Eigelb oder Ganz-Ei an fertige Suppen und andere Speisen gibt der Abschnitt „Eierspeisen“, Regeln ab Punkt 5 (S. 316), Aufschluß.

FLEISCH-, KNOCHEN- UND FISCHSUPPEN

Regeln

1. Fleisch und Knochen nur kurz mit kaltem Wasser abspülen, damit keine Nährstoffe verlorengehen.
2. Fleisch in kaltes oder kochendes Wasser geben. Kommt es nur auf eine gute Brühe an, das Fleisch (evtl. klein schneiden) in kaltem Wasser aufsetzen, damit das Fleisch besser auslaugt.
   Soll das Fleisch saftig bleiben, es in kochendes Wasser geben, das Eiweiß an den Schnittflächen gerinnt sofort und verschließt die Poren des Fleisches.
3. Knochen klein hacken, mit kaltem Wasser aufsetzen, evtl. zweimal auskochen, um sie vollständig auszunutzen.
4. Fleisch muß während des Kochens mit Wasser bedeckt sein, da es sonst hart und zäh wird.
5. Brühe bei starker Hitze fast zum Kochen bringen, bei schwacher Hitze fertig kochen.
6. Ein Verkochen der Flüssigkeit braucht beim Ansetzen nicht berücksichtigt zu werden, da auf dem Gas- und Elektroherd bei richtiger Einstellung der Flamme bzw. der Kochplatte kaum Wasser verdampft.
7. Das geputzte, gewaschene Suppengrün gebündelt oder kleingeschnitten in die Brühe geben, je nachdem, ob es in der Suppe bleiben soll oder nicht.
   Petersilie erst kurz vor dem Anrichten an die Suppe geben, sie verliert durch das Kochen die grüne Farbe.
   Um eine dunklere Färbung der Brühe zu erzielen, eine fettlos gebräunte Zwiebel darin auskochen lassen.
8. Damit klare Suppen durch Zugabe von Einlagen wie Teigwaren, Reis, Klöße nicht trübe werden, ist es ratsam, diese in Salzwasser gar zu kochen, mit kaltem Wasser abzuspülen (Klöße nicht) und sie erst kurz vor dem Anrichten in die Suppe zu geben.
9. Um einer gebundenen Suppe einen kräftigen Geschmack zu geben, Mehl, Grieß, Reis und Sago zunächst mit Fett anrösten, dann mit der erforderlichen Flüssigkeit auffüllen (ablöschen), gar kochen. Diese Zubereitungsart bei der sogenannten Mehlschwitze wählen, wobei das Mehl, je nach Wunsch, heller oder dunkler geröstet werden kann.

Dunkle Grundsuppe

40 g Butter oder Margarine	zerlassen
50 g Weizenmehl	unter Rühren so lange darin erhitzen, bis es hell- bis dunkelbraun ist
evtl. 1 Zwiebel	abziehen, würfeln, in das leicht gebräunte Mehl geben, da sie sonst zu dunkel wird
1 l Flüssigkeit	hinzugießen, mit einem Schneebesen durchschlagen, zum Kochen bringen, etwa 10 Minuten kochen lassen, nach Belieben abschmecken.
	Pro Person: 140 Kalorien = 586 Joule.

Helle Grundsuppe

40 g Butter oder Margarine	zerlassen
40 g Weizenmehl	unter Rühren so lange darin erhitzen, bis es hellgelb ist
1 l Flüssigkeit	hinzugießen, mit einem Schneebesen durchschlagen, zum Kochen bringen, etwa 10 Minuten kochen lassen, nach Belieben abschmecken.
	Pro Person: 131 Kalorien = 548 Joule.

Fleischbrühe

250 g Knochen	abspülen, zerkleinern
375 g Rindfleisch (Brust-, Schwanzstück oder Bein)	waschen
	beide Zutaten in
2 l kaltes Salzwasser	geben, zum Kochen bringen
Suppengrün (Möhre, Porree, Sellerie)	putzen, waschen
1 Zwiebel	abziehen, in Scheiben schneiden, nach Belieben rösten, mit in die Brühe geben, kochen lassen
	wenn das Fleisch gar ist, die Brühe durch ein Sieb gießen, mit Salz,
Fleischextrakt oder Suppenwürze	abschmecken
	klare Fleischbrühe in Tassen mit
Weißbrot	reichen oder sie zu einer der nachfolgenden Suppen mit Einlage verwenden
Kochzeit:	$2^1/_2$–3 Stunden.
	Pro Person: 112 Kalorien = 469 Joule.

Hühnerbrühe

1 küchenfertiges Suppenhuhn (1¼ kg)	waschen, zusammen mit Herz, aufgeschnittenem, gesäubertem Magen, Hals in
2½ l kochendes Salzwasser	geben
Suppengrün (Möhre, Porree, Petersilienwurzel, Sellerie)	putzen, waschen, hinzufügen, zum Kochen bringen, alles gar kochen lassen (die Leber nur wenige Minuten mitkochen) wenn das Huhn gar ist, die Brühe durch ein Sieb gießen, das Hühnerfleisch von den Knochen lösen, nach Belieben klein schneiden, in die Brühe geben oder zu Frikassee (S. 119) verwenden.
Kochzeit:	Etwa 2 Stunden.
	Pro Person: 334 Kalorien = 1397 Joule.

Hühnerbrühe mit Einlage

1 l Hühnerbrühe	zum Kochen bringen
50 g Nudeln oder Brühreis	(Reis waschen) hineinstreuen, umrühren, zum Kochen bringen, gar kochen lassen
vorbereitete Blumenkohlröschen	in der Suppe gar kochen lassen
und Spargelstückchen	die Suppe mit
	abschmecken, mit
Fleischextrakt oder Suppenwürze	bestreuen
1 Eßl. gehackter Petersilie	10–15 Minuten
Kochzeit für die Nudeln:	20–30 Minuten
Für den Reis:	nach Belieben
	hinzufügen.
Eierstich (S. 71)	*Pro Person: 75 Kalorien = 214 Joule.*

Gestockte Brühe

1 l Fleischbrühe (S. 45 oder z. B. zubereitet aus Brühwürfeln)	zum Kochen bringen
1 Ei	
2 Eßl. kalte Milch oder Wasser	
Salz	
geriebene Muskatnuß	verschlagen, unter ständigem Rühren in die stark kochende Brühe geben, einmal aufkochen lassen.
	Pro Person: 42 Kalorien = 176 Joule.

Fleischbrühe mit Nudeln

1 l Fleischbrühe (S. 45 oder z. B. zubereitet aus Brühwürfeln)	zum Kochen bringen
40 g Nudeln (Sternchen, Hörnchen, Buchstaben oder Fadennudeln)	(Fadennudeln zerkleinern) hineinstreuen, umrühren, gar kochen lassen die Brühe mit
1 Eßl. gehackter Petersilie	bestreuen
Kochzeit:	Etwa 15 Minuten.
Veränderung:	Die Nudeln gesondert in Salzwasser gar kochen lassen, kurz vor dem Anrichten in die Brühe geben.
	Pro Person: 59 Kalorien = 247 Joule.

Ochsenschwanzsuppe

(Für 6 Personen)

375 g Ochsenschwanz	waschen, abtrocknen, in Stücke schneiden
1 Zwiebel	abziehen, in Scheiben schneiden
Suppengrün (Möhre, Porree, Sellerie)	putzen, waschen, klein schneiden
20 g Fett	erhitzen, den Ochsenschwanz mit etwa vorhandenen
Schinkenresten	darin gut bräunen, Zwiebel und Suppengrün hinzufügen, kurze Zeit miterhitzen, dann
1 1/2 l Wasser, 4 Pfefferkörner, 2 Nelkenpfeffer (Piment), 1 Nelke, 1 kleines Lorbeerblatt, Salz	dazugeben, zum Kochen bringen, gar kochen lassen, die Brühe durch ein Sieb gießen, entfetten das Fleisch von den Knochen lösen, klein schneiden
40 g Fett	zerlassen
50 g Weizenmehl	unter Rühren so lange darin erhitzen, bis es dunkelbraun ist, die Brühe hinzugießen, mit einem Schneebesen durchschlagen, zum Kochen bringen, etwa 10 Minuten kochen lassen die Suppe mit Salz,
Pfeffer, 1–2 Eßl. Zitronensaft, Rotwein oder Madeira, Zucker	abschmecken, das Fleisch hinzugeben
Kochzeit:	Etwa 2 Stunden.
Veränderung:	Die Suppe statt mit einer Mehlschwitze mit 40 g kalt angerührtem Dr. Oetker Gustin binden.
	Pro Person: 262 Kalorien = 1096 Joule.

Gulaschsuppe
(Für 6 Personen)

300 g Zwiebeln	abziehen, in Scheiben schneiden
4 grüne oder rote Paprikaschoten	halbieren, entstielen, entkernen, die weißen Scheidewände entfernen, die Schoten waschen, in feine Streifen schneiden
250 g Rindfleisch	waschen, in kleine Würfel schneiden
60 g Schweineschmalz	erhitzen, die Zwiebelscheiben darin hellgelb dünsten lassen, die Paprikastreifen,
3 Eßl. Tomatenmark	hinzufügen, andünsten
	das Fleisch, etwa $\frac{1}{4}$ l von
$1\frac{1}{2}$ l Fleischbrühe (S. 45 oder z. B. zubereitet aus Brühwürfeln) Salz Paprika extrascharf $\frac{1}{4}$ Teel. Kümmel Gulasch-Gewürz $\frac{1}{2}$ Teel. Knoblauchsalz	hinzufügen, gut umrühren, etwa 45 Minuten dünsten lassen, dann die restliche Brühe hinzugießen, zum Kochen bringen, etwa 30 Minuten kochen lassen
2 gestrichene Eßl. Dr. Oetker Gustin	mit
3 Eßl. kaltem Wasser	anrühren, die Suppe damit binden, mit
1 Teel. Tabascosoße	abschmecken
Garzeit:	Etwa $1\frac{1}{4}$ Stunden.
Veränderung:	300 g geschälte, gewaschene, in kleine Würfel geschnittene Kartoffeln 20 Minuten vor Beendigung der Kochzeit in die Suppe geben.
	Pro Person: 237 Kalorien = 992 Joule.

Einlaufsuppe

20 g Weizenmehl 1 Eßl. Milch 1 Ei Salz geriebene Muskatnuß	verschlagen, tropfenweise (über einen Quirl oder durch die Löcher eines Schaumlöffels) in
1 l stark kochende Fleischbrühe (S. 45 oder z. B. zubereitet aus Brühwürfeln)	geben, einmal aufkochen lassen
	die Suppe mit
gehackter Petersilie	bestreuen
Kochzeit:	Etwa 3 Minuten.
	Pro Person: 64 Kalorien = 268 Joule.

Taubenbrühe

2 küchenfertige Tauben	waschen, zusammen mit Herz, aufgeschnittenem, gesäubertem Magen, Hals in
2½ l kochendes Salzwasser	geben
Suppengrün (Möhre, Porree, Petersilienwurzel, Sellerie)	putzen, waschen, hinzufügen, zum Kochen bringen, gar kochen lassen die Tauben aus der Brühe nehmen, von den Knochen befreien, das Fleisch klein schneiden die Brühe durch ein Sieb gießen aus der Leber nach Belieben Klößchen bereiten (S. 74), zusammen mit dem Fleisch als Einlage in die Brühe geben (Taubenbrühe ist sehr geeignet für Kranke und Genesende)
Kochzeit:	Etwa 2 Stunden.
	Pro Person: 155 Kalorien = 649 Joule.

Königinsuppe

40 g Butter oder Margarine	zerlassen
40 g Weizenmehl	unter Rühren so lange darin erhitzen, bis es hellgelb ist
1 l Hühnerbrühe (S. 46)	hinzugießen, mit einem Schneebesen durchschlagen, zum Kochen bringen, etwa 10 Minuten kochen lassen
200 g gekochtes Hühnerfleisch	in Würfel schneiden
8–10 Mandeln,	abziehen, mahlen
100 g gare Blumenkohlröschen oder Spargelköpfe	
	die Zutaten in die Suppe geben
1 Eigelb	mit
⅛ l Milch	verschlagen, die Suppe damit abziehen, mit
Fleischextrakt oder Suppenwürze	abschmecken
Kochzeit:	15–20 Minuten.
Veränderung:	Anstelle der Hühnerbrühe Kalbfleischbrühe verwenden.
	Pro Person: 271 Kalorien = 1134 Joule.

Fleischbrühe
mit Reis oder Sago

1 l Fleischbrühe (S. 45 oder z. B. zubereitet aus Brühwürfeln)	zum Kochen bringen
40 g Brühreis oder Sago	(Reis waschen) hineinstreuen, umrühren, zum Kochen bringen, gar kochen lassen die Brühe mit
1 Eßl. gehackter Petersilie oder feingeschnittenem Schnittlauch	bestreuen
Kochzeit für den Reis:	20–30 Minuten
Für den Sago:	15–20 Minuten.
Veränderung:	Reis oder Sago gesondert in Salzwasser gar kochen lassen, kurz vor dem Anrichten in die Brühe geben.

Pro Person: 57 Kalorien = 238 Joule.

Grießsuppe

1 l Fleisch-, Knochen- oder Gemüsebrühe (S. 45/59 oder z. B. zubereitet aus Brühwürfeln)	zum Kochen bringen
40 g Grieß	unter Rühren hineinstreuen, ausquellen lassen die Suppe mit
Salz Fleischextrakt oder Suppenwürze	abschmecken, mit
1 Eßl. gehackter Petersilie oder feingeschnittenem Schnittlauch	bestreuen
Kochzeit:	Etwa 10 Minuten.
Veränderung:	Den Grieß in 20 g zerlassene Butter oder Margarine geben, unter Rühren so lange darin erhitzen, bis er hellgelb ist, dann die Brühe dazugeben.

Pro Person: 57 Kalorien = 238 Joule.

Spargelsuppe, Rezept Seite 57

GEMÜSESUPPEN

Regeln

1. Gemüsesuppen ganz oder zum Teil mit Fleisch- oder Knochenbrühe (z. B. zubereitet mit ETO Klare Fleischsuppe) zubereiten. Wasser, Gemüsebrühe und Reste von Gemüsekochwasser ebenfalls verwenden.
2. Die Vorbereitung von frischem Gemüse (putzen, waschen) erfolgt nach den Vorschriften, die für die Behandlung von Gemüse (S. 234) gegeben sind.
3. Frisches Gemüse entweder mit kochender Flüssigkeit ansetzen oder in Fett andünsten, mit heißer Flüssigkeit auffüllen, gar werden lassen.
4. Trockengemüse (Hülsenfrüchte) 12–24 Stunden in Wasser einweichen, mit dem Einweichwasser zum Kochen bringen, gar kochen lassen.
5. Zur feineren Zubereitung Suppen durch ein Sieb streichen.
6. Falls Diätvorschriften eine Mehlschwitze verbieten, die Suppe mit kalt angerührtem Gustin binden, vor dem Anrichten ein Stück Butter hinzufügen.

Tomatensuppe

375 g Tomaten waschen, klein schneiden
1 Zwiebel abziehen
50 g Speck
beide Zutaten in Würfel schneiden, den Speck auslassen
30 g Butter oder Margarine
40 g Weizenmehl und die Zwiebel hinzugeben, so lange erhitzen, bis das Mehl hellgelb ist
die Tomaten,
¾ l Wasser
Salz
1 Teel. Basilikum
½ Brühwürfel hinzufügen, zum Kochen bringen, gar kochen lassen
die Suppe durch ein Sieb streichen, mit Salz,
Zucker
Paprika edelsüß
Tomatenmark
Knoblauchsalz
Tabascosoße abschmecken, mit
gehackter Petersilie bestreuen
Kochzeit: 15–20 Minuten.
Veränderung: Anstelle von Tomaten etwa 3 Eßl. Tomatenmark für 1 l Wasser nehmen.

Pro Person: 235 Kalorien = 983 Joule.

Quark-Fleisch-Frikadellen, Rezept Seite 143

Bohnensuppe mit Tomaten
(Hülsenfrüchte)

150 g Weiße Bohnen	waschen, in
$1^{1}/_{4}$ l Wasser oder Fleischbrühe (S. 45 oder z. B. zubereitet aus Brühwürfeln)	
	12–24 Stunden einweichen, mit der Einweichflüssigkeit zum Kochen bringen, gar kochen lassen
1 Stange Porree	putzen, waschen, in Scheiben schneiden, nach $1^{1}/_{2}$ Stunden Kochzeit mit in die Suppe geben
	die garen Bohnen durch ein Sieb streichen
6 Tomaten	waschen, kurze Zeit in kochendes Wasser legen, in kaltem Wasser abschrecken, enthäuten, klein schneiden
20 g Butter, Margarine oder Nierenfett	zerlassen, die Tomaten,
1 Eßl. Tomatenmark	
10 g Weizenmehl	unter Rühren darin erhitzen, die Bohnenbrühe hinzugießen, mit einem Schneebesen durchschlagen, zum Kochen bringen, etwa 15 Minuten kochen lassen
	die Suppe mit
Salz	
Thymian	
Knoblauchsalz (nach Belieben)	
Fleischextrakt oder Suppenwürze	
5 Tropfen Tabascosoße	abschmecken, mit
1 Eßl. gehackter Petersilie	bestreuen
Kochzeit:	Etwa 2 Stunden.
Veränderung:	Die Suppe ohne Tomaten kochen.
	Pro Person: 237 Kalorien = 992 Joule.

Frische Erbsensuppe

250 g ausgepalte Erbsen ($^{3}/_{4}$ kg mit Hülsen)	waschen
40 g Margarine (z. B. Sanella)	zerlassen, die Erbsen darin andünsten, mit
40 g Weizenmehl	bestreuen, kurz miterhitzen
1 l Wasser	
Salz	unter Rühren hinzufügen, zum Kochen bringen, gar kochen lassen
	die Suppe mit Salz abschmecken, mit
gehackter Petersilie	bestreuen
Kochzeit:	25–30 Minuten
	als Einlage nach Belieben Schwemm- (S. 70), Grieß- (S. 70) oder Fleischklößchen (S. 72) in die Suppe geben.
	Pro Person: 171 Kalorien = 715 Joule.

Erbsensuppe
(Hülsenfrüchte)

200 g ungeschälte Erbsen	waschen, in
$1^{1}/_{4}$–$1^{1}/_{2}$ l Wasser oder Fleischbrühe (S. 45 oder z. B. zubereitet aus Brühwürfeln)	12–24 Stunden einweichen, mit der Einweichflüssigkeit zum Kochen bringen nach Belieben
Speckschwarten und Schinkenreste	hinzufügen, gar kochen lassen
Suppengrün (Möhre, Porree, Sellerie)	putzen, waschen, nach 1 Stunde Kochzeit mit in die Suppe geben die garen Erbsen durch ein Sieb streichen
1 Zwiebel	abziehen, würfeln
20 g Fett (nach Belieben in Würfel geschnittener Speck)	zerlassen, die Zwiebel darin leicht bräunen
10 g Weizenmehl	hinzufügen, kurz miterhitzen die Erbsenbrühe hinzugießen, mit einem Schneebesen durchschlagen, zum Kochen bringen, etwa 15 Minuten kochen lassen die Suppe mit
Salz	
Majoran	
Fleischextrakt oder Suppenwürze	abschmecken, mit
gehackter Petersilie oder feingeschnittenem Schnittlauch	bestreuen, nach Belieben mit
gerösteten Semmelwürfeln	anrichten
Kochzeit:	Etwa 2 Stunden.
	Pro Person: 328 Kalorien = 1372 Joule.

Kartoffelsuppe

375 g Kartoffeln	schälen, waschen, in Würfel schneiden
Suppengrün (Möhre, Porree, Sellerie)	putzen, waschen, klein schneiden die Zutaten in
$1-1\frac{1}{4}$ l kochende Fleischbrühe (S. 45 oder z. B. zubereitet aus Brühwürfeln)	geben, zum Kochen bringen, gar kochen lassen, durch ein Sieb streichen
40 g Fett (nach Belieben in Würfel geschnittener Speck)	zerlassen
10 g Weizenmehl	unter Rühren so lange darin erhitzen, bis es hellgelb ist, die Kartoffelbrühe hinzugießen, mit einem Schneebesen durchschlagen, zum Kochen bringen, etwa 10 Minuten kochen lassen die Suppe mit
Suppenwürze	abschmecken, mit
gehackter Petersilie oder feingeschnittenem Schnittlauch	bestreuen
Kochzeit:	Etwa 30 Minuten.
	Pro Person: 201 Kalorien = 841 Joule.

Linsensuppe

200 g Linsen	waschen, in
$1\frac{1}{4}-1\frac{1}{2}$ l Fleischbrühe (S. 45 oder z. B. zubereitet aus Brühwürfeln)	12–24 Stunden einweichen, mit der Einweichflüssigkeit zum Kochen bringen
Suppengrün	putzen, waschen, klein schneiden
1 Zwiebel	abziehen, würfeln beide Zutaten nach 45 Minuten Kochzeit mit in die Suppe geben, die garen Linsen (entweder alle oder nur die Hälfte) durch ein Sieb streichen, wieder zum Kochen bringen die Suppe mit
Salz	
$\frac{1}{2}$ Teel. Thymian	abschmecken, mit
gehackter Petersilie	bestreuen
Kochzeit:	Etwa $1\frac{1}{2}$ Stunden.
	Pro Person: 222 Kalorien = 929 Joule.

Porreesuppe

200 g Porree	putzen, waschen, in feine Streifen schneiden
25 g Speck	in Würfel schneiden, auslassen, den Porree darin andünsten, mit
20 g Weizenmehl	bestreuen, kurz miterhitzen
1 l Fleischbrühe (S. 45 oder z. B. zubereitet aus Brühwürfeln)	unter Rühren hinzufügen, zum Kochen bringen, gar kochen lassen
20 g Dr. Oetker Gustin	mit
3 Eßl. kalter Milch	anrühren, die Suppe damit binden nach Belieben
1 Eigelb	mit
2 Eßl. kaltem Wasser	verschlagen, die Suppe damit abziehen, mit
Salz Suppenwürze geriebener Muskatnuß	abschmecken
Kochzeit:	Etwa 10 Minuten.
	Pro Person: 146 Kalorien = 611 Joule.

Spargelsuppe

(Abb. S. 51)

250 g Suppenspargel	von oben nach unten schälen, darauf achten, daß Schalen und holzige Stücke völlig entfernt, die Köpfe aber nicht verletzt werden, den Spargel waschen, in 3 cm lange Stücke schneiden, in
1 l kochendes Salzwasser	geben, zum Kochen bringen, gar kochen lassen das Spargelwasser durch ein Sieb gießen
40 g Butter oder Margarine	zerlassen
40 g Weizenmehl	unter Rühren so lange darin erhitzen, bis es hellgelb ist, das Gemüsewasser,
1/4 l Milch	hinzugießen, mit einem Schneebesen durchschlagen, zum Kochen bringen, etwa 10 Minuten kochen lassen, die Spargelstückchen hinzugeben nach Belieben
1 Eigelb	mit
2 Eßl. Sahne oder Dosenmilch	verschlagen, die Suppe damit abziehen, mit
Salz	abschmecken
Kochzeit:	Etwa 30 Minuten.
	Pro Person: 203 Kalorien = 849 Joule.

Selleriesuppe

250 g Sellerie	waschen, schälen, in dünne Streifen oder Scheiben schneiden, in
1–1¼ l kochendes Wasser	geben, zum Kochen bringen, gar kochen lassen, aus dem Kochwasser nehmen, durch ein Sieb streichen (einige Stücke zurücklassen), den durchgestrichenen Sellerie wieder in das Kochwasser geben
40 g Margarine (z. B. Sanella)	zerlassen
40 g Weizenmehl	unter Rühren so lange darin erhitzen, bis es hellgelb ist, die Gemüsebrühe hinzugießen, mit einem Schneebesen durchschlagen, zum Kochen bringen, etwa 10 Minuten kochen lassen, die Selleriestückchen hinzugeben
	die Suppe mit
Salz	abschmecken, nach Belieben mit
gerösteten Semmelwürfeln	anrichten.
Kochzeit	Etwa 30 Minuten.
	Pro Person: 129 Kalorien = 540 Joule.

Pilzsuppe

375 g Pilze	putzen, waschen
1 kleine Zwiebel	abziehen
	beide Zutaten fein schneiden
40 g Butter oder Margarine	erhitzen, Pilze und Zwiebel darin andünsten, mit
40 g Weizenmehl	bestreuen, kurz miterhitzen
1 l Wasser	hinzugießen, mit einem Schneebesen durchschlagen, zum Kochen bringen, gar kochen lassen
	die Suppe mit
Salz	
Fleischextrakt oder Suppenwürze	abschmecken, mit
gehackter Petersilie	bestreuen
Kochzeit:	Etwa 15 Minuten.
	Pro Person: 139 Kalorien = 582 Joule.

Blumenkohlsuppe

250 g Blumenkohl	in Röschen teilen, waschen, in
$^3/_4$ l kochendes Salzwasser	geben, zum Kochen bringen, gar kochen lassen
	das Blumenkohlwasser durch ein Sieb gießen, mit Wasser auf $^3/_4$ l ergänzen
40 g Butter oder Margarine	zerlassen
40 g Weizenmehl	unter Rühren so lange darin erhitzen, bis es hellgelb ist, das Gemüsewasser,
$^1/_4$ l Milch	hinzugießen, mit einem Schneebesen durchschlagen, zum Kochen bringen, etwa 10 Minuten schwach kochen lassen, die Blumenkohlröschen hinzugeben
1 Eigelb	mit
2 Eßl. kaltem Wasser	verschlagen, die Suppe damit abziehen, mit
Salz	abschmecken
Kochzeit:	30–40 Minuten.
	Pro Person: 151 Kalorien = 632 Joule.

Gemüsebrühe

500–600 g Gemüse (1 Stück Sellerie, 1 Kohlrabi, 1 Möhre, Petersilienwurzel, 1 Zwiebel, 1 Stange Porree, Blumenkohlrippen, Spargelstücke, Weißkohl- und Wirsingblätter)	putzen, waschen, klein schneiden
40 g Butter oder Margarine	zerlassen, das Gemüse darin andünsten
$1^1/_4$ l Wasser	hinzufügen, zum Kochen bringen, gar kochen lassen
Petersilie	
Sellerieblätter	kurz vor Beendigung der Kochzeit hinzufügen
	wenn das Gemüse gar ist, die Brühe durch ein Sieb gießen, sie nach Belieben anstelle von Fleisch- oder Knochenbrühe verwenden
Kochzeit:	Etwa 1 Stunde.
	Pro Person: 75 Kalorien = 214 Joule.

SÜSSE SUPPEN

Regeln

1. Süße Suppen haben als Grundlage Milch, Wasser, Obstsaft, Wein oder Bier. Die Suppen mit einem stärkehaltigen Nahrungsmittel wie Mehl, Gustin, Grieß usw. binden.
2. Milchsuppen sind nahrhaft und eignen sich gut zum Frühstück und Abendbrot. Da sie leicht verdaulich sind, spielen sie in der Kinder- und Krankenkost eine große Rolle.
3. Mehl, Grieß und dergleichen bei schwacher Hitze garen lassen.
4. Obstsuppen zum Kochen bringen, garen lassen. Die Früchte vor dem Kochen gründlich reinigen, getrocknete Früchte 12 Stunden einweichen.
5. Alkoholische Flüssigkeiten nicht kochen, sondern nur erhitzen, zuletzt in die Suppe geben.
6. Da die meisten süßen Suppen auch kalt gereicht werden können, sind sie besonders in der heißen Jahreszeit beliebt und als Abwechslung willkommen.
7. Die Suppe im Kochtopf erkalten lassen, ab und zu umrühren, damit sich keine Haut bildet.
8. Als Einlage eignen sich bei süßen Suppen Zwiebackwürfel, Suppenmakronen, Schnee-, Grieß-, Schwemmklößchen, Mandelreis.
   Schneeklößchen auf der heißen Suppe oder auf kochendheißem Wasser im zugedeckten Topf garen.

Milchsuppen

Haferflockensuppe

40 g Haferflocken	in
1 l kochende Milch	streuen, umrühren, zum Kochen bringen, ausquellen lassen die Suppe mit
Salz	
25 g Zucker	abschmecken nach Belieben
etwas Butter	unterrühren
Kochzeit	Etwa 10 Minuten.
	Pro Person: 225 Kalorien = 941 Joule.

Schneemilch

25 g Dr. Oetker Gustin	mit 4 Eßl. von
1 l kalter Milch	anrühren, die übrige Milch mit
20 g abgezogenen, geriebenen Mandeln	
2 Tropfen Dr. Oetker Backöl Bittermandel	zum Kochen bringen das angerührte Gustin unter Rühren in die von der Kochstelle genommene Milch geben, kurz aufkochen lassen
1 Eigelb	mit
2 Eßl. kaltem Wasser	verschlagen, die Suppe damit abziehen, mit
25 g Zucker	
1 Päckchen Dr. Oetker Vanillin-Zucker	
Salz	abschmecken
1 Eiweiß	steif schlagen
2 Teel. Zucker	unterschlagen, kleine Klöße abstechen, auf die kochendheiße Suppe setzen, im zugedeckten Topf in etwa 5 Minuten fest werden lassen, die Klößchen mit
20 g geraspelter Schokolade	bestreuen.
Veränderung:	Soll die Suppe als Kaltschale gereicht werden, nur 20 g Dr. Oetker Gustin nehmen, die Klößchen auf kochendheißem Wasser fest werden lassen.

Pro Person: 310 Kalorien = 1297 Joule.

Schokoladensuppe
mit Pudding-Pulver
(Für 6 Personen)

1 Päckchen Dr. Oetker Gala oder Schokoladen-Pudding-Pulver	
2 gehäufte Teel. Kakao	
75 g Zucker	mischen, mit 6 Eßl. von
1½ l kalter Milch	anrühren, die übrige Milch zum Kochen bringen das Pudding-Pulver unter Rühren langsam in die von der Kochstelle genommene Milch geben, kurz aufkochen lassen die Suppe mit
25 g Zucker	
Salz	abschmecken.

Pro Person: 263 Kalorien = 1100 Joule.

Schokoladensuppe
mit Blockschokolade

30 g Dr. Oetker Gustin	mit 4 Eßl. von
1 l kalter Milch	anrühren, die übrige Milch mit
75 g geriebener Blockschokolade	zum Kochen bringen, von der Kochstelle nehmen, das Gustin unter Rühren hineingeben, kurz aufkochen lassen
1 Päckchen Dr. Oetker Vanillin-Zucker	hinzufügen, die Suppe mit
Salz	
Zucker	abschmecken.
	Pro Person: 301 Kalorien = 1260 Joule.

Milchgrießsuppe

1 Päckchen Dr. Oetker Soßen-Pulver Vanille-Geschmack	
25 g Grieß	
25 g Zucker	mischen, mit 6 Eßl. von
1 l kalter Milch	anrühren, die übrige Milch zum Kochen bringen das Soßen-Pulver unter Rühren in die von der Kochstelle genommene Milch geben, kochen lassen die Suppe mit
Salz	
Zucker	
gemahlenem Zimt	
gemahlenem Anis	abschmecken
Kochzeit:	Etwa 5 Minuten.
Veränderung:	1–2 Eßl. gewaschene Rosinen oder Korinthen mitkochen.
	Pro Person: 222 Kalorien = 929 Joule.

Reis- oder Sagosuppe

90 g Milchreis oder 50 g Sago	(Reis waschen) in
1 l kochende Milch	geben, umrühren, zum Kochen bringen, ausquellen lassen die Suppe mit
25 g Zucker	
1 Päckchen Dr. Oetker Vanillin-Zucker	
Salz	abschmecken
Kochzeit:	Etwa 30 Minuten.
	Pro Person: 275 Kalorien = 1151 Joule mit Reis
	Pro Person: 235 Kalorien = 983 Joule mit Sago

Karamelsuppe

30 g Dr. Oetker Gustin	
1 Päckchen Dr. Oetker Vanillin-Zucker	mit 4 Eßl. von
1 l kalter Milch	anrühren
75 g Zucker	unter ständigem Rühren so lange erhitzen, bis er hellbraun ist, mit der restlichen Milch ablöschen, unter Rühren zum Kochen bringen, von der Kochstelle nehmen, das Gustin unter Rühren hineingeben, kurz aufkochen lassen die Suppe mit
Salz	
Zucker	abschmecken, nach Belieben mit
geraspelter Schokolade	bestreuen.
	Pro Person: 269 Kalorien = 1126 Joule.

Milchsuppe
mit Pudding-Pulver

1 Päckchen Dr. Oetker Pudding-Pulver Vanille-, Mandel-, Sahne- oder Zitrone-Geschmack	
50 g Zucker	mischen, mit 6 Eßl. von
$1^1/_4$ l kalter Milch	anrühren, die übrige Milch zum Kochen bringen das Pudding-Pulver unter Rühren in die von der Kochstelle genommene Milch geben, kurz aufkochen lassen die Suppe mit
25 g Zucker	
Salz	abschmecken soll die Suppe als Kaltschale gereicht werden, zusätzlich 6 Eßl. kalte Milch oder Wasser als Anrührflüssigkeit nehmen.
Veränderung:	Wenn ein kräftiger Vanillegeschmack gewünscht wird, anstelle von 1 Päckchen Pudding-Pulver 3 Päckchen Dr. Oetker Soßen-Pulver Vanille-Geschmack nehmen den Zitronengeschmack nach Belieben mit einigen Tropfen Dr. Oetker Backöl Zitrone verstärken.
	Pro Person: 313 Kalorien = 1310 Joule.

Sauermilch-Kaltschale

1 l dicke saure Milch	
*oder Dickmilch**	mit
75 g Zucker	
½ Teel. gemahlenem Zimt	schaumig schlagen
50 g geriebenes Schwarzbrot	hinzufügen
	die Suppe mit
Zucker	abschmecken, kühl stellen.
	Pro Person: 265 Kalorien = 1109 Joule.

Buttermilch-Kaltschale

30 g Rosinen oder Korinthen	waschen, in lauwarmem Wasser ausquellen lassen, abtropfen lassen
1 l Buttermilch	
50 g geriebenes Schwarzbrot	
etwa 50 g Zucker	
etwas Zitronensaft	verschlagen, die Rosinen (Korinthen) hinzufügen
	die Suppe abschmecken, kühl stellen.
	Pro Person: 188 Kalorien = 787 Joule.

* Bei Verwendung von gekaufter Dickmilch diese mit Milch beliebig verdünnen.

Rindfleischsuppe mit Gemüse, Rezept Seite 212

Obst- und Wassersuppen

Obstsuppe
von getrocknetem Obst

100 g Backobst (Äpfel, Aprikosen oder Pflaumen)	waschen, in
$1^1/_4$ l Wasser	12 Stunden einweichen, mit dem Einweichwasser,
3 Tropfen Dr. Oetker Backöl Zitrone	
gemahlenem Zimt	zum Kochen bringen, gar kochen lassen
	die Suppe durch ein Sieb streichen, zum Kochen bringen
20 g Dr. Oetker Gustin	mit
2 Eßl. kaltem Wasser	anrühren, die Suppe damit binden, mit
1 Päckchen Dr. Oetker Vanillin-Zucker	
50 g Zucker	abschmecken, nach Belieben mit
Suppenmakronen	anrichten
Kochzeit:	Etwa 30 Minuten.
	Pro Person: 144 Kalorien = 603 Joule.

Hafer-, Gersten- oder Reisschleim

50 g Haferflocken, Gerstengraupen oder Bruchreis	(Reis waschen) in
1 l Wasser	geben, zum Kochen bringen, ausquellen lassen
	die Suppe durch ein Sieb streichen, mit
Salz	abschmecken
Kochzeit für Haferflocken:	Etwa 10 Minuten
Für Gerstengraupen:	Etwa 50 Minuten
Für Reis:	Etwa 40 Minuten.
	Pro Person: 50 Kalorien = 209 Joule.

Teufelssoße, Rezept Seite 89

Bier- und Weinsuppen

Biersuppe

1/2 l Milch	
1 Stück Stangenzimt	zum Kochen bringen
2 Päckchen Dr. Oetker Soßen-Pulver Vanille-Geschmack	
75 g Zucker	mischen, mit
3 Eßl. kalter Milch oder Wasser	anrühren, unter Rühren in die von der Kochstelle genommene Milch geben, kurz aufkochen lassen
1/2 l helles Bier	hinzufügen
	die Suppe mit
Zitronensaft	
etwa 25 g Zucker	abschmecken, erhitzen (nicht kochen lassen)
1 Eigelb	mit
2 Eßl. kaltem Wasser	verschlagen, die Suppe damit abziehen
1 Eiweiß	steif schlagen
2 Teel. Zucker	unterschlagen, kleine Klöße abstechen, auf kochendheißes Wasser setzen, im zugedeckten Topf in etwa 5 Minuten fest werden lassen, auf die Suppe geben.

Pro Person: 300 Kalorien = 1255 Joule.

Weißweinsuppe

1/2 l Wasser	
1 Stück Stangenzimt	
2–3 Tropfen Dr. Oetker Backöl Zitrone	zum Kochen bringen
30 g Dr. Oetker Gustin	mit
2 Eßl. kaltem Wasser	anrühren, unter Rühren in das von der Kochstelle genommene Wasser geben, kurz aufkochen lassen
1/2 l Weiß- oder Apfelwein	hinzufügen, erhitzen (nicht kochen lassen)
1 Eigelb	mit
2 Eßl. kaltem Wasser	verschlagen, die Suppe damit abziehen, mit
50 g Zucker	abschmecken.
Veränderung:	Soll die Suppe als Kaltschale gereicht werden, nur 25 g Dr. Oetker Gustin nehmen.

Pro Person: 183 Kalorien = 766 Joule.

Rotweinsuppe

½ l Wasser	
1 Stück Stangenzimt	
2 Nelken	zum Kochen bringen
40 g Reis oder Sago	(Reis waschen) hineinstreuen, umrühren, zum Kochen bringen, gar kochen lassen
½ l Rotwein	hinzufügen die Suppe mit
50 g Zucker	
Zitronensaft	abschmecken, erhitzen (nicht kochen lassen), nach Belieben warm oder kalt reichen
Kochzeit für Reis:	20–30 Minuten
Für Sago:	10–15 Minuten als Einlage nach Belieben Suppenmakronen oder Zwiebackwürfel verwenden.

Pro Person: 169 Kalorien = 707 Joule.

SUPPENEINLAGEN UND -BEIGABEN

Regeln

1. Die Einlagen gesondert in Salzwasser gar kochen, um eine klare Brühe zu erhalten. Einlagen kurz vor dem Anrichten in die fertige Suppe geben (Kloßbrühe anderweitig verwenden).
   Einlagen in gebundenen Suppen garen.
2. Beim Einlauf darauf achten, daß die Brühe stark kocht, damit das Ei sofort gerinnt und große Flocken entstehen. Nach dem Aufkochen die Brühe im zugedeckten Topf so lange stehenlassen (nicht kochen), bis sie wieder klar ist.
3. Um Klößchen abzustechen, den Löffel vorher in die kochende Flüssigkeit tauchen, damit sich der Teig gut ablöst; um runde Klößchen zu erhalten, diese zweckmäßig mit nassen Händen formen.
4. Alle Klößchen in kochende Flüssigkeit geben, im offenen Topf gar ziehen lassen (Flüssigkeit muß sich leicht bewegen).

Schneeklößchen

2 Eiweiß	steif schlagen
2 Teel. Zucker	unterschlagen, kleine Klöße abstechen, auf kochendheiße Suppe oder Wasser setzen, im zugedeckten Topf in etwa 5 Minuten fest werden lassen, nach Belieben die Klößchen mit
geraspelter Schokolade oder	mit
Zucker und Zimt	bestreuen.

Pro Person: 18 Kalorien = 75 Joule.

Grießklößchen

$^1/_8$ l Milch	
15 g Butter oder Margarine	
Salz	
geriebene Muskatnuß	zum Kochen bringen, von der Kochstelle nehmen
50 g Grieß	unter Rühren hineinstreuen, zu einem glatten Kloß rühren, noch etwa 1 Minute erhitzen
	den heißen Kloß in eine Schüssel geben
1 Ei	unterrühren
	aus der Masse mit zwei nassen Teelöffeln Klößchen formen, in
kochendes Salzwasser oder	
in kochende Suppe	geben, gar ziehen lassen (Flüssigkeit muß sich leicht bewegen)
Garzeit:	Etwa 5 Minuten.
	Pro Person: 118 Kalorien = 494 Joule.

Schwemmklößchen

$^1/_8$ l Milch	
15 g Butter oder Margarine	
Salz	
etwas geriebene Muskatnuß	zum Kochen bringen
60 g Weizenmehl	sieben, auf einmal in die von der Kochstelle genommene Milch schütten, zu einem glatten Kloß rühren, unter Rühren noch etwa 1 Minute erhitzen
	den heißen Kloß sofort in eine Schüssel geben
1 Ei	unterrühren
	aus der Masse mit zwei nassen Teelöffeln Klößchen formen, in
kochendes Salzwasser oder	
in kochende Suppe	geben, gar ziehen lassen (Flüssigkeit muß sich leicht bewegen)
Garzeit:	Etwa 5 Minuten.
	Pro Person: 127 Kalorien = 531 Joule.

Flädchen

60 g Weizenmehl	in eine Schüssel sieben, in die Mitte eine Vertiefung eindrücken
Salz	
1 Ei	hineingeben, von der Mitte aus Ei und Mehl verrühren, nach und nach
$^1/_8$ l Wasser	hinzufügen, darauf achten, daß keine Klumpen entstehen, zuletzt
1 Teel. gehackte Petersilie	unterrühren
	aus dem Teig möglichst dünne Eierkuchen backen, in feine Streifen schneiden, die Suppe darüber gießen.
	Pro Person: 126 Kalorien = 527 Joule.

Eierstich

2 Eier	
1/8 l kalte Milch	
Salz	
geriebene Muskatnuß	verschlagen, in ein mit
Butter oder Margarine	gefettetes Gefäß füllen, mit
Dr. Oetker alufolie	verschließen, in kochendes Wasser stellen, das Wasser wieder zum Kochen bringen, den Topf mit einem Deckel verschließen (das Wasser nicht mehr kochen lassen) wenn die Masse fest geworden ist, sie stürzen, in Würfel schneiden, in die Suppe geben
Garzeit:	Etwa 30 Minuten.
Veränderung:	1 Eßl. feingehackte Kräuter, feingeriebenen Käse oder Tomatenmark mit den Eiern verschlagen.
	Pro Person: 75 Kalorien = 314 Joule.

Einlauf

20 g Weizenmehl	
1 Eßl. kalte Milch	
1 Ei	
Salz	
geriebene Muskatnuß	verschlagen, tropfenweise (über einen Quirl oder durch die Löcher eines Schaumlöffels oder Durchschlages) in die stark kochende Brühe geben, gar ziehen lassen das Ei muß sofort gerinnen, es müssen große Flocken entstehen nach dem Aufkochen die Brühe im zugedeckten Topf so lange stehenlassen (nicht kochen), bis sie wieder klar ist
Kochzeit:	Etwa 3 Minuten.
	Pro Person: 44 Kalorien = 184 Joule.

Wiener Nockerln

40 g Butter oder Margarine	schaumig rühren
1 Ei	
Salz	hinzufügen
75 g Weizenmehl	sieben, abwechselnd mit
etwa 2 Eßl. Milch	unterrühren, nur so viel Milch verwenden, daß ein geschmeidiger Teig entsteht aus der Masse mit zwei nassen Teelöffeln Klößchen formen, in
kochendes Salzwasser oder in kochende Suppe	geben, gar ziehen lassen (Flüssigkeit muß sich leicht bewegen)
Garzeit:	Etwa 10 Minuten.
	Pro Person: 172 Kalorien = 720 Joule.

Semmelklößchen

30 g Butter oder Margarine	schaumig rühren
1 Ei	
Salz	und so viel
Semmelmehl (etwa 50 g)	hinzufügen, daß eine geschmeidige Masse entsteht, darunter
1 Messerspitze Dr. Oetker Backpulver Backin	rühren
	die Masse $^{1}/_{2}$ Stunde stehenlassen, mit nassen Händen Klößchen daraus formen, in
kochendes Salzwasser oder in kochende Suppe	geben, gar ziehen lassen (Suppe muß sich leicht bewegen)
Garzeit:	Etwa 4 Minuten.
	Pro Person: 132 Kalorien = 552 Joule.

Fleischklößchen

20 g Margarine (z. B. Sanella)	schaumig rühren
50 g Gehacktes	
1 Eigelb	
Salz	
Pfeffer	
20 g Semmelmehl	hinzufügen
	aus der Masse mit nassen Händen Klößchen formen, in
kochendes Salzwasser oder in kochende Suppe	geben, gar ziehen lassen (Flüssigkeit muß sich leicht bewegen)
Garzeit:	Etwa 5 Minuten
	die Klößchen eignen sich besonders gut als Einlage in Frikassee und Ragout.
	Pro Person: 117 Kalorien = 490 Joule.

Markklößchen

40 g Mark	zerlassen, durch ein Sieb gießen, kalt stellen
	das abgekühlte Fett schaumig rühren
1 Ei	
Salz	und so viel
Semmelmehl (etwa 45 g)	hinzufügen, daß eine geschmeidige Masse entsteht, darunter
1 Messerspitze Dr. Oetker Backpulver Backin	rühren
	die Masse $^{1}/_{2}$ Stunde stehenlassen, mit nassen Händen Klößchen daraus formen, in
kochendes Salzwasser oder in kochende Suppe	geben, gar ziehen lassen (Flüssigkeit muß sich leicht bewegen)
Garzeit:	Etwa 3 Minuten.
	Pro Person: 155 Kalorien = 648 Joule.

Käseklößchen

1/8 l Milch	
15 g Butter oder Margarine	
Salz	
etwas geriebene Muskatnuß	
50 g geriebenen Käse	zum Kochen bringen
60 g Weizenmehl	sieben, auf einmal in die von der Kochstelle genommene Milch schütten, zu einem glatten Kloß rühren, unter Rühren noch 1 Minute erhitzen den heißen Kloß sofort in eine Schüssel geben
1 Ei	unterrühren
	aus der Masse mit zwei nassen Teelöffeln Klößchen formen, in
kochendes Salzwasser oder in kochende Suppe	geben, gar ziehen lassen (Flüssigkeit muß sich leicht bewegen)
Garzeit:	Etwa 5 Minuten
	diese Klößchen eignen sich besonders gut als Einlage in Tomatensuppe.
	Pro Person: 158 Kalorien = 661 Joule.

Mandelreis

1/4 l Milch	
1 Eßl. abgezogene, gemahlene Mandeln oder	
3 Tropfen Dr. Oetker Backöl Bittermandel	
2 Tropfen Dr. Oetker Backöl Zitrone	
Salz	
1 gestrichenen Eßl. Zucker	
1 Teel. Butter	zum Kochen bringen
60 g Milchreis	waschen, hineinstreuen, umrühren, zum Kochen bringen, ausquellen lassen
	den garen Reis in ein mit
Butter oder Margarine	gefettetes Schüsselchen drücken, einige Minuten kalt stellen, stürzen Mandelreis anstelle von Klößchen zu Obstsuppen reichen
Kochzeit:	Etwa 30 Minuten.
	Pro Person: 145 Kalorien = 607 Joule.

Pilzklößchen

50 g Pilze	
(frisch oder aus der Dose)	putzen, waschen oder abtropfen lassen
15 g Margarine (z. B. Sanella)	erhitzen, die Pilze darin gar dünsten lassen, fein hacken
30 g Butter oder Margarine	schaumig rühren
1 Ei	
Salz	
10 g Dr. Oetker Gustin	und die erkalteten Pilze und so viel
Semmelmehl (etwa 40 g)	hinzufügen, daß eine geschmeidige Masse entsteht, 1/2 Stunde stehenlassen
	aus der Masse mit nassen Händen Klößchen formen, in
kochendes Salzwasser oder	
in kochende Suppe	geben, gar ziehen lassen (Flüssigkeit muß sich leicht bewegen)
Garzeit:	Etwa 3 Minuten.
	Pro Person: 162 Kalorien = 678 Joule.

Leberklößchen

50 g Leber (z. B. Geflügelleber)	enthäuten
1 Zwiebel	abziehen
20 g fetter Speck	
	die Zutaten durch den Fleischwolf drehen oder fein hacken, mit
1 Eigelb	
Salz	
Pfeffer	
20 g Semmelmehl	mischen, von der Masse mit einem Teelöffel Klößchen abstechen, in
kochendes Salzwasser oder	
in kochende Suppe	geben, gar ziehen lassen (Flüssigkeit muß sich leicht bewegen)
Garzeit:	Etwa 10 Minuten.
	Pro Person: 106 Kalorien = 444 Joule.

Speckklößchen

40 g Speck	in kleine Würfel schneiden, auslassen, kalt stellen
	das abgekühlte Fett schaumig rühren
1 Ei	
Salz	und so viel
Semmelmehl (etwa 50 g)	hinzufügen, daß eine geschmeidige Masse entsteht, 1/2 Stunde stehenlassen, mit nassen Händen Klößchen daraus formen, in
kochendes Salzwasser oder	
in kochende Suppe	geben, gar ziehen lassen (Flüssigkeit muß sich leicht bewegen)
Garzeit:	Etwa 5 Minuten.
	Pro Person: 161 Kalorien = 674 Joule.

Käsekrusten
(Einlage für braune Suppen)

1/8 l kalte Milch	
1/2 Ei	verschlagen
40 g Semmelmehl	
40 g geriebenen Käse	
Salz	mischen
etwa 100 g dünne Weißbrotscheiben	zunächst in der Eiermilch, dann in dem Semmelmehl wenden etwas von
40 g Fett	erhitzen, die Weißbrotscheiben von beiden Seiten darin goldbraun braten, in Würfel schneiden, in die Suppe geben.
	Pro Person: 271 Kalorien = 1139 Joule.

Salzstangen
(Für 8 Personen)

	Einen Knetteig bereiten aus:
150 g Weizenmehl	
100 g Dr. Oetker Gustin	
6 g (2 gestrichene Teel.) Dr. Oetker Backpulver Backin	
1 gestrichenen Teel. Salz	
1 Ei	
3 Eßl. Milch	
100 g Butter oder Margarine	
	sollte der Teig kleben, ihn eine Zeitlang kalt stellen den Teig etwa 3 mm dick ausrollen, gut 1 cm breite und 10 cm lange Streifen daraus rädern, mit
Dosenmilch	bestreichen, mit
Salz	
Kümmel	bestreuen um ein schöneres Aussehen der Stangen zu erzielen, die Stangen vor dem Bestreichen mit Milch spiralförmig drehen (das eine Ende nach rechts, das andere nach links drehen), auf ein Backblech legen, goldgelb backen
Gas:	5 Minuten vorheizen 3–4, backen 3–4
Strom:	175–200
Backzeit:	Etwa 10 Minuten.
	Pro Person: 23 Kalorien = 96 Joule.

Käsestangen

Einen Knetteig bereiten aus:

50 g Weizenmehl
Salz
50 g Margarine (z. B. Sanella)
50 g geriebenem Schweizer Käse

sollte der Teig kleben, ihn eine Zeitlang kalt stellen
den Teig etwa 3 mm dick ausrollen, gut 1 cm breite und 10 cm lange Streifen daraus rädern, mit

Dosenmilch bestreichen

um ein schöneres Aussehen der Stangen zu erzielen, die Stangen vor dem Bestreichen mit Milch spiralförmig drehen (das eine Ende nach rechts, das andere nach links drehen), auf ein Backblech legen, goldgelb backen (dürfen nicht zu dunkel werden, schmecken dann bitter)

Gas 5 Minuten vorheizen 3–4, backen 3–4
Strom: 175–200
Backzeit: Etwa 10 Minuten.

Pro Person: 199 Kalorien = 833 Joule.

SOSSEN

Niemand wird einen Braten loben, wenn die Soße dazu nicht schmeckt, denn an der Soße erkennt man die gute Köchin! Nirgendwo kann sie ihre Kenntnis der Gewürze und ihren guten Geschmack besser beweisen als hier, und nirgendwo kann sie ihre Liebe zur Kochkunst mehr ausdrücken als durch eine feine Soße, die glückliche Ergänzung der Mahlzeit. Nicht langweilig, nicht überladen, soll die Soße eine harmonische Verbindung mit dem jeweiligen Gericht eingehen. Ob süß oder sauer, warm oder kalt, stets ist die Soße das Tüpfelchen auf dem i. Fast könnte man sagen: Soße gut, alles gut!

Regeln

1. Die Grundlage der warmen salzigen Soßen ist im allgemeinen die helle oder dunkle Mehlschwitze. Sie wird mit Fleisch-, Knochen- oder Gemüsebrühe aufgefüllt. Die Grundsoße kann mit verschiedenen Zutaten gewürzt und verändert werden.
2. Für die im Geschmack empfindlichen hellen Soßen am besten Butter oder Margarine, zur Herstellung von dunklen Soßen auch Bratenfett, Speck, Rinder- oder Kokosfett verwenden.
   Alle warmen Soßen durch Hinzugabe eines Stücks Butter verfeinern.
3. Um warme helle Soßen zu verfeinern, sie mit Eigelb abziehen (legieren): Dazu 1 Eigelb mit 2 Eßl. kaltem Wasser (Milch oder Sahne) verschlagen. Langsam einige Eßl. der heißen Soße hinzugeben – ohne mit dem Schlagen auszusetzen – zuletzt das Eigelb unter Rühren an die heiße, aber nicht mehr kochende Soße geben. Dabei ebenfalls tüchtig rühren und darauf achten, daß die Soße nicht anfängt zu kochen, da das Eigelb sonst gerinnt. Im übrigen siehe „Eierspeisen" unter Regeln (S. 316) ab Punkt 4.
4. Wenn warme Soßen mit saurer Sahne, Dosenmilch, Zitronensaft, Wein, Senf, Meerrettich oder feinen Kräutern abgeschmeckt werden sollen, dürfen die Soßen nach Zugabe dieser Zutaten nicht mehr kochen, da sie dadurch geschmacklich geschädigt würden. Damit der Eigengeschmack jeder Soße voll zur Geltung kommt, mit der Zugabe von Gewürzen vorsichtig sein.
5. Bei kalten Soßen im allgemeinen Öl, Sahne und Eier mit Zitronensaft oder Essig und Salz zu einer glatten Emulsion rühren oder schlagen, ehe die würzigen Beigaben hinzugegeben werden. Die Soßen passen besonders gut zu kaltem Fleisch und Fisch.
   Salate und Rohkostgemüse können auch damit gebunden werden.
6. Die Herstellung der süßen Soßen ist besonders einfach. Sie bestehen aus Milch, Saft oder Wein und werden mit Speisestärke oder Ei gebunden. Das Bindemittel, z. B. Gustin, mit kaltem Wasser anrühren, dann in die kochende Flüssigkeit geben. Soll die Soße mit Eigelb abgezogen werden, sich nach den Angaben unter Punkt 3 richten.
7. Werden zum Dicken Eier (Weinschaumsoße) verwendet, die Soße unter Rühren mit einem Schneebesen so lange erhitzen, bis sich reichlich Dampf entwickelt, weiter schlagen, bis die Soße gebunden ist.
8. Aluminiumgeschirr zum Rühren von Weinschaumsoßen nicht verwenden.

WARME SOSSEN

Helle Soßen

Helle Grundsoße

30 g Margarine (z. B. Sanella)	zerlassen
35 g Weizenmehl	unter Rühren so lange darin erhitzen, bis es hellgelb ist
1/2 l Fleischbrühe (S. 45 oder z. B. zubereitet aus Brühwürfeln) oder Wasser	hinzufügen, mit einem Schneebesen durchschlagen die Soße zum Kochen bringen, etwa 10 Minuten kochen lassen, abschmecken
Kochzeit:	Etwa 10 Minuten.
	Pro Person: 98 Kalorien = 400 Joule.

Senfsoße

30 g Butter oder Margarine	zerlassen
35 g Weizenmehl	unter Rühren so lange darin erhitzen, bis es hellgelb ist
1/2 l Fleischbrühe (S. 45 oder z. B. zubereitet aus Brühwürfeln)	hinzufügen, mit einem Schneebesen durchschlagen die Soße zum Kochen bringen, etwa 10 Minuten kochen lassen, mit
2 Eßl. Senf *Salz* *Zitronensaft* *Zucker*	abschmecken.
	Pro Person: 108 Kalorien = 452 Joule.

Käsesoße

30 g Butter oder Margarine	zerlassen
35 g Weizenmehl	unter Rühren so lange darin erhitzen, bis es hellgelb ist
1/2 l Fleischbrühe (S. 45 oder z. B. zubereitet aus Brühwürfeln)	hinzufügen, mit einem Schneebesen durchschlagen
150 g Käse (z. B. Edamer, 40%ig)	reiben, unterrühren, die Soße zum Kochen bringen, etwa 10 Minuten kochen lassen, mit
Salz *Zitronensaft*	abschmecken.
Veränderung:	Anstelle von 1/2 l Brühe 1/2 l Milch nehmen.
	Pro Person: 225 Kalorien = 941 Joule.

Kräutersoße

30 g Butter oder Margarine	zerlassen
35 g Weizenmehl	unter Rühren so lange darin erhitzen, bis es hellgelb ist
1/2 l Fleischbrühe (S. 45 oder z. B. zubereitet aus Brühwürfeln)	hinzufügen, mit einem Schneebesen durchschlagen
2 Eßl. gehackte Kräuter (z. B. Dill, Petersilie, Schnittlauch)	unterrühren, die Soße zum Kochen bringen, etwa 10 Minuten kochen lassen, mit
Salz	
Zitronensaft	abschmecken
	nach Belieben
2 Eßl. Sahne	unterrühren.
	Pro Person: 100 Kalorien = 418 Joule.

Champignonsoße

30 g Margarine (z. B. Sanella)	zerlassen
35 g Weizenmehl	unter Rühren so lange darin erhitzen, bis es hellgelb ist
1/2 l Fleischbrühe (S. 45 oder z. B. zubereitet aus Brühwürfeln)	hinzufügen, mit einem Schneebesen durchschlagen
	die Soße zum Kochen bringen, etwa 10 Minuten kochen lassen
125 g Champignons	putzen, waschen, in Scheiben schneiden
15 g Butter oder Margarine	zerlassen, die Champignons darin gar dünsten lassen, in die Soße geben
1 Eigelb	mit
2 Eßl. kaltem Wasser	verschlagen, die Soße damit abziehen, mit
Salz	
Zitronensaft	abschmecken.
	Pro Person: 152 Kalorien = 636 Joule.

Tomatensoße

1 kleine Zwiebel	abziehen
30 g roher Schinken	
	beide Zutaten in kleine Würfel schneiden
300 g Tomaten	waschen, in Stücke schneiden
20 g Margarine (z. B. Sanella)	mit dem Schinken zerlassen
	Zwiebel und Tomaten darin andünsten, mit
40 g Weizenmehl	bestreuen, kurz miterhitzen
1/2 l Fleischbrühe (S. 45 oder z. B. zubereitet aus Brühwürfeln) oder Wasser	hinzufügen, mit einem Schneebesen durchschlagen

	die Soße zum Kochen bringen, etwa 10 Minuten kochen lassen, durch ein Sieb streichen, mit
Salz	
Zitronensaft	
Zucker	
Tomatenmark	
Pfeffer	abschmecken
	Pro Person: 135 Kalorien = 565 Joule.

Bechamelsoße

2 kleine Zwiebeln	abziehen
40 g Schinken	
	beide Zutaten in kleine Würfel schneiden
30 g Butter oder Margarine	mit dem Schinken zerlassen
35 g Weizenmehl	mit den Zwiebeln unter Rühren so lange darin erhitzen, bis es hellgelb ist
1/4 l Fleischbrühe (S. 45 oder z. B. zubereitet aus Brühwürfeln) oder Wasser	
1/4 l Milch	hinzufügen, mit einem Schneebesen durchschlagen
	die Soße zum Kochen bringen, etwa 10 Minuten kochen lassen, nach Belieben durch ein Sieb streichen, mit
Salz	
Pfeffer	abschmecken.
	Pro Person: 179 Kalorien = 745 Joule.

Holländische Soße
(einfach)

30 g Butter oder Margarine	zerlassen
35 g Weizenmehl	unter Rühren so lange darin erhitzen, bis es hellgelb ist
1/2 l Fleischbrühe (S. 45 oder z. B. zubereitet aus Brühwürfeln)	hinzufügen, mit einem Schneebesen durchschlagen
	die Soße zum Kochen bringen, etwa 10 Minuten kochen lassen
1 Eigelb	mit
2 Eßl. Milch	verschlagen, die Soße damit abziehen, mit
Salz	
Zitronensaft	abschmecken
20 g Butter	unterrühren
Kochzeit:	Etwa 10 Minuten.
Veränderung:	Anstelle von 1/2 l Fleischbrühe 1/4 l Milch und 1/4 l Fleischbrühe nehmen.
	Pro Person: 159 Kalorien = 665 Joule.

Sauce hollandaise

100 g Butter	zerlassen, etwas abkühlen lassen
2 Eigelb	
1 Teel. Essig	
2 Eßl. Wasser	im Wasserbad oder auf der Automatikplatte so lange schlagen, bis die Masse dicklich ist die Butter unterschlagen, die Soße mit
Salz	
Pfeffer	
Zucker	
Zitronensaft	abschmecken, bis zum Verzehr im Wasserbad warm halten, damit sie nicht gerinnt
Erhitzungszeit:	Etwa 6 Minuten.
	Pro Person: 232 Kalorien = 971 Joule.

Sauce bearnaise

100 g Butter	zerlassen, etwas abkühlen lassen
1 kleine Zwiebel	abziehen, fein würfeln, mit
gehacktem Estragon	
gehacktem Basilikum	
geschrotenem, schwarzem Pfeffer	
1 Teel. Weinessig	
2 Eßl. Weißwein	zum Kochen bringen, etwa 5 Minuten kochen, etwas abkühlen lassen, mit
2 Eigelb	im Wasserbad oder auf der Automatikplatte so lange schlagen, bis die Masse dicklich ist, die Butter unterschlagen die Soße mit
Salz	
Pfeffer	
Zucker	abschmecken, bis zum Verzehr im Wasserbad warm halten, damit sie nicht gerinnt
Kochzeit:	Etwa 12 Minuten.
	Pro Person: 240 Kalorien = 1004 Joule.

Meerrettichsoße

30 g Margarine (z. B. Sanella)	zerlassen
35 g Weizenmehl	unter Rühren so lange darin erhitzen, bis es hellgelb ist
1/2 l Fleischbrühe (S. 45 oder z. B. zubereitet aus Brühwürfeln) oder Wasser	hinzufügen, mit einem Schneebesen durchschlagen, die Soße zum Kochen bringen, etwa 10 Minuten kochen lassen
2 gehäufte Eßl. Meerrettich (aus dem Glas)	in die Soße geben (nicht mehr kochen lassen), mit
Salz	
Zitronensaft	abschmecken.
Veränderung:	Für die Soße anstelle von 1/2 l Brühe oder Wasser 1/4 l Milch und 1/4 l Brühe oder Wasser nehmen.
	Pro Person: 128 Kalorien = 536 Joule.

Holländische Soße
(abgeschlagen)

20 g Weizenmehl	mit
2 Eßl. kaltem Wasser	anrühren, mit
2 Eiern	
1 Eßl. Zitronensaft	
1/4 l Fleischbrühe (S. 45 oder z. B. zubereitet aus Brühwürfeln)	verschlagen, in einen kleinen Kochtopf geben, im Wasserbad oder auf der Automatikplatte so lange mit einem Schneebesen durchschlagen, bis eine dicke Kochblase aufsteigt (nicht kochen lassen)
60 g Butter	unter ständigem Schlagen in Flöckchen dazugeben die Soße mit
Salz	
geriebener Muskatnuß	abschmecken
Erhitzungszeit:	Etwa 6 Minuten.
	Pro Person: 183 Kalorien = 766 Joule.

Kapernsoße

30 g Margarine (z. B. Sanella)	zerlassen
35 g Weizenmehl	unter Rühren so lange darin erhitzen, bis es hellgelb ist
1/2 l Fleischbrühe (S. 45 oder z. B. zubereitet aus Brühwürfeln)	hinzufügen, mit einem Schneebesen durchschlagen
1 Eßl. Kapern	unterrühren, die Soße zum Kochen bringen, etwa 10 Minuten kochen lassen
	nach Belieben
1 Eigelb	mit
2 Eßl. kaltem Wasser	verschlagen, die Soße damit abziehen, mit
Salz	
Zitronensaft	abschmecken.
	Pro Person: 98 Kalorien = 400 Joule.

Dunkle Soßen

Burgundersoße

40 g frische Perlzwiebeln oder Silberzwiebeln (aus dem Glas)	abziehen, mit kochendem Wasser überbrühen, abtropfen lassen
10 g Zucker	bräunen
etwas Fleischbrühe (S. 45 oder z. B. zubereitet aus Brühwürfeln)	
Zitronensaft	
Salz	hinzufügen, die Zwiebeln darin glasig schmoren lassen
40 g Fett	zerlassen
50 g Weizenmehl	unter Rühren so lange darin erhitzen, bis es fast dunkelbraun ist
3/8 l Fleischbrühe	hinzufügen, mit einem Schneebesen durchschlagen, die Zwiebeln unterrühren
	die Soße zum Kochen bringen, etwa 10 Minuten kochen lassen, mit Salz,
3 Eßl. Burgunder	abschmecken.
	Pro Person: 174 Kalorien = 728 Joule.

Dunkle Grundsoße

40 g Fett (Bratenfett, Speck, Mischfett)	zerlassen
50 g Weizenmehl	unter Rühren so lange darin erhitzen, bis es hell- bis dunkelbraun ist, soll eine Zwiebel zugegeben werden, sie feingeschnitten in das leicht gebräunte Mehl geben, da sie sonst zu dunkel wird
1/2 l Fleischbrühe (S. 45 oder z. B. zubereitet aus Brühwürfeln) oder Wasser	hinzufügen, mit einem Schneebesen durchschlagen die Soße zum Kochen bringen, etwa 10 Minuten kochen lassen, abschmecken. *Pro Person: 148 Kalorien = 619 Joule.*

Polnische Soße

40 g Pfefferkuchen	zerkrümeln
80 g Zwiebeln	abziehen, in Scheiben schneiden
20 g Fett	zerlassen
10 g Weizenmehl	unter Rühren so lange darin erhitzen, bis es fast dunkelbraun ist
1/8 l Fleischbrühe (S. 45 oder z. B. zubereitet aus Brühwürfeln) *3/8 l Malzbier*	hinzufügen, mit einem Schneebesen durchschlagen, Pfefferkuchen, Zwiebeln,
2 Eßl. kleingeschnittenes Suppengrün *4 Pfefferkörner* *2 Nelkenpfeffer (Piment)* *1 Nelke* *1 kleines Lorbeerblatt*	unterrühren die Soße zum Kochen bringen, etwa 30 Minuten kochen lassen, durch ein Sieb streichen, mit
Salz *Zitronensaft* *Zucker* *3 Eßl. Rotwein*	abschmecken die Soße zu Karpfen reichen. *Pro Person: 166 Kalorien = 695 Joule.*

Madeirasoße

1 Zwiebel	abziehen
50 g Schinkenspeck	
	beide Zutaten in kleine Würfel schneiden
etwas Suppengrün (Möhre, Petersilienwurzel, Sellerie)	putzen
2 Tomaten	
	die Zutaten waschen, klein schneiden den Schinkenspeck auslassen, Suppengrün und Tomaten darin andünsten
40 g Fett	zerlassen
50 g Weizenmehl	unter Rühren so lange darin erhitzen, bis es fast dunkelbraun ist die Zwiebel erst hinzugeben, wenn das Mehl leicht gebräunt ist
1/2 l Fleischbrühe (S. 45 oder z. B. zubereitet aus Brühwürfeln)	hinzufügen, mit einem Schneebesen durchschlagen Schinken, Suppengrün und Tomaten in die Soße geben, zum Kochen bringen, etwa 30 Minuten kochen lassen, durch ein Sieb streichen, mit
Salz *Zitronensaft* *Zucker* *4 Eßl. Madeira*	abschmecken die Soße zu gekochter Zunge reichen.

Pro Person: 266 Kalorien = 1113 Joule.

Specksoße

50 g Zwiebeln	abziehen
50 g Speck	
	beide Zutaten in Würfel schneiden, unter Rühren so lange erhitzen, bis sie gelblich sind, aus dem Topf nehmen
40 g Weizenmehl	hinzufügen, unter Rühren so lange in dem zerlassenen Fett erhitzen, bis es braun ist
1/2 l Fleischbrühe (S. 45 oder z. B. zubereitet aus Brühwürfeln) oder Wasser	hinzufügen, mit einem Schneebesen durchschlagen
1/2 Lorbeerblatt *2 Nelken*	und Speck- und Zwiebelwürfel unterrühren die Soße zum Kochen bringen, etwa 10 Minuten kochen lassen, mit
1–2 Eßl. Essig *Zucker oder Sirup* *Salz*	abschmecken, Lorbeerblatt und Nelken vor dem Anrichten aus der Soße nehmen die Soße zu Brechbohnen, Kartoffelklößen, Pellkartoffeln oder Verlorenen Eiern reichen.

Pro Person: 158 Kalorien = 661 Joule.

KALTE SOSSEN

Mayonnaise I

	Alle Zutaten müssen die gleiche Temperatur haben, am besten lauwarm sein, sollte das Öl zu kalt sein, es in der geöffneten Dose (Flasche) etwa 5 Minuten in warmes Wasser stellen
1 Eigelb, Salz	in einer Rührschüssel mit einem Schneebesen zu einer dicklichen Masse schlagen, erst dann tropfenweise unter ständigem Rühren oder Schlagen
1/8 l Salatöl	hinzufügen zunächst nur die Hälfte der vorgeschriebenen Ölmenge nehmen ist die Masse steif, erst die geschmacklichen Zutaten wie
1 Teel. Essig oder Zitronensaft	hinzufügen, dann den Rest des Öls hinzugeben sollte die Mayonnaise gerinnen, so kann sie manchmal schon durch 1 Teel. kaltes Wasser in Ordnung gebracht werden das Wasser tropfenweise unter ständigem Schlagen schnell dazugeben, andernfalls 1 Eigelb gut verrühren, die geronnene Mayonnaise langsam darunter geben.
Veränderung:	Unter die Mayonnaise 1 Teel. Senf, etwas Selleriesalz, etwas saure oder süße Sahne oder Joghurt rühren.
	Gesamtmenge: 1238 Kalorien = 5179 Joule.

Mayonnaise II
(schnell herzustellen)

1 Eigelb *1 Teel. Senf* *Salz* *1 Teel. Zucker* *1 Eßl. Essig oder Zitronensaft*	in einer Rührschüssel mit einem Schneebesen zu einer dicklichen Masse schlagen, darunter
1/8 l Salatöl	schlagen (bei dieser Zubereitung ist es nicht notwendig, das Öl tropfenweise zuzusetzen, es wird in Mengen von 1–2 Eßl. untergeschlagen, die an das Eigelb gegebenen Gewürze verhindern eine Gerinnung).
Veränderung:	Um die Mayonnaise zu verlängern, 10 g Dr. Oetker Gustin mit 1/8 l kaltem Wasser anrühren, unter ständigem Rühren zum Kochen bringen, den heißen Brei unter die Mayonnaise schlagen die Mayonnaise schmeckt besonders gut zu kaltem Fleisch oder Fisch, man bindet aber häufig Salate und Rohkostgemüse damit.
	Gesamtmenge: 1267 Kalorien = 5301 Joule.

Salatsoße I
(Marinade)

2 Eßl. Salatöl
1–2 Eßl. Essig
1–2 Eßl. Wasser
Salz
Zucker so lange schlagen, bis eine dickflüssige Soße entstanden ist
1 Teel. gehackte Kräuter (z. B. Petersilie, Estragon, Kerbel, Dill, Schnittlauch, Pimpinelle) unterrühren.

Veränderung: 1 kleine abgezogene, in Würfel geschnittene Zwiebel hinzufügen, evtl. aber auch mit Pfeffer, Selleriesalz, Zucker und Langnese-Honig abschmecken, bei einigen Salaten anstelle von Essig Zitronensaft nehmen (bei Kartoffelsalat nur Essig verwenden).

Pro Person: 52 Kalorien = 209 Joule.

Salatsoße II
(Marinade)

1 Eßl. Salatöl
1 Teel. Essig-Essenz
2 Eßl. Wasser
Salz
Zucker so lange schlagen, bis eine dickflüssige Soße entstanden ist
1 kleine Zwiebel abziehen, würfeln
2 Eßl. saure Sahne
1 Teel. gehackte Kräuter (z. B. Petersilie, Estragon, Kerbel, Dill, Schnittlauch, Pimpinelle)
die Zutaten unterrühren.

Veränderung: Bei einigen Salaten anstelle von Essig Zitronensaft nehmen.

Pro Person: 54 Kalorien = 215 Joule.

Mayonnaise

1 Eigelb
Salz
1 Teel. Zucker
1 Eßl. Zitronensaft oder Essig mit einem Schneebesen so lange schlagen, bis eine dickliche Masse entstanden ist, darunter
1/8 l Salatöl schlagen (bei dieser Zubereitung ist es nicht notwendig, das Öl tropfenweise zuzusetzen, es wird in Mengen von 1–2 Eßl. untergeschlagen, die an das Eigelb gegebenen Gewürze verhindern eine Gerinnung).

Veränderung: Unter die Mayonnaise 1 Teel. Senf, Selleriesalz oder etwas süße oder saure Sahne oder Kräuter rühren.

Gesamtmenge: 1242 Kalorien = 5196 Joule.

Teufelssoße
(Abb. S. 66)

2 hartgekochte Eier	pellen, das Eigelb durch ein Sieb streichen, nach und nach
Salz	
2 Eßl. Salatöl	
1 Eßl. Senf	
1 Teel. Essig-Essenz	
1 Teel. Zwiebelwürfel	
Pfeffer	
Zucker	
1 Teel. gehackten Estragon	
1 Eßl. geriebenen Apfel	
3 Eßl. Rotwein	
1/2 Teel. Tabascosoße	unterrühren die Soße schmeckt gut zu Sülze oder kaltem Roastbeef.
Veränderung:	Die Soße mit geschnittenem Schnittlauch bestreuen. *Pro Person: 115 Kalorien = 481 Joule.*

Cumberlandsoße

Schale einer Apfelsine (ungespritzt)	von der weißen Haut befreien, die Schale in sehr feine Streifen schneiden, in etwa 10 Minuten in
3 Eßl. Rotwein	weich kochen lassen, kalt stellen
250 g Johannisbeergelee	
1–2 Teel. Senf	gut verrühren, die erkalteten Apfelsinenstreifen mit dem Rotwein hinzufügen die Soße mit
Salz	
Zitronensaft	abschmecken die Soße schmeckt gut zu Wild, kaltem Fleisch oder Pasteten. *Pro Person: 169 Kalorien = 707 Joule.*

Senfsoße

3 hartgekochte Eier	pellen, fein hacken, mit
4 Eßl. Senf	
1 Teel. Zwiebelwürfeln	
6 Eßl. saurer Sahne	verrühren
2 Äpfel	schälen, vierteln, entkernen, reiben, hinzufügen die Soße mit
Salz	
Zucker	abschmecken. *Pro Person: 156 Kalorien = 653 Joule.*

Remouladensoße

2 hartgekochte Eier	pellen, das Eigelb durch ein Sieb streichen, mit
1 rohen Eigelb	
Salz	verrühren, dann tropfenweise unter Schlagen die Hälfte von
1/8 l Salatöl	hinzufügen, ist die Masse steif genug,
1 Eßl. Essig-Essenz	
1 Teel. Senf	hinzufügen, dann erst den Rest des Öls hinzugeben
1 Röhrchen Kapern	fein wiegen
2 kleine Gewürzgurken	fein schneiden
1–2 Eßl. gehackte Kräuter (Petersilie, Schnittlauch)	
Pfeffer	
Zucker	

die Zutaten zu der Mayonnaise geben
das hartgekochte Eiweiß nach Belieben in kleine Würfel schneiden, mit in die Soße geben.

Pro Person: 367 Kalorien = 1536 Joule.

Tomatensoße

250 g reife Tomaten	waschen, in kleine Stücke schneiden, durch ein Sieb streichen, mit
2 Eßl. Salatöl	
1 Teel. feingeriebener Zwiebel	verrühren, mit
Salz	
Zucker	abschmecken.

Pro Person: 64 Kalorien = 268 Joule.

Sahnesoße

1/4 l saure Sahne	
1 Teel. Zitronensaft	verschlagen, mit
Zucker	
Salz	abschmecken.
Veränderung:	Die Soße mit 2–3 Eßl. Salatöl mischen oder auch mit 2 Eßl. Milch verdünnen.

Pro Person: 43 Kalorien = 180 Joule.

Tomaten-Meerettichsoße

250 g reife Tomaten	waschen, in kleine Stücke schneiden, durch ein Sieb streichen oder im Mixer pürieren, mit
1 Teel. Zitronensaft	
Salz	
Zucker	
3 Eßl. Salatöl	
1 Teel. feingeriebener Zwiebel	
3 Eßl. geriebenem Meerrettich	
(aus dem Glas)	verrühren.
Veränderung:	Statt Salatöl Sahne verwenden.
	Pro Person: 99 Kalorien = 414 Joule.

Meerrettichsahne

1/4 l Sahne	steif schlagen, mit
3 Eßl. geriebenem Meerrettich (aus dem Glas)	verrühren, mit
Zitronensaft	
Salz	
Zucker	abschmecken.
	Pro Person: 204 Kalorien = 854 Joule.

Sauce vinaigrette

10 Eßl. Speiseöl	
2 Eßl. Essig-Essenz	verschlagen
2 hartgekochte Eier	pellen, fein hacken, mit
1 gehäuften Eßl. gehackter Petersilie	
1 Teel. feingeschnittenem Schnittlauch	
1 Messerspitze getrocknetem Basilikum	
1 Messerspitze getrocknetem Kerbel	dazugeben, die Soße mit
Salz	
Pfeffer	abschmecken.
	Pro Person: 280 Kalorien = 1172 Joule.

Kräutersahnesoße

(Frühlingssoße)

¼ l saure Sahne	
1 Eßl. Zitronensaft	verschlagen
2 hartgekochte Eier	pellen, hacken
2 Eßl. gehackte Kräuter	
	die Zutaten unterrühren
	die Soße mit
Zucker	
Salz	abschmecken
	die Soße schmeckt besonders gut zu gekochtem Rindfleisch.
	Pro Person: 125 Kalorien = 523 Joule.

Soße für Rohkostgemüse

2 Eßl. Salatöl	
2 Eßl. Zitronensaft oder Essig	
Salz	
Zucker	verschlagen
1 kleine Zwiebel	abziehen, fein würfeln
2 Eßl. Sahne	
1 Eßl. feingehackte Kräuter	
	die Zutaten hinzufügen.
	Pro Person: 80 Kalorien = 334 Joule.

SÜSSE SOSSEN

Vanillesoße

Soße I aus

1 Päckchen Dr. Oetker Soßen-Pulver Vanille-Geschmack
30 g Zucker
1/2 l kalter Milch nach der Vorschrift auf dem Päckchen zubereiten

für **Soße II**

1 Päckchen Dr. Oetker Soßen-Pulver Vanille-Geschmack
50 g Zucker
1 Päckchen Dr. Oetker Vanillin-Zucker mischen, mit 5 Eßl. von
3/4 l kalter Milch anrühren
1 Ei unterrühren, die übrige Milch zum Kochen bringen

das Soßen-Pulver unter Rühren in die von der Kochstelle genommene Milch geben, kurz aufkochen lassen, kalt stellen, ab und zu durchrühren

Vanillesoße ist eine ausgezeichnete Beigabe auch zu frischem Obst.

Soße I pro Person: 124 Kalorien = 519 Joule.
Soße II pro Person: 155 Kalorien = 649 Joule.

Schokoladensoße
(Für 6 Personen)

Soße I aus

1 Päckchen Dr. Oetker Soßen-Pulver für Schokoladensoße
30 g Zucker
1/4 l kalter Milch nach der Vorschrift auf dem Päckchen zubereiten

für **Soße II**

1/2 l Milch zum Kochen bringen

1 Päckchen Dr. Oetker Soßen-Pulver Vanille-Geschmack
1 gestrichenen Eßl. Kakao
40 g Zucker mischen, mit
5 Eßl. Wasser anrühren, unter Rühren in die von der Kochstelle genommene Milch geben, kurz aufkochen lassen, kalt stellen, ab und zu durchrühren

Schokoladensoße ist eine ausgezeichnete Beigabe auch zu gekochten Birnen.

Soße I pro Person: 55 Kalorien = 230 Joule.
Soße II pro Person: 94 Kalorien = 393 Joule.

Heiße Schokoladensoße

6–8 Eßl. Wasser in einem kleinen Stieltopf zum Kochen bringen

100 g Schokolade in kleine Stücke brechen, in das Wasser geben, so lange erhitzen (nicht kochen), bis eine dickflüssige Soße entstanden ist (ab und zu durchrühren)

evtl. Wasser nachgeben, je länger die Soße erhitzt wird, desto schöner wird sie.

Veränderung: Anstelle von Wasser Milch oder Sahne nehmen.

Pro Person: 141 Kalorien = 590 Joule.

Zitronen- oder Apfelsinenschaumsoße

1/2 Päckchen Dr. Oetker Soßen-Pulver Vanille-Geschmack
60 g Zucker
1 Ei
1 Eigelb
1/8 l Wasser

in einen kleinen Kochtopf geben, gut verschlagen, im Wasserbad oder auf der Automatikplatte so lange mit einem Schneebesen durchschlagen, bis eine dicke Kochblase aufsteigt (nicht kochen lassen), danach

3 Eßl. Zitronensaft
oder
1/8 l Apfelsinensaft
1 Eßl. Zitronensaft

mit einem **Holzlöffel** unterrühren

Erhitzungszeit: Etwa 20 Minuten.

Pro Person: 111 Kalorien = 464 Joule mit Zitronensaft.
Pro Person: 124 Kalorien = 519 Joule mit Apfelsinensaft.

Weinschaumsoße
(Chaudeau)

1/2 Päckchen Dr. Oetker Soßen-Pulver Vanille-Geschmack
50 g Zucker
1 Ei
1 Eigelb
1/8 l Wasser
1/8 l Weißwein
1 Eßl. Zitronensaft

in einen kleinen Kochtopf geben, gut verschlagen, im Wasserbad oder auf der Automatikplatte so lange mit einem Schneebesen durchschlagen, bis eine dicke Kochblase aufsteigt (nicht kochen lassen)

Erhitzungszeit: Etwa 20 Minuten.

Pro Person: 121 Kalorien = 506 Joule.

FLEISCHGERICHTE

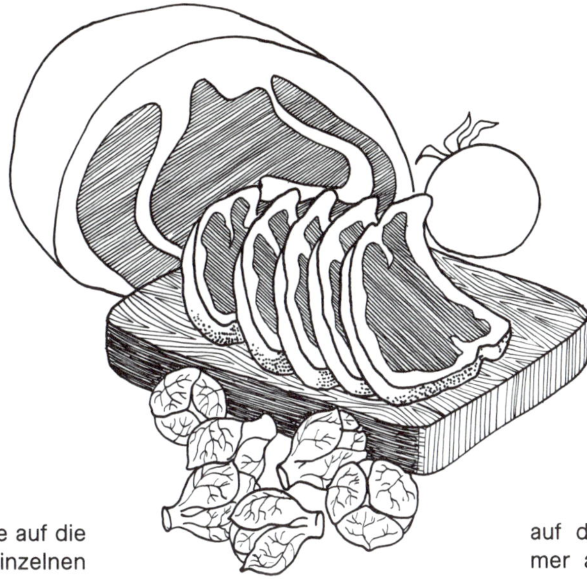

Wir wissen heute, daß eine auf die Lebensverhältnisse des einzelnen abgestellte, wohlabgewogene Mischung aus fleischhaltiger und fleischloser Kost das richtige ist. Wer schwere körperliche Arbeit im Freien verrichtet, braucht mehr Fleisch und Fett als ein Geistesarbeiter am Schreibtisch. Jede Hausfrau wird darum selbst am besten herausfinden, wie oft in der Woche sie ein Fleischgericht auf den Tisch bringen muß; immer aber sollte es mit Sachverstand und Liebe zubereitet sein, wobei die vielen Abwechslungsmöglichkeiten erlauben, jedem Geschmack gerecht werden zu können.

Schon die Wahl der Bratpfanne, der Kasserolle oder des Schmortopfes ist wichtig. Nicht zu groß, aber auch nicht zu klein, damit man das Fleisch bequem wenden und begießen kann.
Das mit Sorgfalt gewürzte Fleisch wird in siedendes Fett gelegt und rechtzeitig gewendet. Die weitere Behandlung ist in den einzelnen Rezepten genau angegeben. Doch eines sollte man sich generell merken: Je öfter der Braten begossen wird - mit Fett, Sahne oder Brühe - um so saftiger und zarter wird das Fleisch. Aber nicht nur der festliche Braten verdient es, mit Liebe behandelt zu werden. Auch die weniger kostbaren Fleischgerichte, wie Hammelrippchen, Schweineohr, Kalbsherz, Leber, Nieren usw., bringen uns vielfältige Gaumenfreuden und schonen darüber hinaus noch unseren Geldbeutel.
Ehe wir uns nun dem Vergnügen des Rezeptstudiums hingeben, noch ein paar Worte über das Fleisch und seine Bedeutung für unsere Ernährung.
Fleisch enthält ungefähr 20% Eiweiß, das im Gegensatz zum pflanzlichen Eiweiß leicht aufschließbar, gut verdaulich und voll auswertbar für den menschlichen Organismus ist. Da Eiweiß als einziger Stickstoffträger unseres Körpers derjenige Baustoff ist, der durch keinen anderen ersetzt werden kann, kommt dem (wenn auch mäßigen) Fleischgenuß doch eine beachtliche Bedeutung zu. Kohlenhydrate sind im Fleisch kaum enthalten. In Sehnen, Knorpeln, Knochen finden sich wertvolle Leimstoffe, die wir uns zum Beispiel bei der Sülzebereitung zunutze machen können. Werden sie lange und gründlich ausgekocht, ergeben sie auch für Suppen und Soßen eine gute Grundlage.
Außer den Nährstoffen enthält das Fleisch (besonders von älteren Tieren) die sehr geschätzten Extraktivstoffe, die den Wohlgeschmack unserer Fleischgerichte und Fleischbrühe bestreiten. Will man dem Fleisch diese Geschmacksstoffe beim Kochen und Braten erhalten, muß es in heißes Fett oder kochendes Wasser gegeben werden, damit das Eiweiß der äußeren Schicht sofort in der Hitze gerinnt und die Poren schließt. So wird eine undurchlässige Schicht geschaffen, hinter der aller Wohlgeschmack, Saft und Kraft eines Bratens erhalten bleiben. Kommt es dagegen hauptsächlich auf eine gute Brühe an, setzt man das Suppenfleisch kalt auf und kocht es richtig aus. Gut abgehangenes Fleisch ist zarter und mürber als frisch geschlachtetes. Man kann aber auch durch Klopfen nachhelfen oder größere Stücke in Buttermilch oder Essig einlegen.
Fleisch muß möglichst kühl aufbewahrt und zuverlässig vor Fliegen geschützt werden.

DAS AUSBRATEN DER FETTE

Rinderfett von den äußeren Häuten befreien, mehrere Stunden wässern. Es muß fein zerkleinert werden, am besten mit der Fleischmaschine, damit viel Fett ausbrät und wenig Rückstände (Grieben) bleiben. Es wird mit Wasser oder Milch aufgesetzt (man rechnet auf 1 kg Fett $^1/_8$–$^1/_4$ l Flüssigkeit) und langsam zum Kochen gebracht, damit sich der Talg vollständig aus den Häuten lösen kann. Man läßt es 30 Minuten im geschlossenen Topf kochen, dann im offenen Topf ausbraten. Das Fett ist erst schmackhaft und haltbar, wenn die Grieben gelb geworden sind; man gießt es dann durch ein Sieb in einen vorgewärmten Steintopf, der mit Pergamentpapier zugebunden wird. Es muß im kühlen Raum aufbewahrt werden.

Kalbsfett wie Rinderfett ausbraten.

Schweinefett (Flomen) wie Rinderfett, aber ohne Zusatz von Flüssigkeit, ausbraten. Falls man es als Brotaufstrich verwenden will, kann man Apfelscheiben oder Zwiebelwürfel hineingeben, wenn die Grieben gelb geworden sind.

Hammelfett wird wie Rinderfett ausgebraten. Man mischt es am besten mit Schweinefett und rechnet auf 500 g Hammelfett 125 g Schweineschmalz.

Mischfett erhält man durch Mischung verschiedener Sorten. Sein besonderer Vorzug besteht darin, daß Geruch und Geschmack einer einzelnen Fettart nicht vorherrschen und es sich deshalb vielseitig verwenden läßt. Gut eignen sich Rinderfett, Flomen und Margarine. Auf je 1 kg Schweine- und Rinderfett rechnet man $^1/_2$ kg Margarine. Statt Margarine kann man aber auch Kalbsfett, Öl oder Pflanzenfett (Kokosfett) nehmen.
Mischfett kann man zu Hülsenfruchtsuppen, zum Braten großer und kleiner Fleischstücke, zu Mehlschwitzen für Suppen und Soßen, für Kartoffelgerichte und Gemüse (Sauerkraut, Rotkohl, Grünkohl) und zum Backen von Eierkuchen usw. gebrauchen. Als Bratenfett ist es besonders zu empfehlen, da es infolge seines geringen Wassergehaltes nicht spritzt.

GEKOCHTES FLEISCH
Große Fleischstücke

Regeln

1. Größere Fleischstücke rollen und binden, damit sie dem Wasser wenig Oberfläche bieten.
2. Das Fleisch in kochendes Wasser geben, damit das Eiweiß der äußeren Schicht gerinnt.
3. Während der Kochzeit darf das Wasser nur leise sieden.
4. Den austretenden Schaum - Eiweiß - nicht abschöpfen.
5. Das Fleisch nach dem Kochen 10 Minuten in der Brühe liegen lassen, damit es saftiger bleibt.

Schweinefleisch

750 g Schweinefleisch (Nacken, Rippe, Blatt oder Bauch)	waschen
Suppengrün (Möhre, Porree, Sellerie)	putzen, waschen
	die Zutaten in
1½ l kochendes Salzwasser	geben, zum Kochen bringen, kochen lassen
	das gare Fleisch noch 10 Minuten in der heißen Brühe liegen lassen, herausnehmen, in Scheiben schneiden, auf einer vorgewärmten Platte anrichten, mit etwas heißer Brühe übergießen
Kochzeit:	Etwa 1½ Stunden.
Beigabe:	Senf- (S. 79) oder Kräutersoße (S. 80), Salzkartoffeln.
	Pro Person: 602 Kalorien = 2519 Joule.

Kalbfleisch

750 g Kalbfleisch (Kamm, Brust oder Blatt)	waschen, in
1½ l kochendes Salzwasser	geben, zum Kochen bringen, kochen lassen
Suppengrün (Möhre, Porree, Sellerie)	putzen, waschen, hinzufügen, kochen lassen
	wenn das Fleisch gar ist, es noch 10 Minuten in der heißen Brühe liegen lassen, dann herausnehmen, in Scheiben schneiden, auf einer vorgewärmten Platte anrichten, mit dem geschnittenen Suppengrün garnieren
Kochzeit:	1–1½ Stunden.
Beigabe:	Kräuter- (S. 80), Kapern- (S. 84) oder Bechamelsoße (S. 81), Salzkartoffeln.
	Pro Person: 202 Kalorien = 845 Joule.

Rindfleisch
(Abb. S. 139)

750 g Rindfleisch (Brust-, Schwanzstück oder Rippe)	waschen, abtrocknen, klopfen, evtl. binden, damit es saftiger bleibt und sich gut schneiden läßt nach Belieben
Knochen	in
$1\frac{1}{2}$ l kaltes Salzwasser	geben, zum Kochen bringen, 1 Stunde kochen lassen
1 Zwiebel	abziehen, rösten
Suppengrün (Möhre, Porree, Sellerie)	putzen, waschen, die Zutaten mit dem Fleisch in die Brühe geben, kochen lassen das gare Fleisch noch 10 Minuten in der heißen Brühe liegen lassen, herausnehmen, in Scheiben schneiden, auf einer vorgewärmten Platte anrichten, mit etwas heißer Brühe übergießen
Kochzeit:	2–$2\frac{1}{2}$ Stunden die Brühe zu Suppen und Soßen verwenden.
Beigabe:	Gedünstetes Gemüse und Meerrettich- (S. 83), Tomaten- (S. 80), Kräuter- (S. 80) oder Senfsoße (S. 79), Salzkartoffeln und geraspelter Meerrettich.
	Pro Person: 431 Kalorien = 1803 Joule.

Pökelfleisch

750 g Pökelfleisch (z. B. Kammstück, oder Kasseler Rippenspeer)	waschen, 2–3 Stunden in
stark gesalzenes Wasser	legen, herausnehmen
1 Zwiebel	abziehen, rösten das Fleisch mit der Zwiebel in
$1\frac{1}{2}$ l kaltes Wasser	geben, zum Kochen bringen, gar kochen lassen das gare Fleisch noch 10 Minuten in der heißen Brühe liegen lassen, herausnehmen, in Scheiben schneiden, auf einer vorgewärmten Platte anrichten, mit etwas heißer Brühe übergießen
Kochzeit:	$1\frac{1}{2}$–2 Stunden.
Beigabe:	Sauerkraut und Erbsenbrei oder gedünstetes Gemüse, Salzkartoffeln, Meerrettich- (S. 83), Tomaten- (S. 80), Kräuter- (S. 80) oder Senfsoße (S. 79).
	Pro Person: 592 Kalorien = 2477 Joule.

Hammelfleisch

750 g Hammelfleisch	
(z. B. Brust, Blatt oder Rippe)	waschen
1 Zwiebel	abziehen, rösten
	das Fleisch mit der Zwiebel,
1 Teel. Kümmel	in
1½ l Salzwasser	geben, zum Kochen bringen, gar kochen lassen
	das gare Fleisch noch 10 Minuten in der heißen Brühe liegen lassen, herausnehmen, in Scheiben schneiden, auf einer vorgewärmten Platte anrichten, mit etwas heißer Brühe übergießen
Kochzeit:	1½–2 Stunden.
Beigabe:	Kartoffelbrei mit sauren Gurken oder Grünen Bohnen, Kräuter- (S. 80) oder Tomatensoße (S. 80).
	Pro Person: 680 Kalorien = 2845 Joule.

Kalbshirn
(Für 6 Personen)

3 Kalbshirne	
(etwa 1 kg)	so lange wässern, bis das Blut ausgezogen ist
	das Hirn von Haut und Adern befreien, mit
Essig	
feinen Kräutern	in
½ l kochendes Salzwasser	geben, zum Kochen bringen, gar kochen lassen
	das Kalbshirn mit
50 g gebräunter Butter	übergießen, mit Tomatensalat (S. 288) reichen
	soll das Kalbshirn gebraten werden, es in der Brühe erkalten lassen
Kochzeit:	5–6 Minuten.
Veränderung:	Das Kalbshirn auch zur Verfeinerung von Frikassee (S. 119) und Ragout (S. 118) verwenden.
	Pro Person: 430 Kalorien = 1799 Joule.

Kalbsmilch

750 g Kalbsmilch	mehrere Stunden wässern, damit sie weiß wird, sie danach zunächst mit kochendem, dann mit kaltem Wasser übergießen, damit sie erstarrt und die Blutäderchen besser entfernt werden können
	die Kalbsmilch in
½ l kochendes Salzwasser	geben, zum Kochen bringen, gar kochen lassen
Kochzeit:	Etwa 15 Minuten.
Beigabe:	Madeirasoße (S. 86).
Veränderung:	Die Kalbsmilch auch zur Verfeinerung von Frikassee (S. 119) und Ragout (S. 118) verwenden.
	Pro Person: 203 Kalorien = 849 Joule.

Kalbszunge

2 Kalbszungen (etwa 600 g) waschen, den Schlund abschneiden, die Zunge so lange waschen und bürsten, bis der Schleim entfernt ist

Suppengrün (Möhre oder Porree) putzen, waschen, mit der Zunge in

1-1 1/2 l kochendes Salzwasser geben, zum Kochen bringen, kochen lassen (die Zunge ist gar, wenn sich die Spitze weich ansticht)

die gare Zunge kalt abspülen, die Haut abziehen, solange die Zunge heiß ist, das obere knorpelige Ende ablösen

die Zunge bis zum Anrichten wieder in die heiße Brühe geben, dann herausnehmen, in fingerdicke Scheiben schneiden, auf einer vorgewärmten Platte anrichten

Kochzeit: 1-1 3/4 Stunden.

Beigabe: Champignon- (S. 80) oder Tomatensoße (S. 80).

Pro Person: 169 Kalorien = 707 Joule.

Rinderzunge

(Für 6 Personen)

1 frische Rinderzunge (etwa 1 1/4 kg) waschen, den Schlund abschneiden, die Zunge so lange waschen und bürsten, bis der Schleim entfernt ist

Suppengrün putzen, waschen, mit der Zunge in

2 l kochendes Salzwasser geben, zum Kochen bringen, kochen lassen (die Zunge ist gar, wenn sich die Spitze weich ansticht)

die gare Zunge kalt abspülen, die Haut abziehen, solange die Zunge heiß ist, das obere knorpelige Ende ablösen

die Zunge bis zum Anrichten wieder in die heiße Brühe geben, dann herausnehmen, in fingerdicke Scheiben schneiden, auf einer vorgewärmten Platte anrichten

Kochzeit: Etwa 2 1/2 Stunden.

Beigabe: Salzkartoffeln, Madeira- (S. 86) oder Burgundersoße (S. 81). Gepökelte Zunge genauso zubereiten, aber ohne Salz kochen, Meerrettichsoße (S. 83) dazureichen.

Pro Person: 531 Kalorien = 2222 Joule.

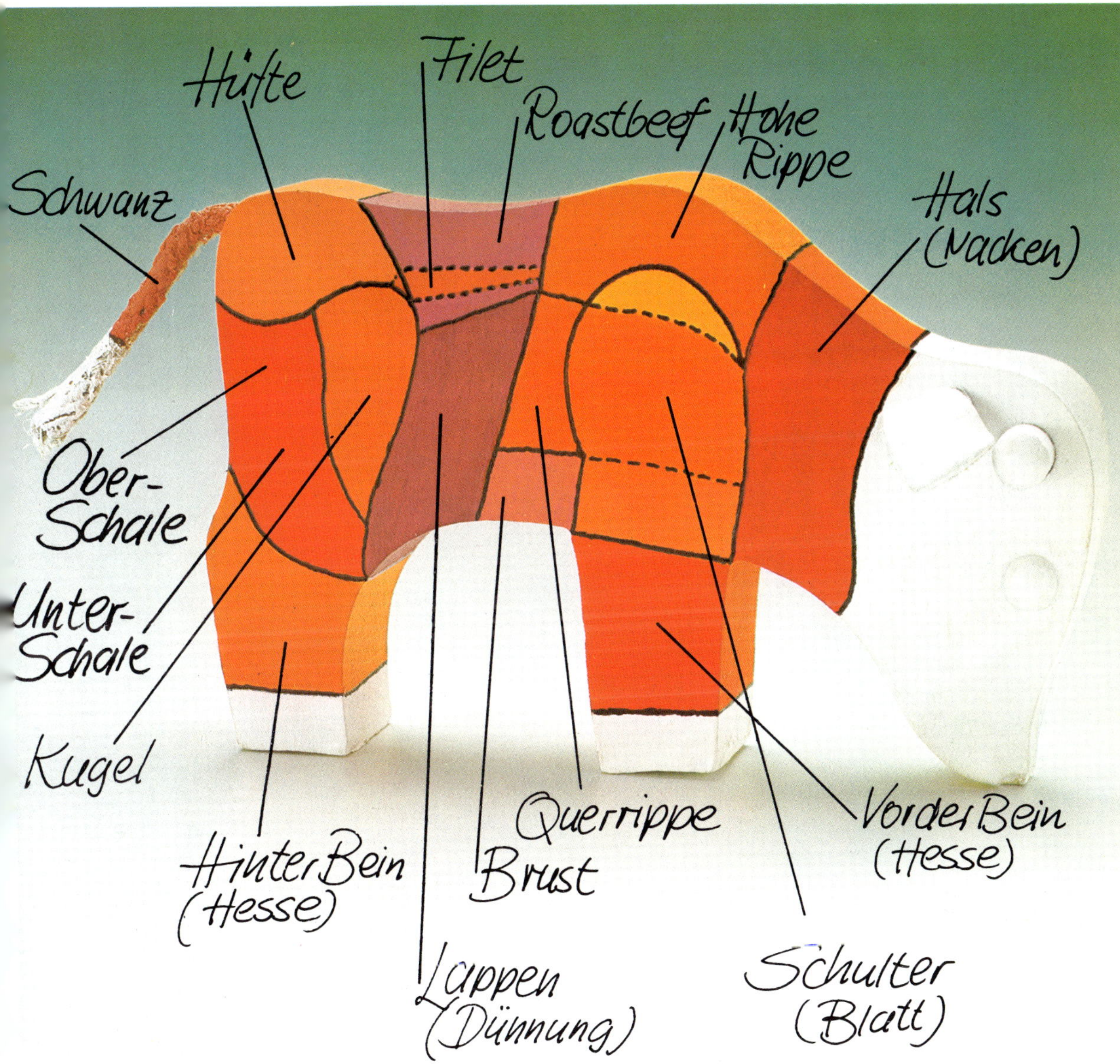
Hüfte
Filet
Roastbeef
Hohe Rippe
Schwanz
Hals (Nacken)
Ober-Schale
Unter-Schale
Kugel
Querrippe
Vorder Bein (Hesse)
Hinter Bein (Hesse)
Brust
Lappen (Dünnung)
Schulter (Blatt)

Rindfleisch ist die allgemeine Bezeichnung für Ochsen-, Färsen-, Kuh- und Bullenfleisch. Das Fleisch soll eine kräftig rote Farbe haben und beim Anfassen und Einschneiden eine gewisse Festigkeit und glänzende Schnittflächen zeigen.
Rindfleisch muß, bevor es verkauft wird, gut abgehangen sein, denn schlachtfrisches Rindfleisch bleibt zäh. Zum Kochen muß es 3–5 Tage abhängen, zum Braten 8–14 Tage.
Die Nachfrage nach Braten- und Kurzbratstücken ist größer als die nach Kochfleischstücken.
Zum BRATEN eignen sich: Roastbeef, Lende (Filet), Hohe Rippe, Oberschale, Schwanzstück, Kugel, Hüfte, Hüftdeckel;
zum SCHMOREN: Oberschale, Schwanzstück (mit Schwanzrolle), Querrippe, Kugel, Falsches Filet, Dikker Bug, Bugschaufelstück, Gulasch, Rouladen, Leber, Nieren;
zum KURZBRATEN und GRILLEN: Scheiben vom Roastbeef (Entrecôte), von der Hüfte, der Lende (Filet, Châteaubriand), vom Beefsteak (Oberschale, Kluft, Kugel), Leberscheiben;
zum KOCHEN: Zungenstück, Nakken (Hals), Brust, Hohe Rippe, Flach- oder Querrippe, Bugschaufelstück, Mittelbugstück, Lappen, Beinscheibe und Schwanz, Lunge, Herz, Zunge, Nieren.

Bulle

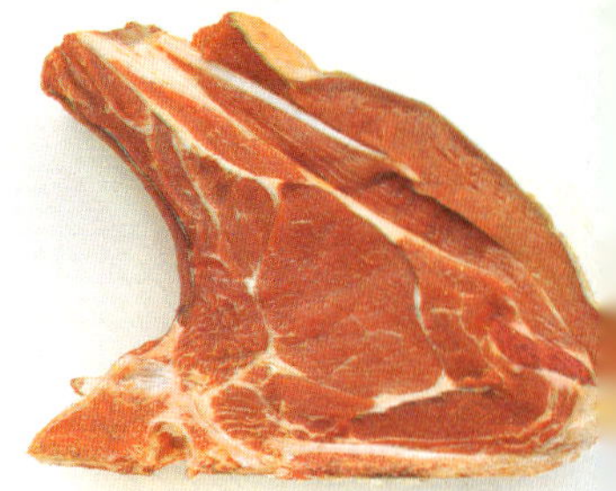
Kuh

Ochse

Färse

Zungenstück (Hals)

Mittelbrust

Falsches Filet

Hohe Rippe

Brustspitze

Nacken

Dicker Bug

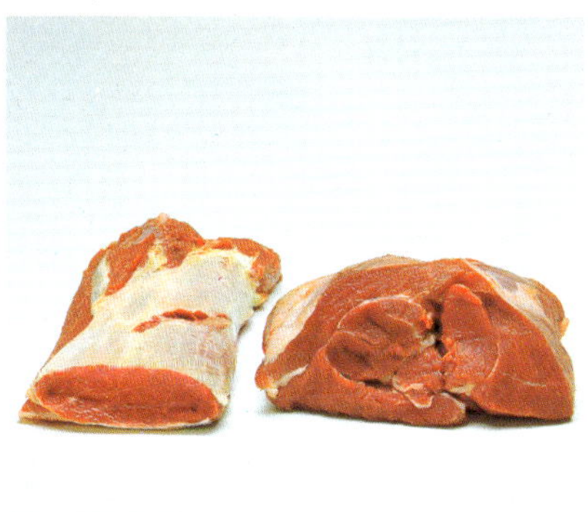

Bugschaufel- und Mittelbugstück

Roastbeef (Rumpsteak)

Filet

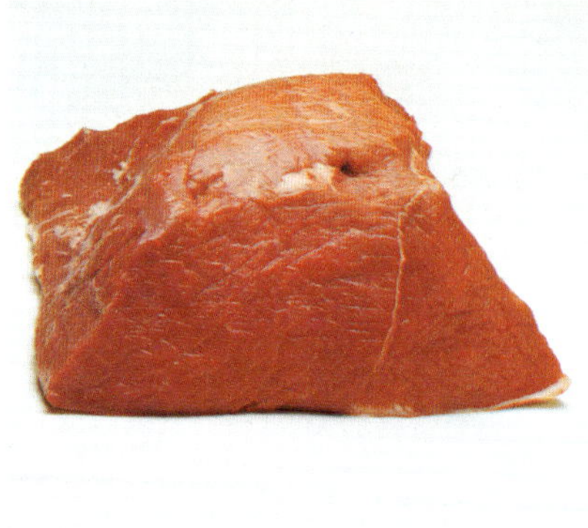

Schwanzstück

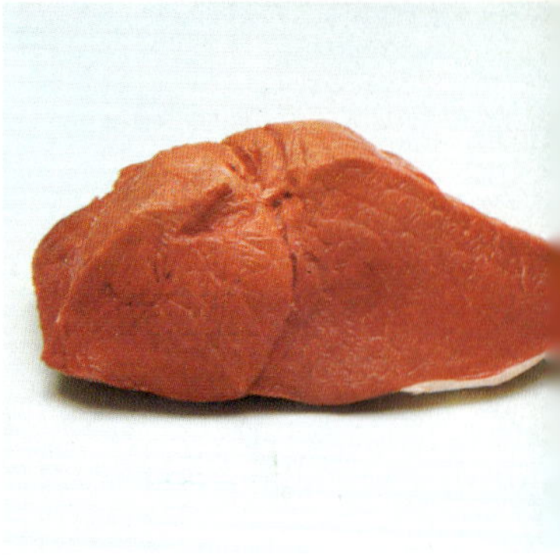

Oberschale (Kluft)

Lappen

Schwanzrolle

Kugel- und Bürgermeisterstück

Quer- oder Flachrippe

Hüfte und Hüftdeckel

Beinscheiben und Schwanz

VOM KALB

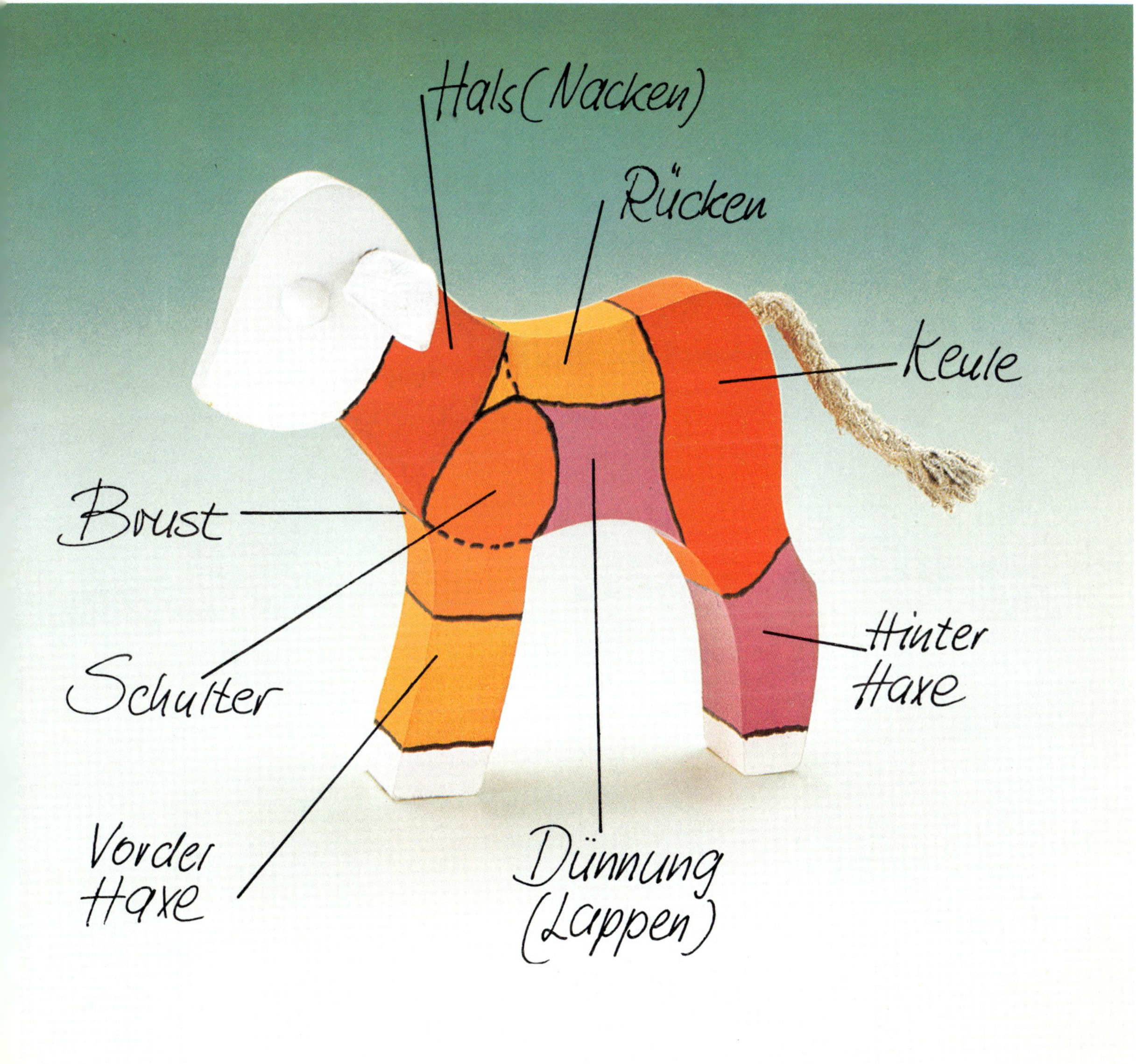
Hals (Nacken)
Rücken
Keule
Brust
Schulter
Hinter Haxe
Vorder Haxe
Dünnung (Lappen)

Kotelett

Nierenbraten

Oberschale (Frikandeau)

Brust

Nuß

Vorder- und Hinterhaxe

Das zarte, saftige Kalbfleisch gilt allgemein als Delikatesse, aber es erfreut sich auch bei den Herstellern von Babykost großer Beliebtheit und wird gern bei der Krankenkost verwendet.

Kalbfleisch soll eine hellrosa Farbe haben und auf der Schnittfläche leicht feucht sein.

Zum BRATEN eignen sich: Ober- und Unterschale (Frikandeau), Kugel, Hüfte, Rücken, Lende (Filet), Brust, Haxe;

zum SCHMOREN: Hals, Brust, Nakken, Schulter (Bug), Haxe;

zum KURZBRATEN und GRILLEN: Scheiben von Ober- und Unterschale (Frikandeau), Kugel, Hüfte, Haxe (Ossobucco), Rücken (Kotelett), Lende (Filet), Scheiben von Leber, Hirn, Bries, Niere;

zum KOCHEN: Nacken, Brust, Haxen, Lappen, Leber, Herz, Bries, Hirn.

Unterschale

Nacken

VOM SCHWEIN

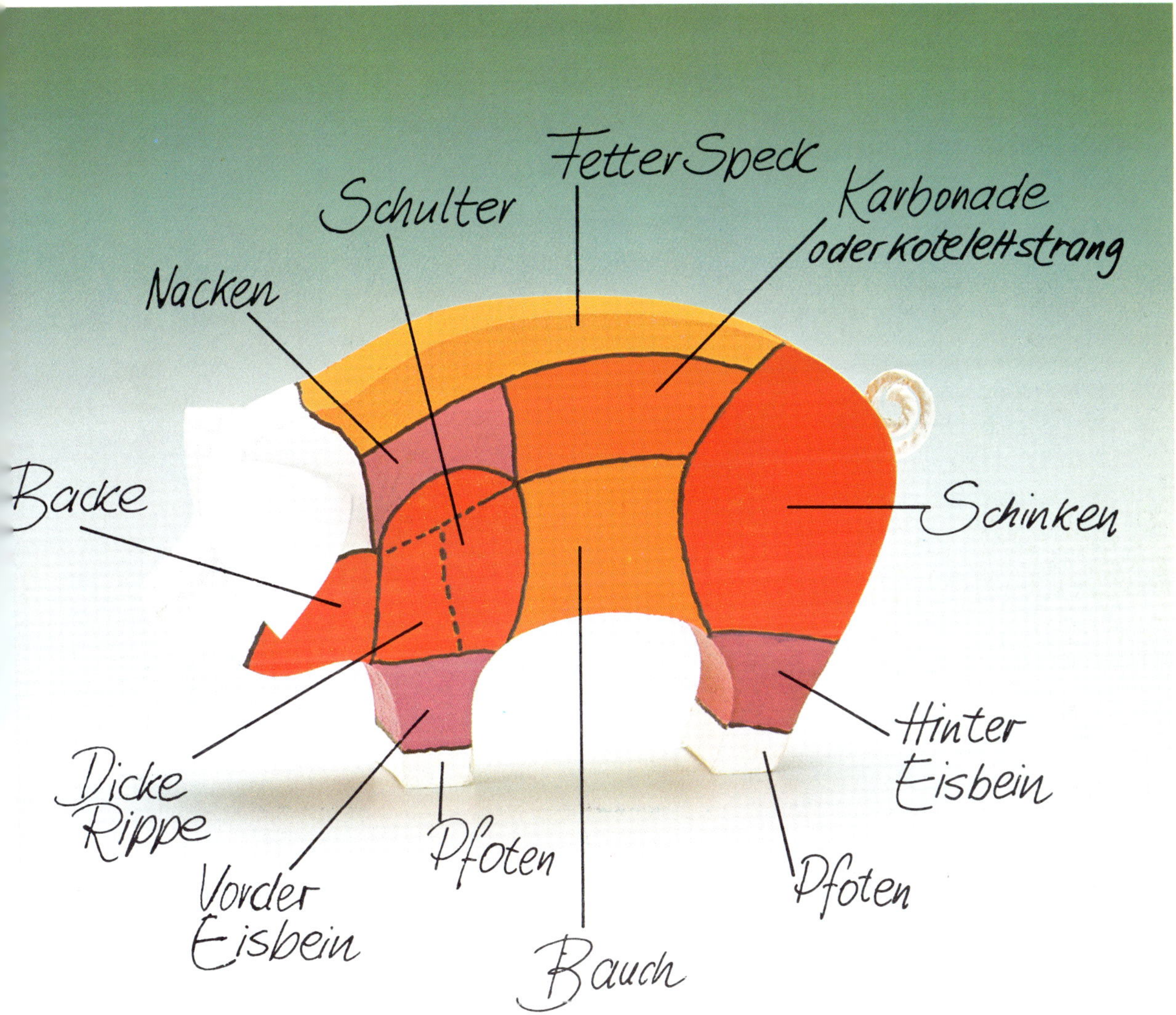
Fetter Speck
Schulter
Karbonade oder Kotelettstrang
Nacken
Backe
Schinken
Dicke Rippe
Hinter Eisbein
Vorder Eisbein
Pfoten
Pfoten
Bauch

Von allen Fleischsorten wird Schweinefleisch in der Bundesrepublik am meisten verzehrt. Es ist beliebt wegen seines kräftigen saftigen Geschmacks, ob nun gebraten, geschmort oder gekocht, als Schinken oder als leckere Wurstspezialität.
Schweinefleisch soll im Gegensatz zu Rindfleisch so frisch wie möglich zubereitet und verzehrt werden.
Die wichtigsten Stücke beim Schweinefleisch sind: Schinken, Schulter, Kotelettstrang, Bauch und Eisbein.
Zum BRATEN eignen sich: Ober- und Unterschale, Hüfte, Kugel, Lende (Filet), Rücken, Nacken (Kamm);
zum SCHMOREN: Schulter (Bug), Brust (Dicke Rippe), Bauch, Haxe, Leber, Nieren, Herz;
zum KURZBRATEN und GRILLEN: Schnitzel (Ober- und Unterschale, Hüfte, Kugel), Lende (Filet), Rücken (Kotelett), Nacken (Kamm), Bauch (Falsches Kotelett), Scheiben von Leber, Niere, Herz;
zum KOCHEN: Nacken (Kamm), Bauch, Brust (Dicke Rippe), Eisbein, Leber, Zunge, Herz, Nieren, Hirn.

Nacken

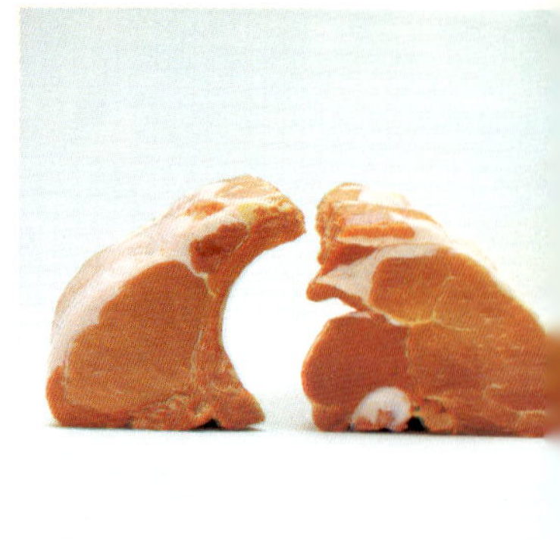

Kotelett

Dicke Rippe

Schulter

Filet

Oberschale

Nuß

Bauch

Unterschale

Vorder- und Hintereisbein

Hüfte (Schinkenspeckstück)

VOM LAMM

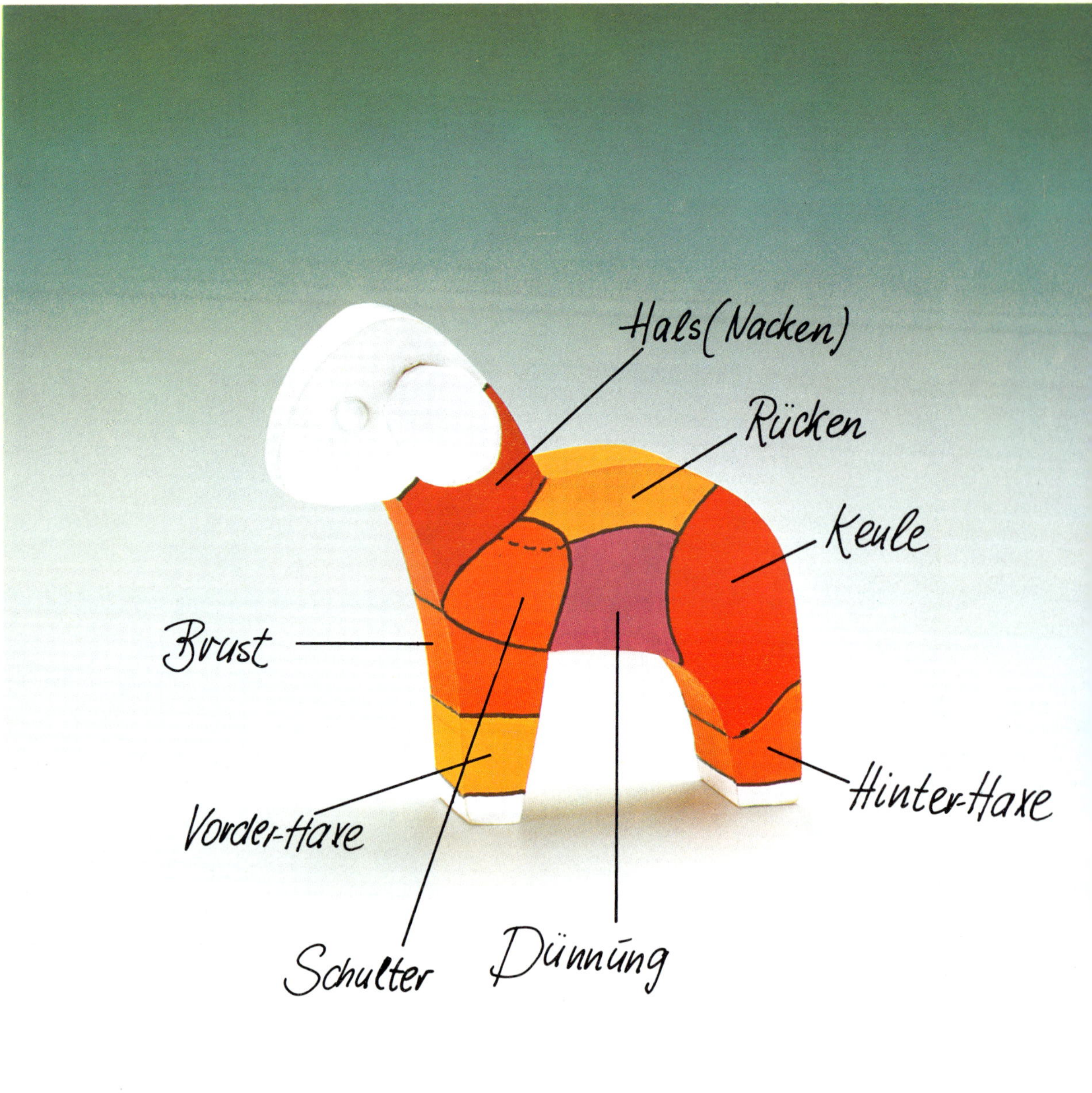

Hals (Nacken)
Rücken
Keule
Brust
Hinter-Haxe
Vorder-Haxe
Schulter
Dünnung

Nacken

Rücken

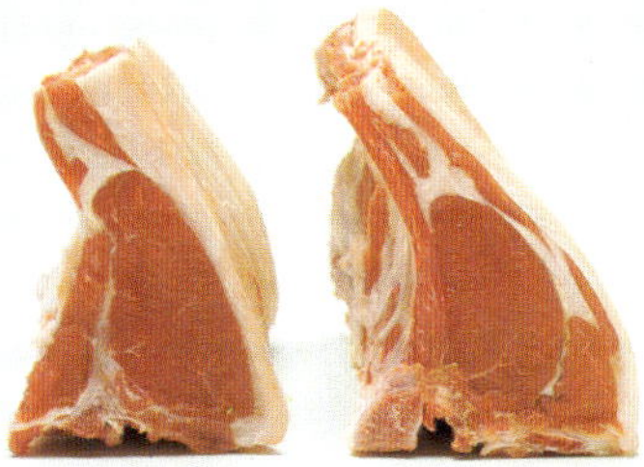

Kotelett

Keule

Schulter

Brust

Das würzige, aromatische Lammfleisch ist in der Bundesrepublik nicht so gefragt, wie beispielsweise in Frankreich, England, Italien und in anderen Nachbarländern.
Dabei läßt sich gerade das zarte, helle Lammfleisch außerordentlich vielseitig zubereiten und ist ein köstlicher Braten zu besonderen Anlässen.

Zum BRATEN eignen sich: Keule, Rücken;
zum SCHMOREN: Hals, Brust, Bug (Blatt), Haxe;
zum KURZBRATEN und GRILLEN: Rücken (Kotelett), Keule, Scheiben von Leber und Niere;
zum KOCHEN: Hals, Brust, Bug (Blatt), Lappen, Haxe, Leber, Herz, Nieren.

INNEREIEN

Kalbsleber

Kalbsbries

Herz (Schwein, Kalb, Rind)

Rinderleber

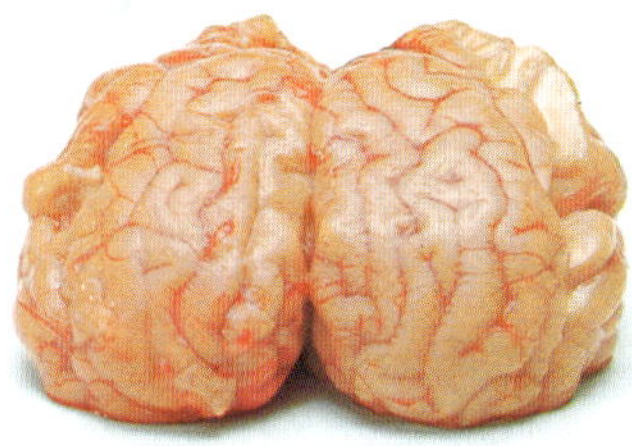

Kalbshirn

Nieren (Schwein, Kalb, Rind)

Schweineleber

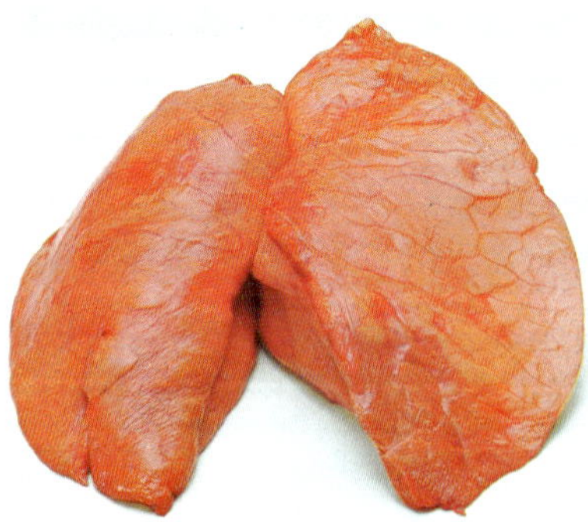

Lunge

Zunge (Schwein, Kalb, Rind)

Was Innereien - wie Hirn, Herz, Leber, Nieren, Lunge - im höchsten Maße besitzen und was sie so besonders wertvoll macht, sind: Eiweiß, Vitamine, Mineralstoffe, Spurenelemente und die so wichtige Arachidonsäure, ein Bremser von Herz- und Kreislaufkrankheiten.
Deshalb sollte wenigstens einmal in der Woche ein Gericht mit Innereien zubereitet auf dem Speisezettel stehen.
Ob ein köstliches Herzragout, gegrillte Leber oder geschmorte Nieren - Innereien können nicht nur sehr lekker zubereitet werden, sie sind auch eine Wohltat für die strapazierte Haushaltskasse.

Kleine Fleischstücke

Regeln

1. Fleisch in kochendes Wasser legen.
2. Während der Kochzeit darf das Wasser nur leise sieden.
3. Die Soße aus der Fleischbrühe zubereiten.
4. Für helles Fleisch helle Soße (Frikassee), für dunkles Fleisch dunkle Soße (Ragout) nehmen.
5. Das gare Fleisch in die kochende Soße geben, 10 Minuten darin ziehen lassen.

Zungenragout

(Für 6 Personen)

1 Rinderzunge (etwa $1\frac{1}{4}$ kg)	waschen, den Schlund abschneiden, die Zunge so lange waschen und bürsten, bis der Schleim entfernt ist
Suppengrün	putzen, waschen, mit der Zunge in
2 l kochendes Salzwasser	geben, zum Kochen bringen, kochen lassen (die Zunge ist gar, wenn sich die Spitze weich ansticht)
	die gare Zunge kalt abspülen, die Haut abziehen, solange die Zunge heiß ist, das obere knorpelige Ende ablösen
	die Zunge in Scheiben oder Würfel schneiden
	eine dunkle Grundsoße bereiten aus:
80 g Margarine (z. B. Sanella)	
110 g Weizenmehl	
1 l Zungenbrühe	
	die Soße mit
$\frac{1}{8}$ l Rotwein	
Salz	
Pfeffer	
Zucker	abschmecken
	die geschnittene Zunge und die Hälfte der für sich gekochten
Fleischklößchen (S. 72)	in die Soße geben
	das Ragout in einer vorgewärmten Schüssel anrichten, mit
Blätterteighalbmonden	und den restlichen Klößchen garnieren
Kochzeit:	Etwa $2\frac{1}{2}$ Stunden.
Veränderung:	Das Ragout durch Zugabe von 250 g Champignons oder Steinpilzen verfeinern.

Pro Person: 604 Kalorien = 2527 Joule ohne Fleischklößchen und Garnierung.

Rindfleischragout

500 g Rindfleisch	waschen, in Würfel schneiden, mit
1 abgezogenen Zwiebel	
1 kleinen Lorbeerblatt	
4 Nelkenpfeffer (Piment)	in
$^1/_2$ l kochendes Salzwasser	geben, zum Kochen bringen, gar kochen lassen die Brühe durch ein Sieb gießen, $^1/_2$ l davon abmessen (evtl. mit Wasser ergänzen) eine dunkle Grundsoße bereiten aus:
40 g Fett	
50 g Weizenmehl	
1 gewürfelten Zwiebel	
$^1/_2$ l Rindfleischbrühe	
	die Soße mit
Salz	
Pfeffer	
Essig oder Zitronensaft	
Zucker	abschmecken, das Fleisch hineingeben, noch 10 Minuten darin ziehen lassen
1 saure Gurke	in Würfel oder Scheiben schneiden, in das Ragout geben
Kochzeit:	Etwa $1^3/_4$ Stunden.
	Pro Person: 323 Kalorien = 1351 Joule.

Schweinefleischragout

500 g Schweinefleisch	waschen, in 2 cm dicke Scheiben schneiden, in
$^1/_2$ l kochendes Salzwasser	geben, zum Kochen bringen, gar kochen lassen, das Fleisch aus der Brühe nehmen, in Würfel schneiden $^1/_2$ l von der Brühe abmessen (evtl. mit Wasser ergänzen) eine dunkle Grundsoße bereiten aus:
40 g Fett (evtl. in kleine Würfel geschnittener Speck)	
50 g Weizenmehl	
1 gewürfelter Zwiebel	
$^1/_2$ l Schweinefleischbrühe	
	die Soße mit
Salz	
1–2 Eßl. Zitronensaft oder Essig	
Zucker	abschmecken
400 g Äpfel	schälen, vierteln, entkernen, in kleine Stücke schneiden, mit
1 Eßl. Wasser	unter ständigem Rühren etwa 5 Minuten dünsten lassen, mit dem Fleisch in die Soße geben
Kochzeit:	Etwa 1 Stunde.
Beigabe:	Pellkartoffeln (S. 271) oder Kartoffelklöße (S. 278).
Veränderung:	Das Ragout ohne Obst zubereiten.
	Pro Person: 356 Kalorien = 1490 Joule.

Ragout fin in Muscheln

250 g gekochtes Kalbfleisch (S. 99)	
1 gekochte Kalbszunge (S. 102)	
175 g gekochtes Kalbshirn (S. 101)	
oder	
175 g gekochte Kalbsmilch (S. 101)	
	die Zutaten in Würfel schneiden
	eine helle Grundsoße bereiten aus:
40 g Margarine (z. B. Sanella)	
50 g Weizenmehl	
1/2 l Fleischbrühe	
50 g gare Champignons	klein schneiden, mit
1 Teel. Kapern	in die Soße geben
1 Eigelb	mit
2 Eßl. kaltem Wasser	verschlagen, die Soße damit abziehen, mit
Zitronensaft oder Weißwein	
Salz, Pfeffer	abschmecken, das Fleisch dazugeben
	12 Muschelförmchen mit
Butter	ausstreichen, das Ragout hineingeben, mit
2 Eßl. Semmelmehl	
2 Eßl. geriebenem Käse	bestreuen
40 g Butter	in Flöckchen darauf setzen
	die Muscheln im Backofen überbacken
Gas:	10 Minuten vorheizen 8, überbacken 8
Strom:	275–300
Backzeit:	10–15 Minuten.
	Pro Person: 483 Kalorien = 2021 Joule.

Kalbfleischragout

500 g Kalbfleisch	waschen, in 2 cm dicke Scheiben schneiden, in
1/2 l kochendes Salzwasser	geben, zum Kochen bringen, gar kochen lassen, das Fleisch aus der Brühe nehmen, in Würfel schneiden
	1/2 l von der Brühe abmessen (evtl. mit Wasser ergänzen)
	eine helle Grundsoße bereiten aus:
30 g Butter oder Margarine	
40 g Weizenmehl	
1 gewürfelten Zwiebel	
1/2 l Kalbfleischbrühe	
1 Teel. Kapern	hinzufügen, die Soße mit
Salz, Pfeffer	
1 Eßl. Zitronensaft	
3 Eßl. Rotwein	
Zucker	abschmecken, das Fleisch hineingeben
Kochzeit:	Etwa 30 Minuten.
	Pro Person: 288 Kalorien = 1205 Joule.

Kalbfleischfrikassee

500 g Kalbfleisch	waschen, in 2 cm dicke Scheiben schneiden, in
1/2 l kochendes Salzwasser	geben, zum Kochen bringen, gar kochen lassen, das Fleisch aus der Brühe nehmen, in Würfel schneiden 1/2 l von der Brühe abmessen (evtl. mit Wasser ergänzen) eine helle Grundsoße bereiten aus:
30 g Margarine (z. B. Sanella)	
35 g Weizenmehl	
1/2 l Kalbfleischbrühe	
	nach Belieben
1 Eigelb	mit
2 Eßl. kaltem Wasser	verschlagen, die Soße damit abziehen, mit
1 Eßl. Zitronensaft oder Weißwein	
Salz	
Zucker	abschmecken, das Fleisch hineingeben
Kochzeit:	30–40 Minuten.
Beigabe:	Brühreis (Reisrand).
Veränderung:	Das Frikassee nach Belieben durch Fleischklößchen (S. 72), Blumenkohlröschen, Spargelköpfchen, Champignons, gehackte Sardellen verfeinern. *Pro Person: 239 Kalorien = 1000 Joule.*

Leberknödel

400 g (etwa 10) alte Semmeln (Brötchen)	in knapp 2 mm dicke Blättchen schneiden, mit
1/2 l kochendheißer Milch	übergießen, 1 Stunde quellen lassen
250 g Kalbs- oder Rinderleber	von der Haut befreien
1 mittelgroße Zwiebel	abziehen beide Zutaten durch den Fleischwolf drehen, mit
1 Eßl. gehackter Petersilie	
2 Eiern	
3 g (1 gestrichener Teel.) Dr. Oetker Backpulver Backin	unter die Semmelmasse rühren, die Masse mit
Salz	
Pfeffer	
Majoran	
abgeriebener gelber Zitronenschale (ungespritzt)	abschmecken, mit nassen Händen Klöße daraus formen, in
kochendes Salzwasser	geben, zum Kochen bringen, gar ziehen lassen (Wasser muß sich leicht bewegen)
Garzeit:	Etwa 20 Minuten. *Pro Person: 502 Kalorien = 2100 Joule.*

Königsberger Klopse

1 altes Brötchen (Semmel)	in kaltem Wasser einweichen, gut ausdrücken
1 Zwiebel	abziehen, fein würfeln
	die Zutaten mit
400 g Gehacktem (halb Rind-, halb Schweinefleisch)	
1 Eiweiß	vermengen, mit
Salz	
Pfeffer	abschmecken, aus der Masse mit nassen Händen Klopse formen, in
(*½ l kochendes Salzwasser*)	geben, zum Kochen bringen, gar ziehen lassen (Wasser muß sich leicht 20
1 l Fleischbrühe	bewegen) Lorbeerblatt, 5 Pfefferkörner
	eine helle Grundsoße bereiten aus:
40 ~~*30*~~ *g Butter oder Margarine*	
40 ~~*35*~~ *g Weizenmehl*	
½ l Kochwasser von den Klopsen	
1 Eigelb	mit
2 Eßl. kaltem Wasser	verschlagen, die Soße damit abziehen
2 ~~*1*~~ *Eßl. Kapern*	hinzufügen, die Soße mit Salz,
Zucker *1 Teel. Zitronensaft*	abschmecken, die Klopse in die Soße geben
Garzeit:	Etwa 15 Minuten.
Veränderung:	½ Salzhering fein hacken, in die Soße geben.
	Pro Person: 461 Kalorien = 1929 Joule.

GESCHMORTES FLEISCH

Regeln

1. Das Fleisch in heißem Fett bis zur Bräunung anbraten, dann unter Zusatz von etwas Wasser im geschlossenen Topf gar schmoren lassen. Für diese Zubereitungsweise eignen sich besonders kleine Fleischstücke (unter 1 kg) und solche mit derber Fleischfaser.
2. Werden Zwiebeln, Tomaten oder kleingeschnittenes Suppengrün verwendet, sie in das Fett geben, wenn das Fleisch fast fertig gebräunt ist.
3. Sobald das Fleisch gut gebräunt ist, etwas von $^1/_8$–$^1/_4$ l heißem Wasser oder Brühe dazugießen, das Fleisch salzen, im geschlossenen Topf gar schmoren lassen.
4. Um die Soße zuzubereiten, das gare Fleisch aus dem Topf nehmen, so viel Wasser hinzugießen, wie Soße benötigt wird. Die Flüssigkeit zum Kochen bringen, mit angerührtem Weizenmehl binden. Die Soße evtl. durch ein Sieb gießen.
   Die Soße durch Zugabe von Sahne oder Dosenmilch verfeinern.

Schweineschmorbraten

1 Zwiebel	abziehen
Suppengrün	putzen, waschen
	beide Zutaten klein schneiden
1 kg Schweinefleisch (Keule, Kamm oder Schulter)	waschen, abtrocknen
bei magerem Fleisch 50 g Fett	erhitzen (fettes Fleisch im eigenen Fett bräunen, häufig wenden, damit es sich nicht ansetzt), das Fleisch von allen Seiten gut darin anbraten, mit
Salz	bestreuen, die geschnittenen Zutaten hinzufügen, kurz miterhitzen etwas von
$^1/_8$–$^3/_8$ l heißem Wasser	hinzugießen, das Fleisch schmoren lassen, von Zeit zu Zeit wenden, verdampfte Flüssigkeit nach und nach ersetzen
	das gare Fleisch in Scheiben schneiden, auf einer vorgewärmten Platte anrichten
	den Bratensatz nach Bedarf mit Wasser auffüllen, durch ein Sieb gießen, zum Kochen bringen
2 Eßl. Weizenmehl	mit
3 Eßl. kaltem Wasser	anrühren, unter Rühren in die Flüssigkeit geben, die Soße 5 Minuten schwach kochen lassen
Schmorzeit:	Etwa $1^1/_2$ Stunden.
Beigabe:	Tomatensalat (S. 288).
	Pro Person: 934 Kalorien = 3908 Joule.

Hammelschmorbraten

1 kg Hammelfleisch	waschen, abtrocknen, mit
Salz	
Pfeffer	
Paprika edelsüß	bestreuen
bei magerem Fleisch 50 g Fett	(fettes Fleisch im eigenen Fett bräunen, häufig wenden, damit es sich nicht ansetzt) erhitzen, das Fleisch von allen Seiten gut darin anbraten
1 Zwiebel	abziehen, klein schneiden, kurze Zeit miterhitzen
	etwas von
1/8–3/8 l heißem Wasser	hinzugießen, das Fleisch schmoren lassen, von Zeit zu Zeit wenden, verdampfte Flüssigkeit nach und nach ersetzen
	das gare Fleisch in Scheiben schneiden, auf einer vorgewärmten Platte anrichten, warm stellen
	den Bratensatz nach Bedarf mit Wasser auffüllen, durch ein Sieb gießen, zum Kochen bringen
2 Eßl. Weizenmehl	mit
3 Eßl. kaltem Wasser	anrühren, unter Rühren in die Flüssigkeit geben, die Soße etwa 5 Minuten schwach kochen lassen, mit Salz, Pfeffer abschmecken
Schmorzeit:	Etwa $1^1/_2$ Stunden.
Veränderung:	Steinpilze, Morcheln oder Mousserons kurze Zeit mitschmoren lassen.
	Pro Person: 640 Kalorien = 2678 Joule.

Kalbsschmorbraten

1 kg Kalbfleisch	waschen, abtrocknen, klopfen, wenn nötig, zu guter Form binden, mit
Salz	
Pfeffer	bestreuen
Suppengrün	putzen, waschen, klein schneiden
50 g Margarine	erhitzen, das Fleisch von allen Seiten gut darin anbraten
	das Suppengrün,
evtl. Wacholderbeeren	hinzufügen, kurz miterhitzen
	etwas von
1/8–3/8 l heißem Wasser	hinzugießen, das Fleisch schmoren lassen, von Zeit zu Zeit wenden, verdampfte Flüssigkeit nach und nach ersetzen
	wenn das Fleisch gar ist, den Faden lösen, das Fleisch in Scheiben schneiden, auf einer vorgewärmten Platte anrichten, warm stellen
	den Bratensatz nach Bedarf mit Wasser auffüllen, durch ein Sieb gießen, entfetten, zum Kochen bringen
2 gestrichene Eßl. Weizenmehl	mit
3 Eßl. kaltem Wasser	anrühren, unter Rühren in die Flüssigkeit geben, die Soße etwa 5 Minuten schwach kochen lassen
2 Eßl. saure Sahne	
oder Dosenmilch	unterrühren, mit Salz, Pfeffer abschmecken
Schmorzeit:	Etwa 1 Stunde.
	Pro Person: 379 Kalorien = 1586 Joule.

Gulasch

500 g schieres Rind-, Kalb-, Schweine- oder Hammelfleisch	waschen, abtrocknen, in etwa 2 cm große Würfel schneiden
50 g Fett (evtl. in kleine Würfel geschnittener Speck)	erhitzen (Speck auslassen), das Fleisch von allen Seiten gut darin anbraten
250 g Zwiebeln	abziehen, würfeln, mitbräunen lassen das Fleisch mit
Salz	
Pfeffer	
Gulasch-Gewürz	würzen
2 Eßl. Tomatenmark	hinzufügen etwas von
$^1/_2$ l heißem Wasser	hinzugießen, das Fleisch gar schmoren lassen, verdampfte Flüssigkeit nach und nach ersetzen
1 Eßl. Weizenmehl	mit
1 Eßl. kaltem Wasser	anrühren, das Gulasch damit binden, mit Salz,
Paprika edelsüß	
$^1/_2$ Teel. Tabascosoße	abschmecken
Schmorzeit für Rindergulasch:	$1^1/_2$–2 Stunden
Für Kalbsgulasch:	Etwa 1 Stunde
Für Schweinegulasch:	Etwa 1 Stunde
Für Hammelgulasch:	Etwa 1 Stunde.
Veränderung:	1 vorbereitete, in Streifen geschnittene grüne Paprikaschote oder 4 enthäutete Tomaten mitschmoren lassen Rindergulasch mit saurer Sahne, Schweinegulasch mit saurer Sahne, 2–3 Eßl. Madeira, Hammelgulasch durch frische, geschälte, entkernte Gurkenstücke verfeinern.
Beigabe:	Kartoffelbrei (S. 275), Reisring (S. 341) oder Makkaroni (S. 342) Tomaten- (S. 288), Gurken- (S. 287) oder Blattsalat (S. 284) Kalbsgulasch im Reisring (S. 341) oder mit Spätzle (S. 343) anrichten. *Pro Person: 281 Kalorien = 1176 Joule.*

Rinderschmorbraten

1 kg Rindfleisch	
(Schwanzstück, Blume)	waschen, abtrocknen, klopfen, wenn nötig, zu guter Form binden
Suppengrün	putzen, waschen
1 Zwiebel	abziehen
1 Tomate	waschen
	die 3 Zutaten klein schneiden
80 g Fett	erhitzen, das Fleisch von allen Seiten gut darin anbraten, mit
Salz	bestreuen, die geschnittenen Zutaten hinzufügen, kurz miterhitzen etwas von
$^{1}/_{8}$–$^{3}/_{8}$ l heißem Wasser	hinzugießen, das Fleisch schmoren lassen, von Zeit zu Zeit wenden, verdampfte Flüssigkeit nach und nach ersetzen
	wenn das Fleisch gar ist, den Faden lösen, das Fleisch in Scheiben schneiden, auf einer vorgewärmten Platte anrichten
	den Bratensatz nach Bedarf mit Wasser auffüllen, durch ein Sieb gießen, entfetten, zum Kochen bringen
2 gestrichene Eßl. Weizenmehl	mit
3 Eßl. kaltem Wasser	anrühren, unter Rühren in die Flüssigkeit geben, die Soße 5 Minuten schwach kochen lassen,
2 Eßl. saure Sahne oder Dosenmilch	unterrühren
Schmorzeit:	Etwa $2^{1}/_{2}$ Stunden.
Beigabe:	Salzkartoffeln, Kartoffelbrei (S. 275), Makkaroni (S. 342), Gemüse und Salat.
Veränderung:	500 g gewaschene Knochen mit dem Fleisch bräunen.
	Pro Person: 854 Kalorien = 3573 Joule.

Sauerbraten

1 kg Rindfleisch	waschen, abtrocknen, in eine irdene Schüssel legen
	für die Marinade
1 Zwiebel	abziehen, in Scheiben schneiden, mit
4 Pfefferkörnern	
2 Nelkenpfeffer (Piment)	
1 Nelke	
1 kleinen Lorbeerblatt	zu dem Fleisch geben
$^{1}/_{4}$ l Essig	mit
$^{3}/_{8}$ l Wasser	verdünnen, über das Fleisch gießen, zugedeckt 4–6 Tage an einem kühlen Ort stehenlassen, täglich wenden
	das genügend gesäuerte Fleisch abtrocknen
50 g Fett	erhitzen, das Fleisch von allen Seiten gut darin anbraten, mit
Salz	bestreuen

	nach und nach etwas von
$^{1}/_{8}$–$^{3}/_{8}$ l heißem Wasser, Brühe oder Marinade	hinzugießen
ein Stück Brotrinde oder etwas Honigkuchen	hinzufügen, das Fleisch schmoren lassen, von Zeit zu Zeit wenden, verdampfte Flüssigkeit nach und nach ersetzen
	das gare Fleisch in Scheiben schneiden, auf einer vorgewärmten Platte anrichten, warm stellen
	den Bratensatz nach Bedarf mit Wasser auffüllen, zum Kochen bringen
2 gestrichene Eßl. Weizenmehl	mit
3 Eßl. kaltem Wasser	anrühren, unter Rühren in die Flüssigkeit geben, die Soße etwa 5 Minuten schwach kochen lassen, mit Salz abschmecken
Schmorzeit:	Etwa $1^{1}/_{2}$ Stunden.
Beigabe:	Kartoffelklöße (S. 278) oder Makkaroni (S. 342).
	Pro Person: 393 Kalorien = 1644 Joule.

Rinderrouladen

4 Scheiben Rindfleisch (je 150 g, aus der Keule geschnitten)	leicht klopfen, mit
Senf	bestreichen, mit
Salz	
1 Messerspitze Pfeffer	
Gulaschgewürz	bestreuen
60 g fetten Speck	in Streifen oder Scheiben schneiden
etwa 100 g Zwiebeln	abziehen, würfeln
1 Gewürzgurke	in Streifen schneiden
	die Zutaten auf die Fleischscheiben geben, von der schmalen Seite her aufrollen, mit einer Bratennadel oder einem Faden zusammenhalten
50 g Fett	erhitzen, die Rouladen von allen Seiten gut darin anbraten
	etwas von
$^{1}/_{4}$–$^{3}/_{8}$ l heißem Wasser	hinzugießen, die Rouladen schmoren lassen, von Zeit zu Zeit wenden, verdampfte Flüssigkeit nach und nach ersetzen
	wenn die Rouladen gar sind, die Bratennadeln (Fäden) entfernen
	den Bratensatz nach Bedarf mit Wasser auffüllen, zum Kochen bringen
2 gestrichene Eßl. Weizenmehl	mit
3 Eßl. kaltem Wasser	anrühren, unter Rühren in die Flüssigkeit geben, die Soße etwa 5 Minuten schwach kochen lassen, mit
Salz	abschmecken
Schmorzeit:	2–$2^{1}/_{2}$ Stunden.
Veränderung:	Die Soße mit Paprika, Tomatenmark, Zitronensaft, saurer Sahne oder Rotwein würzen.
Beigabe:	Blumenkohl (S. 239), Schwarzwurzeln (S. 242), Makkaroni (S. 342).
	Pro Person: 730 Kalorien = 3054 Joule.

Kalbsrouladen

	Für die Füllung
1 kleine Zwiebel	abziehen
1 Brötchen (Semmel)	in kaltem Wasser einweichen, gut ausdrücken, mit
200 g Gehacktem (halb Rind-, halb Schweinefleisch)	
1 Ei	
1 Eßl. gehackter Petersilie	vermengen, mit
Salz	
Selleriesalz	
Pfeffer	
Thymian	abschmecken
4 Scheiben Kalbfleisch (je 150 g, aus der Keule geschnitten)	mit Salz bestreuen, gleichmäßig mit
Senf	und der Füllung bestreichen, von der schmalen Seite her aufrollen, mit einer Bratennadel oder einem Faden zusammenhalten
60 g Margarine (z. B. Sanella)	erhitzen, die Rouladen von allen Seiten gut darin anbraten etwas von
1/4–3/8 l heißem Wasser	hinzugießen, die Rouladen schmoren lassen, von Zeit zu Zeit wenden, verdampfte Flüssigkeit nach und nach ersetzen wenn die Rouladen gar sind, die Bratennadeln (Fäden) entfernen, den Bratensatz nach Bedarf mit Wasser auffüllen, zum Kochen bringen
2 gestrichene Eßl. Weizenmehl	mit
3 Eßl. kaltem Wasser	anrühren, unter Rühren in die Flüssigkeit geben, die Soße etwa 5 Minuten schwach kochen lassen, mit Salz abschmecken
Schmorzeit:	Etwa 1 Stunde.
Veränderung:	Anstelle der Fleischfüllung dünne Rauchspeckscheiben, saure Gurken- oder Tomatenstücke einrollen die Soße durch einige Eßl. saure Sahne oder etwas Zitronensaft und durch Champignons oder gehackte Sardellen verfeinern.
	Pro Person: 490 Kalorien = 2050 Joule.

Schweinerouladen

4 Scheiben Schweinefleisch (je 150 g, aus der Keule geschnitten)	leicht klopfen, mit
1 Teel. Senf	bestreichen, mit
Selleriesalz	bestreuen
60 g Zwiebeln	abziehen, würfeln
1 Gewürzgurke	in Streifen schneiden
	die Zutaten auf die Fleischscheiben geben, von der schmalen Seite her

aufrollen, mit einer Bratennadel oder einem Faden zusammenhalten

50 g Fett erhitzen, die Rouladen von allen Seiten gut darin anbraten
1 Lorbeerblatt hinzufügen
etwas von
$^1/_4$–$^3/_8$ l heißem Wasser hinzugießen, die Rouladen schmoren lassen, von Zeit zu Zeit wenden, verdampfte Flüssigkeit nach und nach ersetzen
wenn die Rouladen gar sind, die Bratennadeln (Fäden) entfernen
den Bratensatz nach Bedarf mit Wasser auffüllen, zum Kochen bringen
2 gestrichene Eßl. Weizenmehl mit
3 Eßl. kaltem Wasser anrühren, unter Rühren in die Flüssigkeit geben, die Soße etwa 5 Minuten schwach kochen lassen, mit
Salz abschmecken
Schmorzeit: Etwa $1^1/_2$ Stunden.

Pro Person: 673 Kalorien = 2816 Joule.

Schwalbennester

(Kalbsrouladen mit Ei)

4 Scheiben Kalbfleisch (je 150 g, aus der Keule geschnitten)
4 Scheiben roher Schinken
4 Scheiben Speck
4 gekochte Eier pellen
auf jede Kalbfleischscheibe 1 Scheibe Schinken, 1 Scheibe Speck, 1 Ei legen, das Fleisch von der schmalen Seite her aufrollen, mit einer Bratennadel oder einem Faden zusammenhalten
60 g Margarine (z. B. Sanella) erhitzen, die Rouladen von allen Seiten gut darin anbraten
etwas von
$^1/_4$–$^3/_8$ l heißem Wasser hinzugießen, die Rouladen schmoren lassen, von Zeit zu Zeit wenden, verdampfte Flüssigkeit nach und nach ersetzen
wenn die Rouladen gar sind, die Bratennadeln (Fäden) entfernen
den Bratensatz nach Bedarf mit Wasser auffüllen, zum Kochen bringen
2 gestrichene Eßl. Weizenmehl mit
3 Eßl. kaltem Wasser anrühren, unter Rühren in die Flüssigkeit geben, die Soße etwa 5 Minuten schwach kochen lassen,
2 Eßl. saure Sahne hinzufügen, die Soße mit
Salz abschmecken
die Rouladen in Hälften oder in Scheiben schneiden, in der Soße anrichten
Schmorzeit: Etwa 1 Stunde.
Veränderung: Die Soße durch feingehackte Sardellen oder Champignons verfeinern.

Pro Person: 664 Kalorien = 2778 Joule.

Saure Nieren

500 g Nieren	aufschneiden, von den Röhren befreien, waschen, mit kochendheißem Wasser übergießen, $^1/_2$ Stunde darin liegen lassen die Nieren abtrocknen, in Scheiben schneiden
50 g Fett (evtl. in kleine Würfel geschnittener Speck)	erhitzen (Speck auslassen), die Nieren von allen Seiten gut darin anbraten
1 Zwiebel	abziehen, würfeln, mitbräunen lassen etwas von
$^1/_4$–$^3/_8$ l heißem Wasser	hinzugießen, mit
Salz	
Pfeffer	würzen, die Nieren schmoren lassen, verkochte Flüssigkeit nach und nach ersetzen die Soße nach Bedarf mit Wasser auffüllen, zum Kochen bringen
2 gestrichene Eßl. Weizenmehl	mit
3 Eßl. kaltem Wasser	anrühren, unter Rühren in die Flüssigkeit geben, die Soße etwa 5 Minuten schwach kochen lassen, mit Salz,
1–2 Eßl. Essig	
Zucker	abschmecken
Schmorzeit:	10–15 Minuten.
Beigabe:	Reis (S. 340), Makkaroni (S. 342), Semmelklöße (S. 346).
	Pro Person: 265 Kalorien = 1109 Joule.

Gulasch, ungarisch

400 g Zwiebeln	abziehen, würfeln
100 g Schweineschmalz	erhitzen, die Zwiebelwürfel darin hellgelb dünsten lassen
2–3 Eßl. Tomatenmark	unterrühren, so lange rühren, bis eine weiche Masse entstanden ist
2 gestrichene Teel. Paprika edelsüß	
3 Eßl. Weißwein	unterrühren
500 g schieres Rindfleisch (Wadenstück)	waschen, abtrocknen, in etwa 2 cm große Würfel schneiden, mit
Salz	
Pfeffer	bestreuen, zu der Zwiebelmasse geben, etwa 50 Minuten schmoren lassen
$^1/_2$ l Fleischbrühe (z. B. zubereitet aus Brühwürfeln)	hinzugießen, das Fleisch gar schmoren lassen das Gulasch mit Salz, Pfeffer, Paprika,
Weiß- oder Rotwein	abschmecken

nach Belieben
2 Teel. Dr. Oetker Gustin mit
1 Eßl. kaltem Wasser anrühren, das Gulasch damit binden
Schmorzeit: Etwa 80 Minuten.
Veränderung: 125–250 g Champignons (aus der Dose) etwa 30 Minuten vor Beendigung der Schmorzeit zu dem Gulasch geben.

Pro Person: 431 Kalorien = 1803 Joule.

GEBRATENES FLEISCH
Große Fleischstücke im Backofen und in der Pfanne

Regeln

1. Im allgemeinen kein Fleisch unter einem Gewicht von 1 kg im Backofen braten, derartig geringe Fleischmengen garen wirtschaftlicher auf der Kochplatte oder Kochflamme.
2. Das Fleisch auf die gefetteten Stäbe der Rostbratpfanne, in die gefettete Rostbratpfanne oder in eine feuerfeste Glasform mit niedrigem Rand legen.
   Flache Fleischstücke auf die mittlere Schiene, höhere Fleischstücke auf die unter Schiene in den Backofen schieben.
   Das Fleisch kurz vor dem Einschieben in den Backofen salzen; die Bratpfanne stets mit Wasser ausspülen.
   Sobald der Bratensatz zu bräunen anfängt oder das Wasser verdampft ist, heißes Wasser nachgießen.
3. Um eine bessere Bräunung bei magerem Fleisch zu erzielen, es mit weicher Butter, Margarine oder Speiseöl bestreichen. Bei fettem Fleisch mit dicker, zusammenhängender Fettschicht ist es ratsam, diese gleichmäßig in kleine Vierecke einzuritzen. Dadurch löst sich das Fett besser aus dem Fettgewebe und die obere Schicht zieht sich nicht zusammen.
4. Ob der Braten in den kalten oder vorgeheizten Backofen gegeben werden soll, richtet sich nach der Größe und Beschaffenheit des Fleisches. Fettes Fleisch in den kalten Backofen stellen, damit das Fett besser ausbrät, mageres Fleisch mit kurzer Bratzeit (unter 1 Stunde) und Fleisch, das innen rot bleiben soll, kommt in den vorgeheizten Backofen, damit das Eiweiß an den Schnittflächen schneller gerinnt und der Fleischsaft nicht mehr austreten kann.
5. Die Dauer der Bratzeit richtet sich nach der Höhe des Fleisches. Im allgemeinen werden je cm Höhe 10 Minuten gerechnet, wenn das Fleisch gut durchbraten soll, 5–6 Minuten je cm Höhe, wenn es innen noch rosig gewünscht wird.

Gut durchgebratenes Fleisch ist gar, wenn es dem Druck eines Löffels nicht mehr nachgibt.

6. Das fertige Fleisch nicht sofort anschneiden, da in diesem Falle der Saft sehr stark aus dem Fleisch austreten würde. Es ist ratsam, es noch etwa 10 Minuten im heißen Backofen zu belassen. Während dieser Zeit kann die Soße zubereitet werden.
7. Um eine kräftige Soße zu erzielen, Knochen von Anfang an in die Bratpfanne geben. Zwiebel, Wurzelwerk, Tomaten erst während der letzten 25–30 Minuten der Bratzeit in die Pfanne geben.
8. Die Soße aus dem losgekochten Bratensatz zubereiten. Ihn durch ein Sieb geben, mit so viel Wasser auffüllen, wie Soße benötigt wird, mit kalt angerührtem Mehl binden. Einen Teil des Wassers evtl. durch Sahne oder Dosenmilch ersetzen.

Gasbackofen

Soll das Fleisch während des Bratens gewendet werden, es mit der Rostbratpfanne so hoch wie möglich einschieben, wobei jedoch zu berücksichtigen ist, daß es während des Bratens noch quillt.
Die obere Seite mit starker Hitze bräunen, dann das Fleisch wenden, von der anderen Seite bräunen, danach die Rostbratpfanne so tief wie möglich einschieben und die Hitze während der Bratzeit möglichst schwach einstellen.
Soll das Fleisch während des Bratens nicht gewendet werden, es von Anfang an in die Mitte des Backofens schieben und die Hitze mittelstark einstellen.

Elektrobackofen

Das Fleisch so einschieben, daß es möglichst nahe an die Oberhitze kommt. Besonders hohe und große Braten tiefer schieben, damit sie, wenn sie aufgehen,nicht mit der Backofendecke in Berührung kommen.
Den Elektrobackofen vorheizen, und das Fleisch erst einschieben, wenn die eingestellte Temperatur erreicht ist und die Kontrollampe zum ersten Male erlischt.

Hackbraten
(Falscher Hase)

1 Brötchen (Semmel)	in kaltem Wasser einweichen, gut ausdrücken
2 Zwiebeln	abziehen, fein würfeln, in
Fett	andünsten
750 g Gehacktes (halb Rind-, halb Schweinefleisch)	mit dem Brötchen, den Zwiebeln,
2 Eiern	
1 Eßl. gehackter Petersilie	vermengen, mit
Salz	
Paprika edelsüß	
geriebener Muskatnuß	
Thymian	abschmecken, zu einem länglichen Kloß formen (nach Belieben als Einlage weichgekochte Eier nehmen), in
Semmelmehl	wenden
	den Kloß in die dick mit
50 g Margarine	ausgestrichene Rostbratpfanne legen, mit
30 g in feine Streifen geschnittenem Speck	belegen, diese gut mit einem Messer in den Kloß eindrücken, in den Backofen schieben.
	sobald das Fett stark bräunt, etwas von
¼ l heißem Wasser	hinzugießen, das Fleisch ab und zu mit dem Bratensatz begießen, verdampfte Flüssigkeit nach und nach ersetzen
1 Zwiebel	abziehen
1 Tomate	waschen
	beide Zutaten vierteln, 25 Minuten vor Beendigung der Bratzeit in die Rostbratpfanne geben
	das gare Fleisch auf einer vorgewärmten Platte anrichten
	den Bratensatz mit Wasser loskochen, durch ein Sieb gießen, nach Bedarf mit Wasser auffüllen, auf der Kochstelle zum Kochen bringen
2 gestrichene Eßl. Weizenmehl	mit
3 Eßl. kaltem Wasser	anrühren, unter Rühren in die Flüssigkeit geben, die Soße etwa 5 Minuten schwach kochen lassen, mit Salz abschmecken
Gas:	4–5 (Rostbratpfanne auf die mittlere Schiene schieben)
Strom:	220–230 (Rostbratpfanne auf die untere Schiene schieben)
Bratzeit:	Etwa 1 Stunde.
	Pro Person: 920 Kalorien = 3849 Joule.

Schweinebraten mit Kruste

1 kg Schweinefleisch mit Schwarte (Keule oder Schulter)	waschen, abtrocknen, die Schwarte gitterartig einschneiden, das Fleisch auf der Unterseite mit
Salz	einreiben, mit der Schwarte nach oben in eine mit Wasser ausgespülte Rostbratpfanne legen, in den Backofen schieben sobald der Bratensatz bräunt, etwas von
1/4 l heißem Wasser	hinzugießen, das Fleisch ab und zu mit dem Bratensatz begießen, verdampfte Flüssigkeit nach und nach ersetzen
1 Zwiebel	abziehen
1 Tomate	waschen beide Zutaten vierteln, 25 Minuten vor Beendigung der Bratzeit in die Rostbratpfanne geben das gare Fleisch auf einer vorgewärmten Platte anrichten den Bratensatz mit Wasser loskochen, durch ein Sieb gießen, nach Bedarf mit Wasser auffüllen
3 Eßl. saure Sahne oder Dosenmilch	hinzufügen, auf der Kochstelle zum Kochen bringen
2 gestrichene Eßl. Weizenmehl	mit
3 Eßl. kaltem Wasser	anrühren, unter Rühren in die Flüssigkeit geben, die Soße etwa 5 Minuten schwach kochen lassen, mit Salz abschmecken
Gas:	3–4 (Rostbratpfanne auf die mittlere Schiene schieben)
Strom:	220–230 (Rostbratpfanne auf die untere Schiene schieben)
Bratzeit:	$1^3/_4$–2 Stunden.
	Pro Person: 933 Kalorien = 3904 Joule.

Gefüllte Schweinerippe

(Für 6 Personen)

	Für die Füllung
250 g entsteinte getrocknete Pflaumen	etwa 12 Stunden in kaltem Wasser einweichen
4 Äpfel (etwa 300 g)	schälen, vierteln, entkernen, in Scheiben schneiden, mit den abgetropften Pflaumen,
2 Eßl. Semmelmehl *20 g Zucker* *Salz*	vermengen
1 kg Schweinerippe (dickes Stück)	waschen, abtrocknen, eine Taschen einschneiden, innen und außen mit Salz einreiben die Füllung in die Tasche geben, zunähen dünne Schweinerippe waschen, in der Mitte vorsichtig quer durchschlagen, mit Salz einreiben, übereinanderklappen, zunähen

	die Schweinerippe in eine mit Wasser ausgespülte Rostbratpfanne legen, in den Backofen schieben
	sobald der Bratensatz bräunt, etwas von
3/4 l heißem Wasser	hinzugießen, das Fleisch ab und zu mit dem Bratensatz begießen, verdampfte Flüssigkeit nach und nach ersetzen
	das gare Fleisch von den Fäden befreien, mit der Füllung auf einer vorgewärmten Platte anrichten, warm stellen
	den Bratensatz mit Wasser loskochen, durch ein Sieb gießen, nach Bedarf mit Wasser auffüllen, auf der Kochstelle zum Kochen bringen
2 gestrichene Eßl. Weizenmehl	mit
3 Eßl. kaltem Wasser	anrühren, unter Rühren in die Flüssigkeit geben, die Soße etwa 5 Minuten schwach kochen lassen, mit Salz abschmecken
Gas:	3–4 (Rostbratpfanne auf die mittlere Schiene schieben)
Strom:	220–230 (Rostbratpfanne auf die untere Schiene schieben)
Bratzeit:	1 1/2–1 3/4 Stunden.
	Pro Person: 749 Kalorien = 3134 Joule.

Kalbsnierenbraten

(Abb. S. 232)

1 kg Nierenstück	waschen, abtrocknen, die Knochen herauslösen, die Innenseite mit
Salz	einreiben, die Nieren darauf legen
	das Fleisch zusammenrollen, mit einem dünnen Bindfaden umwickeln (auf Wunsch wird das Fleisch vom Schlachter so vorbereitet), mit Salz einreiben, mit
40 g weicher Butter oder Margarine	bestreichen, mit
50 g Speckscheiben	belegen, in eine mit Wasser ausgespülte Rostbratpfanne legen, in den Backofen schieben
	sobald der Bratensatz bräunt, etwas von
1/4 l heißem Wasser	hinzugießen, das Fleisch ab und zu mit dem Bratensatz begießen, verdampfte Flüssigkeit nach und nach ersetzen
	das gare Fleisch von den Fäden befreien, in Scheiben schneiden, auf einer vorgewärmten Platte anrichten, warm stellen
	den Bratensatz mit Wasser loskochen
4 Eßl. saure Sahne oder Dosenmilch	hinzufügen, nach Bedarf mit Wasser auffüllen, auf der Kochstelle zum Kochen bringen
2 gestrichene Eßl. Weizenmehl	mit
3 Eßl. kaltem Wasser	anrühren, unter Rühren in die Flüssigkeit geben, die Soße etwa 5 Minuten schwach kochen lassen, mit Salz abschmecken
Gas:	3–4 (Rostbratpfanne auf die mittlere Schiene schieben)
Strom:	220–230 (Rostbratpfanne auf die untere Schiene schieben)
Bratzeit:	1 1/2–1 3/4 Stunden.
	Pro Person: 566 Kalorien = 2786 Joule.

Kalbsbraten
(Für 6 Personen)

1 kg Kalbfleisch (Keule)	waschen, abtrocknen, enthäuten, mit
Salz	einreiben, mit
Butter oder Margarine	bestreichen, mit
6 Speckscheiben	belegen, in eine mit Wasser ausgespülte Rostbratpfanne legen, in den Backofen schieben
	sobald der Bratensatz bräunt, etwas von
$^{1}/_{4}$ l heißem Wasser	hinzugießen, das Fleisch ab und zu mit dem Bratensatz begießen, verdampfte Flüssigkeit nach und nach ersetzen
	das gare Fleisch auf einer vorgewärmten Platte anrichten, warm stellen
	den Bratensatz mit Wasser loskochen
4 Eßl. saure Sahne	hinzufügen, nach Bedarf mit Wasser auffüllen, auf der Kochstelle zum Kochen bringen
2 gestrichene Eßl. Weizenmehl	mit
3 Eßl. kaltem Wasser	anrühren, unter Rühren in die Flüssigkeit geben, die Soße etwa 5 Minuten schwach kochen lassen, mit Salz abschmecken
Gas:	3–4 (Rostbratpfanne auf die mittlere Schiene schieben)
Strom:	220–230 (Rostbratpfanne auf die untere Schiene schieben)
Bratzeit:	$1^{1}/_{2}$–$1^{3}/_{4}$ Stunden.
	Pro Person: 341 Kalorien = 1427 Joule.

Kasseler Rippenspeer
(Für 6 Personen)

$1^{1}/_{2}$ kg Rippenspeer	waschen, abtrocknen, die Knochen herauslösen, die
	Fettschicht mit einem scharfen Messer in kleine Vierecke einritzen
	das Fleisch mit der Fettschicht nach oben in eine mit Wasser ausgespülte Rostbratpfanne legen, in den Backofen schieben
	sobald der Bratensatz bräunt, etwas von
$^{1}/_{4}$ l heißem Wasser	hinzugießen, das Fleisch ab und zu mit dem Bratensatz begießen, verdampfte Flüssigkeit nach und nach ersetzen
1 Zwiebel	abziehen
1 Tomate	waschen
	beide Zutaten vierteln, 25 Minuten vor Beendigung der Bratzeit in die Rostbratpfanne geben
	das gare Fleisch in Scheiben schneiden, auf einer vorgewärmten Platte anrichten, warm stellen
	den Bratensatz mit Wasser loskochen, durch ein Sieb gießen
4 Eßl. saure Sahne oder Dosenmilch	hinzufügen, nach Bedarf mit Wasser auffüllen, auf der Kochstelle zum Kochen bringen
2 gestrichene Eßl. Weizenmehl	mit
3 Eßl. kaltem Wasser	anrühren, unter Rühren in die Flüssigkeit geben, die Soße etwa 5 Minuten schwach kochen lassen, mit

Salz	
Pfeffer	abschmecken
Gas:	3–4 (Rostbratpfanne auf die mittlere Schiene schieben)
Bratzeit:	Etwa $1^1/_2$ Stunden
Strom:	220–230 (Rostbratpfanne auf die untere Schiene schieben)
Bratzeit:	50–60 Minuten.

Pro Person: 702 Kalorien = 2937 Joule.

Roastbeef

(Rinderrücken für 6 Personen)

1 kg Roastbeef (ohne Knochen)	waschen, abtrocknen, von den Sehnen befreien, die Haut einritzen
40 g Butter oder Margarine	erhitzen, das Fleisch von allen Seiten gut darin anbraten
1 Zwiebel	abziehen
nach Belieben 1 Tomate	waschen
	beide Zutaten vierteln, kurze Zeit miterhitzen
	das Fleisch mit
Salz	bestreuen
2–3 Eßl. heißes Wasser	hinzugießen, das Fleisch braten lassen, von Zeit zu Zeit wenden, verdampfte Flüssigkeit nach und nach ersetzen, das gare Fleisch in Scheiben schneiden, auf einer vorgewärmten Platte anrichten, warm stellen
	den Bratensatz durch ein Sieb gießen, nach Bedarf mit Wasser auffüllen
4 Eßl. saure Sahne oder Dosenmilch	hinzufügen, zum Kochen bringen
2 gestrichene Eßl. Weizenmehl	mit
3 Eßl. kaltem Wasser	anrühren, unter Rühren in die Flüssigkeit geben, die Soße etwa 5 Minuten schwach kochen lassen, mit Salz abschmecken
Bratzeit	
für Fleisch innen rosa:	Etwa 20 Minuten
Für Fleisch durchgebraten:	Etwa 40 Minuten.
Veränderung:	Roastbeef kalt servieren, Remouladensoße (S. 90) dazureichen.

Pro Person: 739 Kalorien = 3092 Joule.

Hammelrücken

1 kg Hammelrücken	waschen, abtrocknen, mit
Salz	einreiben, in eine mit Wasser ausgespülte Rostbratpfanne legen, in den Backofen schieben
	sobald der Bratensatz bräunt, etwas von
1/4 l heißem Wasser	hinzugießen, das Fleisch ab und zu mit dem Bratensatz begießen, verdampfte Flüssigkeit nach und nach ersetzen
1 Zwiebel	abziehen
1 Tomate	waschen
	beide Zutaten vierteln, 25 Minuten vor Beendigung der Bratzeit in die Rostbratpfanne geben
	das gare Fleisch auf einer vorgewärmten Platte anrichten, warm stellen
	den Bratensatz mit Wasser loskochen, durch ein Sieb gießen, nach Bedarf mit Wasser auffüllen, auf der Kochstelle zum Kochen bringen
2 gestrichene Eßl. Weizenmehl	mit
3 Eßl. kaltem Wasser	anrühren, unter Rühren in die Flüssigkeit geben, die Soße etwa 5 Minuten kochen lassen, mit Salz abschmecken
Gas:	3–4 (Rostbratpfanne auf die mittlere Schiene schieben)
Strom:	220–230 (Rostbratpfanne auf die untere Schiene schieben)
Bratzeit:	$1^1/_2$–$1^3/_4$ Stunden.
	Pro Person: 765 Kalorien = 3200 Joule.

Kalbsherz

2 Kalbsherzen	
(etwa 700 g)	quer in Hälften schneiden, Adern, Haut, Blut entfernen, die Herzen waschen, mit
Salz	
Pfeffer	einreiben, mit
Senf	bestreichen
30 g Butter oder Margarine	in eine flache Jenaer Glasform (möglichst Platte) geben, die Herzen hineinlegen, mit
50 g Speckscheiben	belegen
1 Zwiebel	abziehen, in Scheiben schneiden, hinzufügen
	die Form mit
Dr. Oetker alufolie	zudecken, auf dem Rost in den Backofen schieben
	10 Minuten vor Beendigung der Bratzeit die Herzen mit
1/8 l saurer Sahne	übergießen, evtl.
2 Teel. Dr. Oetker Gustin	mit
1 Eßl. kaltem Wasser	anrühren, die Soße damit binden
Gas:	4–5 (Form auf die mittlere Schiene stellen)
Strom:	200–225
Bratzeit:	Etwa 1 Stunde.
	Pro Person: 395 Kalorien = 1653 Joule.

Schweinenacken

1 kg Schweinenacken	waschen, abtrocknen, mit
Salz	einreiben, in eine mit Wasser ausgespülte Rostbratpfanne legen, in den Backofen schieben
	sobald der Bratensatz bräunt, etwas
heißes Wasser	hinzugießen, das Fleisch ab und zu mit dem Bratensatz begießen, verdampfte Flüssigkeit nach und nach ersetzen
1 Zwiebel	abziehen
1 Tomate	waschen
	beide Zutaten vierteln, 25 Minuten vor Beendigung der Bratzeit in die Rostbratpfanne geben
	das gare Fleisch in Scheiben schneiden, auf einer vorgewärmten Platte anrichten
	den Bratensatz mit Wasser loskochen, durch ein Sieb gießen, nach Bedarf mit Wasser auffüllen
2 gestrichene Eßl. Weizenmehl	mit
3 Eßl. kaltem Wasser	anrühren, unter Rühren in die Flüssigkeit geben, die Soße etwa 5 Minuten schwach kochen lassen, mit Salz abschmecken
Gas:	3–4 (Rostbratpfanne auf die mittlere Schiene schieben)
Strom:	220–230 (Rostbratpfanne auf die untere Schiene schieben)
Bratzeit:	Etwa $1\frac{3}{4}$ *Stunden.*
	Pro Person: 935 Kalorien = 3912 Joule.

Gefülltes Schweinefilet

1 Schweinefilet (etwa 750 g)	waschen, abtrocknen, entfetten, enthäuten, der Länge nach bis auf 1 cm tief einschneiden, mit
Senf	bestreichen
1 kleine Zwiebel	abziehen, würfeln, in
etwas Butter oder Margarine	andünsten
1 Eßl. gehackte Kräuter	
zerriebener Thymian	
	die Zutaten mit der Füllung von
2 frischen Bratwürsten	vermengen, das Filet damit füllen, mit Rouladennadeln oder Holzstäbchen zustechen oder zunähen
	das Filet auf ein genügend großes Stück
Dr. Oetker bratfolie	legen, die Folie verschließen, auf dem Rost in die Mitte des Backofens schieben
Gas:	Etwa $3\frac{1}{2}$
Strom:	Etwa 200
Bratzeit:	Etwa 1 Stunde.
Veränderung:	Ananasstücke (aus der Dose) in Cognac tränken, in die Fleischfüllung stecken.
	Pro Person: 545 Kalorien = 2280 Joule.

Sauerbraten

1 kg Rindfleisch	waschen, abtrocknen, in eine Schüssel legen für die Marinade
1 Zwiebel	abziehen, in Scheiben schneiden
2 Möhren	schrappen, waschen, klein schneiden, mit
4 Pfefferkörnern	
2 Nelken, 1 Lorbeerblatt	
4 Pimentkörnern (Nelkenpfeffer)	zu dem Fleisch geben
$^1/_4$ l Essig	mit
$^3/_8$ l Wasser	verdünnen, über das Fleisch gießen, zugedeckt 4–6 Tage an einem kühlen Ort stehenlassen, täglich wenden das genügend gesäuerte Fleisch abtrocknen, mit
Salz, Pfeffer	einreiben, mit den Zwiebeln und Möhren auf ein genügend großes Stück
Dr. Oetker bratfolie	geben, die Folie verschließen, auf dem Rost in die Mitte des Backofens schieben
Gas:	Etwa $3^1/_2$
Strom:	Etwa 200
Bratzeit:	Etwa $1^1/_4$ Stunden das gare Fleisch in Scheiben schneiden, auf einer vorgewärmten Platte anrichten, warm stellen den Bratensatz durch ein Sieb gießen, mit
Bratensoße	binden.
	Pro Person: 265 Kalorien = 1109 Joule.

Schweinefilet

4 Schweinefilets (etwa 750 g)	waschen, abtrocknen, entfetten, enthäuten
60 g Butter oder Margarine	erhitzen, das Fleisch von allen Seiten gut darin anbraten
1 Zwiebel	abziehen
1 Tomate	waschen beide Zutaten vierteln, kurze Zeit miterhitzen das Fleisch mit
Salz	bestreuen
2–3 Eßl. heißes Wasser	hinzugießen, das Fleisch braten lassen, von Zeit zu Zeit wenden, verdampfte Flüssigkeit nach und nach ersetzen das gare Fleisch in Scheiben schneiden, auf einer vorgewärmten Platte anrichten, warm stellen den Bratensatz durch ein Sieb gießen, nach Bedarf mit Wasser auffüllen
4 Eßl. saure Sahne oder Dosenmilch	hinzufügen, zum Kochen bringen
2 gestrichene Eßl. Weizenmehl	mit
3 Eßl. kaltem Wasser	anrühren, unter Rühren in die Flüssigkeit geben, die Soße etwa 5 Minuten schwach kochen lassen, mit Salz abschmecken
Bratzeit:	35–40 Minuten.
	Pro Person: 475 Kalorien = 1987 Joule.

Gekochtes Rindfleisch mit geraspeltem Meerrettich, Rezept Seite 100

SURIG
essig
essenz
.DM 2,08
für
1001
Salatidee

Rinderfilet
(Für 6 Personen)

1 kg Rinderfilet	waschen, abtrocknen, enthäuten
40 g Margarine (z. B. Sanella)	erhitzen, das Fleisch von allen Seiten gut darin anbraten
1 Zwiebel	abziehen
nach Belieben 1 Tomate	waschen
	beide Zutaten vierteln, kurze Zeit miterhitzen
	das Fleisch mit
Salz	bestreuen
2–3 Eßl. heißes Wasser	hinzugießen, das Fleisch braten lassen, von Zeit zu Zeit wenden, verdampfte Flüssigkeit nach und nach ersetzen
	das gare Fleisch in Scheiben schneiden, auf einer vorgewärmten Platte anrichten, warm stellen
	den Bratensatz durch ein Sieb gießen, nach Bedarf mit Wasser auffüllen
4 Eßl. saure Sahne oder Dosenmilch	hinzufügen, zum Kochen bringen
2 gestrichene Eßl. Weizenmehl	mit
3 Eßl. kaltem Wasser	anrühren, unter Rühren in die Flüssigkeit geben, die Soße etwa 5 Minuten schwach kochen lassen, mit Salz abschmecken
Bratzeit:	25–50 Minuten.

Pro Person: 419 Kalorien = 1753 Joule.

Kleine Fleischstücke unpaniert

Regeln

1. Kleine Fleischstücke in der Pfanne braten, dazu aber nur Fleisch mit zarter Muskelfaser verwenden.
2. Fleischstücke unpaniert oder paniert verwenden. Durch das Panieren wird eine Schutzschicht geschaffen, die verhindert, daß Fleischsaft verlorengeht.
3. Das Panieren geschieht folgendermaßen:
   Das gesalzene Fleisch zunächst in Weizenmehl wenden, dann durch verschlagenes Ei ziehen, zuletzt in Semmelmehl wenden.
4. Die panierten Fleischstücke sofort braten, damit der Belag nicht aufweicht und das Bräunen nicht erschwert wird.
5. Unpanierte Fleischstücke in Schmalz oder Mischfett (S. 97) braten, da sie nicht so schnell bräunen. Kurz vor Beendigung der Bratzeit etwas Butter zu dem Fleisch geben.
6. Das Fett in der Pfanne stark erhitzen, dann erst das Fleisch hineingeben. Dadurch bräunt die äußere Schicht des Fleisches schnell und der Fleischsaft geht nicht verloren.
7. Während des Bratens kein Fett nachlegen, um ein Abkühlen zu vermeiden.
8. Die fertig gebratenen Fleischstücke sofort servieren, da sie sonst hart und unansehnlich werden.
9. Den losgekochten Bratensatz über die Fleischstücke geben.

Filetbeefsteak

4 Rinderfiletsteaks (je etwa 150 g)	etwas zusammendrücken (evtl zusammenbinden)
60 g Butter oder Margarine	erhitzen, die Filetscheiben hineinlegen, nachdem die untere Seite gebräunt ist, das Fleisch wenden, mit
Salz	bestreuen die Fleischscheiben öfter mit Bratenfett begießen, damit sie saftig bleiben Filetbeefsteaks sollen nicht ganz durchgebraten sein das Fleisch auf einer vorgewärmten Platte anrichten, den mit etwas Wasser losgekochten Bratensatz über die Fleischscheiben gießen, mit
gebräunten Zwiebelringen	
Tomaten- und Zitronenscheiben	garnieren
Bratzeit:	6–8 Minuten.
Veränderung:	Die Fleischscheiben ohne Fett in der stark erhitzten Pfanne braten, die Butter anschließend bräunen, darüber gießen.
	Pro Person: 302 Kalorien = 1263 Joule.

Rumpsteak

	Bei
4 Rumpsteaks (je etwa 150 g)	die Sehnen an den Rändern etwas einschneiden
60 g Butter oder Margarine	erhitzen, das Fleisch hineinlegen, nachdem die untere Seite gebräunt ist, das Fleisch wenden, mit
Salz	
Pfeffer	bestreuen die Fleischscheiben öfter mit Bratenfett begießen, damit sie saftig bleiben die Steaks auf einer vorgewärmten Platte anrichten, den mit etwas Wasser losgekochten Bratensatz über die Steaks gießen
Bratzeit:	6–8 Minuten die Rumpsteaks nach Belieben mit
gebräunten Zwiebelringen	garnieren
Beigabe:	Geriebener Meerrettich (aus dem Glas).
	Pro Person: 494 Kalorien = 2067 Joule.

Bratwurst

50 g Fett	erhitzen
4 vorgebrühte Bratwürste	von beiden Seiten darin braun braten
Bratzeit:	Etwa 10 Minuten.
Beigabe.	Senf oder Tomatenketchup.
	Pro Person: 480 Kalorien = 2008 Joule.

Pfeffersteak

4 Rinderfiletsteaks (je etwa 125 g)	leicht flach drücken, so daß sie noch etwa 2 cm dick sind die Fleischscheiben mit
4 gestrichenen Teel. gestoßenem Pfeffer	einreiben
40 g Fett (z. B. Biskin)	erhitzen, die Steaks von beiden Seiten darin braten, mit
Salz	bestreuen
Bratzeit:	Jede Seite etwa 4 Minuten.
	Pro Person: 282 Kalorien = 1180 Joule.

Kalbsschnitzel

4 Scheiben Kalbfleisch aus der Keule (je etwa 150 g)	leicht flach klopfen, etwas zusammendrücken
50 g Margarine (z. B. Sanella)	erhitzen, das Fleisch hineinlegen, nachdem die untere Seite gebräunt ist, das Fleisch wenden, mit
Salz	bestreuen die Fleischscheiben öfter mit Bratfett begießen, damit sie saftig bleiben die Steaks auf einer vorgewärmten Platte anrichten, den mit etwas Wasser losgekochten Bratensatz über die Steaks gießen
Bratzeit:	4–6 Minuten.
	Pro Person: 248 Kalorien = 1038 Joule.

Quark-Fleisch-Frikadellen
(Abb. S. 52)

2 Zwiebeln	abziehen, fein würfeln
400 g Gehacktes (halb Rind-, halb Schweinefleisch)	
200 g Speisequark (Magerstufe)	
2 Eier	die Zutaten vermengen, mit
Salz	
Pfeffer	abschmecken, aus der Masse mit nassen Händen 4 flache, ovale Klopse formen, in
40 g Semmelmehl	wenden
40 g Margarine (z. B. Sanella)	erhitzen, die Klopse von beiden Seiten darin braten
Bratzeit:	Etwa 10 Minuten.
	Pro Person: 533 Kalorien = 2230 Joule.

Leber

4 Scheiben Kalbs-, Rinder- oder Schweineleber (je etwa 100 g)	waschen, von der feinen Haut befreien, nach Möglichkeit Sehnen und Röhren entfernen, in
20 g Weizenmehl	wenden
60 g Margarine (z. B. Sanella)	erhitzen, die Leber hineinlegen, nachdem die untere Seite gebräunt ist, die Leber wenden, mit
Salz	bestreuen
4 Zwiebeln	abziehen, in Scheiben schneiden, mit in die Pfanne geben, an der Seite unter Wenden bräunen
	die Leber mit den Zwiebeln auf einer vorgewärmten Platte anrichten, den mit Wasser losgekochten Bratensatz über die Leberscheiben gießen
Bratzeit:	Etwa 10 Minuten.
Beigabe:	Kartoffelbrei (S. 275) oder Bechamelkartoffeln (S. 280) oder „Himmel und Erde“ (S. 213).
Veränderung:	Rinder- oder Schweineleber ist zarter, wenn sie, in Scheiben geschnitten, vor dem Braten 30 Minuten in kalte Milch gelegt wird.
	Pro Person: 294 Kalorien = 1230 Joule.

Kleine Fleischstücke paniert

Kalbsschnitzel

4 Scheiben Kalbfleisch aus der Keule (je etwa 150 g)	leicht klopfen, mit
Salz	bestreuen
	die Schnitzel zunächst in
1 gestrichenen Eßl. Weizenmehl	dann in
1 verschlagenen Ei	zuletzt in
40 g Semmelmehl	wenden
60 g Fett	erhitzen, das Fleisch von beiden Seiten darin braten, auf einer vorgewärmten Platte anrichten
	den mit
1/8 l heißem Wasser	
3 Eßl. saurer Sahne	losgekochten Bratensatz über die Schnitzel gießen, mit
Zitronenscheiben	
Sardellen	
Kapern	garnieren
Bratzeit:	Etwa 10 Minuten.
	Pro Person: 379 Kalorien = 1586 Joule.

Cordon bleu

8 Kalbsschnitzel (je etwa 75 g)	evtl. von Häuten befreien, leicht klopfen, mit
Salz	
Pfeffer	bestreuen
4 Scheiben Käse (in Größe der Fleischscheiben, je etwa 40 g)	
4 Scheiben gekochter Schinken (in Größe der Fleischscheiben, je etwa 50 g)	
	4 Fleischscheiben mit je 1 Käse- und Schinkenscheibe belegen, mit den übrigen Fleischscheiben bedecken
2 Eier	verschlagen, die Fleischportionen zunächst in den Eiern, dann in
etwa 60 g Semmelmehl	wenden
60 g Margarine (z. B. Sanella)	erhitzen, das Fleisch von beiden Seiten darin braten
Bratzeit:	Etwa 10 Minuten.
	Pro Person: 639 Kalorien = 2674 Joule.

Kotelett

4 Koteletts (Schweine- oder Kalbfleisch je etwa 150 g)	leicht klopfen, mit
Salz	
Pfeffer	
Paprika edelsüß	bestreuen
	die Koteletts zunächst in
1 gestrichenen Eßl. Weizenmehl	dann in
1 verschlagenen Ei	zuletzt in
40 g Semmelmehl	wenden
50 g Fett	erhitzen, die Koteletts von beiden Seiten darin braten, auf einer vorgewärmten Platte anrichten
Bratzeit für Schweinekotelett:	10–15 Minuten
Für Kalbskotelett:	8–10 Minuten.
	Pro Person: 617 Kalorien = 2582 Joule.

FLEISCH IN GELEE

Die in den Knochen, Knorpeln und Sehnen enthaltenen Leimstoffe werden in der Küche zur Herstellung von Sülzen und Gelees (Aspik) benutzt. Billiger und einfacher ist es aber, Gelatine zu verwenden. Gelatine ist nämlich die reinste Form solcher Leimstoffe, sie wird aus Knochen hergestellt. Der Hausfrau wird damit das lange Kochen der Knochen zum Auslaugen der schwerlöslichen Leimstoffe durch die Industrie abgenommen, die ihr diese Stoffe in hygienisch einwandfreier Form in Päckchen oder Beuteln liefert.

Regeln

1. Zum Gelieren von $^{1}/_{2}$ l Flüssigkeit 1 Päckchen Dr. Oetker-Gelatine gemahlen, weiß oder 6 Blatt weiße Dr. Oetker-Gelatine verwenden.
2. Gemahlene Gelatine mit kaltem Wasser anrühren, 10 Minuten zum Quellen stehenlassen und, wenn im Rezept nicht anders angegeben, unter Rühren erwärmen, bis sie gelöst ist, evtl. kühl stellen, unter die zu steifende Speise rühren.
   Blatt-Gelatine in kaltem Wasser einweichen, in heißer Flüssigkeit auflösen.
3. Flüssigkeit mit gelöster Gelatine wird erst dann fest, wenn sie genügend abgekühlt ist und lange genug gestanden hat. Falls die Zimmertemperatur über 23° C beträgt, erstarrt gelöste Gelatine nicht mehr. Daraus ergibt sich folgendes: Gelatine-Speisen einige Stunden vor Genuß, am besten am Abend vorher, zubereiten und kalt stellen (Kühlschrank, Keller, Topf mit kaltem Wasser).
4. Sollen Gelatine-Speisen gestürzt werden, sie in Formen füllen, die mit kaltem Wasser ausgespült sind. Damit sich die Speisen gut stürzen lassen, sie mit einem Messer vom Rand lösen, die Form einen Augenblick in heißes Wasser halten.

Gelee (Aspik)
(für Fleisch, Fisch, Geflügel, Eier und Gemüse)

$^{3}/_{8}$ l Fleisch- (S. 45) oder Gemüsebrühe (S. 59) erkalten lassen, entfetten, mit
$^{1}/_{10}$ l Essig oder Weißwein abschmecken
1 Eierschale zerdrücken, mit
1 Eiweiß
3 Eßl. kaltem Wasser schlagen, in die Brühe geben, unter ständigem Schlagen erhitzen (nicht kochen), dabei gerinnt das Eiweiß und bindet die in der Brühe enthaltenen trüben Bestandteile

die Brühe kalt stellen, so lange ruhig stehenlassen, bis sie wieder klar ist.

1 Päckchen Dr. Oetker Gelatine gemahlen, weiß mit
5 Eßl. kaltem Wasser anrühren, 10 Minuten zum Quellen stehenlassen
die erkaltete Brühe abschäumen, durch ein sauberes Tuch gießen, die Brühe wieder zum Kochen bringen, die Gelatine hineingeben, so lange rühren, bis sie gelöst ist
sehr hübsch sieht es aus, wenn man auf dem Boden der mit kaltem Wasser ausgespülten Form einen sogenannten Spiegel herstellt
dazu so viel von der Brühe in die Form geben, daß der Boden bedeckt ist
ist diese Schicht erstarrt, sie mit
Gurken-, Tomaten- und Eischeiben garnieren, einige Eßl. Brühe darüber gießen, wieder erstarren lassen
ist sie erstarrt, die betreffende Einlage und den Rest der schon etwas dicklichen Brühe darüber geben, im Kühlschrank erstarren lassen
wenn das Gelee schnittfest ist, dieses mit einem Messer vorsichtig vom Rand der Form lösen (evtl. die Form vorher kurz in heißes Wasser halten), auf eine Platte stürzen, nach Belieben mit
Petersilie
Tomaten-, Gurken- und Eischeiben garnieren.

Gesamtmenge: 71 Kalorien = 297 Joule.

Sülze aus gebratenem Fleisch

2 Päckchen Dr. Oetker Gelatine gemahlen, weiß mit
5 Eßl. kaltem Wasser anrühren, 10 Minuten zum Quellen stehenlassen
500 g gebratenes Kalb- oder Schweinefleisch in 4–6 Scheiben schneiden
1 Fleischbrühwürfel in
3/4 l kochendheißem Wasser auflösen, die Gelatine hineingeben, so lange rühren, bis sie gelöst ist
mit
Essig, Salz
Worcestersauce
Zucker abschmecken,
die Fleischscheiben einzeln in tiefe Teller legen, mit der entsprechenden Menge Brühe übergießen, im Kühlschrank erstarren lassen
wenn das Gelee schnittfest ist, dieses mit einem Messer vorsichtig vom Rand der Teller lösen (evtl. Teller vorher kurz in heißes Wasser halten), auf flache Teller stürzen, nach Belieben mit
Petersilie
Tomaten-, Gurken- und Eischeiben garnieren.

Pro Person: 197 Kalorien = 824 Joule.

Sülze

Etwas Suppengrün	putzen, waschen
1 Zwiebel	abziehen
	beide Zutaten mit
1 Lorbeerblatt	
3–4 Pfefferkörnern	
knapp 1 Eßl. Salz	in
1 l Wasser	geben, zum Kochen bringen
250 g Kalbfleisch	
250 g Schweinefleisch	waschen, hineingeben, zum Kochen bringen, gar kochen lassen
	das Fleisch aus der Brühe nehmen, erkalten lassen, in Würfel schneiden
	die Brühe durch ein Sieb gießen, 3/8 l davon abmessen, mit
etwa 1/8 l Essig	
Salz	
Zucker	abschmecken
1 Päckchen Dr. Oetker	
Gelatine gemahlen, weiß	mit
5 Eßl. kaltem Wasser	anrühren, 10 Minuten zum Quellen stehenlassen
	die Brühe wieder zum Kochen bringen, die Gelatine hineingeben, so lange rühren, bis sie gelöst ist
	die Fleischwürfel hinzugeben
	die Flüssigkeit mit dem Fleisch in mit kaltem Wasser ausgespülte Förmchen oder Tassen füllen, im Kühlschrank erstarren lassen
	wenn die Sülze schnittfest ist, sie mit einem Messer vorsichtig vom Rand des Gefäßes lösen (evtl. vorher kurz in heißes Wasser halten), auf eine Platte stürzen, mit
Petersilie	garnieren.

Pro Person: 202 Kalorien = 845 Joule.

WILD

Wildfleisch ist nicht nur für Jäger eine beliebte Delikatesse und willkommene Abwechslung auf dem Speisezettel. Während früher nur zu der jeweiligen Jagdzeit Wild gekauft werden konnte, wird es heute, tiefgekühlt, das ganze Jahr über in hervorragender Qualität angeboten.

Das fettarme Wild ist leicht verdaulich und darum auch für Diät- und Krankenkost besonders gut geeignet.

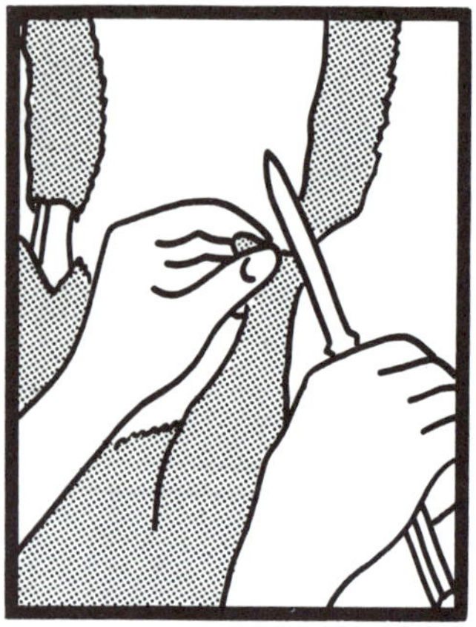

1

Ein junger Hase hat leicht einreißbare Löffel, er muß einige Tage abhängen, ehe er in der Küche verwendet werden kann.
Zum Abziehen den Hasen mit den Hinterläufen an 2 starken Nägeln (Haken) aufhängen, den Rücken zur Wand, das Fell rund um die Pfoten einschneiden . . .

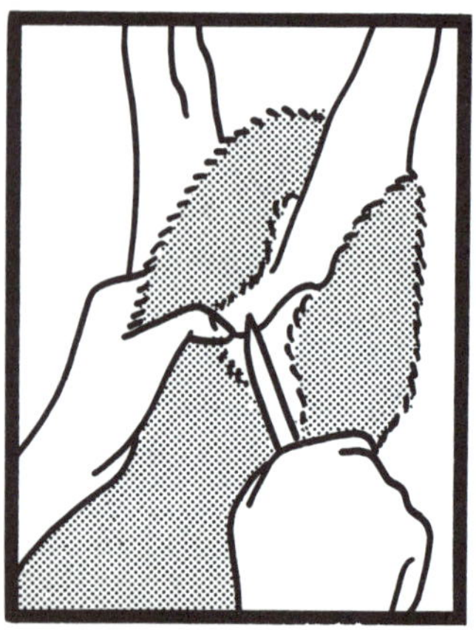

2

. . . es auf der Innenseite der Keulen bis zum Schlußdarm aufschlitzen, auf der Bauchseite, von der Blume ausgehend einen kleinen Einschnitt machen . . .

3

. . . das Fell von den Hinterläufen über den Körper herunter bis zum Kopf streifen – vorsichtig mit dem Messer nachhelfen – . . .

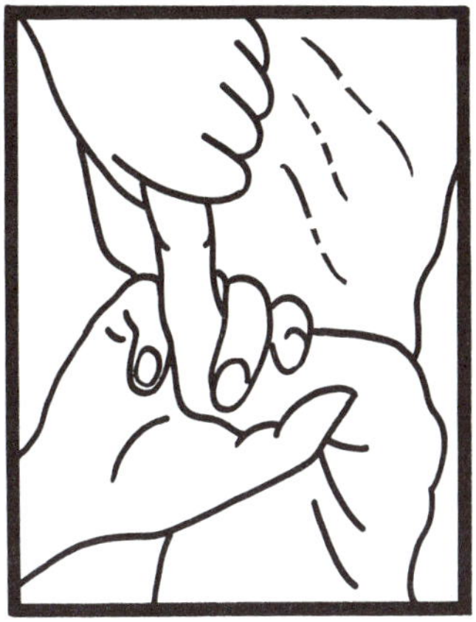

4

. . . die Vorderläufe von unten nach oben herausdrücken, die Pfoten abbrechen, das Fell zuletzt über den Kopf ziehen, wobei die Ohren von innen abgeschnitten werden.

Den Hasen zum Ausweiden auf ein Brett legen, den Bauch der Länge nach aufschneiden, das Eingeweide und die Nieren herausnehmen, von der Leber vorsichtig die unbrauchbare Galle lösen, Leber, Herz und Lunge aufheben.
Kopf, Bauchhaut mit den Rippen sowie Vorderläufe abhacken, mit Leber, Herz und Lunge zu Hasenpfeffer oder Ragout verwenden.

Regeln

1. Wild muß gut abgehangen sein.
2. Um den Wildgeschmack zu mildern, das Fleisch evtl. eine Nacht in eine Marinade oder einige Tage in Buttermilch legen.
3. Beim Braten von Wild die dünneren Teile, z. B. Rücken, nicht sofort mit in die Pfanne legen, sondern erst zu einem späteren Zeitpunkt, da diese Fleischstücke am zartesten sind und leicht trocken werden.

Hasenbraten

(Für 6 Personen)

1 küchenfertigen Hasen (etwa 1,5 kg, Rücken, Keulen, Läufe)	waschen, abtrocknen, enthäuten, von allem Fett befreien, mit
Salz	einreiben, mit
50 g weicher Butter oder Margarine	bestreichen, die Hälfte von
etwa 125 g Speckscheiben	in die mit Wasser ausgespülte Rostbratpfanne legen, darauf Keulen und Läufe geben, mit den restlichen Speckscheiben bedecken, in den Backofen schieben sobald der Bratensatz bräunt, etwas von
$^1/_4$ l heißem Wasser	hinzugießen, das Fleisch ab und zu mit dem Bratensatz begießen, verdampfte Flüssigkeit nach und nach ersetzen den Rücken erst nach 15 Minuten Bratzeit dazulegen 10 Minuten vor Beendigung der Bratzeit den Hasen mit
$^1/_8$ l saurer Sahne oder 5 Eßl. Dosenmilch	übergießen das gare Fleisch von den Knochen lösen, in Scheiben schneiden (evtl. wieder auf das Knochengerüst legen), auf einer vorgewärmten Platte anrichten, warm stellen den Bratensatz mit Wasser loskochen, nach Bedarf mit Wasser auffüllen, auf der Kochstelle zum Kochen bringen
2 gestrichene Eßl. Weizenmehl	mit
3 Eßl. kaltem Wasser	anrühren, unter Rühren in die Flüssigkeit geben, die Soße etwa 5 Minuten schwach kochen lassen, mit Salz abschmecken
Gas:	3–4 (Rostbratpfanne auf die mittlere Schiene schieben)
Strom:	220–230 (Rostbratpfanne auf die untere Schiene schieben)
Bratzeit:	$1–1^1/_2$ Stunden, je nach Alter des Tieres.

Pro Person: 518 Kalorien = 2167 Joule.

Salate, Rezepte ab Seite 283 · Hirschrücken, Rezept Seite 158

Wildschweinbraten
(Für 6 Personen)

$1\frac{1}{2}$ kg Wildschweinfleisch vom Frischling (Rücken)	waschen, abtrocknen, mit
Salz	einreiben, die Schwarte gitterartig einschneiden, das Fleisch mit der Schwarte nach oben in die mit
Butter oder Margarine	gefettete, mit Wasser ausgespülte Rostbratpfanne legen, in den Backofen schieben sobald der Bratensatz bräunt, etwas von
$\frac{1}{4}$ l Wasser	
$\frac{1}{4}$ l Rotwein	hinzugießen, das Fleisch ab und zu mit dem Bratensatz begießen, verdampfte Flüssigkeit nach und nach ersetzen
1 Zwiebel	abziehen, 15 Minuten vor Beendigung der Bratzeit in die Rostbratpfanne geben das sich sammelnde Fett evtl. abschöpfen das gare Fleisch von den Knochen lösen, in Scheiben schneiden (evtl. wieder auf das Knochengerüst legen), auf einer vorgewärmten Platte anrichten, warm stellen den Bratensatz mit Wasser loskochen, den restlichen Rotwein,
1 Eßl. Johannisbeergelee	
3 Eßl. saure Sahne	hinzufügen, nach Bedarf mit Wasser auffüllen, durch ein Sieb gießen, auf der Kochstelle zum Kochen bringen
1 gut gehäuften Eßl. Dr. Oetker Gustin	mit
1 Eßl. kaltem Wasser	
2 Eßl. saurer Sahne oder Dosenmilch	anrühren, die Flüssigkeit damit binden, die Soße mit Salz abschmecken
Gas:	3–4 (Rostbratpfanne auf die mittlere Schiene schieben)
Strom:	200–225 (Rostbratpfanne auf die untere Schiene schieben)
Bratzeit:	2–$2\frac{1}{4}$ Stunden.
	Pro Person: 348 Kalorien = 1456 Joule.

Galetta-Apfelsinencreme, Rezept Seite 370
Aranca mit Wein, Rezept Seite 368 · Paradiescreme, Rezept Seite 368

Hirschrücken

(Abb. S. 154/155)
(Für 6 Personen)

$1^{1}/_{2}$ kg Hirschrücken	waschen, abtrocknen, enthäuten, mit
Salz	einreiben, mit
40 g weicher Butter oder Margarine	bestreichen, die Hälfte von
100 g Speckscheiben	in die mit Wasser ausgespülte Rostbratpfanne legen, den Hirschrücken darauf geben, mit den restlichen Speckscheiben bedecken, in den Backofen schieben sobald der Bratensatz bräunt, etwas von
$^{1}/_{4}$ l heißem Wasser	hinzugießen, das Fleisch ab und zu mit dem Bratensatz begießen, verdampfte Flüssigkeit nach und nach ersetzen 10 Minuten vor Beendigung der Bratzeit den Hirschrücken mit
$^{1}/_{8}$ l saurer Sahne	übergießen das gare Fleisch von den Knochen lösen, in Scheiben schneiden, wieder auf das Knochengerüst legen, auf einer vorgewärmten Platte anrichten, warm stellen den Bratensatz mit Wasser loskochen, nach Bedarf mit Wasser auffüllen, auf der Kochstelle zum Kochen bringen
etwa 2 Eßl. Dr. Oetker Gustin	mit
etwa 2 Eßl. kaltem Wasser	anrühren, die Flüssigkeit damit binden, die Soße mit Salz abschmecken
Gas:	3–4 (Rostbratpfanne auf die mittlere Schiene schieben)
Strom:	220–230 (Rostbratpfanne auf die untere Schiene schieben)
Bratzeit:	$1^{1}/_{4}$–$1^{1}/_{2}$ Stunden.
Beigabe:	Birnenhälften mit Preiselbeergelee, Rotkohl.
	Pro Person: 460 Kalorien = 1925 Joule.

Reh- oder Hirschragout

1 Zwiebel	abziehen, mit
Salz	
Paprika edelsüß	
2 Nelken	
1 Lorbeerblatt	
3–4 Pfefferkörnern	in
$^{1}/_{2}$ l Wasser	geben, zum Kochen bringen
500 g Reh- oder Hirschfleisch	waschen, in Stücke schneiden, hinzufügen, zum Kochen bringen, gar kochen lassen die Brühe durch ein Sieb gießen, $^{1}/_{2}$ l davon abmessen (evtl. mit Wasser ergänzen) eine dunkle Grundsoße bereiten aus:

40 g Fett	
50 g Weizenmehl	
1 abgezogenen, gewürfelten Zwiebel	
1/2 l Fleischbrühe	
	die Soße mit Salz,
1 Eßl. Essig oder Zitronensaft	
Rotwein	
Zucker	abschmecken, das Fleisch hineingeben, noch 10 Minuten darin ziehen lassen
1 saure Gurke	in Würfel schneiden, in die Soße geben
Kochzeit:	1-2 Stunden, je nach Alter des Fleisches.
Veränderung:	Um den Wildgeschmack zu mildern, das Fleisch eine Nacht in eine Marinade aus 1/4 l Essig und 1/2 l Wasser legen, das Fleisch wie oben zubereiten (Marinade nicht verwenden), jedoch nicht mehr mit Essig oder Zitronensaft abschmecken.
	Pro Person: 286 Kalorien = 1197 Joule.

Fasan

(Für 2 Personen)

1 küchenfertigen Fasan (1 kg)	waschen, abtrocknen, innen und außen mit
Salz	einreiben
Magen, Herz, Leber	waschen, abtrocknen, fein hacken, mit Salz würzen, in den Fasan geben, zunähen
	den Fasan mit
50 g Speckscheiben	umwickeln
25 g Margarine (z. B. Sanella)	erhitzen, den Fasan von allen Seiten darin anbraten
	den Topf auf dem Rost in den Backofen stellen
	sobald der Bratensatz bräunt, etwas von
1/8 l heißem Wasser	hinzugießen, den Fasan ab und zu mit dem Bratensatz begießen, verdampfte Flüssigkeit nach und nach ersetzen
	10 Minuten vor Beendigung der Bratzeit
1/8 l saure Sahne	hinzufügen
	den garen Fasan auf einer vorgewärmten Platte anrichten (Fäden herausziehen, Füllung herausnehmen), warm stellen
	den Bratensatz mit Wasser loskochen, nach Bedarf mit Wasser auffüllen, zum Kochen bringen
1 gestrichenen Eßl. Weizenmehl	mit
2 Eßl. kaltem Wasser	anrühren, unter Rühren in die Flüssigkeit geben, die Soße etwa 5 Minuten schwach kochen lassen, mit Salz
Zitronensaft	abschmecken
Gas:	3-4 (Rostbratpfanne auf die mittlere Schiene schieben)
Strom:	230-240 (Rostbratpfanne auf die untere Schiene schieben)
Bratzeit:	Etwa 1 Stunde.
	Pro Person: 829 Kalorien = 3469 Joule.

Rehkeule

1 kg Rehkeule	waschen, abtrocknen, enthäuten, mit
Salz	
Pfeffer (nach Belieben)	einreiben, mit
40 g weicher Butter oder Margarine	bestreichen, die Hälfte von
etwa 75 g Speckscheiben	in eine mit Wasser ausgespülte Rostbratpfanne legen, die Rehkeule darauf geben, mit den restlichen Speckscheiben bedecken, in den Backofen schieben sobald der Bratensatz bräunt, etwas von
$^{1}/_{4}$ l heißem Wasser	hinzugießen, das Fleisch ab und zu mit dem Bratensatz begießen, verdampfte Flüssigkeit nach und nach ersetzen 10 Minuten vor Beendigung der Bratzeit die Rehkeule mit
$^{1}/_{8}$ l saurer Sahne oder saurer Milch	übergießen das gare Fleisch von den Knochen lösen, auf einer vorgewärmten Platte anrichten, warm stellen den Bratensatz mit Wasser loskochen, nach Bedarf mit Wasser auffüllen, auf der Kochstelle zum Kochen bringen
etwa 1 Eßl. Dr. Oetker Gustin	mit
etwa 2 Eßl. kaltem Wasser	anrühren, die Flüssigkeit damit binden, die Soße mit Salz abschmecken
Gas:	3–4 (Rostbratpfanne auf die mittlere Schiene schieben)
Bratzeit:	Etwa 2 Stunden
Strom:	220–230 (Rostbratpfanne auf die untere Schiene schieben)
Bratzeit:	$1^{1}/_{2}$–2 Stunden.

Pro Person: 498 Kalorien = 2084 Joule.

Rehsteaks in gehobelten Mandeln

(Abb. S. 269)

4 Scheiben Rehfleisch (je 150 g, 2 cm dick, aus der Keule geschnitten)	leicht flach klopfen, etwas zusammendrücken, mit
Salz	
geriebener Muskatnuß	bestreuen das Fleisch zunächst in
etwa 2 Eßl. Weizenmehl	
1 verschlagenen Ei	zuletzt in
80 g Spaltmandeln	wenden (gut festklopfen)
50 g Margarine (z. B. Sanella)	erhitzen, das Fleisch von beiden Seiten darin braten (darauf achten, daß die Mandeln nicht zu dunkel werden), auf einer Platte anrichten den Bratensatz mit etwas Wasser loskochen, über die Steaks verteilen
Bratzeit:	6–8 Minuten.
Beigabe:	Kartoffelkroketten, Ananasscheiben mit Preiselbeeren.

Pro Person: 420 Kalorien = 1757 Joule.

Rehfleisch in Folie

12 Scheiben Rehfleisch (je etwa 60 g, aus der Keule geschnitten)	leicht flach klopfen, etwas zusammendrücken, mit
Salz	bestreuen
4 Stücke Dr. Oetker alufolie	mit
Olivenöl	bestreichen, je 3 Fleischscheiben darauf verteilen
2 Zwiebeln	abziehen, würfeln
4 Wacholderbeeren	zerdrücken
etwa 100 g magere Speckscheiben	
	die 3 Zutaten auf den Fleischscheiben verteilen die überstehende Folie nach oben biegen von
8 Eßl. saurer Sahne	je 2 Eßl. über das Fleisch geben die Folie so übereinanderschlagen und knicken, daß gut verschlossene Päckchen entstehen die Päckchen auf ein Backblech legen, in den Backofen schieben
Gas:	5 Minuten vorheizen 3–4, dünsten 3–4
Strom:	200–225
Dünstzeit:	Etwa 25 Minuten.
	Pro Person: 414 Kalorien = 1732 Joule.

Rehblatt

1 kg Rehblatt	waschen, abtrocknen, in
20 g Weizenmehl	wenden, mit
30 g Speckscheiben	belegen
50 g Fett	erhitzen, das Fleisch von beiden Seiten gut darin anbraten, mit
Salz	bestreuen
1 Zwiebel	abziehen, würfeln, kurz miterhitzen etwas von
1/4–1/2 l heißem Wasser	hinzugießen, das Fleisch schmoren lassen, ab und zu wenden, verdampfte Flüssigkeit nach und nach ersetzen das gare Fleisch von den Knochen lösen, auf einer vorgewärmten Platte anrichten, warm stellen den Bratensatz durch ein Sieb gießen, nach Bedarf mit Wasser auffüllen, zum Kochen bringen
etwa 1 Teel. Dr. Oetker Gustin	mit
etwa 1 Eßl. kaltem Wasser	anrühren, die Flüssigkeit damit binden, die Soße mit Salz abschmecken
Schmorzeit:	Etwa 2 Stunden.
Veränderung:	Das Fleisch vor dem Schmoren 3–4 Tage in Buttermilch legen, damit es zarter wird.
	Pro Person: 424 Kalorien = 1774 Joule.

Kaninchenbraten

1 küchenfertiges Kaninchen (etwa 1 kg, Rücken, Keulen, Läufe)	waschen, abtrocknen, enthäuten, vom Fett befreien, Keulen und Läufe vom Rücken trennen, mit
Salz	einreiben, mit
50 g Margarine (z. B. Sanella)	bestreichen, die Hälfte von
etwa 125 g Speckscheiben	in die mit Wasser ausgespülte Rostbratpfanne legen, darauf Keulen und Läufe geben, mit den restlichen Speckscheiben bedecken, in den Backofen schieben sobald der Bratensatz bräunt, etwas von
1/4 l heißem Wasser	hinzugießen, das Fleisch ab und zu mit dem Bratensatz begießen, verdampfte Flüssigkeit nach und nach ersetzen den Rücken erst nach 15 Minuten Bratzeit dazulegen 10 Minuten vor Beendigung der Bratzeit das Kaninchen mit
1/8 l saurer Sahne oder 5 Eßl. Dosenmilch	übergießen das gare Fleisch von den Knochen lösen, auf einer vorgewärmten Platte anrichten, warm stellen den Bratensatz mit Wasser loskochen, nach Bedarf mit Wasser auffüllen, auf der Kochstelle zum Kochen bringen
1 gestrichenen Eßl. Dr. Oetker Gustin	mit
2 Eßl. kaltem Wasser	anrühren, die Flüssigkeit damit binden, die Soße mit Salz abschmecken
Gas:	3–4 (Rostbratpfanne auf die mittlere Schiene schieben)
Strom:	220–230 (Rostbratpfanne auf die untere Schiene schieben)
Bratzeit:	50–70 Minuten, je nach Alter des Tieres.

Pro Person: 736 Kalorien = 3079 Joule.

GEFLÜGEL

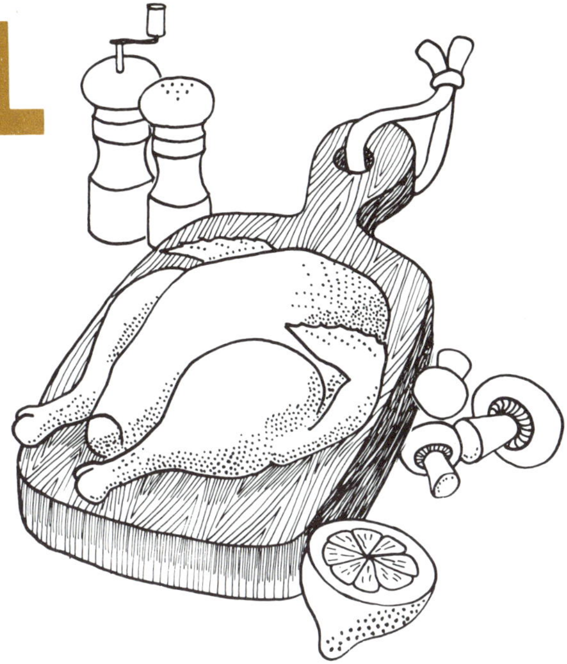

Geflügel war noch vor gar nicht langer Zeit fast ausschließlich der Festtagstafel vorbehalten. Heute ist das Angebot – frisch oder tiefgekühlt – so groß, daß Geflügel immer häufiger auf dem Mittags- und Abendbrottisch erscheint.

Ebenso wie Wildfleisch eignet sich Geflügel gut für Diät- und Krankenkost.

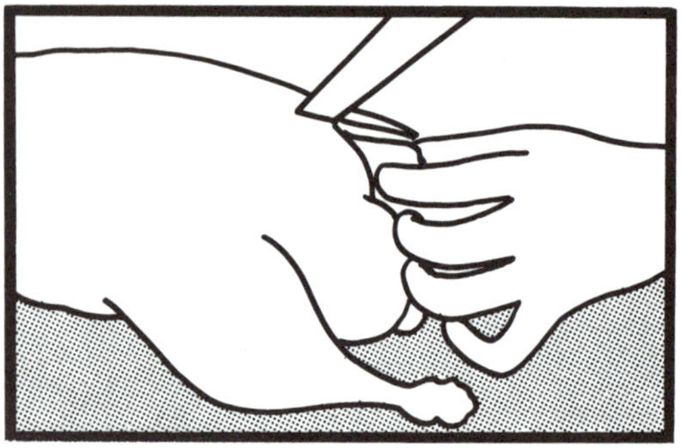

1

Die Bauchhaut der Gans wird eingeschnitten.

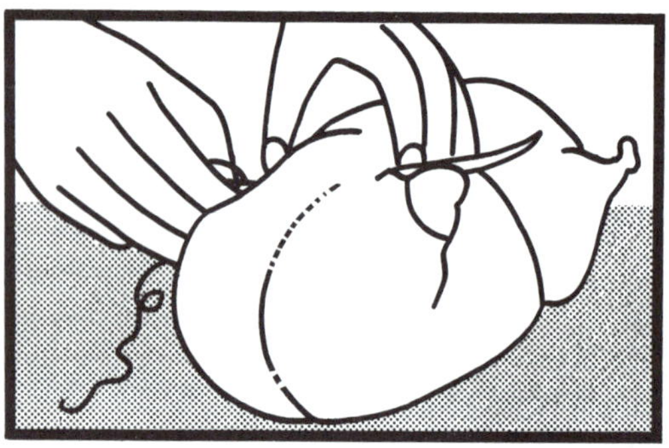

2

Damit sich das Geflügel besser braten und zerlegen läßt, mit einer Nadel einen Bindfaden durch Keulen, Leib, Flügel, Haut des zurückgebogenen Halses und durch den Rücken ziehen.

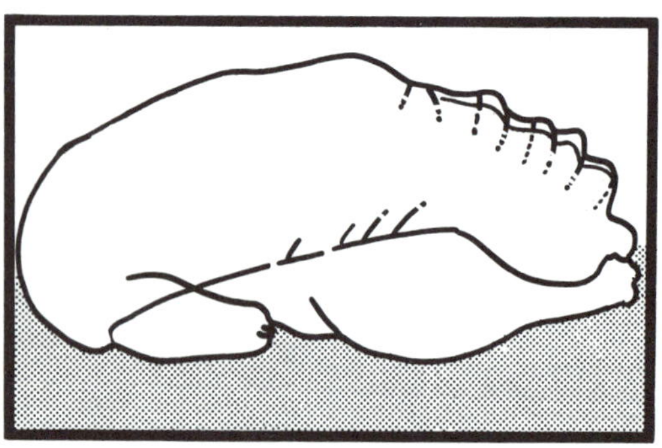

3

Bratfertige Gans (Rezept S. 168).

Vorbereitung

Man unterscheidet zahmes und wildes Geflügel. Zahmes Geflügel wird nach dem Schlachten in der Regel sofort gerupft, während Wildgeflügel in den Federn abhängen muß.
Zum Braten soll möglichst junges, zartes Geflügel verwendet werden; altes Geflügel wird zu Suppen, Frikassee oder Ragout genommen.
Das Alter eines Hahnes ist am leichtesten erkennbar am Sporn, der, je älter das Tier, desto länger und härter ist. Beim Huhn ist das sicherste Merkmal der Tritt, der beim jungen Huhn glatte und weiche Haut, beim älteren unter den Zehen harte Ballen aufweist. Eine junge Gans hat einen gelben, weichen Schnabel; die Schwimmhäute sind dünn und leicht einzureißen.
Alles Geflügel soll trocken gerupft werden. Die Federn unmittelbar an der Haut fassen und sie nach dem Schwanz zu vorsichtig ausziehen, um die Haut nicht einzureißen.
Nach dem Rupfen wird das Tier gesengt, damit alle Federreste verschwinden; die Stoppeln werden mit einem scharfen Messer entfernt. Das Ausnehmen beginnt am Kopf. Falls er nicht abgeschlagen wird, werden Schnabel und Zunge weggeschnitten, Augen und Ohren ausgestochen. Dann wird am unteren Teil des Halses ein Schnitt gemacht und Gurgel und Schlund herausgeholt. Der Afterring wird abgeschnitten, von da aus wird ein Einschnitt in die Bauchdecke gemacht und vorsichtig das Bauchfett entfernt. Nun hinter den Magen fassen und zusammen mit diesem die Eingeweide herausholen. Vom Darm wird die Leber gelöst und von dieser wiederum vorsichtig die Galle.
Der Magen wird an der weißen Haut aufgeschnitten und die inwendige harte Haut abgezogen. (Von den Därmen der Gans vorsichtig das Fett ablösen, es wässern, ebenso das Bauch- und Flomenfett. Es wird später ausgebraten). Nachdem das Geflügel gewaschen ist, wird es gebunden (Abb. 164). Das Geflügel läßt sich so besser braten und zerlegen.

Regeln

1. Das Geflügel sauber rupfen, sengen, ausnehmen, waschen.
2. Zum Braten das Geflügel abtrocknen, binden (Keulen und Flügel fest an den Körper drücken), damit es sich besser braten und zerlegen läßt.
3. Soll das Geflügel gefüllt werden, die Füllung in das Innere geben, die Öffnung anschließend zunähen.
4. Mageres Geflügel mit Fett bestreichen oder mit Speckscheiben belegen.
5. Fettes Geflügel während des Bratens ab und zu unterhalb der Flügel und Keulen einstechen, damit das Fett besser ausbraten kann (evtl. das Fett abschöpfen).
6. Damit die Haut schön kroß wird, das Geflügel 10 Minuten vor Beendigung der Bratzeit mit Salzwasser bestreichen.

Ente

1 küchenfertige Ente ($1^{1}/_{2}$ kg)	waschen, abtrocknen, Keulen und Flügel mit einem Bindfaden am Rumpf befestigen
	die Ente von innen und außen mit
Salz	einreiben
	soll die Ente gefüllt werden, die Füllung (S. 168) in das Innere geben, die Öffnung zunähen, die Ente mit dem Rücken nach unten in die mit Wasser ausgespülte Rostbratpfanne legen, auf die untere Schiene in den Backofen schieben, während des Bratens ab und zu unterhalb der Flügel und Keulen in die Ente stechen, damit das Fett besser ausbraten kann
	das sich sammelnde Fett hin und wieder abschöpfen
	sobald der Bratensatz bräunt, zunächst $^{1}/_{8}$ l von
$^{1}/_{2}$ l heißem Wasser	hinzugießen, die Ente ab und zu mit dem Bratensatz begießen, verdampfte Flüssigkeit nach und nach ersetzen
	10 Minuten vor Beendigung der Bratzeit die Ente mit
Salzwasser	bestreichen, die Hitze auf stark stellen, damit die Haut schön kroß wird
	die gare Ente auf einer vorgewärmten Platte anrichten (Fäden herausziehen, Füllung herausnehmen, zerteilen), warm stellen
	den Bratensatz mit Wasser loskochen, nach Bedarf mit Wasser auffüllen, auf der Kochstelle zum Kochen bringen
3–4 gestrichene Eßl. Weizenmehl	mit
3 Eßl. kaltem Wasser	anrühren, die Flüssigkeit damit binden, die Soße mit Salz abschmecken
Gas:	3–4
Strom:	200–225
Bratzeit:	Etwa $1^{3}/_{4}$ Stunden.
Beigabe:	Rotkohl (S. 244), Grünkohl (S. 250), Apfelmus (S. 306).
	Pro Person: 735 Kalorien = 3075 Joule.

Pute

1 küchenfertige Pute (etwa $1^{1}/_{2}$ kg)	waschen, abtrocknen, Keulen und Flügel mit einem Bindfaden am Rumpf befestigen, die Pute von innen und außen mit
Salz	einreiben
	ist die Pute mager, sie mit
weicher Butter oder Margarine	bestreichen
60 g Speckscheiben	auf die Keulen binden
	soll die Pute gefüllt werden, die Füllung in das Innere geben, die Öffnung zunähen
	die Pute mit dem Rücken nach unten in die mit Wasser ausgespülte Rostbratpfanne legen, auf die untere Schiene in den Backofen schieben
	sobald der Bratensatz bräunt, zunächst $^{1}/_{8}$ l von

½ l heißem Wasser	hinzugießen, die Pute ab und zu mit dem Bratensatz begießen, verdampfte Flüssigkeit nach und nach ersetzen
	10 Minuten vor Beendigung der Bratzeit die Pute mit
Salzwasser	bestreichen, die Hitze auf stark stellen, damit die Haut schön kroß wird
	die gare Pute auf einer vorgewärmten Platte anrichten (Fäden herausziehen, Füllung herausnehmen, zerteilen), warm stellen
	den Bratensatz mit Wasser loskochen, nach Bedarf mit Wasser auffüllen, auf der Kochstelle zum Kochen bringen
2 Eßl. Dr. Oetker Gustin	mit
2 Eßl. kaltem Wasser	anrühren, die Flüssigkeit damit binden, die Soße mit Salz abschmecken
Gas:	3–4
Strom:	200–225
Bratzeit:	Etwa 2 Stunden.
	Pro Person: 762 Kalorien = 3188 Joule.

Feines Hühnerfrikassee

(Abb. S. 502)

1 küchenfertiges Suppenhuhn	waschen
1 Petersilienwurzel *1 Möhre*	
	beide Zutaten putzen, waschen, mit dem Huhn in
2 l kochendes Salzwasser	geben, zum Kochen bringen, gar kochen lassen
	das Huhn aus der Brühe nehmen, die Brühe durch ein Sieb gießen, 1 l davon abmessen
	das Fleisch von den Knochen lösen, evtl. etwas klein schneiden
	eine helle Grundsoße bereiten aus:
60 g Margarine (z. B. Sanella) *70 g Weizenmehl* *1 l Hühnerbrühe* *200 g gare Blumenkohlröschen oder Spargelstückchen* *200 g gare Champignons (aus der Dose)* *Kapern*	in die Soße geben
1 Eigelb	mit
2 Eßl. kaltem Wasser	verschlagen, die Soße damit abziehen, mit
Salz *Zitronensaft oder Weißwein*	abschmecken
	das Fleisch in die Soße geben
	das Frikassee nach Belieben mit
Blätterteighalbmonden	garnieren
Kochzeit:	Etwa 2 Stunden.
Beigabe:	Reisring.
Veränderung:	Nach Belieben Fleischklößchen (S. 72) gleichzeitig in der Soße gar ziehen lassen.
	Pro Person: 544 Kalorien = 2276 Joule ohne Fleischklößchen.

Gebratene Gans

(Für 8 Personen)
(Abb. S. 374)

1 küchenfertige Gans (etwa 3,5 kg)	waschen, abtrocknen, Keulen und Flügel mit einem Bindfaden am Rumpf befestigen, die Gans von innen und außen mit
Salz	einreiben
	soll die Gans gefüllt werden, die Füllung in das Innere geben, die Öffnung zunähen
	die Gans mit dem Rücken nach unten in die mit Wasser ausgespülte Rostbratpfanne legen, in den Backofen schieben
	während des Bratens ab und zu unterhalb der Flügel und Keulen in die Gans stechen, damit das Fett besser ausbraten kann
	das sich sammelnde Fett hin und wieder abschöpfen
	sobald der Bratensatz bräunt, zunächst 1/8 l von
1/2 l heißem Wasser	hinzugießen, die Gans ab und zu mit dem Bratensatz begießen, verdampfte Flüssigkeit nach und nach ersetzen
	10 Minuten vor Beendigung der Bratzeit die Gans mit
Salzwasser	bestreichen, die Hitze auf stark stellen, damit die Haut schön kroß wird
	die gare Gans auf einer vorgewärmten Platte anrichten (Fäden herausziehen, Füllung herausnehmen, zerteilen), warm stellen, den Bratensatz mit Wasser loskochen, nach Bedarf mit Wasser auffüllen, auf der Kochstelle zum Kochen bringen
2–3 gestrichene Eßl. Weizenmehl	mit
3 Eßl. kaltem Wasser	anrühren, die Flüssigkeit damit binden, die Soße mit Salz abschmecken
Gas:	4–5
Strom:	200–225
Bratzeit:	2 1/2–3 Stunden.
Beigabe:	Rotkohl (S. 244), Grünkohl (S. 250), Apfelmus (S. 306).
	Pro Person: 1170 Kalorien = 4895 Joule ohne Füllung.
Füllungen:	1. 1 kg Äpfel, gewaschen, nicht geschält, aber entkernt. 2. 500 g geschälte, entkernte, in Scheiben geschnittene Äpfel mit 500 g eingeweichten, entsteinten Backpflaumen, etwas Zucker und Semmelmehl gemischt. 3. 250 g Kastanien, von Schale und Haut befreit, halbweich gedünstet, mit 750 g geschälten, entkernten, in Scheiben geschnittenen Äpfeln vermischt.

Gebratene Tauben

	1 Taube für eine Person rechnen
küchenfertige Tauben	waschen, abtrocknen (Bauch quer einschneiden), innen mit
Salz	einreiben, den Hals nach hinten legen, die Flügel so zusammenbiegen, daß der eine den Hals hält, Magen, Herz und Leber mit
10 g Butter	in den Bauch legen, beide Beine in den Baucheinschnitt stecken die Tauben in die mit Wasser ausgespülte Rostbratpfanne legen, in den Backofen schieben sobald der Bratensatz bräunt, etwas von
1/8 l heißem Wasser	hinzugießen, die Tauben ab und zu mit dem Bratensatz begießen, verdampfte Flüssigkeit nach und nach ersetzen die garen Tauben auf einer vorgewärmten Platte anrichten, warm stellen den Bratensatz mit Wasser loskochen
3 Eßl. saure Sahne	hinzufügen, nach Bedarf mit Wasser auffüllen, auf der Kochstelle zum Kochen bringen
etwa 1 Eßl. Weizenmehl	mit
etwa 2 Eßl. kaltem Wasser	anrühren, die Flüssigkeit damit binden, die Soße mit Salz abschmecken
Gas:	3–4 (Rostbratpfanne auf die mittlere Schiene schieben)
Strom:	230–240 (Rostbratpfanne auf die untere Schiene schieben)
Bratzeit:	45–60 Minuten.
Veränderung:	Magen, Herz und Leber fein hacken, mit 1 eingeweichten, gut ausgedrückten Stück Weißbrot, 1 Ei, Salz, geriebener Muskatnuß, gehackter Petersilie vermengen, die Füllung in die Tauben geben, zunähen.
	Pro Person: 450 Kalorien = 1883 Joule.

Gebratenes Huhn oder Hähnchen
(im Brattopf, für 2 Personen)

1 küchenfertiges junges Huhn oder Hähnchen	waschen, abtrocknen, innen und außen mit
Salz	einreiben, mit
60–80 g Speckscheiben	umwickeln
60 g Margarine (z. B. Sanella)	erhitzen, das Huhn (Hähnchen) von allen Seiten gut darin anbraten, nach Bedarf heißes Wasser hinzufügen, das Huhn braten lassen, ab und zu wenden, verdampfte Flüssigkeit nach und nach ersetzen, das gare Huhn auf einer vorgewärmten Platte anrichten, warm stellen den Bratensatz mit
3 Eßl. saurer Sahne	loskochen, nach Bedarf mit Wasser auffüllen, zum Kochen bringen
2 gestrichene Eßl. Weizenmehl	mit
etwa 3 Eßl. kaltem Wasser	anrühren, die Flüssigkeit damit binden, die Soße mit Salz abschmecken
Bratzeit:	45–60 Minuten.
	Pro Person: 1162 Kalorien = 4862 Joule.

Gebratenes Huhn oder Hähnchen
(im Backofen, für 2 Personen)

1 küchenfertiges junges Huhn oder Hähnchen	waschen, abtrocknen, innen und außen mit
Salz	einreiben, mit
40 g Speckscheiben	umwickeln
oder	mit
weicher Butter	bestreichen, in die mit Wasser ausgespülte Rostbratpfanne legen, in den Backofen schieben sobald der Bratensatz bräunt, etwas von
1/8 l heißem Wasser	hinzugießen, das Geflügel ab und zu mit dem Bratensatz begießen, verdampfte Flüssigkeit nach und nach ersetzen das gare Huhn (Hähnchen) in Portionsstücke teilen, auf einer vorgewärmten Platte anrichten, warm stellen den Bratensatz mit Wasser loskochen
3 Eßl. saure Sahne oder Dosenmilch	hinzufügen, nach Bedarf mit Wasser auffüllen, auf der Kochstelle zum Kochen bringen
etwa 2 Teel. Weizenmehl	mit
etwa 2 Eßl. kaltem Wasser	anrühren, die Flüssigkeit damit binden, die Soße mit Salz abschmecken
Gas:	3–4 (Rostbratpfanne auf die mittlere Schiene schieben)
Bratzeit:	Etwa 1 Stunde
Strom:	230–240 (Rostbratpfanne auf die untere Schiene schieben)
Bratzeit:	40–50 Minuten.
Veränderung:	Das Geflügel mit einer Semmelfüllung (S. 256) zubereiten.

Pro Person: 846 Kalorien = 3540 Joule.

FISCHGERICHTE

Fisch ist eines der gesündesten Nahrungsmittel, die wir kennen. Fische enthalten viele wertvolle Mineralsalze, Vitamine und Eiweißstoffe und sind – mit wenigen Ausnahmen und wenn nicht allzu fett zubereitet – besonders leicht verdaulich. Die alte Regel, daß man Fisch nur in den Monaten mit „R“ genießen sollte (Januar, Februar usw.), hat längst keine Gültigkeit mehr, seitdem die Tiefkühlkost jeden Fisch zu jeder Jahreszeit in bester Qualität anbietet. Es gibt wohl nur noch wenige Familien, in denen nicht regelmäßig mindestens an einem Tag in der Woche Fisch gegessen wird. Die große Auswahl der folgenden Rezepte zeigt, wie vielfältig Fisch zubereitet werden kann.

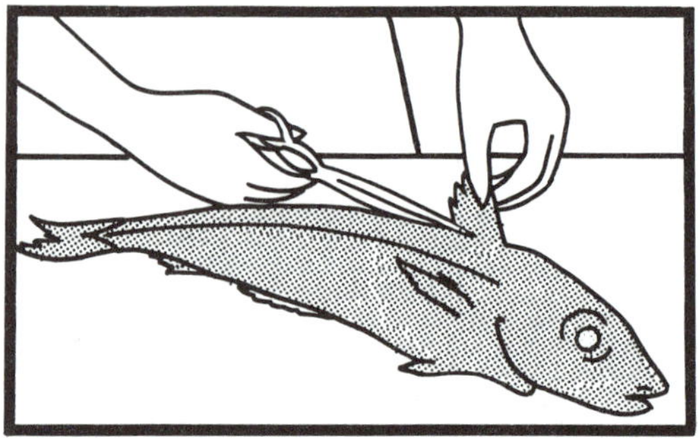

1

Flossen und Schwanz der Fische mit einer Haushaltsschere abschneiden.
(Regeln S. 173, Punkt 3).

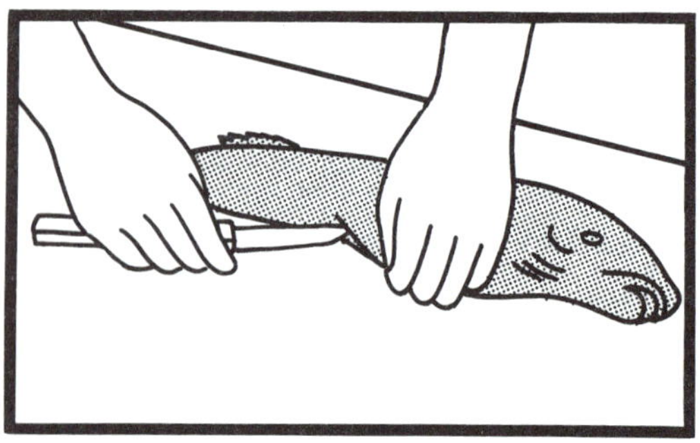

2

Um Fisch ausnehmen zu können, den Bauch aufschneiden.
(Regeln S. 173, Punkt 6).

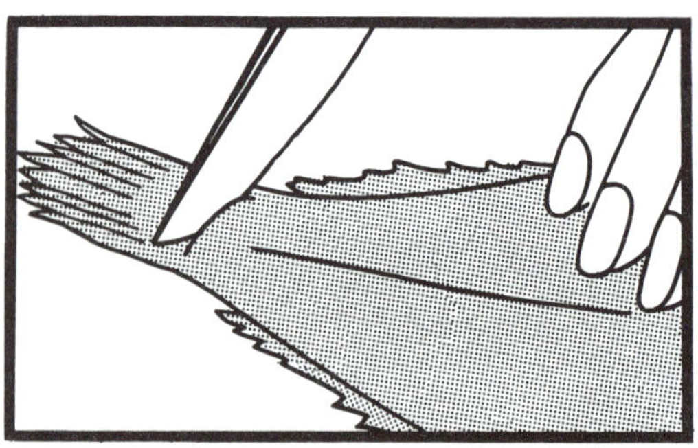

3

Bei Seezungen die Haut am Schwanz lockern . . .

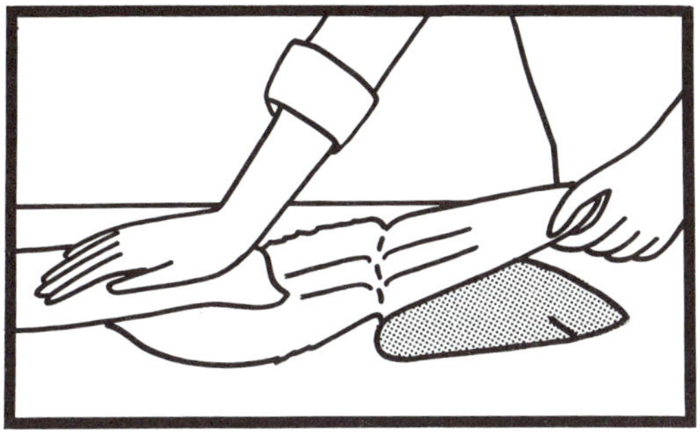

4

. . . und zum Kopf hin abziehen. Dabei den Fisch am Schwanz mit einem Küchentuch festhalten. (Regeln S. 173, Punkt 4).

Regeln

1. Seefische schuppen. Den Schwanz von unten anfassen, hochhalten, den Fisch mit flach gehaltenem Messer oder mit einem Fischschupper vom Schwanz zum Kopf hin schuppen.
2. Zarthäutige Fische und solche, die blau gekocht werden sollen, nicht schuppen. Die blaue Farbe entsteht durch den Farbstoff und Schleimgehalt der Haut, die deshalb nicht verletzt werden darf. Diese Fische im Wasser oder auf einem nassen Küchenbrett reinigen, ohne sie viel anzufassen.
3. Flossen und Schwanz der Fische, besonders größerer, mit einer Schere beschneiden.
4. Bei Seezungen die äußere Haut abziehen. Die Haut am Schwanz lokkern, mit einem kräftigen Ruck zum Kopf hin abziehen.
5. Bei Rotzungen die rote Haut abziehen, aber vom Kopf zum Schwanz hin, die weiße Haut nur schuppen.
6. Um Fische auszunehmen, unterhalb des Kopfes den Bauch bis zum Ende der Bauchhöhle mit einem scharfen Messer aufschneiden. Das Eingeweide entfernen, aber darauf achten, daß die Galle nicht verletzt wird.
7. Sowohl die innere schwarze Haut als auch die bei einigen Fischen vorhandene weiße, lederartige Haut längs des Rückgrats sowie das geronnene Blut restlos entfernen.
8. Bei Seefischen die Kiemen (unter den Kiemendeckeln) herausnehmen.
9. Fische unter fließendem kaltem Wasser gründlich innen und außen waschen, abtrocknen.

10. Die Fische mit Zitronensaft oder Essig beträufeln, $^{1}/_{2}$ Stunde stehenlassen, abtrocknen, innen und außen mit Salz einreiben (Fleisch wird fester, Fischgeruch verschwindet).
11. Zum Würzen Zwiebeln, Tomaten, Suppengrün verwenden.
12. Filet folgendermaßen schneiden:
    Mit einem scharfen, großen Messer am Kopfende im Rücken einen Einschnitt machen, darauf achten, daß das Messer direkt über den Gräten liegt. Die linke Hand auf den Fisch legen, das Messer immer vom Kopf zum Schwanz hinziehen; dabei wird das Fleisch von den Gräten gelöst.
    Danach die Fischhaut entfernen. Die entgrätete Fischhälfte auf ein Brett legen (Haut nach unten). Am Schwanzende ein Stück Haut ablösen, das Messer leicht schräg halten, weiterschieben und dabei die Haut vom Fisch trennen.
13. Zum Braten den Fisch vor dem Panieren sorgfältig abtrocknen (wird knuspriger), das Semmelmehl gut andrücken.
14. Fische sind gar, wenn sich die Rückenflosse leicht herausziehen läßt.

GEDÜNSTETER UND GEKOCHTER FISCH

Forelle blau, gekocht

(Abb. S. 296)

4 größere oder 8 kleinere Forellen (etwa 1 kg) mit einem scharfen Küchenmesser an der Bauchseite aufschlitzen, ausnehmen, unter fließendem Wasser gründlich waschen, mit dem Daumennagel den schwarzen Streifen am Rückgrat herausschälen, die Forellen innen mit

Salz bestreuen, nach Belieben rund binden (einen starken Faden mit einer Nadel durch Kopf und Schwanz ziehen und die Fadenenden verknoten)

oder

2 Pakete Regenbogenforellen von Dr. Oetker Tiefkühlkost

die Forellen mit dem Kopf zuerst in so viel

kochende Flüssigkeit (auf 1 l Wasser: 4 Eßl. Weißwein, 5 Eßl. Essig, 3 gehäufte Teel. Salz) geben, daß sie bedeckt sind, zum Kochen bringen, den Topf von der Kochstelle nehmen, die Forellen gar ziehen lassen (der Fisch ist gar, wenn sich Kiemen und Flossen leicht herausziehen lassen)

Garzeit: Etwa 20 Minuten.

Pro Person: 130 Kalorien = 544 Joule.

Fisch blau, gedünstet

1 kg Fisch (Karpfen, Forelle, Schleie)	nicht schuppen und nicht von außen salzen, da dann der Schleim, der die Blaufärbung hervorruft, verletzt würde
	den Fisch am besten auf einem nassen Küchenbrett reinigen, innen mit
Salz	einreiben, in die Rostbratpfanne setzen (Karpfen auf eine geschälte rohe Kartoffel setzen, Forelle und Schleie rund binden), ihn mit
½ l kochendheißem Essigwasser	übergießen, der Zugluft aussetzen, dann aufrecht auf eine Porzellanplatte stellen
	die Rostbratpfanne mit dem Essigwasser auf die untere Schiene schieben
	die Porzellanplatte mit dem Fisch auf den Rost der Bratpfanne stellen
	der Fisch ist gar, wenn sich die Rückenflosse leicht herausziehen läßt
	5 Minuten vor Beendigung der Dünstzeit den Fisch vorsichtig mit
25 g zerlassener Butter	übergießen, damit die Farbe erhalten bleibt
	blau gedünstete Fische nicht der Nachhitze aussetzen, da sie sonst ihre Farbe verlieren würden
	den Fisch sofort servieren
Gas:	2–3
Strom:	175–200
Dünstzeit:	40–50 Minuten.
Veränderung:	Kleine Mengen Fisch zweckmäßig mit heißem Essigwasser übergießen, der Zugluft aussetzen, dann im Kochtopf dünsten (S. 176).

Pro Person: 255 Kalorien = 1067 Joule.

Gedünsteter Fisch
(im Backofen)

1 kg Fisch (alle Fische eignen sich zum Dünsten)	schuppen, ausnehmen, waschen, abtrocknen, mit
Zitronensaft oder Essig	beträufeln, etwa ½ Stunde stehenlassen, wieder abtrocknen, innen und außen mit
Salz	bestreuen
	den Fisch von allen Seiten mit
30 g weicher Butter oder Margarine	bestreichen, auf eine gefettete Porzellanplatte oder in eine gefettete Rostbratpfanne legen, mit
30 g Speckscheiben	bedecken, auf die untere Schiene schieben
Gas:	2–3
Strom:	175–200
Dünstzeit:	Etwa 40 Minuten.

Pro Person: 236 Kalorien = 987 Joule.

Fischfrikassee

750 g Fischfilet	waschen, abtrocknen, mit
Zitronensaft oder Essig	beträufeln, etwa $^1/_2$ Stunde stehenlassen, wieder abtrocknen, mit
Salz	bestreuen, in nicht zu kleine Stücke schneiden
	eine helle Grundsoße bereiten aus:
40 g Margarine (z. B. Sanella) *50 g Weizenmehl* *$^1/_2$ l Fleischbrühe* *(z. B. zubereitet aus Brühwürfeln)*	
	die Soße zum Kochen bringen, den Fisch hineingeben,
1 Teel. Kapern	hinzufügen, mit Salz,
Weißwein *Zitronensaft* *Selleriesalz*	
Paprika edelsüß	würzen, den Fisch gar ziehen lassen
2 Eigelb	mit
2 Eßl. kaltem Wasser	verschlagen, die Soße damit abziehen, mit Zitronensaft, Salz abschmekken
	das Frikassee nach Belieben im Reisring (S. 341) anrichten, mit
Zitronenvierteln *Petersilie*	
Tomatenachteln	garnieren, mit
1 Eßl. gehackter Petersilie	bestreuen
Garzeit:	15–20 Minuten.
	Pro Person: 380 Kalorien = 1590 Joule.

Gedünsteter Fisch
(im Kochtopf)

1 kg Fisch (Schellfisch, Kabeljau, Rotbarsch, Seelachs, Forelle, Schleie, Hecht, Zander)	ausnehmen, waschen, abtrocknen, mit
Zitronensaft oder Essig	beträufeln, etwa $^1/_2$ Stunde stehenlassen, wieder abtrocknen, innen und außen mit
Salz	bestreuen, ganz oder in Stücke geteilt in einen mit
Butter oder Margarine	gefetteten Kochtopf geben, gar dünsten lassen
Dünstzeit:	25–35 Minuten.
Beigabe:	Salzkartoffeln, zerlassene Butter; Senf- (S. 79), Tomaten- (S. 80), Kräuter- (S. 80) oder Meerrettichsoße (S. 83) (den beim Dünsten des Fisches sich bildenden Saft verwenden) zu Karpfen auch Tomaten-Meerrettichsoße (S. 91) oder Meerrettichsahne (S. 91), zu Schleie Kräutersoße mit Dill (S. 92), zu Hecht Kapern- (S. 84) oder Kräutersoße mit Petersilie (S. 92) reichen.
	Pro Person: 162 Kalorien = 678 Joule.

Fischrouladen in Tomatensoße

750 g Fischfilet	waschen, abtrocknen, mit
Zitronensaft oder Essig	beträufeln, etwa 1/2 Stunde stehenlassen, wieder abtrocknen, mit
Salz	
Selleriesalz	
Paprika edelsüß	bestreuen, in nicht zu kleine Streifen schneiden, mit
1 Eßl. Senf oder Sardellenpaste	bestreichen, aufrollen, mit
Holzstäbchen	durchstechen
	für die Tomatensoße
1 kleine Zwiebel	abziehen, fein würfeln
250 g Tomaten	waschen, in Stücke schneiden
30 g Butter oder Margarine	zerlassen, Zwiebel und Tomaten darin andünsten, mit
30 g Weizenmehl	bestreuen, kurz miterhitzen
1/4 l Wasser	hinzufügen, mit einem Schneebesen durchschlagen die Soße zum Kochen bringen, durch ein Sieb streichen, mit Sellerie-salz, Salz, Paprika,
2 Eßl. Tomatenmark	
Zitronensaft	
Tabascosoße	abschmecken, zum Kochen bringen, den Fisch hineingeben, gar ziehen lassen, mit
1 Eßl. gehackter Petersilie	bestreuen
Garzeit:	15–20 Minuten.
	Pro Person: 281 Kalorien = 1176 Joule.

Fischklopse
(Resteverwertung)

1 Brötchen (Semmel)	in kaltem Wasser einweichen, gut ausdrücken
500 g Fischfleisch	waschen, abtrocknen die Zutaten durch den Fleischwolf drehen
1 Zwiebel	abziehen, fein würfeln, in
20 g Butter oder Margarine	andünsten den Fisch mit der Zwiebel,
1 Ei	vermengen, mit
Salz	abschmecken, aus der Masse mit nassen Händen Klopse formen eine helle Grundsoße bereiten aus:
40 g Butter oder Margarine	
50 g Weizenmehl	
1/2 l Wasser	
	die Soße zum Kochen bringen, mit

bitte umblättern

Salz	
Zitronensaft	abschmecken, die Klopse,
1 Eßl. Kapern	hineingeben, gar ziehen lassen
Garzeit:	15–20 Minuten.
Beigabe:	Kartoffelbrei (S. 275), Salate (ab S. 283), Salzgurken, Rote Bete.
Veränderung:	Statt der Kapernsoße eine süßsaure Specksoße (S. 86) dazureichen.
	Pro Person: 313 Kalorien = 1310 Joule.

Fisch in Soße

750 g Grüner Aal
1/2 l Kräutersoße (S. 80)
750 g Hecht
1/2 l Champignonsoße (S. 80)
750 g Karpfen
1/2 l Polnische Soße (S. 85)
750 g Schellfisch
1/2 l Kräutersoße (S. 80)
750 g Schleie
1/2 l Kräutersoße (S. 80)
750 g Seezunge
1/2 l Tomatensoße (S. 80)

	den Fisch reinigen, in Portionsstücke schneiden, mit
Zitronensaft oder Essig	beträufeln, etwa 1/2 Stunde stehenlassen, wieder abtrocknen, mit
Salz	einreiben
	die der Fischart entsprechende Soße zubereiten
	die Soße zum Kochen bringen, mit Salz, Zitronensaft abschmecken, den Fisch hineingeben, gar ziehen lassen
Garzeit:	Etwa 20 Minuten (Aal etwa 40 Minuten).
	Pro Person: 392 Kalorien = 1640 Joule / Aal.
	Pro Person: 92 Kalorien = 385 Joule / Hecht.
	Pro Person: 156 Kalorien = 653 Joule / Karpfen.
	Pro Person: 86 Kalorien = 359 Joule / Schellfisch.
	Pro Person: 64 Kalorien = 268 Joule / Schleie.
	Pro Person: 120 Kalorien = 502 Joule / Seezunge.

GEBRATENER FISCH

Forelle nach der schönen Müllerin

4 küchenfertige Forellen (je 150–200 g)	waschen, abtrocknen, innen und außen mit
2 Eßl. Zitronensaft	beträufeln, mit
Salz	einreiben, in
Weizenmehl	wenden
4 Eßl. Speiseöl	erhitzen, die Forellen von beiden Seiten darin braten, das Öl abgießen
50 g Butter	zu den Forellen geben, zerlassen, die Forellen in dem Butterschaum drehen, auf einer vorgewärmten Platte anrichten, warm stellen, die Butter mit
2 Eßl. Zitronensaft *1 Eßl. Worcestersoße*	verrühren, über die Forellen verteilen, mit
gehackter Petersilie	bestreuen, mit
Zitronenscheiben	garnieren
Bratzeit:	Etwa 10 Minuten.
Beigabe:	Butterkartoffeln, verschiedene Salate.
	Pro Person: 161 Kalorien = 674 Joule.

Gebratene kleine Fische

(Abb. S. 437)

4 Schollen oder Forellen (je etwa 250 g)	ausnehmen, gründlich waschen, dabei die Schuppen durch Streichen entfernen, Kopf, Flossen, Schwanz abschneiden, den Fisch abtrocknen, mit
Zitronensaft oder Essig	beträufeln, etwa 1/2 Stunde stehenlassen, wieder abtrocknen, innen und außen mit
Salz	bestreuen
	den Fisch zunächst in
20 g Weizenmehl	dann in
1 verschlagenen Ei	zuletzt in
etwa 80 g Semmelmehl	wenden
80 g Fett	erhitzen, den Fisch von beiden Seiten darin goldbraun braten (Fisch ist gar, wenn die gebratene Seite Blasen wirft)
Bratzeit:	6–8 Minuten.
Beigabe:	Kartoffelsalat (S. 292) oder Salzkartoffeln, Kopfsalat (S. 284).
Veränderung:	Durchwachsenen Speck würfeln, auslassen, über den gebratenen Fisch geben.
	Pro Person: 441 Kalorien = 1845 Joule.

Fischstäbchen in pikanter Soße

	Für die Soße
3 Eßl. Mayonnaise (aus dem Glas)	mit
2 Eßl. Tomatenketchup	
4 Eßl. Sahne	
1 Teel. Johannisbeergelee	verrühren
1 hartgekochtes Ei	pellen, fein hacken
1 Zwiebel	abziehen
1 Gewürzgurke	
	beide Zutaten würfeln
1 Teel. Kapern	fein hacken
	die Zutaten mit
1 Eßl. feingehackter Petersilie	unter die Soße rühren, mit
Zitronensaft	
frisch gemahlenem Pfeffer	abschmecken
30 g Butter oder Margarine	zerlassen, den Inhalt von
2 Päckchen (20 Stück) Fischstäbchen von Dr. Oetker Tiefkühl-Kost	hineingeben, von beiden Seiten knusprig braun braten lassen
Bratzeit:	8–10 Minuten.
Veränderung:	Für ein Fischstäbchen-Fondue die tiefgekühlten Fischstäbchen einmal durchschneiden. Fett in einem Fondue-Topf erhitzen, die Fischstäbchen 5–8 Minuten darin backen, mit kalten Soßen (S. 87), Weißbrot, Cornichons, Senffrüchten, Silberzwiebeln, Oliven usw. verzehren.
	Pro Person: 608 Kalorien = 2544 Joule.

Gebratenes Fischfilet

750 g Fischfilet (Kabeljau, Seelachs, Rotbarsch, Seezunge) oder 2 Packungen Rotbarsch-, Kabeljau- oder Seelachsfilet von Dr. Oetker Tiefkühlkost	waschen, abtrocknen, in Portionsstücke schneiden
	den Fisch mit
Zitronensaft oder Essig	beträufeln, etwa 1/2 Stunde stehenlassen, wieder abtrocknen, mit
Salz	bestreuen
	das Filet zunächst in
20 g Weizenmehl	dann in
1 verschlagenen Ei	zuletzt in
50 g Semmelmehl	wenden
80 g Fett	erhitzen, das Filet von beiden Seiten darin goldbraun braten
Bratzeit:	Etwa 10 Minuten.
	Pro Person: 426 Kalorien = 1782 Joule.

GEBACKENER FISCH

Pikanter Fischbraten

1 kg Fischfilet	waschen, abtrocknen, mit
Zitronensaft oder Essig	beträufeln, etwa 1/2 Stunde stehenlassen, wieder abtrocknen, mit
Salz	bestreuen
	für die Füllung
1 Zwiebel	abziehen
65 g Speck	
	beide Zutaten in Würfel schneiden
	den Speck auslassen, bis er fast gebräunt ist, die Zwiebel hinzufügen, ebenfalls bräunen lassen, kalt stellen
1/8 l Sahne	mit
1 Eßl. Zitronensaft	verrühren, die Speck-Zwiebelwürfel hinzufügen
1 Essiggurke	in Würfel schneiden
Petersilie	hacken
	beide Zutaten hinzufügen
	die Masse mit Salz,
Senf	abschmecken, mit
1 gut gehäuften Eßl.	
Dr. Oetker Gustin	verrühren
	die Hälfte des Filets in eine mit
Butter oder Margarine	gefettete Auflaufform legen, mit der Füllung bestreichen
	die andere Filethälfte dünn mit
1–2 Eßl. Tomatenmark	bestreichen, auf die Füllung legen (bestrichene Seite nach oben), mit
2 Eßl. Semmelmehl	
50 g geriebenem Käse	bestreuen
25 g Butter	in Flöckchen darauf setzen
	die Auflaufform in den Backofen schieben
Gas:	10 Minuten vorheizen 4–5, braten 4–5.
Strom:	200–225
Bratzeit:	Etwa 40 Minuten.
	Pro Person: 583 Kalorien = 2439 Joule.

Ausgebackener Fisch

750 g Fischfilet (Schellfisch, Kabeljau, Seelachs)	waschen, abtrocknen, mit
Zitronensaft oder Essig	beträufeln, etwa ½ Stunde stehenlassen, wieder abtrocknen, mit
Salz	bestreuen, in Portionsstücke schneiden
	für den Teig
100 g Weizenmehl	in eine Schüssel sieben, in die Mitte eine Vertiefung eindrücken
1 Ei	mit Salz,
⅛ l Milch	verschlagen, etwas davon in die Vertiefung geben
	von der Mitte aus Eiermilch und Mehl verrühren, nach und nach die restliche Eiermilch,
1 Eßl. Speiseöl oder zerlassene Butter oder Margarine	hinzugeben, darauf achten, daß keine Klumpen entstehen
	die Filetstücke mit einer Gabel in den Teig tauchen, schwimmend in siedendem
Ausbackfett (Speiseöl, Schweineschmalz oder Kokosfett)	braun und knusprig backen, abtropfen lassen
Backzeit:	Etwa 10 Minuten.
Beigabe:	Kartoffelsalat mit Mayonnaise (S. 292).
	Pro Person: 678 Kalorien = 2837 Joule.

Überbackener Aal

500 g küchenfertigen enthäuteten Grünen Aal	waschen, abtrocknen, in 5 cm große Stücke schneiden, innen und außen mit
1–2 Eßl. Zitronensaft	beträufeln, innen mit
Salz	einreiben, in eine mit
Butter oder Margarine	gefettete Auflaufform legen
	für die Soße
⅜ l Wasser	
½ Lorbeerblatt	
1 Zitronenscheibe (ungespritzt)	
4 Wacholderbeeren	zum Kochen bringen, etwa 10 Minuten kochen lassen, durch ein Sieb gießen
30 g Butter oder Margarine	zerlassen
30 g Weizenmehl	unter Rühren so lange darin erhitzen, bis es hellgelb ist
	die Brühe hinzugießen, mit einem Schneebesen durchschlagen, die Soße zum Kochen bringen, etwa 10 Minuten kochen lassen
4 Eßl. Sahne	
1½ Eßl. geriebenen Meerrettich (aus dem Glas)	

1 gestrichenen Teel. getrocknete Dillspitzen	unter die Soße rühren, mit Salz,
Pfeffer	
Zucker	abschmecken, über die Aalstücke gießen
	den Auflauf mit
Semmelmehl	bestreuen
	die Auflaufform in den Backofen schieben
Kochzeit für die Soße:	Etwa 20 Minuten
Einstellung für den Backofen:	
Gas:	5–6
Strom:	225–250
Garzeit:	15–20 Minuten.
	Pro Person: 535 Kalorien = 2238 Joule.

Fisch-Hackbraten

2 Brötchen (Semmeln)	in kaltem Wasser einweichen, gut ausdrücken
750 g Fischfilet	waschen, abtrocknen
	die beiden Zutaten durch den Fleischwolf drehen
1 Zwiebel	abziehen, würfeln, in
40 g Margarine (z. B. Sanella)	andünsten
	den Fisch mit der Zwiebel,
1 Ei	vermengen, mit
1 Eßl. gehackter Petersilie	
Dillspitzen	
Salz	
Cayennepfeffer	abschmecken
	die Masse zu einem länglichen Kloß formen, in
20 g Semmelmehl	wenden, mit
60 g Speckstreifen	belegen, in eine mit Wasser ausgespülte Rostbratpfanne legen
40 g Butter	zerlassen, über den Hackbraten gießen, in den Backofen schieben
4 Eßl. saure Sahne	verschlagen, 10 Minuten vor Beendigung der Bratzeit über den Hackbraten gießen
	den garen Braten auf einer vorgewärmten Platte anrichten
Gas:	10 Minuten vorheizen 4–5, braten 4–5 (Rostbratpfanne auf die mittlere Schiene schieben)
Strom:	200–225
Bratzeit:	Etwa 40 Minuten.
Beigabe:	Senf- (S. 79), Tomaten- (S. 80), Kräuter- (S. 80) oder Meerrettichsoße (S. 83).
	Pro Person: 550 Kalorien = 2301 Joule.

Fischröllchen in Senfsahnesoße

750 g Fischfilet	waschen, abtrocknen, mit
Zitronensaft oder Essig	beträufeln, etwa 1/2 Stunde stehenlassen, abtrocknen
	das Filet mit
Salz	bestreuen, mit
Senf	bestreichen, in nicht zu kleine Streifen schneiden, aufrollen, mit
Holzstäbchen	durchstechen, in eine mit
Butter oder Margarine	gefettete Auflaufform legen
	für die Senfsahnesoße
35 g Dr. Oetker Gustin	mit 3 Eßl. von
3/8 l kalter Milch	anrühren, die übrige Milch zum Kochen bringen, von der Kochstelle nehmen, das Gustin unter Rühren hineingeben, kurz aufkochen lassen
1/8 l Sahne	hinzufügen, die Soße mit Salz, Zitronensaft, Senf abschmecken, über die Fischröllchen gießen
	den Auflauf mit
25 g geriebenem Käse	bestreuen
20 g Butter	in Flöckchen darauf setzen
	die Auflaufform in den Backofen schieben
Gas:	2–3
Strom:	175–200
Garzeit:	25–35 Minuten.
	Pro Person: 470 Kalorien = 1966 Joule.

Fischröllchen in Weinsoße

750 g Fischfilet	waschen, abtrocknen, mit
Zitronensaft oder Essig	beträufeln, etwa 1/2 Stunde stehenlassen, abtrocknen
	das Filet mit
Salz	bestreuen, in nicht zu kleine Streifen schneiden, aufrollen, mit
Holzstäbchen	durchstechen, in eine mit
Butter oder Margarine	gefettete Auflaufform legen
	für die Weinsoße
30 g Butter oder Margarine	zerlassen
30 g Weizenmehl	unter Rühren so lange darin erhitzen, bis es hellgelb ist
1/4 l Wasser	hinzugießen, mit einem Schneebesen durchschlagen, die Soße zum Kochen bringen
5 Eßl. Weißwein	hinzufügen, die Soße mit Salz, Zitronensaft, Zucker abschmecken, über die Fischröllchen gießen
	die Auflaufform in den Backofen schieben
Gas:	2–3
Strom:	175–200
Garzeit:	25–35 Minuten.
	Pro Person: 319 Kalorien = 1335 Joule.

MARINIERTER FISCH

Eingelegte Heringe

4–6 Salzheringe (je etwa 125 g)	ausnehmen, 12–24 Stunden wässern, danach mehrere Male gründlich waschen, damit sich die Schuppen lösen Kiemen und Kiemendeckel entfernen, die Köpfe abschneiden, die innere schwarze Haut abziehen, die Heringe noch einmal waschen, danach an der Rückenseite der Länge nach aufschneiden, entgräten, enthäuten
2 Zwiebeln	abziehen, in Scheiben schneiden, mit
2 kleinen Lorbeerblättern	
6–8 Pfefferkörnern	und den Heringen in einen Steintopf legen die
Heringsmilch	durch ein Haarsieb streichen, mit
1/4 l Essig	
1/8 l saurer Sahne	
1/8 l Wasser	zu einer Soße verrühren, über die Heringe verteilen die Heringe können nach 2–3 Tagen gegessen werden. *Pro Person: 166 Kalorien = 695 Joule.*

Rollmöpse

4–6 Salzheringe (je etwa 125 g)	ausnehmen (Köpfe abschneiden), 12–24 Stunden wässern, entgräten, waschen, abtrocknen, die Hälften mit
1 Eßl. Senf	bestreichen
2 kleine Gurken	in kleine Stücke schneiden
2 Zwiebeln	abziehen, fein würfeln, mit
1 Eßl. Kapern	auf die Heringshälften geben, vorsichtig aufrollen, mit
Holzstäbchen	durchstechen, die Rollmöpse mit
6–8 Pfefferkörnern	
2 kleinen Lorbeerblättern	in einen Steintopf legen
1/4 l Wasser	
4–5 Eßl. Essig-Essenz	mischen, darüber geben die Rollmöpse können nach 4–6 Tagen gegessen werden. *Pro Person: 140 Kalorien = 586 Joule.*

FISCH IN GELEE

Fisch in Gelee

$^{1}/_{2}$ l Wasser	mit
1 Teel. Salz	
2–3 Gewürzkörnern	
1 Lorbeerblatt	
vorbereitetem Suppengrün	
1 abgezogenen Zwiebel	zum Kochen bringen, etwa 15 Minuten kochen lassen
500 g Fisch (Schellfisch, Kabeljau, Grüne Heringe)	reinigen, in der Brühe in 10–15 Minuten gar ziehen lassen den Fisch aus der Brühe nehmen, enthäuten, entgräten, kalt stellen die Brühe durch ein Sieb gießen, $^{3}/_{8}$ l davon abmessen (evtl. mit Wasser ergänzen), mit
knapp $^{1}/_{8}$ l Essig	und evtl. mit Salz abschmecken sollte die Brühe stark trübe sein, sie folgendermaßen klären: die erkaltete Brühe entfetten
1 Eierschale	zerdrücken, mit
1 Eiweiß	
3 Eßl. kaltem Wasser	verschlagen, zur Brühe geben, unter ständigem Schlagen bis kurz vor dem Kochen erhitzen, dabei gerinnt das Eiweiß und bindet die in der Brühe enthaltenen trüben Bestandteile die Brühe kalt stellen, so lange ruhig stehenlassen, bis sie klar ist, abschäumen, durch ein sauberes Tuch gießen
1 Päckchen Dr. Oetker Gelatine gemahlen, weiß	mit
5 Eßl. kaltem Wasser	anrühren, 10 Minuten zum Quellen stehenlassen, in die kochende Brühe geben, rühren, bis sie gelöst ist eine Form mit
Speiseöl	ausstreichen, etwas von der Brühe hineingeben, im Kühlschrank erstarren lassen, mit
Gurkenstückchen	
Tomatenscheiben	
Eischeiben	garnieren, einige Eßl. Brühe darüber gießen, wieder im Kühlschrank erstarren lassen den erkalteten Fisch in Würfel schneiden, auf die erstarrte Brühe geben, den Rest der schon etwas dicklichen Brühe darüber gießen, im Kühlschrank erstarren lassen vor dem Servieren die Form kurz in heißes Wasser halten, die Sülze mit einem Messer vorsichtig vom Rand der Form lösen, auf eine Platte stürzen.

Pro Person: 96 Kalorien = 401 Joule.

Rollmöpse in Gelee

1 Päckchen Dr. Oetker-Gelatine gemahlen, weiß	mit
1/4 l kaltem Wasser	anrühren, 10 Minuten zum Quellen stehenlassen
6 Eßl. Essig (mit Wasser auf 1/4 l ergänzt)	mit
4 Pfefferkörnern	
2 Nelkenpfeffer (Piment)	
1 Nelke	
1 kleinen Lorbeerblatt	zum Kochen bringen, einmal aufkochen lassen, die Gelatine hinzufügen, rühren, bis sie gelöst ist die Brühe durch ein Sieb gießen, kalt stellen etwas von der Brühe in 4 mit kaltem Wasser ausgespülte Tassen geben, so daß der Boden bedeckt ist, im Kühlschrank erstarren lassen
4 Rollmöpse (je etwa 125 g)	in Scheiben schneiden (kleine Rollmöpse halbieren), auf die erstarrte Brühe legen, den Rest der schon etwas dicklichen Brühe darüber gießen, im Kühlschrank erstarren lassen vor dem Servieren die Tassen kurz in heißes Wasser halten, das Gelee mit einem Messer vorsichtig vom Rand der Tassen lösen, auf eine Platte stürzen.
	Pro Person: 149 Kalorien = 623 Joule.

Langostinos in Gelee

350 g tiefgefrorene Langostinos	bei Zimmertemperatur auftauen lassen
1 Päckchen und 1 gehäuften Teel. Dr. Oetker-Gelatine gemahlen, weiß	mit
4 Eßl. kaltem Wasser	anrühren, 10 Minuten zum Quellen stehenlassen
60 g Champignons (aus der Dose)	abtropfen lassen, die Flüssigkeit mit Wasser auf 3/8 l ergänzen
2 hartgekochte Eier	pellen
4 Tomaten	waschen
2 Gewürzgurken	
	die Zutaten in Scheiben schneiden die Champignonflüssigkeit zum Kochen bringen
1/2 Brühwürfel	darin auflösen, die Gelatine hinzufügen, so lange rühren, bis sie gelöst ist
1/8 l Weißwein	hinzugießen, mit
Salz	
Pfeffer	abschmecken in eine mit

bitte umblättern

Speiseöl	ausgestrichene Porzellan- oder Glasschüssel (etwa 17 cm Durchmesser) so viel von der Aspikflüssigkeit gießen, daß der Boden etwa 1/2 cm hoch bedeckt ist, kalt stellen wenn die Schicht erstarrt ist, sie mit einigen Champignon-, Ei-, Tomaten- und Gurkenscheiben und Langostinos belegen, so viel Aspikflüssigkeit darüber gießen, daß die Garnierung fast bedeckt ist (sie darf nicht schwimmen), wieder kalt stellen wenn die Schicht erstarrt ist, alle Zutaten einschichten, die Zutaten am Rand hübsch anordnen, die restliche Aspikflüssigkeit darüber gießen, die Form kalt stellen wenn das Aspik schnittfest geworden ist, es mit einem Messer vorsichtig vom Rand der Schüssel lösen (evtl. die Schüssel vorher kurz in heißes Wasser halten), auf eine mit
gewaschenen, gut abgetropften Salatblättern	ausgelegte Platte stürzen, das Gelee mit
Tomatenachteln Zitronenscheiben Petersilie	garnieren
	für die Soße
3 gehäufte Eßl. Mayonnaise	mit
3 schwach gehäuften Eßl. Joghurt	verrühren, mit Salz, Pfeffer
Zucker, Paprika edelsüß Zitronensaft	abschmecken, zu dem Gelee reichen. *Pro Person: 399 Kalorien = 1669 Joule.*

ROGEN UND SCHALENTIERE

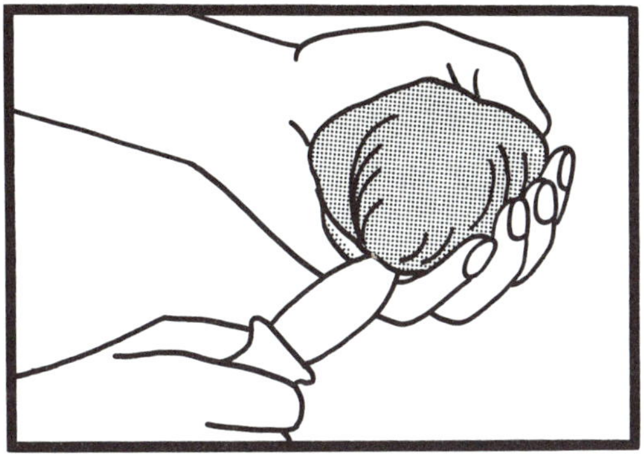

1

Die Auster mit der stark gewölbten Schale nach unten in die linke Hand nehmen, den Austernbrecher zwischen die Schalen stecken, leicht auf und ab bewegen, bis sich die obere Schale löst . . .

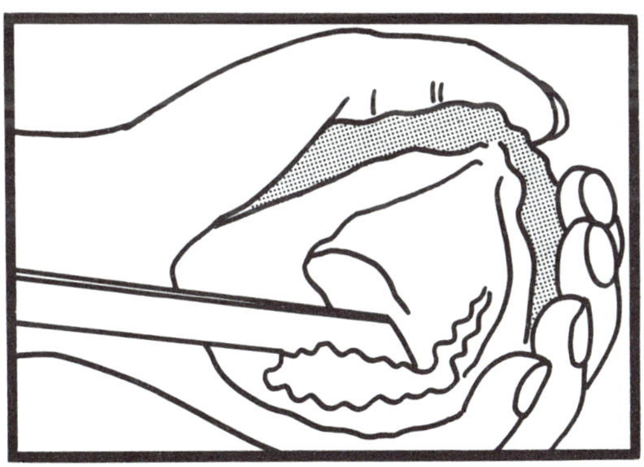

2

. . . den Austernbart entfernen.

Austern

5–6 Austern pro Person Austern müssen beim Einkauf geschlossen sein, offene Austern sind zu entfernen, da sie meist tot und gesundheitsschädlich sind
Austern kühl lagern und möglichst frisch verzehren
Austern gründlich waschen, mit dem sogenannten Austernbrecher öffnen, die Austern dazu in die linke Hand nehmen (stark gewölbte Schale nach unten), den Austernbrecher zwischen die Schalen stecken, leicht auf und ab bewegen
die geöffnete, noch nicht gelöste Auster in leicht
gesalzenem Wasser abspülen, damit die beim Öffnen unvermeidlichen Austernsplitter entfernt werden
die Austern anschließend auf eine mit kleinen
Eisstücken belegte Platte oder in eine flache, mit Eis belegte Porzellanschüssel setzen, mit
Zitronenscheiben garnieren
beim Genuß den Bart der Austern entfernen, die Austern aus der Schale lösen, mit
Zitronensaft beträufeln, im ganzen schlürfen.
Beigabe: Weißbrot oder kleine, mit Butter bestrichene Schwarzbrotscheiben.
100 g Austernfleisch = 82 Kalorien = 343 Joule.

Krebse

Beim Einkauf der Krebse darauf achten, daß die Tiere noch leben
der gute Tafelkrebs muß beim Kochen gleichmäßig rot werden, minderwertige Sorten färben sich ungleichmäßig, meist nur undeutlich an der Oberfläche
der Schwanz des frischen Krebses rollt sich beim Kochen nach innen ein, ein gestreckter Schwanz deutet auf ein gestorbenes Tier hin
lebende Krebse an einem kühlen, trockenen Ort aufbewahren
24 Krebse gründlich in kaltem Wasser bürsten
5 l Wasser
Salz
Pfeffer
1/2 Teel. Kümmel zum Kochen bringen
damit die Krebse möglichst schnell getötet werden, sie mit dem Kopf zuerst einen nach dem anderen in das stark kochende Wasser werfen, wieder zum Kochen bringen, die Krebse noch etwa 5 Minuten ziehen lassen
die Krebse mit
Kochbrühe, Butter
gehackter Petersilie in eine Terrine geben
Kochzeit: Etwa 5 Minuten.
Beigabe: Toast, Butter oder Mayonnaise.
Pro Person: 86 Kalorien = 359 Joule.

Weinbergschnecken

Schnecken	am besten konserviert kaufen
	sie im eigenen Saft erhitzen, in die gut gereinigten
Schneckenhäuser (zu jeder Dose erhältlich)	füllen
100 g Butter	schaumig rühren
2 Eßl. Zwiebelwürfel	
1 Teel. gehackte Petersilie	
1 kleine abgezogene, feingeriebene Knoblauchzehe	hinzufügen, mit
Salz	
Zitronensaft	
Worcestersoße	abschmecken

die gefüllten Schneckenhäuser mit der Kräuterbutter bestreichen, in eine flache, mit Salz gefüllte Schale oder in eine Schneckenpfanne setzen, damit sie nicht umfallen, auf dem Rost in den Backofen schieben wenn die Butter zerlaufen ist, die Schnecken mit Toast servieren.

100 g Schneckenfleisch = 82 Kalorien = 343 Joule.

Kaviar

Kaviar ist der gesalzene Rogen (Fischeier) von Störarten, vor allem vom Sterlet und Hausen

die Oberfläche des Kaviars muß trocken sein, Geruch und Geschmack müssen mild, fischartig (austernartig) sein

seine Farbe ist grau, er wird im genußfertigen Zustand gekauft

da Kaviar leicht verdirbt, ihn kühl aufbewahren, am besten auf Eis legen

Kaviar (1 Eßl. Kaviar pro Person)	in einem Schälchen oder in der Kaviardose auf
Wassereis	geben, mit
Zitronenscheiben	garnieren, mit Toast, Butter servieren.

100 g Deutscher Kaviar = 135 Kalorien = 565 Joule.
100 g Russischer Kaviar = 281 Kalorien = 1176 Joule.

Languste

Die Languste ist ein Seekrebs und wird auch Stachelhummer genannt, da sie am ganzen Rücken mit langen Dornen versehen ist

sie hat keine Scheren, aber einen größeren Schwanz als der Hummer und zwei lange, starke Fühler, die nach Möglichkeit nicht abgebrochen werden dürfen

die Languste ist von rötlich-violetter Farbe, wird bis zu $^1/_2$ m lang und bis 6 kg schwer

Languste zubereiten wie Hummer (S. 192).

100 g Langustenfleisch = 75 Kalorien = 314 Joule.

Hummer
(Abb. S. 193)

Der Hummer ist ein Seekrebs, lebend sieht er graubraun bis grünschwarz und gekocht rot aus
lebender Hummer ist sehr empfindlich und muß vor Kälte und Hitze geschützt werden
beim Einkauf sind die Scheren zusammengebunden, damit sich die Tiere nicht gegenseitig verletzen
der Schwanz des lebenden Hummers muß eingezogen und elastisch sein
auf dem Transport gestorbene Tiere nicht mehr verarbeiten

1 Hummer (etwa 2 kg)	am Rücken festhalten, gründlich in kaltem Wasser bürsten
1–2 Bund Suppengrün (Möhre, Porree, Sellerie)	putzen, waschen, klein schneiden
2 mittelgroße Zwiebeln	abziehen, vierteln
4–5 l Wasser	mit dem Suppengrün, den Zwiebeln,
3 schwach gehäuften Eßl. Salz	zum Kochen bringen

damit der Hummer möglichst schnell getötet wird, ihn mit dem Kopf zuerst in das kochende Wasser werfen, zum Kochen bringen, gar kochen lassen
den Hummer im Kochwasser abkühlen lassen, herausnehmen, aufschneiden, das Fleisch herauslösen (s. Abbildungen), auf einer Platte anrichten, lauwarm oder kalt reichen

Kochzeit: Etwa 20 Minuten.
Beigabe: Toast, Mayonnaise, Butter, Zitronenachtel.

100 g Hummerfleisch = 77 Kalorien = 322 Joule.

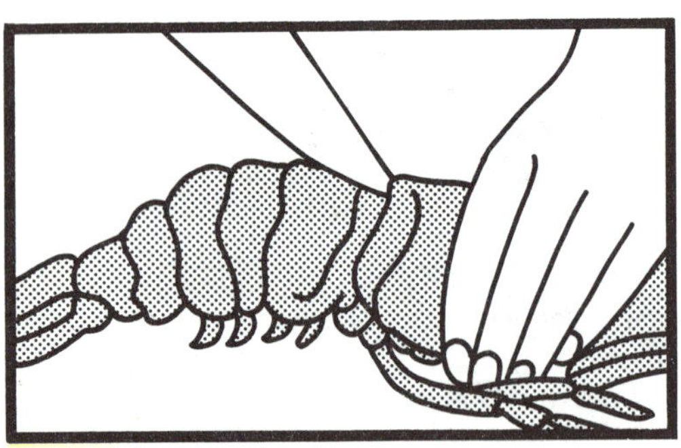

1

Dem Hummer mit einer drehenden Bewegung die Scheren abreißen, dann mit einem starken Messer den Schwanz durchschneiden, diesen festhalten und den Körper zum Kopf hin mit dem Messer teilen . . .

Hummer, Rezept siehe oben

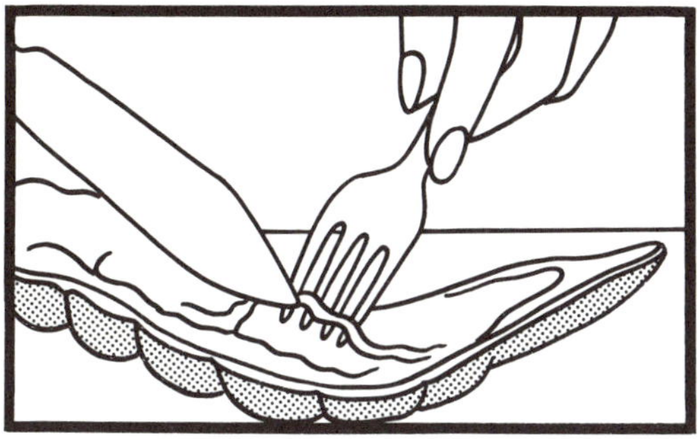

2

... aus beiden Körperteilen vorsichtig den Darm herausnehmen ...

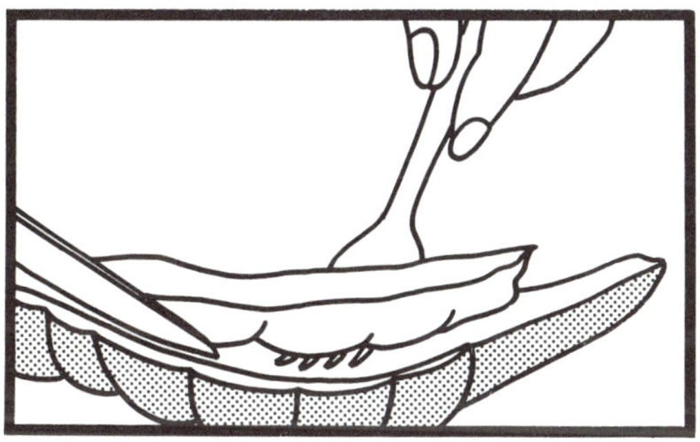

3

... das mit einem Fischbesteck gelöste Fleisch herausnehmen ...

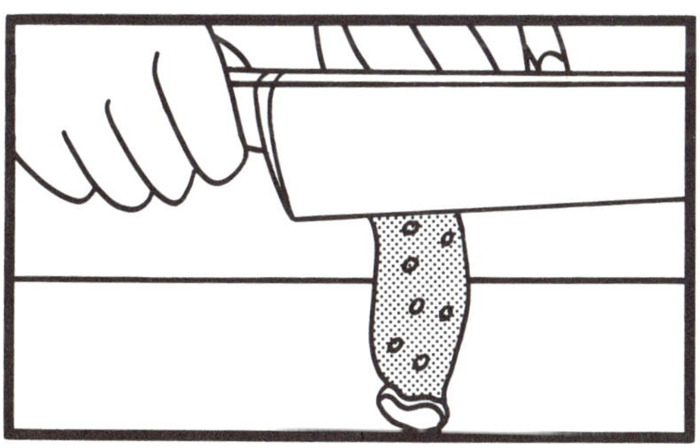

4

... eine Seite der Schere abschlagen ...

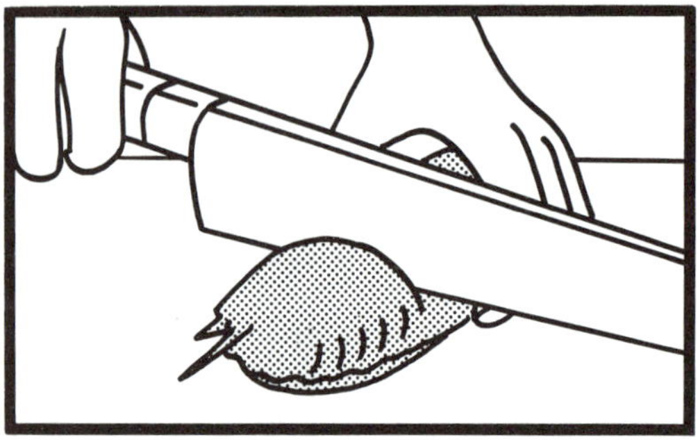

5

. . . um das Scherenfleisch nicht zu verletzen, die Schale der Schere mit einem Querschnitt einkerben . . .

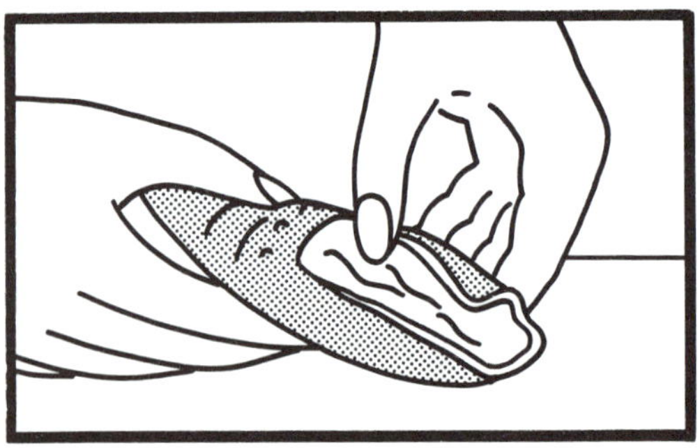

6

. . . die Schalenhälften abbrechen . . .

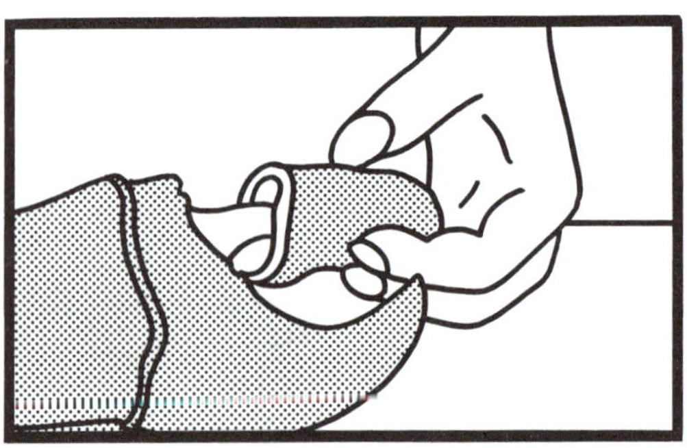

7

. . . die Schale des kleinen Greifers vorsichtig abdrehen und das Scherenfleisch herausholen.

Hummercocktail

200 g Hummerfleisch (aus der Dose)	abtropfen lassen, in kleine Stücke schneiden
100 g gare Spargelstücke (2–3 cm lang)	
	eine Mayonnaise bereiten aus:
1 Eigelb	
1 Eßl. Essig oder Zitronensaft	
1–2 Teel. Senf	
Salz	
1 Teel. Zucker	
1/8 l Salatöl	
1/2 Karree Gervais	mit einer Gabel zerdrücken, mit
Selleriesalz	
3 Eßl. saurer Sahne	unter die Mayonnaise rühren
	4 Cocktail-Gläser mit
Salatblättern	auslegen, Hummer und Spargel einfüllen, die Mayonnaise darüber geben, nach Belieben garnieren.
Beibabe:	Toast.
	Pro Person: 416 Kalorien = 1741 Joule.

Muscheln in heller Soße

Etwa 4 1/2 kg Miesmuscheln	säubern, garen wie gedünstete Muscheln (S. 198) (zum Andünsten die doppelte Zutatenmenge nehmen)
	eine helle Grundsoße bereiten aus:
30 g Margarine (z. B. Sanella)	
35 g Weizenmehl	
1/2 l Muschelbrühe	
	die Soße mit
Salz	
Zitronensaft oder Weißwein	abschmecken
gehackte Petersilie	und nach Belieben
2 Eßl. Sahne	unterrühren.
Beigabe:	Salzkartoffeln, grüner Salat.
	Pro Person: 486 Kalorien = 2033 Joule.

Krabben in Mayonnaise

	Eine Mayonnaise bereiten aus:
1 Eigelb	
1 Eßl. Zitronensaft oder Essig	
1 Teel. Senf	
Salz	
1 Teel. Zucker	
1/8 l Salatöl	
375 g Krabbenfleisch	
(frisch oder aus der Dose)	mit der Mayonnaise binden
	4 Cocktail-Gläser mit
Salatblättern	auslegen, die Krabben einfüllen, mit
Petersilie	garnieren.
Beigabe:	Toast.
	Pro Person: 413 Kalorien = 1728 Joule.

Krabben-Birne Sir William

	Den Inhalt von
1 Päckchen (100 g)	
Echte Friesen-Krabben	
von Dr. Oetker Tiefkühl-Kost	etwa 1 Stunde auftauen lassen
2 Williams-Christ-Birnen	waschen, abtrocknen, längs halbieren, entkernen, mit den Schnittflächen in
Zitronensaft	tauchen, auf 4 Glasteller legen, nach Belieben mit
etwas Birnengeist	beträufeln, die Krabben darauf verteilen
1 Tomate	waschen, vierteln, entkernen, in Streifen schneiden, die Birnenhälften damit garnieren.
	Pro Person: 90 Kalorien = 376 Joule.

Gedünstete Muscheln
(Abb. S. 194)

1 1/2 kg Muscheln (36–48 Stück)	in reichlich kaltes Wasser geben, einige Stunden darin liegen lassen, das Wasser ab und zu erneuern, die Muscheln anschließend gründlich bürsten, Bartbüschel entfernen (S. 199), so lange abspülen, bis das Wasser vollkommen klar bleibt Muscheln, die sich beim Wässern und anschließendem Bürsten öffnen, sind ungenießbar, nur Muscheln, die geschlossen bleiben, sind verwendbar
1 Zwiebel	abziehen, würfeln
40 g Butter oder Margarine	zerlassen, die Zwiebelwürfel darin andünsten, die Muscheln hinzugeben
Salz, Pfeffer	
gehackte Petersilie	hinzufügen, etwa 1 cm hoch

Weißwein darüber gießen
die Muscheln unter häufigem Umrühren so lange erhitzen, bis sie sich öffnen (nach etwa 5 Minuten - Muscheln, die sich nach dem Garen nicht öffnen, sind ungenießbar)
die Muscheln in einer vorgewärmten Schüssel anrichten
die Brühe mit Salz, Pfeffer abschmecken, zu den Muscheln reichen

Zubereitungszeit: Etwa 10 Minuten.
Beigabe: Weißbrot.
Veränderung: Kleingeschnittenes Suppengrün mitdünsten lassen

Pro Person: 191 Kalorien = 799 Joule.

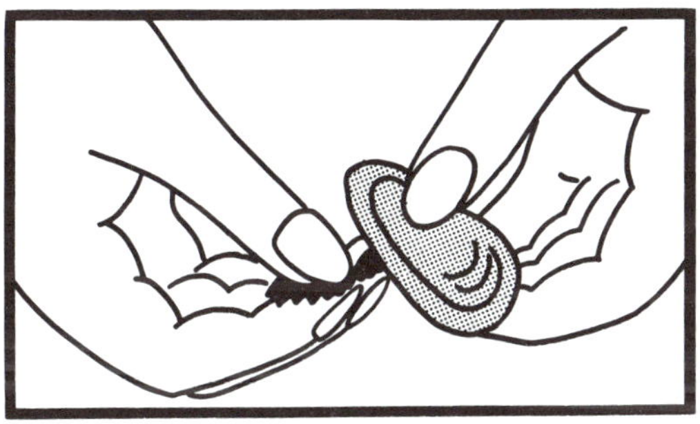

1

Die Muscheln gründlich bürsten und dabei die Bartbüschel entfernen.

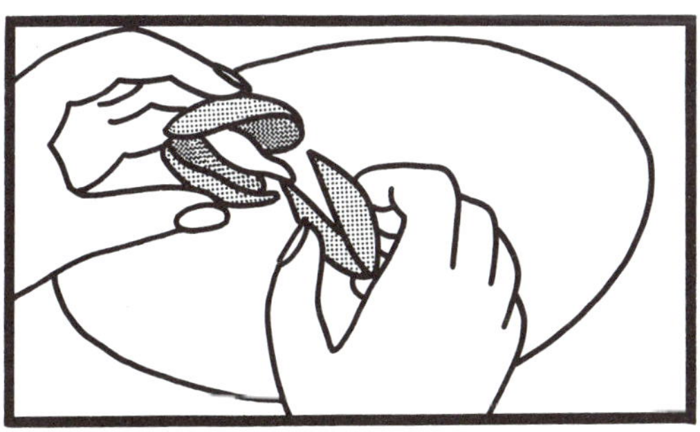

2

Das Muschelfleisch läßt sich am besten mit einer bereits leeren Muschelschale herausholen und zum Mund führen.

Krabbenomelett
(Für 2 Personen)

	Für die Füllung
1 Zwiebel	abziehen, würfeln
etwa 100 g Champignons (aus der Dose)	abtropfen lassen, klein schneiden
30 g Butter oder Margarine	zerlassen, die Zwiebel darin andünsten
100 g Krabbenfleisch (frisch oder aus der Dose)	hinzufügen, unter Wenden so lange erhitzen, bis sie sich voneinander lösen, die Champignons hinzugeben, mit
Salz	würzen, etwa 5 Minuten dünsten lassen
	für die Omeletts
4 Eigelb	mit etwas von
8 Eßl. Milch	mit einem Schneebesen verrühren
40 g Weizenmehl	sieben, mit
Salz	unterrühren, die restliche Milch hinzufügen
4 Eiweiß	steif schlagen, unterheben
	die Hälfte von
40 g Margarine (z. B. Sanella)	in einer Stielpfanne zerlassen, die Hälfte des Teiges hineingeben (Pfanne mit einem Deckel schließen), langsam gerinnen lassen die untere Seite der Omeletts muß bräunlich gebacken sein, die obere weich bleiben jedes Omelett zur Hälfte mit Füllung belegen, die andere Hälfte darüber klappen, auf einer vorgewärmten Platte anrichten
Zubereitungszeit für die Füllung:	15–20 Minuten
Backzeit für jedes Omelett:	Etwa 6 Minuten.
	Pro Person: 317 Kalorien = 1326 Joule.

Muschelsalat

Etwa 2 kg Muscheln	säubern, garen wie gedünstete Muscheln (S. 198)
	eine Salatsoße bereiten aus:
2 Eßl. Salatöl	
1 Eßl. Essig-Essenz	
Salz	
Pfeffer	
1 abgezogenen, feingehackten Zwiebel	
1 Teel. gehackter Petersilie	
	die Muscheln aus der Schale nehmen, mit der Soße vermengen.
Beigabe:	Brot, Gemüse oder Kartoffelsalat.
	Pro Person: 165 Kalorien = 690 Joule.

GRILLEN UND ÜBERBACKEN

Das Grillen und Überbacken von Fleisch-, Fisch- und anderen Gerichten gewinnt immer mehr an Beliebtheit. Das liegt nicht nur an der kurzen Zubereitungszeit, sondern auch vor allem daran, daß mit sehr wenig oder ganz ohne Fett gegrillt und viel sparsamer gewürzt werden kann. In weit höherem Maße als beim üblichen Backen, Braten oder Dünsten behalten alle Grillgerichte deshalb ihren Eigengeschmack, sind also besonders delikat und zugleich sehr gut für Diätkost geeignet.

Regeln

1. Zum Grillen gehört immer eine beheizte Sondereinrichtung, in einem einfachen Backofen kann nicht gegrillt werden.
2. Zum Grillen eignen sich besonders kleine, aber gut abgehangene Fleischstücke wie Filets, außerdem kleines Geflügel und Fisch.
3. Um eine schöne Bräunung der Fleischstücke zu erreichen, diese vor dem Grillen mit Speiseöl bestreichen.
   Für Diätkost auch ohne Fett grillen.
4. Das Grillgut vor dem Grillen salzen, es stets von beiden Seiten grillen.
5. Den Grill vorheizen, bevor das Grillgut eingeschoben wird.
6. Falls eine Tür am Grillgerät vorhanden ist, diese geöffnet halten.
7. Vorzüglich eignet sich ein Grillgerät auch zum Überbacken.

Schweinefilet

2 Schweinefilets
(etwa 500 g, gut abgehangen) evtl. von Häuten und Fett befreien, waschen, abtrocknen, dünn mit
mittelscharfem Senf bestreichen
das Fleisch auf den heißen Grillrost legen, unter den vorgeheizten Grill schieben, zunächst von der einen, dann von der anderen Seite grillen
1 Eßl. Speiseöl mit
1/2 gestrichenen Teel. Paprika edelsüß verrühren, das Fleisch nach 1 Minute Grillzeit ab und zu damit bestreichen

Grillzeit
Gas: 1. Seite etwa 10 Minuten, 2. Seite 7–10 Minuten
Strom: Jede Seite etwa 10 Minuten
die Filets mit
Salz bestreuen.
Veränderung: Das Filet nach Belieben in Scheiben geschnitten grillen.

Pro Person: 487 Kalorien = 2038 Joule.

Bratwurst

4 vorgebrühte Bratwürste auf den Grillrost legen, unter den vorgeheizten Grill schieben, zunächst von der einen, dann von der anderen Seite grillen
die Bratwürste während des Grillens mit
Speiseöl bestreichen

Grillzeit
Gas: Jede Seite etwa 5 Minuten
Strom: Jede Seite etwa 5 Minuten.
Beigabe: Scharfer Senf oder Tomatenketchup.

Pro Person: 364 Kalorien = 1523 Joule.

Schaschlik
(Abb. S. 527)

1 kleines Schweinefilet (etwa 300 g)
4 Scheiben Leber (nicht zu dick, etwa 250 g)
beide Zutaten waschen, abtrocknen
250 g Tomaten waschen, abtrocknen
1 große Banane schälen
1–2 Zwiebeln abziehen
125 g durchwachsener Speck
einige Essiggurken
alle Zutaten in Stücke oder Scheiben von gewünschter Größe (am besten gut 3 cm groß) schneiden, in beliebiger Reihenfolge auf Grillspieße stecken, dünn mit
Speiseöl bestreichen
einen Grillrost mit
Dr. Oetker alufolie belegen, die Spieße darauf legen, unter den vorgeheizten Grill schieben, zunächst von der einen, dann von der anderen Seite grillen, nach dem Umdrehen die Spieße nochmals mit Speiseöl bestreichen, nach dem Grillen mit
Schaschlik-Gewürz bestreuen

Grillzeit
Gas: Jede Seite 4–5 Minuten
Strom: Jede Seite etwa 8 Minuten.

Pro Person: 507 Kalorien = 2121 Joule.

Hähnchen
(am Spieß)
(Für 2 Personen)

1 küchenfertiges Hähnchen (etwa 1 kg) waschen, abtrocknen, innen mit
Geflügel-Würze einreiben, Flügel und Keulen mit einem Bindfaden am Rumpf festbinden
das Hähnchen auf den Drehspieß schieben, mit den Haltegabeln befestigen
1 Eßl. Speiseöl mit
Salz, Paprika edelsüß verrühren, das Hähnchen damit bestreichen
den Drehspieß unter den vorgeheizten Grill hängen, das Hähnchen während des Grillens mit dem herabgetropften Fett in der Grillpfanne bestreichen

Grillzeit
Gas: Etwa 55 Minuten
Strom: Etwa 45 Minuten.

Pro Person: 291 Kalorien = 1218 Joule.

Fischfilet
(für 6 Personen)

6 Scheiben Fischfilet (z. B. Rotbarsch, Seelachs oder Kabeljau, je 175 g)	waschen, abtrocknen, mit
Zitronensaft	beträufeln, etwa 30 Minuten stehenlassen, abtrocknen, mit
Salz	bestreuen, in
Weizenmehl	wenden, einen Grillrost mit
Dr. Oetker alufolie	belegen, die Fischfilets darauf legen, unter den vorgeheizten Grill schieben, zunächst von der einen, dann von der anderen Seite grillen, nach jeweils 1 Minute die Fischfilets mit
Speiseöl	bestreichen
Grillzeit	
Gas:	Jede Seite etwa 3 Minuten
Strom:	1. Seite etwa 4 Minuten, 2. Seite etwa 5 Minuten.
	Pro Person: 289 Kalorien = 1628 Joule.

Pikante Krabbenschnitten

10 g Dr. Oetker Gustin	mit
1/8 l Sahne	anrühren, unter Rühren erhitzen, einmal aufkochen lassen die Soße mit
Salz	abschmecken
140 g Krabbenfleisch (frisch oder aus der Dose)	
1 Eßl. gehackte Haselnußkerne	
1 Teel. Kirschwasser	
50 g geriebener Schweizer Käse	
	die Zutaten unter die Sahnesoße rühren, mit Salz,
Paprika edelsüß	
geriebener Muskatnuß	abschmecken
4 Scheiben Weißbrot (am besten Toastbrot)	auf einer Seite unter dem Grill leicht bräunen die ungebräunte Seite der Brotscheiben mit
Butter	bestreichen, die Krabbenmasse bergförmig darauf verteilen die Schnitten auf den Grillrost legen, unter den vorgeheizten Grill schieben
Grillzeit	
Gas:	Etwa 3 Minuten
Strom:	Etwa 3 Minuten.
	Pro Person: 321 Kalorien = 1343 Joule.

Gegrilltes Rotbarschfilet

1 Päckchen (4 x 100 g) Rotbarschfilet von Dr. Oetker Tiefkühl-Kost	
	die 4 Filets auf einen Teller legen, etwa 1/2 Stunde auftauen lassen, mit
Zitronensaft	beträufeln, mit
Salz	bestreuen
1 Eßl. Speiseöl	mit
1 Teel. Paprika edelsüß	und etwas Salz verrühren, die Fischfilets auf den heißen, gefetteten Grillrost legen, mit dem Öl bestreichen, von jeder Seite etwa 5 Minuten grillen
25 g Butter	zerlassen
4 Scheiben Ananas (aus der Dose)	darin von beiden Seiten braten, mit den Filets anrichten
Grillzeit:	10 Minuten.
Beigabe:	Butterreis, Chicoréesalat.
	Pro Person: 216 Kalorien = 904 Joule.

Pilzschnitten

1/2 altes Brötchen (Semmel)	in kaltem Wasser einweichen, gut ausdrücken
125 g Pilze	sorgfältig putzen, waschen, fein hacken (madige Stellen entfernen)
1/2 Zwiebel	abziehen
65 g rohes Kalbfleisch	mit dem Brötchen und der Zwiebel durch den Fleischwolf drehen, die Pilze,
1 gut gehäuften Teel. Dr. Oetker Gustin	
nach Belieben 1 Eßl. Rotwein	
1 kleines Ei	hinzufügen, unterrühren
	die Masse mit
Salz	
Paprika edelsüß	abschmecken
4 Scheiben Weißbrot (am besten Toastbrot)	auf einer Seite unter dem Grill leicht bräunen
	die ungebräunte Seite der Brotscheiben mit
Butter	bestreichen, die Pilzmasse bergförmig darauf verteilen
	die Schnitten auf den Grillrost legen, unter den vorgeheizten Grill schieben
Grillzeit	
Gas:	Etwa 6 Minuten
Strom:	Etwa 10 Minuten.
	Pro Person: 177 Kalorien = 741 Joule.

Käseschnitten

75 g Butter	schaumig rühren
100 g geriebenen Käse (z. B. Chester) gehackte Petersilie oder kleingeschnittenen Schnittlauch	hinzufügen, mit
Salz Paprika edelsüß	abschmecken
4 Scheiben Weißbrot (am besten Toastbrot)	auf einer Seite unter dem Grill leicht bräunen die Käsemasse bergförmig auf die ungebräunte Seite der Brotscheiben streichen die Schnitten auf den Grillrost legen, unter den vorgeheizten Grill schieben
Grillzeit	
Gas:	Etwa 3 Minuten
Strom:	Etwa 3 Minuten.
	Pro Person: 315 Kalorien = 1318 Joule.

Schnitten auf Feinschmeckerart

10 g Dr. Oetker Gustin	mit
1/8 l Sahne	anrühren, unter Rühren erhitzen, einmal aufkochen lassen die Soße mit
Salz 1 Eßl. Weißwein oder Madeira	abschmecken
etwa 150 g Krebsschwänze oder Langusten (aus der Dose)	ein- bis zweimal durchschneiden
50 g Champignons (aus der Dose)	abtropfen lassen, in Scheiben schneiden, die Zutaten unter den Gustinbrei rühren
4 Scheiben Weißbrot (am besten Toastbrot)	auf einer Seite unter dem Grill leicht bräunen die ungebräunte Seite der Brotscheiben mit
Butter	bestreichen, die Masse gleichmäßig darauf verteilen die Schnitten auf den Grillrost legen, unter den vorgeheizten Grill schieben
Grillzeit	
Gas:	2–3 Minuten
Strom:	2–3 Minuten.
	Pro Person: 247 Kalorien = 1033 Joule.

Goldbutt mit Käse überbacken
(Für 2 Personen)

25 g Margarine	zerlassen den Inhalt von
1 Päckchen (2 Stück) Goldbutt von Dr. Oetker Tiefkühl-Kost	hineingeben, von jeder Seite etwa 6 Minuten braten lassen, mit
Salz	
Pfeffer	bestreuen
2 Scheiben Schmelzkäse	auf die Goldbuttstücke legen, auf den heißen, gefetteten Grillrost geben, so lange grillen, bis der Käse zerlaufen ist
1 Tomate	waschen, abtrocknen, in Scheiben schneiden, auf den Goldbuttstücken anrichten
Grillzeit:	Etwa 6 Minuten.
Beigabe:	Petersilienkartoffeln.
	Pro Person: 436 Kalorien = 1824 Joule.

Pikante Schnitten
(Für 6 Personen)

15 g Dr. Oetker Gustin	mit
$^1/_8$ l Sahne	anrühren, unter Rühren erhitzen, einmal aufkochen lassen
75 g geriebenen Schweizer Käse	hinzufügen, die Masse mit
Salz	
Paprika edelsüß	abschmecken
125 g Spargel (aus der Dose)	abtropfen lassen, klein schneiden
65 g gekochten Schinken	in kleine Würfel schneiden die Zutaten unter den Gustinbrei rühren, evtl. noch einmal kurz erhitzen, damit sich die Zutaten gut verbinden
6 Scheiben Weißbrot (am besten Toastbrot)	auf einer Seite unter dem Grill leicht bräunen, die ungebräunte Seite der Brotscheiben mit
Butter	bestreichen, die Spargel-Schinkenmasse gleichmäßig darauf verteilen, die Toastschnitten auf ein Backblech legen, unter den vorgeheizten Grill schieben
Grillzeit	
Gas:	Etwa 4 Minuten
Strom:	Etwa 5 Minuten.
	Pro Person: 251 Kalorien = 1050 Joule.

Kalbssteak

4 Kalbssteaks (je etwa 125 g, gut 2 cm dick)	evtl. von Häuten befreien, leicht flach klopfen, etwas zusammendrükken, dünn mit
Speiseöl	bestreichen die Steaks auf den heißen Grillrost legen, unter den vorgeheizten Grill schieben, zunächst von der einen, dann von der anderen Seite grillen, leicht mit
Salz	bestreuen
Grillzeit	
Gas:	Jede Seite etwa 4 Minuten
Strom:	Jede Seite etwa 4 Minuten.
	Pro Person: 131 Kalorien = 548 Joule.

Rumpsteak

4 Scheiben Roastbeef (je etwa 150 g, etwa 2 1/2 cm dick)	leicht flach klopfen, etwas zusammendrücken, möglichst hoch unter die Glühstäbe des vorgeheizten Grills schieben, zunächst von der einen, dann von der anderen Seite grillen die Fleischscheiben jeweils nach 1 Minute mit
Speiseöl	bestreichen
Grillzeit	
Gas:	1. Seite etwa 3 Minuten, 2. Seite etwa 2 Minuten
Strom:	Jede Seite etwa 5 Minuten die Rumpsteaks leicht mit
Salz	bestreuen, mit
Butterflöckchen	belegen.
	Pro Person: 381 Kalorien = 1594 Joule.

EINTOPFGERICHTE

Ein Lob dem Eintopfgericht! Man setze einem mit Delikatessen überfütterten Feinschmecker einmal solch gesunde Hausmannskost vor, und man wird staunen, mit welchem Behagen er sich daran gütlich tut.
Sicherlich ist es nicht jedermanns Sache, täglich Erbsen-, Linsen- oder Kartoffelsuppe zu essen, aber ein- oder zweimal in der Woche ist ein Eintopf überall willkommen, vor allem, wenn dann der Nachtisch in Gestalt eines Puddings einen besonderen Genuß und eine beliebte Ergänzung verspricht.
Eintopf ist preiswert und sättigend, hilft Zeit sparen und nimmt auch längeres Warmhalten nicht übel. Die vielfältigen Zubereitungsmöglichkeiten bieten Auswahl und Abwechslung genug.

GEKOCHTE EINTOPFGERICHTE

Linsensuppe

350 g Linsen	waschen, in
2 l Wasser	12–24 Stunden einweichen
500 g Schweinerippchen	waschen
	Linsen und Schweinerippchen in dem Einweichwasser zum Kochen bringen, fast weich kochen lassen
500 g Kartoffeln	schälen, waschen, in Würfel schneiden
Suppengrün	putzen, waschen, klein schneiden
Salz	
Knoblauchsalz	
Thymian	
	die Zutaten zu den Linsen geben, gar kochen lassen, die Suppe mit Salz abschmecken
	das Fleisch für sich reichen oder kleingeschnitten in die Suppe geben, die Suppe mit
gehackter Petersilie	bestreuen
Kochzeit:	Etwa $1\frac{1}{2}$ Stunden.
Veränderung:	Die Suppe mit Essig und Zucker servieren oder eingeweichte getrocknete Pflaumen mit den Kartoffeln in die Suppe geben.
	Pro Person: 577 Kalorien = 2414 Joule.

Kartoffelsuppe

(Abb. S. 348)

1 Zwiebel	abziehen, in Scheiben schneiden
Suppengrün	putzen, waschen, klein schneiden
80 g Fett (evtl. Speck)	zerlassen (Speck auslassen), Zwiebel und Suppengrün darin andünsten, mit
2–$2\frac{1}{2}$ l Wasser	auffüllen
$1\frac{1}{2}$ kg Kartoffeln	schälen, waschen, in Würfel schneiden
250 g geräucherte Mettwurst (4 Rauchenden)	waschen
Salz	
Thymian	
Liebstöckel	
	die Zutaten in das Gemüsewasser geben, zum Kochen bringen, gar kochen lassen (damit die Suppe sämig wird, einen Teil der Kartoffeln zerdrücken oder zerstampfen)
	die Suppe mit Salz abschmecken, mit
1 Eßl. gehackter Petersilie	bestreuen
Kochzeit:	Etwa 30 Minuten.
	Pro Person: 800 Kalorien = 3347 Joule.

Westfälisches Blindhuhn

3/4–1 l Wasser	zum Kochen bringen
250 g durchwachsenen Speck	hinzufügen, zum Kochen bringen, kochen lassen
*500 g Grüne Bohnen**	abfädeln, waschen, in kleine Stücke brechen oder schnippeln
250 g Möhren	schrappen
750 g Kartoffeln	schälen
	beide Zutaten waschen, in kleine Würfel schneiden
2 Äpfel	
2 Birnen (nach Belieben)	
	die beiden Zutaten schälen, vierteln, entkernen, in Scheiben schneiden
	nach 30 Minuten Kochzeit des Specks Gemüse, Obst,
Salz	hinzufügen, zum Kochen bringen, gar kochen lassen
	den Eintopf mit Salz abschmecken, den Speck nach Belieben schneiden
Kochzeit:	1–1 1/2 Stunden.
Veränderung:	200 g gewaschene Bohnen (getrocknet) in dem Wasser 12–24 Stunden einweichen, danach mit dem Einweichwasser zum Kochen bringen, 30 Minuten kochen lassen, den Speck hinzugeben
	in diesem Fall nur 250 g Grüne Bohnen nehmen, sie nach Belieben aber auch ganz weglassen (längere Kochzeit beachten).
	Pro Person: 626 Kalorien = 2619 Joule.

Bohnensuppe mit Mettwurst

350 g Weiße Bohnen	waschen, in
2 l Wasser	12–24 Stunden einweichen
250 g geräucherte Mettwurst	waschen
	Bohnen und Mettwurst in dem Einweichwasser zum Kochen bringen, die Bohnen fast weich kochen lassen, die gare Mettwurst herausnehmen
500 g Kartoffeln	schälen, waschen, in Würfel schneiden
Suppengrün	putzen, waschen, klein schneiden
Bohnenkraut	waschen
Salz	
	die Zutaten zu den Bohnen geben, zum Kochen bringen, gar kochen lassen
	die Suppe mit Salz abschmecken
	die Mettwurst für sich reichen oder kleingeschnitten in die Suppe geben
Kochzeit:	1 1/2–2 Stunden.
Veränderung:	200 g eingeweichte, getrocknete Pflaumen mit den Kartoffeln in die Suppe geben. Statt Mettwurst Schweine- oder Hammelfleisch nehmen.
	Pro Person: 746 Kalorien = 3121 Joule.

* Besonders empfehlenswert sind tiefgefrorene Brechbohnen von Dr. Oetker Tiefkühlkost.

Hühnersuppe mit Reis

1 küchenfertiges Suppenhuhn	waschen, zusammen mit
Herz, aufgeschnittenem Magen	
Hals	
Geflügel-Gewürz	
Liebstöckel	
$^{1}/_{2}$ Teel. Glutamat	in
2 l kochendes Salzwasser	geben, zum Kochen bringen, gar kochen lassen, das Huhn aus der Brühe nehmen
150–200 g Brühreis	waschen
500 g Kartoffeln	schälen, waschen, in Würfel schneiden
Suppengrün	putzen, waschen, klein schneiden
	die 3 Zutaten in die kochende Brühe geben, zum Kochen bringen, gar kochen lassen
	kurz vor Beendigung der Kochzeit die
Leber	hinzufügen
	das Hühnerfleisch von den Knochen lösen, klein schneiden, kurz vor dem Anrichten in die Suppe geben, mit
Salz	abschmecken, mit
1 Eßl. gehackter Petersilie	bestreuen
Kochzeit:	Etwa 2 Stunden.
	Pro Person: 560 Kalorien = 2343 Joule.

Rindfleischsuppe mit Gemüse

(Abb. S. 65)

375 g Rindfleisch	waschen, in Würfel schneiden, in
2–2$^{1}/_{2}$ l kochendes Salzwasser	geben, zum Kochen bringen, gut 1 Stunde kochen lassen
*1 kg Gemüse**	
(Erbsen, Möhren, Kohlrabi, Blumenkohl, Rosenkohl)	
	Erbsen auspalen, Möhren schrappen, Kohlrabi schälen, Blumenkohl in Röschen teilen, Rosenkohl von schlechten Stellen befreien
750 g Kartoffeln	schälen
	Möhren, Kohlrabi, Kartoffeln in Würfel oder Streifen schneiden
	die Zutaten waschen, zu dem Rindfleisch geben, wieder zum Kochen bringen, gar kochen lassen
	die Suppe mit
Fleischextrakt oder Suppenwürze	abschmecken
Kochzeit:	Etwa 1$^{3}/_{4}$ Stunden.
Veränderung:	Statt der Kartoffeln Grieß- (S. 70) oder Schwemmklößchen (S. 70) in die Suppe geben. Statt des oben angegebenen Gemüses Bohnen, Tomaten, Porree verwenden.
	Pro Person: 330 Kalorien = 1381 Joule.

* Besonders empfehlenswert ist tiefgefrorenes Suppengemüse von Dr. Oetker Tiefkühlkost.

Erbsensuppe mit Pökelfleisch

350 g Erbsen	waschen, in
2–2½ l Wasser	12–24 Stunden einweichen
375 g gepökeltes Schweinefleisch (Ohr, Schnauze, Schwanz oder Nackenstück)	waschen
	Erbsen und Pökelfleisch in dem Einweichwasser fast weich kochen lassen
500 g Kartoffeln	schälen, waschen, in Würfel schneiden
Suppengrün	putzen, waschen, klein schneiden
Salz	
Pfeffer	
	die Zutaten zu den Erbsen geben, gar kochen lassen
	die Suppe mit Salz und nach Belieben mit
Majoran	abschmecken
	das Fleisch für sich reichen oder kleingeschnitten in die Suppe geben
Kochzeit:	2–2½ Stunden.
Veränderung:	Statt Pökelfleisch 250 g durchwachsenen Speck nehmen.
	Pro Person: 756 Kalorien = 3163 Joule.

Äpfel und Kartoffeln
(Himmel und Erde)

1½ kg Kartoffeln	schälen, waschen, in Würfel schneiden
500 g Äpfel	schälen, vierteln, entkernen
	die beiden Zutaten mit
Salz	
Zucker	in
⅜ l kochendes Wasser	geben, zum Kochen bringen, weich kochen lassen
	das Gericht mit Salz, Zucker,
Essig	abschmecken
2 Zwiebeln	abziehen, in Scheiben schneiden
100 g Speck	in Würfel schneiden, auslassen
	die Zwiebeln darin bräunen
	das Gericht in eine vorgewärmte Schüssel geben, die Speck-Zwiebeln darüber verteilen
Kochzeit:	Etwa 45 Minuten.
Veränderung:	Aus den Kartoffeln Brei herstellen, die Äpfel zu Mus kochen, beides miteinander mischen.
	Pro Person: 559 Kalorien = 2339 Joule.

Spitzkohleintopf mit Tomaten

	Von
Spitzkohl (1 kg, vorbereitet gewogen)	die schlechten äußeren Blätter entfernen, den Kopf achteln, den Strunk herausschneiden, den Kohl waschen, in feine Streifen schneiden
750 g Kartoffeln	schälen, waschen, in Würfel schneiden
500 g Tomaten	kurze Zeit in kochendes Wasser legen, in kaltem Wasser abschrecken, enthäuten, in Würfel schneiden
60 g Margarine oder Schweineschmalz	zerlassen, Spitzkohl, Kartoffeln,
3/8 l heißes Wasser	hinzufügen, mit
Salz	
Pfeffer	würzen, zum Kochen bringen, gar kochen lassen
	für die Fleischklößchen
1 Brötchen (Semmel)	in kaltem Wasser einweichen, gut ausdrücken
1 kleine Zwiebel	abziehen, würfeln
250 g Gehacktes (halb Rind-, halb Schweinefleisch)	mit dem Brötchen, der Zwiebel,
1 Ei	vermengen, mit Salz, Pfeffer abschmecken
	aus der Masse etwa 20 Klößchen formen, mit den Tomaten 20 Minuten vor Beendigung der Kochzeit zu dem Spitzkohl geben
	den garen Eintopf mit Salz abschmecken, nach Belieben noch etwas Wasser hinzufügen
Kochzeit:	Etwa 1 Stunde.
	Pro Person: 580 Kalorien = 2427 Joule.

Erbsensuppe mit Grießklößchen

750 g junge ausgepalte Erbsen (2 1/4 kg mit Hülsen)	waschen, abtropfen lassen
100 g Butter oder Margarine	zerlassen, die Erbsen darin andünsten, mit
40 g Weizenmehl	bestreuen, kurz miterhitzen
1 1/2 l Wasser	unter Rühren hinzufügen, zum Kochen bringen
500 g Kartoffeln	schälen, waschen, in Würfel schneiden
Salz	
	die Zutaten zu den Erbsen geben
	die Suppe zum Kochen bringen, gar kochen lassen
2 Rezepte Grießklößchen (S. 70)	in der Suppe gar ziehen lassen
	die Suppe mit Salz abschmecken, mit
1 Eßl. gehackter Petersilie	bestreuen
Kochzeit für die Suppe:	3/4–1 Stunde
Garzeit für die Klößchen:	10 Minuten.
	Pro Person: 485 Kalorien = 2029 Joule.

GESCHMORTE UND GEDÜNSTETE EINTOPFGERICHTE

Grundrezept

Auf dem Gasherd:
Das Fett auf großer Flamme erhitzen, das in kleine Würfel geschnittene Fleisch und die Knochen hineingeben und unter Wenden schwach bräunen.
Kurz bevor das Fleisch genügend gebräunt ist, die kleingeschnittene Zwiebel, das gewaschene, kleingeschnittene Suppengrün und evtl. die enthäuteten, kleingeschnittenen Tomaten hinzugeben und kurz miterhitzen.
Anschließend das Fleisch würzen. Dann das in Stücke geschnittene Gemüse und danach die geschälten, kleingeschnittenen Kartoffeln hinzugeben. Das Wasser darüber gießen.
Ohne die Zutaten umzurühren, den Topf mit einem Deckel verschließen und die Flamme groß lassen, bis Dampf entweicht. Die Flamme dann klein stellen, bis das Gericht gar ist. Während dieser Zeit darf aus dem Topf kein Dampf entweichen (Flamme noch kleiner stellen), da dann die im Rezept angegebene Wassermenge nicht ausreichen würde. Außerdem den Deckel nicht ständig vom Topf nehmen und die Zutaten nicht umrühren, da dann die Hitze, die von der kleinen Flamme abgegeben wird, nicht ausreicht.
Wenn das Gericht gar ist, es abschmecken.

Auf dem Elektroherd:
Das Fett auf Stufe 3 erhitzen, das in kleine Würfel geschnittene Fleisch und die Knochen hineingeben und unter Wenden schwach bräunen.
Kurz bevor das Fleisch genügend gebräunt ist, die kleingeschnittene Zwiebel, das gewaschene, kleingeschnittene Suppengrün und evtl. die enthäuteten, kleingeschnittenen Tomaten hinzugeben und sie kurz miterhitzen.
Anschließend das Fleisch würzen. Dann das in Stücke geschnittene Gemüse und danach die geschälten, kleingeschnittenen Kartoffeln hinzugeben. Das Wasser darüber gießen.
Ohne die Zutaten umzurühren, den Topf mit einem Deckel verschließen und die Kochplatte auf Stufe 3 geschaltet lassen (bei Blitzkochplatten evtl. umschalten auf Stufe 2), bis Dampf entweicht. Die Kochplatte dann auf Stufe 1 und etwa 10 Minuten vor Beendigung der Kochzeit auf Stufe 0 schalten. Während dieser Zeit darf aus dem Topf kein Dampf entweichen (evtl. zwischendurch auf Stufe 0 schalten oder auf Zwischenstufe gehen), da dann die im Rezept angegebene Wassermenge nicht ausreichen würde. Außerdem den Deckel nicht ständig vom Topf nehmen und die Zutaten nicht umrühren, da dann die Hitze nicht ausreicht. Wenn das Gericht gar ist, es abschmecken.

Will man das in Würfel geschnittene Fleisch in dem Fett nicht anbräunen (kräftiger im Geschmack), das Fett auf den Topfboden streichen und die Zutaten in der Reihenfolge des Rezeptes in den Topf schichten. Das Gericht bei Gas auf großer Flamme oder bei Strom auf Stufe 3 (bei Blitzkochplatten Stufe 2) zum Kochen bringen und es bei kleiner Flamme bzw. auf Stufe 1 gar kochen lassen.

Szegediner Gulasch

200 g Zwiebeln	abziehen, in Scheiben schneiden
250 g Schweinefleisch	
250 g Rindfleisch	
	das Fleisch waschen, abtrocknen, in 2 cm große Würfel schneiden, mit
Salz	bestreuen
50 g Schweineschmalz	erhitzen, die Zwiebeln etwa 10 Minuten darin dünsten
1 Eßl. Paprika edelsüß	
1 Eßl. Tomatenmark	hinzufügen, das Fleisch hinzugeben, etwa 30 Minuten dünsten lassen
500 g Sauerkraut	auf das Fleisch geben
1/2 l heiße Fleischbrühe (z. B. zubereitet aus Brühwürfeln)	hinzugießen, umrühren
	das Gericht zum Kochen bringen, garen lassen
	zum Schluß
1/8 l saure Sahne	hinzufügen
1 Teel. Dr. Oetker Gustin	mit
1 Eßl. kaltem Wasser	anrühren, das Gulasch damit binden, mit Salz,
Pfeffer	abschmecken
Garzeit:	Etwa 1 1/2 Stunden.
	Pro Person: 402 Kalorien = 1682 Joule.

Möhren-Eintopf

500 g Schweinebauch	waschen, abtrocknen, in nicht zu kleine Würfel schneiden
1 1/2 kg Möhren	schrappen
300 g Kartoffeln	schälen
	beide Zutaten waschen, in kleine Würfel schneiden
40 g Margarine (z. B. Sanella)	erhitzen, das Fleisch unter Wenden schwach darin bräunen
2 Zwiebeln	abziehen, würfeln, zum Fleisch geben, miterhitzen
	das Fleisch mit
Salz	würzen, Möhren, Kartoffeln,
1 1/4 l Wasser	hinzufügen, garen lassen
	den Eintopf mit Salz,
Pfeffer	abschmecken, mit
gehackter Petersilie	bestreuen.
Garzeit:	Etwa 1 Stunde.
	Pro Person: 688 Kalorien = 2879 Joule.

Steckrüben-Eintopf

375 g Schweinefleisch	waschen, abtrocknen, in kleine Würfel schneiden
1 kg Steckrüben	
750 g Kartoffeln	
	beide Zutaten schälen, waschen, klein schneiden
40 g Schweineschmalz	
oder Margarine	erhitzen, das Fleisch unter Wenden schwach darin bräunen
1 Zwiebel	abziehen, würfeln
	kurz bevor das Fleisch genügend gebräunt ist, die Zwiebelwürfel hinzufügen, kurz miterhitzen
	das Fleisch mit
Salz	würzen, Steckrüben, Kartoffeln,
$^{3}/_{8}$ l Wasser	hinzufügen, gar schmoren lassen
	den Eintopf mit Salz abschmecken
Garzeit:	Etwa 1 Stunde.
	Pro Person: 433 Kalorien = 1812 Joule.

Grüne Bohnen-Eintopf

375 g Rindfleisch	waschen, abtrocknen, in kleine Würfel schneiden
1 kg Grüne Bohnen	abfädeln, waschen, in kleine Stücke brechen oder schneiden
750 g Kartoffeln	schälen, waschen, klein schneiden
40 g Schweineschmalz oder Margarine (bei fettem Fleisch kein Fett zusetzen)	erhitzen, das Fleisch unter Wenden schwach darin bräunen
1 Zwiebel	abziehen, würfeln
	kurz bevor das Fleisch genügend gebräunt ist, die Zwiebel hinzufügen, kurz miterhitzen
	das Fleisch mit
Pfeffer	
Salz	
Bohnenkraut	würzen, Bohnen, Kartoffeln,
etwa $^{1}/_{2}$ l Wasser	hinzufügen, gar schmoren lassen
	den Eintopf mit Salz abschmecken
Garzeit:	Etwa 80 Minuten.
Veränderung:	250 g gewaschene, kleingeschnittene Tomaten mit dem Fleisch und der Zwiebel in dem Fett erhitzen, dann aber nur $^{1}/_{4}$ l Wasser an den Eintopf geben.
	Pro Person: 380 Kalorien = 1590 Joule.

Hammelfleisch mit Bohnen und Tomaten

375 g Hammelfleisch	waschen, abtrocknen, in kleine Würfel schneiden
250 g Tomaten	kurze Zeit in kochendes Wasser legen, in kaltem Wasser abschrecken, enthäuten, in Stücke schneiden
500 g Grüne Bohnen	abfädeln, waschen, in kleine Stücke brechen oder schneiden
500 g Kartoffeln	schälen, waschen, in Würfel schneiden
40 g Fett	erhitzen, das Fleisch unter Wenden schwach darin bräunen
1 Zwiebel	abziehen, würfeln
	kurz bevor das Fleisch genügend gebräunt ist, Zwiebel, Tomaten hinzufügen, kurz miterhitzen
	das Fleisch mit
Salz	würzen, Bohnen, Kartoffeln,
knapp 1/4 l Wasser	hinzufügen, gar schmoren lassen
	das Gericht mit Salz abschmecken
Schmorzeit:	Etwa 1 1/4 Stunden.
	Pro Person: 468 Kalorien = 1958 Joule.

Rindergulasch mit Reis

500 g Rindfleisch	waschen, abtrocknen, in kleine Würfel schneiden
1 Zwiebel	abziehen, würfeln
Suppengrün	putzen, waschen, klein schneiden
evtl. 250 g Tomaten	kurze Zeit in kochendes Wasser legen, in kaltem Wasser abschrecken, enthäuten, vierteln
50 g Fett (evtl. Speck)	erhitzen (Speck in Würfel schneiden, auslassen), das Fleisch unter Wenden schwach darin bräunen
	kurz bevor das Fleisch genügend gebräunt ist, Zwiebel, Suppengrün, Tomaten hinzufügen, kurz miterhitzen, mit
Salz	
Gulasch-Gewürz	
Glutamat	
Cayennepfeffer	würzen
3/4 l Wasser	hinzufügen, zum Kochen bringen, kochen lassen
150 g Brühreis	waschen, nach 20 Minuten Kochzeit zu dem Fleisch geben, gar kochen lassen
	das Gericht mit Salz abschmecken
Garzeit:	Etwa 1 1/4 Stunden.
	Pro Person: 454 Kalorien = 1899 Joule.

Labskaus

600 g Corned Beef oder gepökeltes schieres Rindfleisch (in wenig Wasser gar gekocht)	
4 große Zwiebeln	abziehen
	beide Zutaten durch den Fleischwolf drehen
100 g Schweineschmalz oder Margarine	erhitzen, das Fleisch unter Rühren 5 Minuten miterhitzen
1 kg gekochte Salzkartoffeln	noch heiß durchpressen, mit
5–9 Eßl. Flüssigkeit von eingelegten Essiggurken	(bei Rindfleisch außerdem noch etwa $^3/_8$ l der Kochbrühe oder Wasser) hinzufügen, unter Rühren durchkochen lassen
	das Labskaus mit
Salz	
geriebener Muskatnuß	abschmecken.
Beigabe:	Spiegelei, Essiggurken oder Rote Beete.
	Pro Person: 473 Kalorien = 1979 Joule.

Faßbohnen-Eintopf

375 g Schweinerücken	waschen, abtrocknen, in kleine Würfel schneiden
750 g Kartoffeln	schälen, waschen, klein schneiden
750 g Faßbohnen	waschen, abtropfen lassen
20 g Schweineschmalz oder Margarine	erhitzen, das Fleisch (evtl. Knochen) unter Wenden schwach darin bräunen
1 Zwiebel	abziehen, würfeln
	kurz bevor das Fleisch genügend gebräunt ist, die Zwiebel hinzufügen, kurz miterhitzen
	das Fleisch mit
Salz	würzen, Kartoffeln, Bohnen,
etwa $^3/_4$ l Wasser	hinzufügen, gar schmoren lassen
	den Eintopf evtl. mit Salz abschmecken
Garzeit:	Etwa 3 Stunden.
	Pro Person: 420 Kalorien = 1757 Joule.

Wirsing-Eintopf

375 g Rindfleisch	waschen, abtrocknen, in kleine Würfel schneiden
750 g Wirsing (vorbereitet gewogen)	waschen, klein schneiden
500 g Kartoffeln	schälen, waschen, in Würfel schneiden
40 g Schweineschmalz oder Margarine	erhitzen, das Fleisch unter Wenden schwach darin bräunen
1 Zwiebel	abziehen, würfeln
	kurz bevor das Fleisch genügend gebräunt ist, die Zwiebel hinzufügen, kurz miterhitzen
	das Fleisch mit
Salz	würzen, Wirsing, Kartoffeln,
gut 1/4 l Wasser	hinzufügen, gar schmoren lassen
	den Eintopf mit Salz abschmecken
Schmorzeit:	1–1 1/2 Stunden.
	Pro Person: 330 Kalorien = 1381 Joule.

Weißkohl-Eintopf

375 g Rindfleisch	waschen, abtrocknen, in kleine Würfel schneiden
750 g Weißkohl (vorbereitet gewogen)	waschen, klein schneiden
750 g Kartoffeln	schälen, waschen, in kleine Würfel schneiden
40 g Schweineschmalz oder Margarine	erhitzen, das Fleisch unter Wenden schwach darin bräunen
100 g Zwiebeln	abziehen, würfeln
	kurz bevor das Fleisch genügend gebräunt ist, die Zwiebeln hinzufügen, kurz miterhitzen
	das Fleisch mit
Salz	würzen, Weißkohl, Kartoffeln,
1 Teel. Kümmel	
gut 1/4 l Wasser	hinzufügen, gar schmoren lassen
	den Eintopf mit Salz abschmecken
Schmorzeit:	1–1 1/2 Stunden.
Veränderung:	Statt Rindfleisch Hammelfleisch verwenden.
	Pro Person: 415 Kalorien = 1736 Joule.

Serbisches Reisfleisch

375 g Schweinefleisch	waschen, abtrocknen, in kleine Würfel schneiden
500 g Tomaten	kurze Zeit in kochendes Wasser legen, in kaltem Wasser abschrecken, enthäuten, vierteln
200 g Zwiebeln	abziehen, in Scheiben schneiden
60 g fetten Speck	in kleine Würfel schneiden, auslassen, das Fleisch von allen Seiten gut darin bräunen, mit
Salz, Pfeffer	
Cayennepfeffer	würzen, die Zwiebeln hinzufügen, leicht bräunen lassen, die Tomaten,
$^3/_4$ l Wasser	dazugeben, zum Kochen bringen, kochen lassen
200 g Brühreis	waschen, nach 15 Minuten Kochzeit hinzufügen, mitkochen lassen
4 Eßl. saure Sahne	unterrühren
	das Gericht mit Salz, Pfeffer,
Paprika extrascharf	abschmecken
	das fertige Gericht möglichst sofort servieren.
Garzeit:	Etwa 45 Minuten.
	Pro Person: 480 Kalorien = 2008 Joule.

Große Bohnen-Eintopf

375 g Hammelfleisch	waschen, abtrocknen, in kleine Würfel schneiden
500 g Kartoffeln	schälen, waschen, klein schneiden
750 g Große Bohnen (2$^1/_2$–3 kg mit Hülsen)	
Bohnenkraut	
	beide Zutaten waschen
40 g Schweineschmalz oder Margarine	erhitzen, das Fleisch unter Wenden schwach darin bräunen, mit
Salz	würzen
	Kartoffeln, Bohnen, Bohnenkraut,
$^3/_8$–$^1/_2$ l Wasser	hinzufügen, gar schmoren lassen
	den Eintopf mit Salz abschmecken
Garzeit:	Etwa 1$^1/_2$ Stunden.
Veränderung:	Statt Hammelfleisch durchwachsenen Speck verwenden.
	Pro Person: 470 Kalorien = 1966 Joule.

Hammelpilaw

500 g Hammelfleisch	waschen, abtrocknen, in kleine Würfel schneiden
2 Zwiebeln	abziehen, würfeln
1 Stück Sellerie	putzen, waschen, klein schneiden
250 g Tomaten	kurze Zeit in kochendes Wasser legen, in kaltem Wasser abschrecken, enthäuten, in Stücke schneiden
20 g Fett	erhitzen, das Fleisch unter Wenden schwach darin bräunen kurz bevor das Fleisch genügend gebräunt ist, Zwiebeln, Sellerie, Tomaten hinzufügen, kurz miterhitzen, mit
Salz	
Paprika edelsüß	würzen
3/4 l Wasser	hinzufügen, zum Kochen bringen
150 g Brühreis (z. B. Patna)	waschen, nach 20 Minuten Kochzeit zu dem Fleisch geben, gar kochen lassen das Gericht mit Salz abschmecken
Garzeit:	Etwa 1 Stunde.
	Pro Person: 526 Kalorien = 2221 Joule.

Möhren-Bohnen-Eintopf

100 g Weiße Bohnen	waschen, in
1/2–3/4 l Wasser	12–24 Stunden einweichen, in dem Einweichwasser zum Kochen bringen, in 1 1/2 Stunden gar kochen lassen
375 g Rindfleisch	waschen, abtrocknen, in kleine Würfel schneiden
1 kg Möhren	schrappen
500 g Kartoffeln	schälen beide Zutaten waschen, in kleine Würfel schneiden
250 g Äpfel	schälen, vierteln, entkernen, in Scheiben schneiden
40 g Schweineschmalz oder Margarine (bei fettem Fleisch kein Fett zusetzen)	erhitzen, das Fleisch unter Wenden schwach darin bräunen
1 Zwiebel	abziehen, würfeln kurz bevor das Fleisch genügend gebräunt ist, die Zwiebelwürfel hinzufügen, kurz miterhitzen das Fleisch mit
Salz	würzen, Möhren, Kartoffeln, Äpfel,
3/8 l Wasser	hinzufügen, in 45–60 Minuten gar schmoren lassen die Bohnen unter den Möhren-Eintopf geben
Garzeit:	Etwa 2 1/2 Stunden.
Veränderung:	Statt Rindfleisch Schweinebauch verwenden.
	Pro Person: 460 Kalorien = 1925 Joule.

Vegetarischer Eintopf

250 g Möhren	schrappen, waschen, in Würfel schneiden
50 g Sellerie	schälen, waschen, in Streifen schneiden
250 g Tomaten	waschen, klein schneiden
500 g Kartoffeln	schälen, waschen, in Würfel schneiden
500 g Blumenkohl	putzen, in Röschen teilen, waschen
1 Zwiebel	abziehen, würfeln
50 g Butter, Margarine oder Speiseöl	erhitzen, Zwiebel, Möhren, Sellerie, Tomaten unter Wenden 5–10 Minuten darin andünsten lassen, mit
Salz	würzen, Kartoffeln, Blumenkohl,
1/8–1/4 l Wasser	hinzufügen, gar dünsten lassen den Eintopf mit Salz abschmecken, mit
gehackter Petersilie	bestreuen
Dünstzeit:	45–60 Minuten.
Veränderung:	Anstelle der oben angegebenen Gemüse eine andere Zusammenstellung wählen.
	Pro Person: 241 Kalorien = 1008 Joule.

Kalbsgulasch mit Reis

500 g Kalbfleisch	waschen, abtrocknen, Sehnen und Haut entfernen, in kleine Würfel schneiden
1 Zwiebel	abziehen, würfeln
250 g Tomaten	kurze Zeit in kochendes Wasser legen, in kaltem Wasser abschrecken, enthäuten, in Stücke schneiden
50 g Butter oder Margarine	erhitzen, das Fleisch unter Wenden schwach darin bräunen kurz bevor das Fleisch genügend gebräunt ist, Zwiebel und Tomaten hinzufügen, kurz miterhitzen, mit
Salz *Thymian* *Nelkenpfeffer (Piment)*	würzen
3/4 l Wasser	hinzufügen, zum Kochen bringen, kochen lassen
150 g Brühreis	waschen, nach 10 Minuten Kochzeit zu dem Fleisch geben, gar kochen lassen das Gericht mit Salz abschmecken
Garzeit:	35–40 Minuten.
	Pro Person: 510 Kalorien = 2134 Joule.

Kalbfleisch mit Spargel

500 g Kalbfleisch	waschen, abtrocknen, in kleine Würfel schneiden
100 g Pilze	putzen, waschen, klein schneiden
500 g Spargel	schälen, waschen, in kleine Stücke schneiden
40 g Margarine (z. B. Sanella)	erhitzen, das Fleisch unter Wenden schwach darin bräunen kurz bevor das Fleisch genügend gebräunt ist, die Pilze hinzufügen, kurz miterhitzen, mit
Salz	würzen, den Spargel,
1 l Wasser	hinzufügen, zum Kochen bringen, kochen lassen
200 g Brühreis (z. B. Patna)	waschen, nach 10 Minuten Kochzeit zu dem Fleisch geben, gar kochen lassen das Gericht mit Salz abschmecken
Garzeit:	35–40 Minuten.
	Pro Person: 408 Kalorien = 1707 Joule.

Streifrüben-Eintopf
(Stielmus)

375 g Schweinefleisch	waschen, abtrocknen, in kleine Würfel schneiden
750 g vorbereitete Streifrüben	waschen, klein schneiden
750 g Kartoffeln	schälen, waschen, in Würfel schneiden
40 g Schweineschmalz oder Margarine	erhitzen, das Fleisch unter Wenden schwach darin bräunen, mit
Salz	würzen, Streifrüben, Kartoffeln,
¼ l Wasser	hinzufügen, gar schmoren lassen den Eintopf mit Salz abschmecken
Schmorzeit:	Etwa 1¾ Stunden.
Veränderung:	Statt Schweinefleisch Rindfleisch oder durchwachsenen Speck verwenden.
	Pro Person: 404 Kalorien = 1690 Joule.

SCHNELLKOCH-GERICHTE

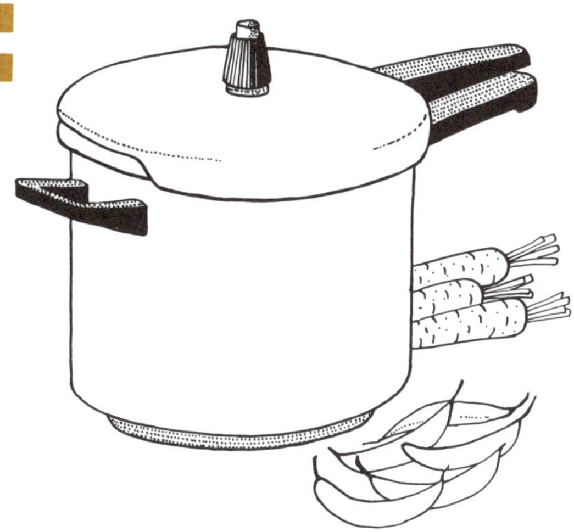

Aufgrund ernährungswissenschaftlicher Erkenntnisse, verschiedenster Untersuchungen auf dem Gebiet der Vitaminforschung sowie der Erkenntnisse über Temperaturabhängigkeit von Wirkstoffen beim Garprozeß wurden Spezialkochtöpfe entwickelt, die der modernen Haushaltsführung in jeder Weise gerecht werden.

Die Speisen, die in diesen Schnellkochtöpfen gekocht werden, verlieren kaum an Vitaminen, Wirkstoffen und Aroma und sind deshalb besonders wohlschmekkend. Darüber hinaus ist die Zeit- und Energieersparnis beachtlich, abgesehen von der angenehmen Arbeitsweise, die Kochdämpfe und Kochdünste weitgehend ausschließt.
Wichtig beim Umgang mit Schnellkochtöpfen ist die genaue Befolgung der Gebrauchsanleitung, die jedem Fabrikat beigefügt ist.

Pichelsteiner

200 g Hammelfleisch	
200 g Schweinefleisch	
	beide Zutaten waschen, abtrocknen, in nicht zu kleine Würfel schneiden
2 Zwiebeln	abziehen, würfeln
40 g Butter oder Margarine	im Schnellkochtopf erhitzen, das Fleisch darin anbraten, die Zwiebeln hinzufügen, kurz miterhitzen
3/8 l heißes Wasser	
Salz, Pfeffer	hinzufügen, den Topf schließen, das Ventil auf Druckstufe 2 einstellen, die Kochhitze rasch ansteigen lassen, nach 7 Minuten Kochzeit den Topf sofort mit Wasser abkühlen, bis er vollkommen drucklos ist, das Ventil langsam abschrauben
750 g Kartoffeln	schälen
300 g Möhren	schrappen
	beide Zutaten waschen, würfeln
1 Stück Sellerie	schälen
1 Stange Porree	putzen
250 g Weißkohl (vorbereitet gewogen)	
	die 3 Zutaten waschen, klein schneiden
	Kartoffeln und Gemüse unter das Fleisch geben, den Topf wieder schließen, das Ventil auf Druckstufe 3 einstellen, die Kochhitze rasch ansteigen lassen, nach 7 Minuten Kochzeit den Topf sofort mit Wasser abkühlen, bis er vollkommen drucklos ist, das Ventil langsam abschrauben, den Topf öffnen
Kochzeit:	Etwa 15 Minuten.
	Pro Person: 460 Kalorien = 1925 Joule.

Erbsen-Möhren-Gemüse

40 g Margarine (z. B. Sanella)	im Schnellkochtopf zerlassen
250 g ausgepalte Erbsen	
500 g Möhrenwürfel	kurz darin erhitzen
Salz	
Zucker	
knapp 1/8 l Wasser	hinzufügen, den Topf schließen, das Ventil auf Druckstufe 3 einstellen, die Kochhitze rasch ansteigen lassen
	nach 5–7 Minuten Dünstzeit den Topf sofort mit Wasser abkühlen, bis er vollkommen drucklos ist, das Ventil langsam abschrauben, den Topf öffnen
	das Gemüse mit Salz, Zucker abschmecken, in eine vorgewärmte Schüssel geben, mit
gehackter Petersilie	bestreuen
Dünstzeit:	5-7 Minuten.
	Pro Person: 179 Kalorien = 749 Joule.

Rinderrouladen

4 Scheiben Rindfleisch (je 150 g, aus der Keule geschnitten)	mit
Senf	bestreichen, mit
Salz, 1 Messerspitze Pfeffer	
Gulasch-Gewürz	bestreuen
60 g fetten Speck	in Streifen oder Scheiben schneiden
etwa 100 g Zwiebeln	abziehen, würfeln
1 Gewürzgurke	in Streifen schneiden
	die Zutaten auf die Fleischscheiben geben, von der schmalen Seite her aufrollen, mit einer Bratennadel oder einem Faden zusammenhalten
50 g Fett	im Schnellkochtopf erhitzen, die Rouladen von allen Seiten gut darin anbraten
20 g Weizenmehl	darüber stäuben, kurz miterhitzen
1/4 l heißes Wasser	nach und nach hinzufügen
	den Topf schließen, das Ventil auf Druckstufe 2 einstellen, die Kochhitze rasch ansteigen lassen
	nach 20 Minuten Schmorzeit den Topf sofort mit Wasser abkühlen, bis er vollkommen drucklos ist, das Ventil langsam abschrauben, den Topf öffnen, die Rouladen herausnehmen, die Bratennadeln entfernen
2 Eßl. saure Sahne	zu dem Bratensatz geben, zum Kochen bringen, die Soße mit Salz,
Pfeffer, Rotwein	abschmecken
Schmorzeit:	Etwa 20 Minuten.
	Pro Person: 597 Kalorien = 2498 Joule.

Kasseler Koteletts mit Sauerkraut

1 kg Kartoffeln	schälen, waschen, in Scheiben schneiden
1 Zwiebel	abziehen, würfeln
2 Äpfel	schälen, vierteln, entkernen, in Scheiben schneiden
60 g Schweineschmalz	im Schnellkochtopf zerlassen, die Zwiebel darin hellgelb dünsten
500 g Sauerkraut	mit den Äpfeln,
3 Wacholderbeeren	
Kümmel	in den Topf geben, kurz miterhitzen
1/8 l Weißwein	
1/8 l Wasser	hinzugießen
4 Kasseler Koteletts (etwa 500 g)	auf das Sauerkraut legen
	die Kartoffelscheiben in den gelochten Einsatz des Topfes geben, jede Lage mit
Salz	bestreuen, den Dreifuß einsetzen, den Einsatz darauf stellen
	den Topf schließen, das Ventil auf Druckstufe 3 einstellen, die Kochhitze rasch ansteigen lassen
	nach 10 Minuten den Topf sofort mit Wasser abkühlen, bis er vollkommen drucklos ist, das Ventil langsam abschrauben, den Topf öffnen
Kochzeit:	Etwa 10 Minuten.
	Pro Person: 733 Kalorien = 3067 Joule.

Dünstfisch mit Kartoffeln

750 g Fischfilet	
(Rotbarsch, Kabeljau)	waschen, abtrocknen, mit
Zitronensaft	beträufeln, etwa 1/2 Stunde stehenlassen
1 kg Kartoffeln	schälen, waschen, in Scheiben schneiden, in den gelochten Einsatz des Topfes geben, jede Lage mit
Salz	bestreuen
	den Boden des Schnellkochtopfes etwa mit
1/4 l Wasser	bedecken, den Einsatz mit den Kartoffeln hineinstellen
	den Fisch abtrocknen, mit Salz,
Pfeffer	bestreuen, in den ungelochten Einsatz geben
2 Zwiebeln	abziehen, in Scheiben schneiden
40 g fetten Speck	in Würfel schneiden
	die Zutaten auf den Fisch geben
30 g Butter	in Flöckchen darauf setzen, den Einsatz auf den anderen stellen
	den Topf schließen, das Ventil auf Druckstufe 2 stellen, die Kochhitze rasch ansteigen lassen
	nach 6–8 Minuten Dünstzeit den Topf sofort mit Wasser abkühlen, bis er vollkommen drucklos ist, das Ventil langsam abschrauben, den Topf öffnen
	die Kartoffeln mit dem Fisch auf einer vorgewärmten Platte anrichten, mit
Tomatenscheiben	
Zitronenscheiben	
Petersilie	garnieren
Dünstzeit:	6–8 Minuten.
	Pro Person: 532 Kalorien = 2226 Joule.

Weitere Rezepte und Tips sind in der Broschüre „Mit Kniff und Pfiff – Gerichte aus dem Schnellkochtopf" enthalten. (Ceres-Verlag, Bielefeld)

GEMÜSE

Gemüse – ob gedünstet, gebakken oder als Rohkost – sollte bei keiner Mittagsmahlzeit fehlen. Es enthält die für die menschliche Ernährung notwendigen Vitamine und Mineralsalze in reichem Maße und ist preiswert; vorausgesetzt, daß man beim Einkauf die Gemüsesorten auswählt, die in der jeweiligen Jahreszeit bevorzugt angeboten werden.

Eine große Rolle beim Gemüse spielt heute die Tiefkühlkost. Sie macht uns von der Jahreszeit unabhängig und garantiert durch schnelle, schonende Verarbeitung sofort nach der Ernte größtmögliche Erhaltung der Vitamine und Mineralsalze. Gemüse soll auch gar nicht zu weich gekocht oder gar breiig auf den Tisch kommen. Die Zähne müssen es noch eben spüren. Erst beim Kauen gibt das Gemüse alle seine verborgenen Geschmackswerte preis.

Da der Nährwert des Gemüses nicht sehr groß ist, helfen wir mit entsprechender Fettzugabe nach. Auf reichliche Mehlverwendung sollte dagegen verzichtet werden, denn am feinsten und zartesten schmeckt jede Gemüseart, wenn sie möglichst rein serviert wird. Gutes Fett – vor allem ein Stich Butter unmittelbar vor dem Anrichten – unterstreicht den Gemüsegeschmack.

Möglichst oft sollte Gemüse in Form von Rohkost genossen werden. Dazu eignen sich fast alle Kohlsorten, Möhren, Kohlrabi, Gurken, Sellerie und Tomaten, Spinat und Sauerkraut.

Neben den frischen Sommergemüsen spielen auch die Hülsenfrüchte eine große Rolle. Sie enthalten viel Eiweiß und Stärke und sind daher als selbständige Mahlzeit völlig ausreichend. Am liebsten werden sie im Winter gegessen, zumal dann das Gemüseangebot nicht mehr so reichhaltig ist.

DAS VORBEREITEN VON GEMÜSE

Blumenkohl Die Blätter und etwaige schlechte Stellen entfernen, den Strunk abschneiden. Anschließend den Blumenkohl unter fließendem Wasser waschen. Wenn er ganz verwendet werden soll, ihn einige Zeit in Salzwasser legen (Raupen und Insekten kommen nach oben), ihn andernfalls in Röschen zerteilen, darauf achten, daß das Ungeziefer entfernt wird.

Bohnen Oben und unten an den Spitzen etwas abschneiden, dabei die Fäden abziehen. Die Bohnen waschen und, je nach Rezept, in Stücke brechen oder mit einem Messer oder einer Maschine schnippeln. Große Bohnen auspalen, waschen.

Erbsen Auspalen, das Ungeziefer entfernen, waschen.

Grünkohl Welke und fleckige Blätter entfernen, außerdem die Rippen beseitigen. Den Kohl gründlich waschen, abkochen.

Gurken Zunächst oben und unten ein Stückchen abschneiden und probieren, ob die Gurke bitter ist. Sollte das der Fall sein, so viel abschneiden, bis der Geschmack einwandfrei ist. Die Gurke nach Belieben mit Schale verwenden oder schälen.

Kohlrabi Schälen, waschen, in Streifen oder Scheiben schneiden.

Kürbis Dick abschälen, die Kerne und das schwammige Innere entfernen (dazu einen Löffel nehmen).

Meerrettich Schälen oder schaben, waschen. Wenn er gerieben werden soll, ihn sofort in etwas Milch geben, damit er sich nicht verfärbt.

Möhren (Wurzeln), Karotten, Teltower Rübchen Bevor die Haut entfernt wird, ältere Möhren mit einer Bürste unter fließendem Wasser sorgfältig reinigen. Dann die Möhren schrappen (schaben), kurz waschen, in Würfel, Scheiben oder Streifen schneiden.

Paprika Die Schoten waschen, die Kerne und die weißen Scheidewände entfernen.

Pilze Bei größeren Pilzen die Lamellen und die Haut entfernen; kleinere jedoch nur abschaben. Die Pilze anschließend waschen. Beim Zerkleinern darauf achten, daß wurmstichige Stellen entfernt werden.

Gefüllter Kohlkopf, Rezept Seite 257

Porree (Lauch) Die Wurzeln abschneiden, welke und harte Blätter entfernen, den Porree gründlich waschen, nach Angabe des Rezeptes zerkleinern.

Rosenkohl Die beschädigten und fleckigen äußeren Blättchen entfernen. Außerdem etwas vom Strunk abschneiden, den Rosenkohl waschen.

Rote Beete (Rote Rüben) Mit einer Bürste unter fließendem Wasser sorgfältig reinigen, roh verwenden oder mit der Schale gar kochen. Sie sofort mit kaltem Wasser übergießen, damit sich die Schale besser abziehen läßt, und sie, sobald sie erkaltet sind, zerkleinern. Rote Beete nach Belieben aber auch schälen, in Scheiben schneiden, in etwas Wasser gar kochen.

Rotkohl Die äußeren Blätter und die schlechten Stellen entfernen. Dann den Kopf halbieren, den Strunk herausschneiden, jede Hälfte kurz waschen, möglichst fein schneiden oder hobeln.

Salat Zunächst die harten und welken Blätter entfernen, die anderen vom Strunk lösen. Die großen Blätter teilen, die Herzblätter ganz lassen. Den Salat vorsichtig in einer Schüssel, keinesfalls unter fließendem Wasser, waschen.

Schwarzwurzeln Unter fließendem Wasser mit einer Bürste reinigen. Dann die dunkle Haut abschaben, die Schwarzwurzeln nochmals kurz waschen, sofort bis zum Kochen in mit etwas Mehl verrührtes Essigwasser legen (verfärben sich sonst).

Sellerie Die Knollen mit einer Bürste unter fließendem Wasser sorgfältig reinigen, roh verwenden oder mit der Schale kochen. Sobald sie gar sind, sie mit kaltem Wasser übergießen, damit sich die Schalen besser abziehen lassen. Wenn die Knollen erkaltet sind, sie nach den Angaben des Rezeptes zerkleinern. Sellerie nach Belieben aber auch schälen, in Scheiben schneiden, in etwas Wasser gar kochen.

Spargel Die einzelnen Stangen unten, so weit sie holzig sind, abschneiden, sie dann schälen, und zwar unterhalb des Kopfes beginnen. Die Stangen anschließend kurz waschen.

Spinat, Melde Sorgfältig verlesen, dabei sämtliche Wurzeln und die besonders großen Stengel entfernen. Den Spinat sorgfältig waschen, mindestens 5–6 mal.

Steckrüben (Kohlrüben, Wruken) Schälen, waschen, in Stücke schneiden.

Tomaten Die Blüten entfernen, die Tomaten waschen. Wenn die Haut abgezogen werden soll, die Tomaten kurze Zeit in kochendes Wasser legen, in kaltem Wasser abschrecken, enthäuten.

Weißkohl und Wirsing Die äußeren Blätter und die schlechten Stellen entfernen. Den Kopf halbieren, den Strunk herausschneiden, jede Hälfte kurz waschen, möglichst fein schneiden oder hobeln.

Zwiebeln Die äußere Haut abziehen.

ROHES GEMÜSE

Regeln

1. Falls Gemüse roh gegessen werden soll, es besonders sorgfältig vorbereiten.
2. Festes Gemüse am besten unter fließendem Wasser waschen. Um Infektionen vorzubeugen, Blattsalate und Kohlgemüse 5 Minuten in lauwarmes Wasser legen, anschließend sorgfältig abspülen.
3. Junge Möhren nicht schrappen. Sellerie nach dem Schälen sofort in Zitronen- oder Essigwasser geben, damit er weiß bleibt.
4. Je nach ihrer Beschaffenheit und Verdaulichkeit Gemüse grober oder feiner zerkleinern. Dazu Messer, Gemüsehobel, Rohkostraffel (Bircher-Raffel) oder Küchenmaschine benutzen.
5. Das Gemüse erst kurz vor dem Essen zerkleinern.
6. Das zerkleinerte Gemüse mit einer einfachen Salatsoße, aber auch mit Sahnesoße oder Mayonnaise mischen.
7. Den Geschmack durch Beigabe von Gewürzkräutern, Zwiebeln, Knoblauch usw. abwandeln.
8. Rohgemüse besonders sorgfältig und appetitlich anrichten. Beim Zusammenstellen einer Rohkostplatte sowohl Geschmack als auch Farbe der Gemüsearten berücksichtigen.
9. Rohgemüse anstelle eines Salates jeder beliebigen Mahlzeit beifügen oder als ganze Mahlzeit zu Heilzwecken zusammenstellen.

Möhren

400 g junge Möhren (Wurzeln) gründlich waschen, evtl. schrappen, raspeln
eine Soße für Rohkostgemüse bereiten aus:

2 Eßl. Salatöl
2 Eßl. Zitronensaft oder Essig
Salz
1 kleinen gewürfelten Zwiebel
2 Eßl. Sahne
1 Eßl. gehackten Kräutern

die Möhren mit der Soße vermengen.

Veränderung: 1-2 säuerliche geraspelte Äpfel oder 1 geraspelten Rettich oder 1 kleingeschnittene Pfeffergurke hinzugeben.
Statt der Sahnesoße eine Mayonnaise (S. 87/88) nehmen.

Pro Person: 104 Kalorien = 435 Joule.

Kohlrabi

300 g Kohlrabi (möglichst zart) schälen, waschen, raspeln
eine Soße für Rohkostgemüse bereiten aus:

2 Eßl. Salatöl
2 Eßl. Zitronensaft oder Essig
Salz, Zucker
1 kleinen gewürfelten Zwiebel
2 Eßl. Sahne
1 Eßl. feingehackten Kräutern

den Kohlrabi mit der Soße vermengen.

Pro Person: 87 Kalorien = 364 Joule.

Blumenkohl

1 kleinen Kopf Blumenkohl putzen, waschen, raspeln
eine Sahnesoße bereiten aus:

1/4 l saurer Sahne
Saft einer halben Zitrone
Zucker, Salz

den Blumenkohl mit der Soße vermengen.

Veränderung: Statt der Sahnesoße eine Mayonnaise (S. 87/88) nehmen.

Pro Person: 97 Kalorien = 405 Joule.

Erbsen

300 g junge ausgepalte Erbsen (1 kg mit Hülsen) waschen, abtropfen lassen
eine Soße für Rohkostgemüse bereiten aus:

2 Eßl. Salatöl
2 Eßl. Zitronensaft oder Essig
Salz
1 kleinen gewürfelten Zwiebel
2 Eßl. Sahne
1 Eßl. feingehackten Kräutern

die Erbsen mit der Soße vermengen.

Pro Person: 145 Kalorien = 607 Joule.

Sellerie

300 g Sellerie gründlich unter fließendem Wasser bürsten, schälen, raspeln
eine Soße für Rohkostgemüse bereiten aus:

2 Eßl. Salatöl
2 Eßl. Zitronensaft oder Essig
Salz
1 kleinen gewürfelten Zwiebel
2 Eßl. Sahne
1 Eßl. gehackten Kräutern

die Zutaten mit der Soße vermengen.

Veränderung: Sellerie mit Möhren, Äpfeln oder Tomaten mischen
sollte die Rohkost zu trocken sein, etwas Milch hinzufügen.
Statt der Sahnesoße eine Mayonnaise nehmen.

Pro Person: 96 Kalorien = 401 Joule.

Rote Beete
(Rote Rüben)

400 g Rote Beete gründlich unter fließendem Wasser bürsten, schälen, raspeln
1 Rettich oder säuerlichen Apfel schälen, waschen, raspeln
geriebener Meerrettich (aus dem Glas)

eine Soße für Rohkostgemüse bereiten aus:

3 Eßl. Salatöl
1–2 Teel. Essig-Essenz
Salz
1 kleinen gewürfelten Zwiebel
2 Eßl. Sahne
1 Eßl. gehackten Kräutern

die Zutaten mit der Soße vermengen.

Pro Person: 103 Kalorien = 430 Joule.

Paprika

Etwa 250 g Paprikaschoten halbieren, entstielen, entkernen, die weißen Scheidewände entfernen, die Schoten waschen, in feine Streifen schneiden
eine Soße für Rohkostgemüse bereiten aus:

1 Eßl. Salatöl
1–2 Eßl. Essig
Salz
1–2 Teel. gehackten Kräutern (z. B. Petersilie, Estragon, Kerbel, Dill, Schnittlauch, Pimpinelle)
1 kleinen gewürfelten Zwiebel

die Paprikastreifen mit der Soße vermengen.

Veränderung: Einige in Scheiben geschnittene Tomaten unter den Paprikasalat mischen.

Pro Person: 41 Kalorien = 171 Joule.

GEKOCHTES GEMÜSE

Regeln

1. Gemüse möglichst nicht in Wasser kochen, da Nähr- und Geschmacksstoffe ausgelaugt werden. Gemüse dämpfen oder dünsten.
2. Bei Verwendung von Wasser, dieses salzen, da Salz die auslaugende Wirkung des Wassers einschränkt.
3. Alles Gemüse in kochendes Wasser geben.
4. Die im Rezept angegebene Wassermenge mit etwas Salz in einen Kochtopf geben, zum Kochen bringen. Das vorbereitete Gemüse hineinlegen, den Topf mit einem Deckel verschließen, garen.
   Soll das Gemüse auf dem Gasherd gekocht werden, gibt man die im Rezept angegebene Wassermenge mit etwas Salz in einen Kochtopf und bringt sie bei großer Flamme zum Kochen. Dann wird das vorbereitete Gemüse hineingelegt und der Topf mit dem Deckel verschlossen. Sobald das Wasser wieder kocht, stellt man die Flamme auf klein. In dem Dampf des siedenden Wassers wird das Gemüse bei dieser kleinen Flamme gar. Sollte Dampf aus dem Topf entweichen, muß die Flamme noch kleiner gestellt werden, andernfalls reicht die angegebene Wassermenge nicht aus. Außerdem muß man sich hüten, öfter den Deckel vom Topf abzunehmen, da dann Dampf entweicht und die Hitze, die von der kleinen Flamme abgegeben wird, nicht mehr ausreicht.
   Soll das Gemüse auf dem Elektroherd gekocht werden, gibt man so viel Wasser mit etwas Salz in einen Kochtopf, daß der Boden $^1/_2$–1 cm hoch bedeckt ist ($^1/_8$–$^1/_4$l) und bringt es auf Stufe 3 zum Kochen.

Dann wird das vorbereitete Gemüse hineingegeben und der Topf mit dem Deckel verschlossen. Sobald das Wasser wieder kocht, schaltet man bei zarten Gemüsesorten auf Stufe 0, bei härteren auf Stufe 1 und erst zum Schluß auf Stufe 0. Wird mit einer Blitzkochplatte gearbeitet, nimmt man zum Ankochen des Gemüses nicht die volle Leistung der Platte, sondern geht auf die nächstfolgende Einstellung.

Stangenspargel

	Spargel muß zartweiß aussehen, sich leicht brechen lassen und an den Bruchstellen saftig sein
1 kg Spargel	von oben nach unten schälen, darauf achten, daß die Schalen vollständig entfernt, die Köpfe aber nicht verletzt werden die unteren Enden gerade und alle Stangen möglichst gleichlang schneiden (holzige Stellen vollkommen wegschneiden) den Spargel waschen, zu je 8 Stück bündeln
$^{3}/_{8}$ l Wasser (bei Strom $^{1}/_{4}$ l) *1 Teel. Salz* *Zucker*	zum Kochen bringen, den Spargel hineingeben, zum Kochen bringen, gar kochen lassen den garen Spargel mit einem Schaumlöffel vorsichtig herausnehmen, auf eine vorgewärmte Platte legen, die Fäden entfernen
60 g Butter	zerlassen, nach Belieben bräunen
1 Eßl. Semmelmehl	darin rösten, zu dem Spargel reichen
Kochzeit:	Etwa 30 Minuten.
Veränderung:	Holländische Soße (S. 81) oder Sauce hollandaise (S. 82) zu dem Spargel reichen, ihn dann nur mit gehackter Petersilie bestreuen.
Beigabe:	Roher Schinken, Kalbsschnitzel oder Kotelett.
	Pro Person: 161 Kalorien = 674 Joule.

Sauerkraut mit Eisbein

$1^{1}/_{4}$ kg Eisbein	waschen, in
$^{1}/_{2}$ l Wasser	zum Kochen bringen, etwa $1^{1}/_{2}$ Stunden kochen lassen
750 g Sauerkraut, *2 Lorbeerblätter*	in die Kochbrühe unter das Eisbein geben, zum Kochen bringen, noch etwa 1 Stunde kochen lassen
1 rohe Kartoffel	reiben, zu dem Sauerkraut geben, kurz aufkochen lassen, damit es sämig wird das Sauerkraut mit
Salz, Pfeffer *Zucker*	abschmecken
Kochzeit:	Etwa $2^{1}/_{2}$ Stunden.
Beigabe:	Erbsenbrei (S. 263) und Kartoffelbrei (S. 275).
	Pro Person: 935 Kalorien = 3912 Joule.

Fenchel in weißer Soße

750 g Fenchelknollen (die Stengel vor dem Wiegen bis zur Knolle abschneiden) waschen, braune Stellen abschneiden, die Knollen in Scheiben schneiden, in
1/2 l kochendes Salzwasser geben, zum Kochen bringen, gar kochen, abtropfen lassen
von dem Kochwasser 1/4 l abmessen
für die Soße das Kochwasser,
1/4 l Fleischbrühe (z. B. zubereitet aus Brühwürfeln) zum Kochen bringen
3 gestrichene Eßl. Dr. Oetker Gustin mit
4 Eßl. kalter Milch anrühren, unter Rühren in die von der Kochstelle genommene Brühe geben, kurz aufkochen lassen
2 Eßl. Mayonnaise unterrühren, die Soße mit
Salz abschmecken
die Fenchelscheiben unter die Soße heben, kurz durchziehen lassen

Kochzeit: Etwa 20 Minuten.

Pro Person: 185 Kalorien = 774 Joule.

Blumenkohl

1 Kopf Blumenkohl von Blättern, schlechten Stellen und dem Strunk befreien, unter fließendem Wasser waschen, einige Zeit in
kaltes Salzwasser legen, um Raupen und Insekten zu entfernen
den Blumenkohl mit dem Strunk nach unten in
1/4–1/2 l kochendes Salzwasser geben, mit Salz bestreuen, zum Kochen bringen, gar kochen lassen
den Blumenkohl in eine vorgewärmte Schüssel geben, warm stellen
von dem Kochwasser 1/4 l abmessen (evtl. mit Wasser ergänzen)
eine Holländische Soße bereiten aus:
20 g Butter oder Margarine
20 g Weizenmehl
Kochwasser von dem Blumenkohl
1/2–1 Eßl. Zitronensaft
Salz
1 Eigelb mit
2 Eßl. kaltem Wasser verschlagen, die Soße damit abziehen
den Blumenkohl in der Holländischen Soße anrichten

Veränderung: 60 g Butter zerlassen, nach Belieben bräunen, zu dem Blumenkohl reichen

Kochzeit: 25–30 Minuten
falls der Blumenkohl besonders groß ist, die Zutaten für die Holländische Soße verdoppeln.

Pro Person: 231 Kalorien = 967 Joule.

Erbsen in Schinkensoße
(Für 2 Personen)

	Den Inhalt von
1 Päckchen (300 g) Junge Erbsen von Dr. Oetker Tiefkühl-Kost	mit
1/8 l heißem Wasser	übergießen, mit
Salz	würzen, zum Kochen bringen, gar kochen lassen
	die Erbsen abgießen (das Gemüsewasser auffangen)
1 kleine Zwiebel	abziehen
50 g gekochter Schinken	
	beide Zutaten würfeln
25 g Butter oder Margarine	zerlassen, Zwiebel- und Schinkenwürfel darin anbraten
1/2 Päckchen Helle Soße	mit
4 Eßl. Sahne	verrühren, dazugeben, das Gemüsewasser hinzugießen, mit einem Schneebesen durchschlagen, aufkochen lassen
	die Soße mit
Pfeffer	
geriebener Muskatnuß	abschmecken, über die Erbsen gießen
Kochzeit für die Erbsen:	Etwa 8 Minuten
Für die Soße:	Etwa 5 Minuten.
Beigabe:	Gegrillte Hähnchenkeulen, Pommes frites.
	Pro Person: 323 Kalorien = 1351 Joule.

Spitzkohlgemüse

	Von
750 g Spitzkohl (vorbereitet gewogen)	die schlechten äußeren Blätter entfernen, den Kopf in Achtel teilen, den Strunk herausschneiden, den Kohl waschen, in etwa 2 cm breite Streifen schneiden, in
1/2 l kochendes Salzwasser	geben, zum Kochen bringen, gar kochen lassen
	den Spitzkohl abtropfen lassen, auf eine vorgewärmte Platte geben, warm stellen
	von dem Kochwasser 1/2 l abmessen, evtl. mit Wasser ergänzen
	eine helle Grundsoße bereiten aus:
30 g Margarine (z. B. Sanella)	
35 g Weizenmehl	
1/2 l Kochwasser von dem Spitzkohl	
Salz	
	die Soße über den Spitzkohl geben
125 g durchwachsenen Speck	in Streifen schneiden, auslassen, darüber verteilen
Kochzeit:	Etwa 30 Minuten.
	Pro Person: 343 Kalorien = 1435 Joule.

Artischocken

3 l Wasser	
Salz	
1 Teel. Zitronensaft	zum Kochen bringen
6 kleine Artischocken (je etwa 150 g)	waschen, Stengel und Spitzen der Blätter etwa 3 cm breit abschneiden den nicht fleischigen Fruchtteil (nicht entfaltete Blüten und dichte Borsten) in der Mitte herausnehmen die Artischocken mit dem Boden nach unten in das kochende Wasser geben, zum Kochen bringen, gar kochen lassen (sie sind gar, wenn sich die Blätter leicht herausziehen lassen) die Artischocken auf einer vorgewärmten Platte anrichten
Kochzeit:	Etwa 40 Minuten.
Beigabe:	Geschmeidig gerührte Butter mit Zitronenachteln oder Sauce vinaigrette (S. 91), Sauce hollandaise (S. 82)
	Pro Person: 65 Kalorien = 272 Joule.

Grüne Bohnen in Specksoße
(Für 2 Personen)

	Den Inhalt von
1 Päckchen (300 g) Junge Brechbohnen von Dr. Oetker Tiefkühl-Kost	mit
1 Zweig frischem oder $^{1}/_{4}$ Teel. getrocknetem Bohnenkraut	
etwas Salz	nach der Vorschrift auf dem Päckchen zubereiten, die garen Bohnen abgießen (das Gemüsewasser auffangen, $^{1}/_{4}$ l davon abmessen)
40 g fetten Speck	in Würfel schneiden, auslassen
1 kleine Zwiebel	abziehen, würfeln, in dem Speck goldgelb dünsten lassen
15 g Weizenmehl	darüber stäuben, unter Rühren mit einem Schneebesen das Gemüsewasser hinzufügen, aufkochen lassen, die Soße mit Salz,
Pfeffer	abschmecken, über die Bohnen gießen
Kochzeit für die Bohnen:	Etwa 20 Minuten
Für die Soße:	Etwa 5 Minuten.
Beigabe:	Schweineschnitzel, Salzkartoffeln.
	Pro Person: 195 Kalorien = 816 Joule.

Schwarzwurzeln

750 g Schwarzwurzeln	gründlich unter fließendem Wasser bürsten, schaben, abspülen damit die Stangen weiß bleiben,
1 l kaltes Wasser	
1 Eßl. Weizenmehl	
2 Eßl. Essig	verrühren, die Schwarzwurzeln einige Zeit hineinlegen, abtropfen lassen, in Stücke schneiden
$^{3}/_{8}$ l Wasser, 1 Teel. Salz	
2 Eßl. Essig	zum Kochen bringen, die Schwarzwurzeln hineingeben, zum Kochen bringen, gar kochen lassen, mit einem Schaumlöffel herausnehmen, abtropfen lassen, in eine vorgewärmte Schüssel geben, warm stellen von dem Kochwasser $^{3}/_{8}$ l abmessen (evtl. mit Wasser ergänzen) eine helle Grundsoße bereiten aus:
30 g Margarine (z. B. Sanella)	
35 g Weizenmehl	
$^{3}/_{8}$ l Kochwasser von den Schwarzwurzeln	
$^{1}/_{8}$ l Milch	
Salz	
	die Schwarzwurzeln in der Soße anrichten
Kochzeit:	50–65 Minuten.
	Pro Person: 185 Kalorien = 774 Joule.

Brechspargel

750 g Spargel	von oben nach unten schälen, darauf achten, daß die Schalen vollständig entfernt, die Köpfe aber nicht verletzt werden den Spargel waschen, in etwa 4 cm lange Stücke schneiden
$^{1}/_{4}$ l Wasser	
1 Teel. Salz	
Zucker	zum Kochen bringen, den Spargel hineingeben, zum Kochen bringen, gar kochen lassen, mit einem Schaumlöffel vorsichtig herausnehmen, abtropfen lassen, in eine vorgewärmte Schüssel geben, warm stellen das Kochwasser mit Wasser auf $^{1}/_{2}$ l ergänzen eine helle Grundsoße bereiten aus:
30 g Butter oder Margarine	
35 g Weizenmehl	
$^{1}/_{2}$ l Kochwasser von dem Spargel	
Zitronensaft	
Salz	
1 Eigelb	mit
2 Eßl. kaltem Wasser	verschlagen, die Soße damit abziehen den Spargel in der Soße anrichten
Kochzeit:	Etwa 30 Minuten
	Pro Person: 137 Kalorien = 573 Joule.

Rosenkohl mit Käsesoße
(Für 2 Personen)

Den Inhalt von

1 Päckchen (300 g) Rosenkohl von Dr. Oetker Tiefkühl-Kost nach der Vorschrift auf dem Päckchen kochen,

etwas Zucker hinzufügen

den garen Rosenkohl abgießen (das Gemüsewasser auffangen, $^1/_4$ l davon abmessen), in eine vorgewärmte Schüssel geben, warm stellen

$^1/_2$ Päckchen Helle Soße mit dem Gemüsewasser nach der Vorschrift auf dem Päckchen zubereiten

2 Eßl. süße oder saure Sahne

2 Eßl. Parmesan-Käse unterrühren, die Soße mit

Paprika edelsüß

Zitronensaft abschmecken, über den Rosenkohl gießen

Kochzeit für den Rosenkohl: Etwa 25 Minuten.

Beigabe: Bratwurst, Salzkartoffeln.

Pro Person: 228 Kalorien = 954 Joule.

GEDÜNSTETES GEMÜSE

Regeln

1. Das vorbereitete Gemüse in Fett anschwitzen, mit möglichst wenig Wasser im geschlossenen Topf garen; manche Gemüse ohne Wasser garen (z. B. Spinat).
2. Gemüse so kurz wie möglich dünsten, durch lange Garzeit wird es entwertet.
3. Soll das Gemüse auf dem Gasherd gedünstet werden, wird das Fett zunächst bei großer Flamme erhitzt, das Gemüse hineingegeben und kurz mit dem Fett erhitzt; dann das Wasser hinzugießen und das Gemüse im geschlossenen Topf vom Kochen ab auf kleiner Flamme gar dünsten lassen.
4. Soll das Gemüse auf dem Elektroherd gedünstet werden, wird das Fett zunächst auf Stufe 3 erhitzt, das Gemüse hineingegeben und kurz mit dem Fett erhitzt; dann das Wasser hinzugießen und das Gemüse im geschlossenen Topf vom Kochen ab auf Stufe 1 und zuletzt auf Stufe 0 gar dünsten lassen (bei Automatikkochplatten entsprechende Kochstufen einstellen).
   Wird mit einer Blitzkochplatte gearbeitet, so wird zum Ankochen nicht die volle Leistung der Platte, sondern die nächstfolgende Einstellung genommen.
   An Gemüse, das mit Gustin gebunden wird, das mit Wasser angerührte Gustin geben, bevor die Platte auf Stufe 0 geschaltet wird.

Rotkohl

	Von
1 kg Rotkohl	die groben äußeren Blätter entfernen, den Kohl waschen, vierteln, den Strunk entfernen, den Kohl sehr fein schneiden oder hobeln
1 große Zwiebel	abziehen, würfeln
3 saure Äpfel	schälen, vierteln, entkernen, klein schneiden
60 g Schmalz oder Gänsefett	zerlassen, die Zwiebel darin hellgelb rösten, den Kohl dazugeben, andünsten, Äpfel,
1 Lorbeerblatt	
einige Gewürznelken	
Salz, Zucker	
2 Eßl. Essig	
1/8 l Wasser	hinzufügen, gar dünsten lassen
1 Eßl. Weizenmehl	mit
2 Eßl. kaltem Wasser	anrühren, den Rotkohl damit binden, mit Salz, Zucker, Essig abschmekken
Dünstzeit:	Etwa 2 Stunden.
Veränderung:	Statt des Wassers Weiß- oder Rotwein nehmen; evtl. auch 1 Eßl. Johannisbeergelee mitkochen.
	Pro Person: 268 Kalorien = 1121 Joule.

Mangold

1 kg Mangold	verlesen, die Stengel abziehen, die Blätter gründlich waschen, ohne Wasser zum Kochen bringen, dann grob oder fein schneiden oder durch den Fleischwolf drehen
1 kleine Zwiebel	abziehen, würfeln
40 g Butter oder Margarine	zerlassen, die Zwiebel darin hellgelb rösten, den Mangold dazugeben, mit
Salz	würzen, gar dünsten lassen
	sollte der Mangold zu dünn sein,
1 Eßl. Weizenmehl	mit
2 Eßl. kaltem Wasser	anrühren, den Mangold damit binden, mit Salz,
2 Eßl. Dosenmilch	abschmecken
	die Mangoldstengel wie Spargel dämpfen oder in
Salzwasser	weich kochen, abtropfen lassen, sie mit
20 g zerlassener Butter	anrichten
Dünstzeit:	Etwa 10 Minuten.
Veränderung:	Die Mangoldstengel in einer Holländischen Soße (S. 81), die mit 1 Eßl. geriebenem Käse verrührt wurde, anrichten.
	Pro Person: 175 Kalorien = 732 Joule.

Wirsing

	Von
1 kg Wirsing	die schlechten äußeren Blätter entfernen, den Kohl waschen, achteln, den Strunk herausschneiden, den Kohl in Streifen schneiden
1 Zwiebel	abziehen, würfeln
60 g Margarine oder Schweineschmalz	zerlassen, die Zwiebel darin hellgelb rösten, den Kohl dazugeben, andünsten
etwa 1/8 l Wasser	
Salz	hinzufügen, gar dünsten lassen
1–2 Teel. Dr. Oetker Gustin	mit
1 Eßl. kaltem Wasser	anrühren, den Wirsing damit binden, mit Salz abschmecken, mit
1 Eßl. gehackter Petersilie	bestreuen
Dünstzeit für jungen Wirsing:	Etwa 45 Minuten
Für älteren Wirsing:	50–90 Minuten.
	Pro Person: 174 Kalorien = 728 Joule.

Grüne Bohnen

	Für Schnittbohnen eine flache, breite Sorte, am besten Stangenbohnen, nehmen
	für Brechbohnen die runden, fleischigen, sogenannten Speckbohnen nehmen
750 g Grüne Bohnen	abfädeln, waschen, schneiden oder brechen
1 kleine Zwiebel	abziehen, würfeln
40 g Butter oder Margarine	zerlassen, die Zwiebel darin hellgelb rösten die Bohnen dazugeben, andünsten
etwa 1/8 l Wasser	
Salz	hinzufügen, gar dünsten lassen, nach Belieben
1 Eßl. Weizenmehl	mit
2 Eßl. kaltem Wasser	anrühren, die Bohnen damit binden, mit Salz abschmecken, mit
1 Eßl. gehackter Petersilie	bestreuen
Dünstzeit:	25–45 Minuten.
Veränderung:	250 g in Stücke geschnittene Tomaten 10 Minuten mitdünsten.
	Pro Person: 141 Kalorien = 590 Joule.

Tomaten

750 g mittelgroße, feste Tomaten	waschen, abtrocknen, kreuzweise einschneiden
40 g Margarine (z. B. Sanella)	zerlassen, die Tomaten nebeneinander hineinstellen, mit
Salz	bestreuen, gar dünsten lassen, mit
1 Eßl. gehackter Petersilie	bestreuen
Dünstzeit:	Etwa 15 Minuten.
	Pro Person: 112 Kalorien = 469 Joule.

Spinat

1 kg Spinat	verlesen, 5–6 mal gründlich waschen, ihn ohne Wasser zum Kochen bringen, dann grob oder fein schneiden oder durch den Fleischwolf drehen
1 kleine Zwiebel	abziehen, fein würfeln
40 g Butter oder Margarine	zerlassen, die Zwiebel darin hellgelb rösten, den Spinat dazugeben, mit
Salz	würzen, gar dünsten lassen
	sollte der Spinat zu dünn sein,
1 Eßl. Weizenmehl	mit
2 Eßl. kaltem Wasser	anrühren, den Spinat damit binden, mit Salz,
Dosenmilch	abschmecken
Dünstzeit:	Etwa 10 Minuten.
Veränderung:	Falls der Spinat etwas bitter ist, den entstandenen Saft weggießen, so viel Milch dazugeben, wie der Spinat aufnimmt.
	Pro Person: 137 Kalorien = 573 Joule.

Kohlrabi

1 kg Kohlrabi	schälen, waschen, in Scheiben oder Streifen schneiden die zarten Blätter grob hacken, für sich wie Spinat zubereiten oder mit dem Gemüse zusammen gar dünsten lassen
40 g Butter oder Margarine	zerlassen, die Kohlrabi (evtl. die Blätter) darin andünsten
$^{1}/_{8}$ l Wasser	
Salz	hinzufügen, gar dünsten lassen, nach Belieben
1 Teel. Dr. Oetker Gustin	mit
1 Eßl. kaltem Wasser	anrühren, die Kohlrabi damit binden, mit Salz abschmecken, mit
1 Eßl. gehackter Petersilie	bestreuen
	die Blätter evtl. für sich dünsten, um das Gemüse legen
Dünstzeit:	25–40 Minuten.
Veränderung:	Die Kohlrabischeiben in $^{1}/_{2}$ l Wasser weich kochen, in einer hellen Grundsoße (S. 79) anrichten.
	Pro Person: 102 Kalorien = 427 Joule.

Melde

1 kg Melde	verlesen, gründlich waschen, ohne Wasser zum Kochen bringen, dann grob oder fein schneiden oder durch den Fleischwolf drehen
1 kleine Zwiebel	abziehen, fein würfeln
40 g Butter oder Margarine	zerlassen, die Zwiebel darin hellgelb rösten, die Melde dazugeben, mit
Salz	würzen, gar dünsten lassen
	sollte die Melde zu dünn sein,
1 Teel. Dr. Oetker Gustin	mit
1 Eßl. kaltem Wasser	anrühren, die Melde damit binden, mit Salz,
Dosenmilch	abschmecken
Dünstzeit:	Etwa 10 Minuten.
	Pro Person: 137 Kalorien = 573 Joule.

Leipziger Allerlei

125 g ausgepalte Erbsen (375 g mit Hülsen)	
125 g Karotten	schrappen
125 g Spargel	schälen, in Stücke schneiden
1 Kohlrabi	schälen, in Scheiben schneiden
1 kleinen Kopf Blumenkohl	putzen, in Röschen teilen
	das Gemüse waschen, abtropfen lassen
40 g Butter oder Margarine	zerlassen, das Gemüse darin andünsten
1/8 l Wasser	
Salz	
Zucker	hinzufügen, gar dünsten lassen, mit Salz, Zucker abschmecken, mit
1 Eßl. gehackter Petersilie	bestreuen
Dünstzeit:	Etwa 30 Minuten.
Veränderung:	Ansehnlicher bleibt das Gemüse, wenn es einzeln gedämpft und dann zusammen in zerlassener Butter geschwenkt wird
	Pro Person: 135 Kalorien = 565 Joule.

Gurken

1 kg Gurken	von der Spitze zum Stiel hin schälen, probieren, ob sie bitter sind sollte das der Fall sein, so viel abschneiden, bis der Geschmack einwandfrei ist, die Gurken halbieren, das Kerngehäuse mit einem Löffel herauskratzen, sie in 2–3 cm breite Stücke schneiden
1–2 Tomaten	kurze Zeit in kochendes Wasser legen, in kaltem Wasser abschrecken, enthäuten, in kleine Stücke schneiden
1 Zwiebel	abziehen, würfeln
60 g Speck	in kleine Würfel schneiden, auslassen, Gurken, Tomaten, Zwiebelwürfel darin andünsten (Speckgrieben vorher herausnehmen)
1/8 l Wasser	
Salz	hinzufügen, gar dünsten lassen
10 g Dr. Oetker Gustin	mit
1 Eßl. kaltem Wasser	anrühren, das Gemüse damit binden, mit Salz,
1 Eßl. Zitronensaft	
Zucker	
Pfeffer	abschmecken, mit
1 Eßl. gehackter Petersilie, Dill oder Kerbel	und den Speckgrieben bestreuen
Dünstzeit:	Etwa 20 Minuten.
	Pro Person: 169 Kalorien = 707 Joule.

Auberginen
(Eierfrüchte)

625 g Auberginen	waschen, entstielen, quer in ganze oder halbe Scheiben schneiden (Samenkerne nicht entfernen)
1 Zwiebel	abziehen, würfeln
375 g Tomaten	waschen, in Stücke schneiden
40 g Butter oder Margarine	zerlassen, Auberginen und Zwiebel darin andünsten, Tomaten,
$^1/_8$ l Wasser	hinzufügen, gar dünsten lassen
2 gehäufte Teel. Dr. Oetker Gustin	mit
2 Eßl. Dosenmilch oder Sahne	anrühren, das Gemüse damit binden, mit
Salz	
Paprika edelsüß	abschmecken
Dünstzeit:	Etwa 5 Minuten.
	Pro Person: 156 Kalorien = 653 Joule.

Weißkohl

	Von
1 kg Weißkohl	die schlechten äußeren Blätter entfernen, den Kohl waschen, achteln, den Strunk herausschneiden, den Kohl sehr fein schneiden oder hobeln
1 Zwiebel	abziehen, würfeln
60 g Fett (Hammel- oder Bratenfett)	zerlassen, die Zwiebel darin hellgelb rösten, den Kohl,
1 Teel. Kümmel	dazugeben, andünsten
$^1/_8$ l Wasser	
Salz	hinzufügen, gar dünsten lassen
1 Teel. Dr. Oetker Gustin	mit
1 Eßl. kaltem Wasser	anrühren, den Weißkohl damit binden, mit Salz abschmecken
Dünstzeit für jungen Weißkohl:	50–60 Minuten
Für älteren Weißkohl:	60-90 Minuten.
	Pro Person: 196 Kalorien = 820 Joule.

Sauerkraut

2 Zwiebeln	abziehen, würfeln
60 g Schweineschmalz	zerlassen, die Zwiebeln darin hellgelb dünsten
750 g Sauerkraut	hinzufügen, andünsten
$^1/_4$ l Wasser	hinzugießen, gar dünsten lassen
1 rohe Kartoffel	schälen, waschen, reiben, zu dem Sauerkraut geben, kurz aufkochen lassen, damit es sämig wird das Sauerkraut mit
Salz, Zucker	abschmecken
Dünstzeit:	40–60 Minuten.
Veränderung:	2 Äpfel oder statt des Wassers halb Weißwein und halb Wasser an das Sauerkraut geben.
	Pro Person: 209 Kalorien = 874 Joule.

Rosenkohl

	Von
1 kg Rosenkohl	die beschädigten und fleckigen äußeren Blättchen entfernen, etwas vom Strunk abschneiden, diesen kreuzförmig einschneiden, den Rosenkohl waschen
40 g Butter oder Margarine	zerlassen, den Rosenkohl darin andünsten
1/8 l Wasser	
Salz	
geriebene Muskatnuß	hinzufügen, gar dünsten lassen
1 Teel. Dr. Oetker Gustin	mit
1 Eßl. kaltem Wasser	anrühren, den Rosenkohl damit binden, mit Salz, Muskatnuß abschmekken
Dünstzeit:	20–30 Minuten.
Veränderung:	Den Rosenkohl dämpfen oder in Salzwasser gar kochen, vor dem Anrichten vorsichtig in zerlassener Butter schwenken.
	Pro Person: 184 Kalorien = 770 Joule.

Möhren

750 g Möhren (Wurzeln)	schrappen, waschen (wenn sie noch jung und zart sind, ganz lassen), sie andernfalls in Scheiben oder Stifte schneiden
40 g Butter oder Margarine	zerlassen, die Möhren kurze Zeit darin andünsten
1/8 l Wasser	
Salz	
Zucker	hinzufügen, gar dünsten lassen, nach Belieben
1 Eßl. Weizenmehl	mit
2 Eßl. kaltem Wasser	anrühren, die Möhren damit binden, mit Salz, Zucker abschmecken, mit
1 Eßl. gehackter Petersilie	bestreuen
Dünstzeit für junge Möhren:	Etwa 25 Minuten
Für ältere Möhren:	30–40 Minuten.
	Pro Person: 136 Kalorien = 569 Joule.

Junge Erbsen

750 g ausgepalte Erbsen	
(2 kg mit Hülsen)	waschen
40 g Butter oder Margarine	zerlassen, die Erbsen darin andünsten
1/8 l Wasser	
Salz, Zucker	hinzufügen, gar dünsten lassen
	die Erbsen mit Salz, Zucker abschmecken, mit
1 Eßl. gehackter Petersilie	bestreuen
Dünstzeit:	15–25 Minuten.
	Pro Person: 253 Kalorien = 1059 Joule.

Porree
(Lauch)

$1^{1}/_{4}$ kg Porree	putzen, waschen, in fingerlange Stücke schneiden
40 g Butter oder Margarine	zerlassen, den Porree darin andünsten
$^{1}/_{8}$ l Wasser	
Salz	
geriebene Muskatnuß	hinzufügen, gar dünsten lassen
2 Teel. Dr. Oetker Gustin	mit
1 Eßl. kaltem Wasser	anrühren, den Porree damit binden, mit Salz, Muskatnuß abschmecken, mit
1 Eßl. gehackter Petersilie	bestreuen
Dünstzeit:	Etwa 30 Minuten.
	Pro Person: 152 Kalorien = 636 Joule.

Steckrüben
(Kohlrüben, Wruken)

1 Steckrübe (etwa 1 kg)	schälen, waschen, in kleinfingerdicke Stücke von 3–4 cm Länge schneiden
60 g Fett (evtl. Hammelfett)	erhitzen
evtl. etwas Zucker	darin bräunen, die Steckrüben darin andünsten
$^{1}/_{8}$ l Wasser	
Salz	hinzufügen, gar dünsten lassen
1 Teel. Dr. Oetker Gustin	mit
1 Eßl. kaltem Wasser	anrühren, die Steckrüben damit binden, mit Salz abschmecken
Dünstzeit:	$^{3}/_{4}$–$1^{1}/_{4}$ Stunden.
	Pro Person: 216 Kalorien = 904 Joule.

Grünkohl
(Abb. S. 553)

	Grünkohl schmeckt am besten, wenn er Frost bekommen hat
1 kg vorbereiteten Grünkohl (Stiele entfernt)	gründlich waschen, in
kochendes Wasser	geben, zum Kochen bringen, gut aufkochen lassen, sofort abgießen, grob oder fein schneiden
2 kleine Zwiebeln	abziehen, würfeln
75 g Schweineschmalz oder Gänsefett	zerlassen, die Zwiebeln darin hellgelb rösten, den Kohl dazugeben, andünsten
$^{3}/_{8}$–$^{1}/_{2}$ l Wasser	
Salz	
500 g Kasseler Rippenspeer oder	
500 g geräucherte dünne Rippe	
250 g durchwachsenen Speck	auf den Kohl geben, gar dünsten lassen

	kurz vor Beendigung der Garzeit
2–3 Eßl. Haferflocken	unterrühren
	nach Belieben
2–4 geräucherte Mettwürste	dazugeben, miterhitzen
	den Kohl mit Salz abschmecken
Dünstzeit:	Etwa 2 Stunden.
Veränderung:	4 geräucherte Mettwürste 1/2 Stunde vor Beendigung der Dünstzeit hinzufügen.
	Pro Person: 316 Kalorien = 1322 Joule (ohne Fleisch).

Große Bohnen

750 g ausgepalte Große Bohnen (2 1/2–3 kg mit Hülsen)	
1 Stengel Bohnenkraut	
	beide Zutaten waschen
40 g Margarine (z. B. Sanella)	zerlassen
oder 60 g Speck	in Würfel schneiden, auslassen
	die Bohnen darin andünsten, Bohnenkraut,
gut 1/8 l Wasser	
Salz	hinzufügen, gar dünsten lassen
1 gut gehäuften Teel. Dr. Oetker Gustin	mit
1 Eßl. kaltem Wasser	anrühren, die Bohnen damit binden, mit Salz abschmecken, mit
1 Eßl. gehackter Petersilie	bestreuen
Dünstzeit:	Etwa 40 Minuten.
	Pro Person: 744 Kalorien = 3113 Joule.

Pilze

	Von
1 kg frischen Pilzen	Lamellen und Haut entfernen, kleinere jedoch nur abschaben
	die Pilze waschen, fein hacken, beim Zerkleinern der Pilze besonders darauf achten, daß madige Stellen entfernt werden
1 Zwiebel	abziehen, würfeln
40 g Butter oder Margarine oder in kleine Würfel geschnittenen Speck	zerlassen (Speck auslassen), die Zwiebel darin hellgelb rösten, die Pilze dazugeben, andünsten, mit
Salz	
Pfeffer	würzen, gar dünsten lassen
1 Eßl. Weizenmehl	mit
2 Eßl. kaltem Wasser	anrühren, die Pilze damit binden, mit Salz, Pfeffer abschmecken, mit
1 Eßl. gehackter Petersilie	bestreuen
Dünstzeit:	20–30 Minuten.
Veränderung:	Das Gustin evtl. mit 1–2 Eßl. saurer Sahne anrühren.
	Pro Person: 140 Kalorien = 586 Joule.

Kastanien

1 kg Eßkastanien	kreuzweise einschneiden, auf einem Backblech so lange im warmen Backofen lassen, bis die Schalen springen und sich lösen lassen die Kastanien mit kochendem Wasser abbrühen, damit sich die rötlichbraune Haut entfernen läßt, das muß geschehen, solange die Früchte noch heiß sind
40 g Butter oder Margarine	zerlassen
etwas Zucker	darin bräunen, die Kastanien kurz darin erhitzen
1/8– 1/4 l Wasser	
Salz	hinzufügen, gar dünsten lassen, nach Belieben
1 Teel. Dr. Oetker Gustin	mit
1 Eßl. kaltem Wasser	anrühren, die Kastanien damit binden, mit Salz,
Zitronensaft	abschmecken
Dünstzeit:	40–60 Minuten.
Veränderung:	Das Gericht durch 2–3 Eßl. Madeira oder Rotwein - das Gustin damit anrühren - verfeinern.
	Pro Person: 506 Kalorien = 2117 Joule.

Erbsen und Möhren

500 g Möhren	schrappen, waschen, wenn sie noch jung und zart sind, ganz lassen, andernfalls in Scheiben oder Stifte schneiden
250 g ausgepalte Erbsen	
(750 g mit Hülsen)	waschen
40 g Butter oder Margarine	zerlassen, das Gemüse darin andünsten
1/8 l Wasser	
Salz, Zucker	hinzufügen, gar dünsten lassen, nach Belieben
1 Eßl. Weizenmehl	mit
2 Eßl. kaltem Wasser	anrühren, das Gemüse damit binden, mit Salz abschmecken, mit
gehackter Petersilie	bestreuen
Dünstzeit:	20–30 Minuten.
	Pro Person: 175 Kalorien = 732 Joule.

Teltower Rübchen

750 g Rübchen	schaben, waschen
40 g Margarine (z. B. Sanella)	zerlassen
etwas Zucker	darin bräunen, die Rübchen kurz darin erhitzen
1/8 l Wasser, Salz	hinzufügen, gar dünsten lassen
1 Teel. Dr. Oetker Gustin	mit
1 Eßl. kaltem Wasser	anrühren, die Rübchen damit binden, mit Salz abschmecken
Dünstzeit:	45–60 Minuten.
	Pro Person: 140 Kalorien = 586 Joule.

Zwiebeln

750 g Zwiebeln	abziehen, große Zwiebeln in Scheiben schneiden, kleine ganz lassen
40 g Margarine (z. B. Sanella)	zerlassen
etwas Zucker	darin bräunen, die Zwiebeln dazugeben, andünsten
1/8 l Wasser	
Salz	hinzufügen, gar dünsten lassen
1 Teel. Dr. Oetker Gustin	mit
1 Eßl. kaltem Wasser	anrühren, die Zwiebeln damit binden, mit Salz,
Zitronensaft	abschmecken, mit
1–2 Eßl. gehackten Kräutern	bestreuen
Dünstzeit:	Etwa 40 Minuten.
Veränderung:	In den letzten 10 Minuten 3–4 halbierte Tomaten mitdünsten lassen.
	Pro Person: 162 Kalorien = 678 Joule.

GEBACKENES GEMÜSE

Überbackenes Gemüse

	Alles Gemüse (Gemüsereste) läßt sich verwenden besonders gut eignen sich Blumenkohl und Rosenkohl
750 g Gemüse	entsprechend vorbereiten, in
Salzwasser	fast weich dünsten, abtropfen lassen, das Gemüsewasser auffangen das Gemüse in eine mit
Butter oder Margarine	gefettete Auflaufform geben für die Bechamelsoße
30 g Butter oder Margarine	mit
40 g Schinkenwürfeln	zerlassen (Schinkenwürfel auslassen)
2 kleine Zwiebeln	abziehen, würfeln, mit
35 g Weizenmehl	unter Rühren so lange darin erhitzen, bis es hellgelb ist
1/4 l Gemüsewasser	
1/4 l Milch	hinzufügen, mit einem Schneebesen durchschlagen, die Soße zum Kochen bringen, etwa 10 Minuten kochen lassen, nach Belieben durch ein Sieb streichen, mit
Salz, Pfeffer	abschmecken, über das Gemüse gießen den Auflauf mit
2 Eßl. Semmelmehl oder geriebenem Käse	bestreuen
Butter	in Flöckchen darauf setzen
Gas:	3–4
Strom:	225–250
Backzeit:	25–35 Minuten.
Veränderung:	Statt Milch Sahne verwenden.
	Pro Person: 255 Kalorien = 1067 Joule mit Blumenkohl. *Pro Person: 302 Kalorien = 1264 Joule mit Rosenkohl.*

Überbackener Spinat
(Für 3 Personen)

1 Zwiebel	abziehen, würfeln
30 g Butter oder Margarine	zerlassen, die Zwiebelwürfel darin glasig dünsten den Inhalt von
1 Päckchen (450 g) Rahmspinat von Dr. Oetker Tiefkühl-Kost	hineingeben, bei schwacher Hitze auftauen, kurz aufkochen lassen, in eine mit
Butter oder Margarine	gefettete Form füllen, mit
5 Scheiben Emmentaler Käse	bedecken, in den Backofen schieben
Einstellung für den Backofen	
Gas:	5–6
Strom:	225–250
Backzeit:	Etwa 10 Minuten.
Beigabe:	Gekochter Schinken, Salzkartoffeln.
	Pro Person: 295 Kalorien = 1234 Joule.

Pilzbratlinge

4 Brötchen (Semmeln)	in kaltem Wasser einweichen, gut ausdrücken von
250 g frischen Pilzen	Lamellen und Haut entfernen, kleinere jedoch nur abschaben die Pilze waschen, beim Zerkleinern der Pilze besonders darauf achten, daß madige Stellen entfernt werden
1 kleine Zwiebel	abziehen, würfeln
20 g Margarine (z. B. Sanella)	zerlassen, Zwiebel und Pilze darin dünsten lassen die Brötchen,
2 Eier	
Salz	
Majoran	hinzugeben, falls der Teig ziemlich weich ist, noch so viel
Semmelmehl	hinzugeben, daß gut flache Klöße daraus geformt werden können die Bratlinge in
etwa 40 g Semmelmehl	wenden
etwa 50 g Fett	erhitzen, die Bratlinge von beiden Seiten darin braten
Bratzeit:	10–12 Minuten.
	Pro Person: 386 Kalorien = 1615 Joule.

GEFÜLLTES GEMÜSE

Regeln

1. Ausgehöhlte Knollen (Kohlrabi, Sellerie), ausgehöhlte Früchte (Tomaten, Gurken) oder Kohlblätter (Wirsing, Weißkohl) füllen.
2. Das Gemüse vor dem Füllen evtl. dünsten.
3. Gleich große Knollen und Früchte wählen, um ein gleichzeitiges Garwerden zu erreichen.
4. Statt der üblichen Fleischfüllungen hin und wieder eine der vegetarischen nehmen. Anregungen dazu sind in den einzelnen Rezepten gegeben.
5. Gefülltes Gemüse (außer Kohlkopf) schmoren.
6. Gefülltes Gemüse evtl. zur Garnierung großer Fleisch- und Gemüseplatten verwenden.

1. Fleischfüllung

1 Brötchen (Semmel) in kaltem Wasser einweichen, gut ausdrücken
1 kleine Zwiebel abziehen, würfeln
200 g Gehacktes (halb Rind-, halb Schweinefleisch oder Reste von Braten, Wild oder Geflügel) mit dem Brötchen, der Zwiebel,
1 Ei vermengen, mit
Salz, Pfeffer abschmecken.
Veränderung: Soll das vorhandene Fleisch gestreckt werden, 1 Semmel mehr nehmen oder feingewiegte Gemüsereste verwerten.
Anstelle von Gehacktem Reste von Braten, Wild oder Geflügel verwenden.

Gesamtmenge: 848 Kalorien = 3548 Joule.

2. Pilzfüllung

Von
250 g Pilzen (Champignons, Steinpilze, Pfifferlinge) Lamellen und Haut entfernen, kleinere jedoch nur abschaben, die Pilze waschen, fein hacken (beim Zerkleinern der Pilze besonders darauf achten, daß madige Stellen entfernt werden)
1 kleine Zwiebel abziehen, würfeln
20 g Butter oder Margarine zerlassen, Zwiebel und Pilze darin dünsten lassen
1 Ei und so viel
Semmelmehl unterrühren, daß eine geschmeidige Masse entsteht, mit
Salz, Pfeffer abschmecken
gehackte Petersilie unterrühren.

Gesamtmenge: 372 Kalorien = 1556 Joule.

3. Semmelfüllung

	Von
3 alten Semmeln (Brötchen)	die Rinde abreiben, die Brötchen in Würfel schneiden, mit
knapp 1/4 l heißem Wasser oder heißer Milch	übergießen
1 kleine Zwiebel	abziehen, würfeln
20 g Butter oder Margarine	zerlassen
	die beiden Zutaten unter die Semmeln rühren
	die Masse unter ständigem Rühren so lange erhitzen, bis ein zusammenhängender Kloß entstanden ist, kalt stellen
	unter den erkalteten Kloß
1 Ei	
1 Eßl. gehackte Kräuter	rühren, mit
Salz	
geriebener Muskatnuß	abschmecken.
Veränderung:	Die Semmelfüllung mit 2 Eßl. geriebenem Käse oder 1 Eßl. Tomatenmark abschmecken.
	Gesamtmenge: 595 Kalorien = 2489 Joule.

4. Reisfüllung

1/2 l Wasser oder Brühe,	
Salz	
10 g Butter	zum Kochen bringen
120 g Brühreis	waschen, hineingeben, zum Kochen bringen, ausquellen lassen, mit
1 Messerspitze Currypulver	würzen
Kochzeit:	Etwa 20 Minuten.
Veränderung:	Den Reis mit geriebenem Käse oder Tomatenmark abschmecken.
	Gesamtmenge: 517 Kalorien = 2163 Joule.

Kohlrouladen

	Von
1 Kopf Weißkohl oder Wirsing	den Keil herausschneiden, den Kopf kurze Zeit in
kochendes Salzwasser	legen, bis sich die äußeren Blätter lösen, diesen Vorgang wiederholen, bis die Blätter alle gelöst sind, abtropfen lassen die dicken Rippen flach schneiden für die Füllung
1 Brötchen (Semmel)	in kaltem Wasser einweichen, gut ausdrücken
1 mittelgroße Zwiebel	abziehen, würfeln
1 Ei	
	die Zutaten mit
400 g Gehacktem (halb Rind-, halb Schweinefleisch)	vermengen, mit
Salz	
Pfeffer	abschmecken 2–3 große Kohlblätter übereinanderlegen, einen Teil der Füllung darauf geben, die Blätter aufrollen die Rouladen mit einem Faden umwickeln oder mit Rouladennadeln zusammenhalten
75 g Margarine (z. B. Sanella)	erhitzen, die Rouladen von allen Seiten gut darin bräunen etwas von
1/4– 1/2 l heißem Wasser	hinzugießen, die Rouladen schmoren lassen, von Zeit zu Zeit wenden, verdampfte Flüssigkeit nach und nach ersetzen wenn die Rouladen gar sind, die Bratennadeln (Fäden) entfernen, auf einer vorgewärmten Platte anrichten
etwa 1–2 Eßl. Weizenmehl	mit
etwa 3 Eßl. kaltem Wasser	anrühren, unter Rühren an die Flüssigkeit geben, die Soße etwa 5 Minuten schwach kochen lassen, mit Salz abschmecken
Schmorzeit:	Etwa 45 Minuten.
	Pro Person: 447 Kalorien = 1870 Joule.

Gefüllter Kohlkopf

(Abb. S. 231)

	Von
1 Kopf Weißkohl oder Wirsing	die Kohlblätter vom Strunk lösen (feste Köpfe evtl. einige Male in heißes Wasser legen), die dicken Rippen flach schneiden, die Blätter in
kochendes Salzwasser	geben, zum Kochen bringen, halbweich werden lassen eine Wasserbadform mit
Fett	ausstreichen, mit den großen äußeren Blättern auslegen für die Füllung
1 Brötchen (Semmel)	in kaltem Wasser einweichen, gut ausdrücken
1 kleine Zwiebel	abziehen, würfeln
1 Ei	
	die Zutaten mit
250 g gehacktem Schweinefleisch	vermengen, mit

bitte umblättern

Salz, Pfeffer	abschmecken
	die Füllung abwechselnd mit den Kohlblättern in die Form geben, die oberste Schicht soll aus Kohl bestehen
	die Form mit dem Deckel verschließen, in einen Topf mit kochendem Wasser setzen
	statt der Form evtl. eine Serviette nehmen, diese in der Mitte einfetten, die Kohlblätter der Größe nach abwechselnd mit der Füllung einschichten
	die Serviette kreuzweise verknoten, an einen über den Topf gelegten Holzlöffel hängen, den Kohl im Wasserdampf kochen lassen
Kochzeit:	Etwa 1 Stunde.
Beigabe:	Kapern- (S. 84) oder Tomatensoße (S. 80).
Veränderung:	Den Kohlkopf mit enthäuteten, gedünsteten Tomatenstücken umlegen.
	Pro Person: 335 Kalorien = 1402 Joule.

Gefüllte Gurken

2 große oder 4 kleine Gurken	schälen, halbieren, aushöhlen, mit
Essig	bestreichen, mit
Salz	bestreuen
	für die Füllung
1 Brötchen (Semmel)	in kaltem Wasser einweichen, gut ausdrücken
1 mittelgroße Zwiebel	abziehen, würfeln
1 Ei	
	die Zutaten mit
250 g Gehacktem (halb Rind-, halb Schweinefleisch)	vermengen, mit
Salz, Pfeffer	abschmecken
	die Füllung in die Gurken geben
	die Hälften zusammenbinden
1 kleine Zwiebel	abziehen, würfeln
60 g Speck	in kleine Würfel schneiden, auslassen, die Zwiebel leicht darin anbräunen, die Gurken hineinlegen
etwa 1/4 l heißes Wasser	hinzugießen (nicht zu viel, Gurken geben Flüssigkeit ab), gar schmoren lassen
	die Gurken auf einer vorgewärmten Platte anrichten, warm stellen
2 Eßl. Weizenmehl	mit
2 Eßl. kaltem Wasser	anrühren, unter Rühren in die Flüssigkeit geben, die Soße etwa 5 Minuten schwach kochen lassen, mit Salz,
Zucker, Essig	abschmecken
Schmorzeit:	30–40 Minuten.
Veränderung:	250 g in Stücke geschnittene Tomaten 10 Minuten mitdünsten lassen, die Soße dann durch ein Sieb streichen.
	Pro Person: 409 Kalorien - 1711 Joule.

Gefüllte Kohlrabi

8 mittelgroße Kohlrabi	schälen, waschen, einen Deckel abschneiden, das Innere vorsichtig aushöhlen (2 Eßl. zur Füllung und den Rest nach Belieben für eine Suppe verwenden) für die Füllung
1/2 Brötchen (Semmel)	in kaltem Wasser einweichen, gut ausdrücken
1 mittelgroße Zwiebel	abziehen, würfeln
1 Tomate	kurze Zeit in kochendes Wasser legen, in kaltem Wasser abschrecken, enthäuten, in Würfel schneiden
etwa 125 g Pfifferlinge (aus der Dose)	abtropfen lassen, klein schneiden
1 hartgekochtes Ei	pellen, in Würfel schneiden
100 g Fleischwurst	enthäuten, in feine Streifen schneiden die Zutaten und das Kohlrabifleisch mit
125 g Gehacktem (halb Rind-, halb Schweinefleisch)	vermengen, mit
Salz, Pfeffer geriebener Muskatnuß	abschmecken die Füllung in die Kohlrabi geben, Deckel wieder darauf legen (evtl. festbinden)
50 g Butter oder Margarine	zerlassen, die Kohlrabi nebeneinander hineinstellen, leicht anbräunen
1/4 l heiße Fleischbrühe (z. B. zubereitet aus Brühwürfeln)	hinzugießen, gar schmoren lassen die Kohlrabi in einer vorgewärmten Schüssel anrichten, warm stellen
2 schwach gehäufte Teel. Dr. Oetker Gustin	mit
1/8 l saurer Sahne	anrühren, den Bratensatz damit binden, die Soße mit Salz abschmekken, über die Kohlrabi verteilen
feingeschnittenen Schnittlauch	darüber streuen
Schmorzeit:	45–60 Minuten.
	Pro Person: 395 Kalorien = 1653 Joule.

Gefüllte Tomaten

8 kleine, feste Tomaten	waschen, abtrocknen, quer halbieren, das Innere mit einem Teelöffel vorsichtig aushöhlen, die Tomatenhälften mit der Öffnung nach oben dicht nebeneinander auf eine feuerfeste Platte setzen, innen mit
Salz, Pfeffer	
Knoblauch- oder Zwiebelpulver	bestreuen, im Backofen erwärmen, den Inhalt von
1 Päckchen (300 g) Junge Erbsen von Dr. Oetker Tiefkühl-Kost	mit
1/8 l Wasser	aufkochen
140 g Perlzwiebeln (aus dem Glas)	abtropfen lassen
2 Wiener Würstchen	in Scheiben schneiden, beide Zutaten und das Innere der Tomaten zu den Erbsen geben, gar dünsten lassen
1 Teel. Dr. Oetker Gustin	mit
3 Eßl. Sahne	verrühren, zu den Erbsen geben, aufkochen lassen, das Gemüse mit Salz, Pfeffer abschmecken, in die erwärmten Tomaten füllen, mit
1 Eßl. feingehackter Petersilie	bestreuen
Dünstzeit für das Gemüse:	Etwa 10 Minuten.
Beigabe:	Toast, Butter.
	Pro Person: 185 Kalorien = 774 Joule.

Gefüllte Paprika

	Von
6 mittelgroßen Paprikaschoten	die Stiele entfernen, von den Schoten einen Deckel abschneiden, Kerne und weiße Scheidewände entfernen, die Schoten waschen, abtrocknen, mit einer Nadel einige Male in den Boden jeder Paprikaschote stechen für die Füllung
50 g Brühreis	waschen, in
1/4 l kochendes Salzwasser	geben, zum Kochen bringen, ausquellen lassen (er muß noch körnig sein), abtropfen lassen, mit kaltem Wasser übergießen
1 kleine Zwiebel	abziehen, würfeln
1 Ei	
	die Zutaten mit
375 g Gehacktem (halb Rind-, halb Schweinefleisch)	vermengen, mit
Salz	
Pfeffer	abschmecken
	die Füllung in die Schoten geben, die Deckel wieder darauf legen
1 kleine Zwiebel	abziehen, würfeln
4 Eßl. Olivenöl	erhitzen, die Zwiebel darin andünsten
	die Paprikaschoten nebeneinander hineinstellen
200 g Tomaten	waschen, in Stücke schneiden, dazugeben
gut 3/8 l heißes Wasser	hinzugießen, gar dünsten lassen

	die Paprikaschoten auf einer vorgewärmten Platte anrichten, warm stellen
	die Tomatensoße durch ein Sieb streichen, 1/2 l davon abmessen (evtl. mit Wasser ergänzen), zum Kochen bringen
20 g Dr. Oetker Gustin	mit
etwa 2 Eßl. kaltem Wasser	anrühren, die Soße damit binden, mit Salz,
Zucker	
Zitronensaft	abschmecken
	die Paprikaschoten mit der Soße servieren
Kochzeit für den Reis:	12–15 Minuten
Dünstzeit für das Gemüse:	Etwa 55 Minuten.
	Pro Person: 552 Kalorien = 2310 Joule.

Gefüllte Auberginen mit Tomatensoße

	Für die Tomatensoße
1 Zwiebel	abziehen, würfeln
30 g Butter oder Margarine	zerlassen
35 g Weizenmehl	mit der Zwiebel unter Rühren so lange darin erhitzen, bis es hellgelb ist
3 Eßl. Tomatenmark	
1/2 l Wasser	hinzufügen, mit einem Schneebesen durchschlagen, die Soße zum Kochen bringen, mit
Salz	
Pfeffer	
Paprika edelsüß	
1 Lorbeerblatt	
1 Nelke	würzen, die Soße etwa 10 Minuten kochen lassen, mit Salz,
Zitronensaft	
2 Eßl. Sahne oder Dosenmilch	abschmecken
4 Auberginen	waschen, abtrocknen, längs halbieren, auf ein mit
Butter oder Margarine	gefettetes Backblech legen, in den Backofen schieben
Gas:	Etwa 3
Strom:	Etwa 200
Garzeit:	5–8 Minuten
	für die Füllung
30 g Brühreis	waschen, in
1/4 l kochendes Salzwasser	geben, zum Kochen bringen, in 12–15 Minuten ausquellen lassen (er muß noch körnig sein), abtropfen lassen, mit kaltem Wasser übergießen
	das Auberginenfleisch mit einem scharfen Messer herausnehmen, klein schneiden
2 Zwiebeln	abziehen, würfeln
Petersilie	hacken

bitte umblättern

5 Eßl. Speiseöl	erhitzen, Auberginenfleisch, Zwiebeln, Petersilie darin andünsten
400 g Gehacktes (halb Rind-, halb Schweinefleisch)	hinzufügen, gar schmoren lassen, nach dem Abkühlen den Reis,
50 g geriebenen Käse	
2 Eier	und etwas von der Tomatensoße hinzufügen
	die Masse mit Salz, Pfeffer,
1 Teel. getrocknetem Basilikum	abschmecken
	die Füllung in die Auberginenschalen geben, nebeneinander auf ein genügend großes Stück
Dr. Oetker bratfolie	setzen, die Folie verschließen, auf dem Rost in die Mitte des Backofens schieben
Gas:	3–4
Strom:	200–225
Garzeit:	Etwa 20 Minuten.
	Pro Person: 738 Kalorien = 3088 Joule.

TROCKENGEMÜSE (HÜLSENFRÜCHTE)

Hülsenfrüchte sind die getrockneten Samen der Erbsen, Bohnen und Linsen. Sie zeichnen sich durch einen hohen Gehalt an Eiweiß und Stärke aus. Unter den pflanzlichen Nahrungsmitteln enthalten sie das meiste Eiwèiß, nämlich 23–26%; die Erbse ist sogar eiweißreicher als Rindfleisch. Trotzdem sind Hülsenfrüchte als einzige Eiweißquelle nicht ausreichend, da ihr Eiweiß biologisch nicht vollwertig ist, so daß andere Eiweißträger wie Milch, Eier und Käse ergänzend hinzukommen müssen. Auch der Stärkegehalt der Hülsenfrüchte ist bedeutend, er beträgt nicht viel weniger als der unserer Getreide. Dagegen haben sie, mit Ausnahme der Sojabohne, nur wenig Fett und von den Vitaminen nur das Vitamin B. Sie enthalten aber Phosphor, Schwefel und das für den Aufbau der Nerven wichtige Lezithin.

Hülsenfrüchte sind also ein überaus nahrhaftes – und dabei preiswertes – Nahrungsmittel. Sie müssen allerdings so zubereitet werden, daß ihre Nährstoffe nutzbar werden; denn die zum Teil verholzte Rohfaser erschwert das Eindringen der Verdauungssäfte in solchem Maße, daß Hülsenfrüchte zu den schwerverdaulichen Nahrungsmitteln zählen. Sie müssen deshalb vor dem Kochen mindestens 12 Stunden eingeweicht werden, damit die Rohfaser aufgelockert wird. Dazu weiches Wasser nehmen, da hartes die Quellung verhindert. Falls kein weiches Wasser vorhanden ist, muß abgekochtes verwendet werden. Hülsenfrüchte kalt ansetzen und langsam kochen, weil ihre Stärke schwer quillt, schwerer als die der Getreidekörner. Da schließlich die Ausnutzung der Nährstoffe durch die Schalen stark vermindert wird, sollen Hülsenfrüchte durch ein Sieb gestrichen werden. Im übrigen kann ihre Verdaulichkeit durch Beigabe von Sauerkraut oder durch Zusatz von Essig oder Zitronensaft erhöht werden. Um den Mangel an Mineralstoffen und Vitaminen auszugleichen, reichlich Suppengrün und Zwiebeln oder auch Tomaten und Kartoffeln mitkochen.

Regeln

1. Hülsenfrüchte vor dem Gebrauch verlesen, waschen, 12–24 Stunden einweichen.
2. Zum Einweichen kaltes Wasser nehmen.
3. Die Hülsenfrüchte mit dem Einweichwasser aufsetzen.
4. Da die Schalen schwer verdaulich sind, die Hülsenfrüchte evtl. durch ein Sieb streichen.

Saures Linsengemüse

375 g Linsen	verlesen, waschen, 12–24 Stunden in
3/4 l Wasser	einweichen
Suppengrün (Möhre, Porree, Sellerie)	putzen, waschen, klein schneiden, mit den Linsen,
Salz	in dem Einweichwasser zum Kochen bringen, gar kochen lassen
1 Zwiebel	abziehen, würfeln
50 g Speckwürfel oder Schmalz	zerlassen (Speck auslassen), die Zwiebel unter Rühren so lange darin erhitzen, bis sie leicht gebräunt ist, zu den Linsen geben, durchkochen lassen, das Gericht mit Salz,
2–3 Eßl. Essig	
Zucker	abschmecken
Kochzeit:	Etwa 25 Minuten.
Beigabe:	Gebackene Blutwurst oder Brühwürstchen.

Pro Person: 461 Kalorien = 1929 Joule.

Erbsenbrei

375 g Erbsen	verlesen, waschen, 12–24 Stunden in
3/4 l Wasser	einweichen, in dem Einweichwasser zum Kochen bringen, gar kochen lassen
Suppengrün (Möhre, Porree, Sellerie)	putzen, waschen, klein schneiden, nach 1 1/2 Stunden Kochzeit zu den Erbsen geben, gar kochen lassen die Erbsen durch ein Sieb streichen, erhitzen, schaumig rühren, mit
Salz	
Pfeffer	abschmecken
1 Zwiebel	abziehen, in Scheiben schneiden, in
40 g Butter, Margarine oder 50 g ausgelassenen Speckwürfeln	braun rösten, den Erbsenbrei damit anrichten
Kochzeit:	2–2 1/2 Stunden.
Beigabe:	Sauerkraut, Schweinerippchen oder Pökelfleisch.

Pro Person: 442 Kalorien = 1849 Joule.

Weiße Bohnen

300 g Weiße Bohnen	verlesen, waschen, 12–24 Stunden in
3/4 l Wasser	einweichen, mit dem Einweichwasser zum Kochen bringen
Suppengrün (Möhre, Porree, Sellerie)	putzen, waschen, klein schneiden, nach 1 Stunde Kochzeit zu den Bohnen geben, gar kochen lassen
1 Zwiebel	abziehen, würfeln
50 g Speckwürfel oder Schmalz	zerlassen (Speck auslassen), die Zwiebel,
20 g Weizenmehl	unter Rühren so lange darin erhitzen, bis sie hellgelb sind, die Bohnen hinzufügen, durchkochen lassen, mit
Salz	abschmecken, mit
gehackter Petersilie	bestreuen
Kochzeit:	1 1/2–2 Stunden.
Veränderung:	Die Bohnen vor dem Anrichten mit 1–2 Eßl. Essig oder Zitronensaft abschmecken.

Pro Person: 411 Kalorien = 1720 Joule.

Richtige Verwendung der Pilze

Nicht alle Pilze sind für jede Zubereitungsart gleich gut geeignet. Von den hier angeführten Pilzen eignen sich
zu Suppen: Nelkenschwindling, Stockschwämmchen, Champignon (Egerling), Echter Reizker, eßbarer Täubling, Echter Pfifferling (Geelchen), sämtliche Röhrlinge, Habichtspilz, Parasolpilz, Ziegenbart, Flaschenbovist, Spitzmorchel;
zu Gemüse: Fast alle eßbaren Pilze;
zum Würzen: Küchschwindling (Mousseron), Nelkenschwindling, Champignon (Egerling), Echter Reizker;
zum Trocknen: Küchenschwindling (Mousseron), Nelkenschwindling, Stockschwämmchen, Champignon (Egerling), Echter Reizker, eßbarer Täubling, Maronenröhrling, Steinpilz, Birkenpilz, Krause Glucke, Flaschenbovist, Spitzmorchel, Speiselorchel;
zu Pilzpulver: Alle zum Trocknen geeigneten Pilze sowie getrockneter Pfifferling (Geelchen) und Habichtspilz.

Pilze* werden wegen ihres Gehaltes an Nährstoffen und Mineralsalzen geschätzt, zudem bietet ihre pikante Würze die Möglichkeit, Fleischgerichte, Suppen und Soßen geschmacklich zu verfeinern. Dabei kosten sie dem, der sie selbst sucht, nichts, und hinzu kommen die Freude am Suchen selbst und der gesunde Aufenthalt in frischer Luft.

Es ist natürlich unerläßlich, sich mit den Pilzen genügend vertraut zu machen, um die Gefahr von Verwechslungen zu vermeiden und das wertvolle Nahrungsmittel nicht durch Beigabe von ungeeigneten Pilzen ungenießbar zu machen. Es gibt nur ein zuverlässiges Mittel, die Genußfähigkeit der Pilze zu bestimmen, nämlich die genaue Kenntnis der Arten. Die Meinung, daß die Anwesenheit giftiger Pilze in einem Gericht sich dadurch verrät, daß eine mitgekochte Zwiebel oder ein silberner

Löffel schwarz wird, ist irrig. Auch nach dem Geschmack (außer bei Täublingen) oder der Verfärbung kann nicht bestimmt werden, ob ein Pilz eßbar ist oder nicht. Untrügliches Kennzeichen: Jeder Knollenblätterpilz hat am Stielgrund eine deutliche dicke Knolle mit meist offener, lappiger Scheide und weiße, höchstens etwas grünliche Blätter. Kein Täubling, kein Ritterling (Grünling) und kein Champignon (Edelpilz, Egerling) hat am Stiel eine Knolle, jeder Champignon hat gefärbte Blätter, und zwar von blaßrosa bis schwärzlich braun, je nach Alter und Art. Nur der Perlpilz hat eine ähnliche Knolle, ist jedoch durch seine größere Dicke und seine rosa Tönung deutlich unterschieden.

Der Echte Reizker und der Birken- oder Giftreizker lassen sich leicht auseinanderhalten, Beim Echten Reizker färbt sich die anfänglich kupferrote Milch grün, während sie beim Birkenreizker weißlich bleibt. Der Hut des Echten Reizkers ist glatt, der des Birkenreizkers am Rande filzig. Wenn man den Birkenreizker längere Zeit kocht und das Wasser abgießt, ist er nicht mehr giftig, doch sind damit auch die meisten Nährstoffe vernichtet. Es muß deshalb von dem Genuß abgeraten werden. Sehr leicht zu verwechseln mit dem grünblättrigen Schwefelkopf sind Hallimasch und Stockschwamm. Der Schwefelkopf ist allerdings nur schwach giftig, doch schmeckt er widerlich und kann Übelkeit und Durchfall hervorrufen. Wo durch äußere Einflüsse (Witterung, Standort) oder bei ganz jungen Pilzen die Unterscheidungsmerkmale nicht ganz deutlich sind, die Pilze lieber stehen lassen. Niemals abgeschnittene Hüte oder Stiele von Pilzen, die andere fortgeworfen haben, nehmen. Gefährliche Vergiftungen können auch infolge falscher Behandlung der Pilze hervorgerufen werden. Es ist anzunehmen, daß ein großer Teil der jährlich auftretenden Vergiftungen hierdurch verursacht wird. Auch diese Gefahr ist leicht zu vermeiden, wenn folgende Regeln genau beachtet werden! Nur gesunde, nicht zu alte und nicht zu wässerige oder madige Pilze nehmen. Die frisch gesammelten Pilze sind sofort von Schmutz, Schneckenfraß usw. zu säubern.

Können die Pilze nicht am selben Tag zubereitet werden, so werden sie ungewaschen ausgebreitet und an einem luftigen Ort bis zum nächsten Tag aufbewahrt. Länger als einen Tag dürfen Pilze nicht liegengelassen werden.

Vor der Zubereitung werden die Pilze geputzt und weich gewordene Stellen sowie alle abziehbaren Oberhäute und die harten Teile der Stiele entfernt. Dann werden die Pilze gewaschen und, sofern Pilzgemüse bereitet werden soll, in kleine Stücke oder, sofern sie gebraten werden sollen, Hüte in Scheiben geschnitten.

Getrocknete Pilze müssen am Tage vor dem Gebrauch abgewaschen und in so viel kaltem Wasser eingeweicht werden, daß sie gerade davon bedeckt sind. Das Einweichwasser wird bei der Zubereitung mitverwendet. Die Pilze quellen durch diese Behandlung auf und werden weich und zart.

Gerichte mit Pilzen

* Pilzfreunde erhalten weitere Anregungen durch das »Dr. Oetker Pilz-Kochbuch«, erschienen im Ceres-Verlag Rudolf-August Oetker K.G., Bielefeld, eine Pilzkunde und zugleich ein Kochbuch, in dem Wesen und Wert der Pilze ausführlich dargestellt und ihre Verwendung beschrieben werden.

KARTOFFEL-GERICHTE

„Kartoffeln gehören in den Keller!" ist eine leider oft gehörte Redensart, die anzeigt, wie gering geachtet diese Bodenfrucht heute oft ist. Dabei gehörte sie, als sie aus fernem Land zu uns kam, einstmals zu den begehrtesten und kostbarsten Delikatessen und bildet heutzutage mit den wichtigsten Grundpfeiler unserer täglichen Ernährung.

Die Kartoffel ist anspruchslos und gibt sich bescheiden, aber außer Fett enthält sie alles, was unser Körper zum Leben braucht. Hausfrauen, die einmal entdeckt haben, welch köstliche Gerichte sich aus Kartoffeln herstellen lassen, werden ihnen immer ein Loblied singen.

Regeln

1. Für ein Gericht möglichst gleich große Kartoffeln nehmen, um ein gleichzeitiges Garwerden zu erzielen.
2. Die Kartoffeln besonders gründlich waschen oder bürsten bei Zubereitung von Pellkartoffeln.
3. Nach dem Schälen Kartoffeln sofort in kaltes Wasser legen, damit sie nicht braun werden.
4. Kleingeschnittene Kartoffeln nie längere Zeit im Wasser liegenlassen.
5. Kartoffeln mit so viel Wasser ansetzen, daß sie bedeckt sind.
6. Nach einer Kochzeit von 20 Minuten Kartoffeln mit einer Gabel prüfen, ob sie gar sind.
7. Nach dem Abgießen des Wassers die Kartoffeln bei offenem Topf gut abdämpfen.

GEKOCHTE UND GEDÄMPFTE KARTOFFELN

Salzkartoffeln

1 kg Kartoffeln	waschen, dünn schälen, Augen entfernen, nochmals waschen, größere Kartoffeln ein- oder zweimal durchschneiden, in
Salzwasser	zum Kochen bringen, gar kochen lassen, abgießen, die Kartoffeln im offenen Topf unter öfterem Schütteln abdämpfen lassen
Kochzeit:	20–25 Minuten.
	Pro Person: 170 Kalorien = 711 Joule.

Brühkartoffeln

1 kg Kartoffeln	schälen, waschen, in Würfel schneiden, in
1/2 l Fleischbrühe (z. B. zubereitet aus Brühwürfeln)	zum Kochen bringen, gar kochen lassen die Kartoffeln mit
Salz	abschmecken
20 g Butter	
1 Eßl. gehackte Petersilie	hinzufügen
Kochzeit:	20–25 Minuten
	Brühkartoffeln zu Fisch, rohem Schinken oder gekochtem Fleisch reichen.
Veränderung:	In Streifen geschnittene Möhren mitkochen.
	Pro Person: 214 Kalorien = 895 Joule.

Rehsteaks in gehobelten Mandeln, Rezept Seite 160

Schal- oder Pellkartoffeln

1 kg gleich große Kartoffeln einer Sorte	in kaltem Wasser gründlich bürsten, waschen, evtl. mit
1 Teel. Kümmel	in
Salzwasser	zum Kochen bringen, gar kochen lassen, abgießen, die Kartoffeln im offenen Topf unter öfterem Schütteln abdämpfen lassen
Kochzeit:	25–30 Minuten.
	Pro Person: 170 Kalorien = 711 Joule.

GEBRATENE KARTOFFELN

Gutsherren-Frühstück

	Den Inhalt von
1 Päckchen (450 g) Pommes frites von Dr. Oetker Tiefkühl-Kost	einmal durchschneiden
1 Zwiebel	abziehen
150 g durchwachsener Speck	
	beide Zutaten würfeln
40 g Biskin	erhitzen, die Pommes frites darin unter ständigem Wenden braten, nach etwa 5 Minuten Zwiebel- und Speckwürfel dazugeben, etwa 5 Minuten mitbraten lassen
6 Eier	aufschlagen, verrühren, über die Kartoffeln geben, stocken lassen, auf einer vorgewärmten Platte anrichten, mit
3 Eßl. feingeschnittenem Schnittlauch	bestreuen
Bratzeit:	Etwa 15 Minuten.
Beigabe:	Grüner Salat.
	Pro Person: 600 Kalorien = 2510 Joule.

Röstkartoffeln

1 kg möglichst kleine, pflaumengroße Kartoffeln	waschen, mit Wasser zum Kochen bringen, gar kochen lassen, abgießen, heiß pellen
50 g Butter, Margarine oder Kokosfett	erhitzen, die Kartoffeln hineingeben, mit
Salz	bestreuen, goldgelb braten
Kochzeit:	Etwa 20 Minuten
Bratzeit:	Etwa 10 Minuten.
	Pro Person: 264 Kalorien = 1105 Joule.

Kartoffelklöße, Rezept Seite 278 · Kartoffelpfannkuchen, Rezept Seite 277
Pommes frites, Rezept Seite 273 · Kartoffelkroketten, Rezept Seite 275

Bauernfrühstück

750 g Salatkartoffeln waschen, mit Wasser zum Kochen bringen, gar kochen lassen, abgießen, heiß pellen, erkalten lassen, in Scheiben schneiden

4 Zwiebeln abziehen, würfeln

80 g fetten Speck in Würfel schneiden, auslassen, die Zwiebeln darin glasig dünsten, die Kartoffeln hinzufügen, braun braten lassen

3 Eier, 3 Eßl. Milch
Salz, Paprika edelsüß
geriebene Muskatnuß, Pfeffer verschlagen

etwa 125 g rohen Schinken in Würfel schneiden

etwas feingeschnittener Schnittlauch

die Zutaten zu der Eiermilch geben, über die Kartoffeln gießen, stocken lassen, die Kartoffeln einige Male wenden

Kochzeit: 20–25 Minuten

Bratzeit: Etwa 10 Minuten.

Beigabe: Kopfsalat (S. 284), Tomatensalat (S. 288) oder Essiggurken.

Pro Person: 520 Kalorien = 2176 Joule.

Bratkartoffeln I

1 kg Kartoffeln waschen, mit Wasser zum Kochen bringen, gar kochen lassen, abgießen, heiß pellen, erkalten lassen, in Scheiben schneiden

1 Zwiebel abziehen, würfeln

75 g Fett zerlassen, Kartoffeln, Zwiebeln hineingeben, mit

Salz bestreuen, braun braten (übriggebliebene Salzkartoffeln ebenso braten)

Kochzeit: 25–30 Minuten.

Bratzeit: Etwa 10 Minuten.

Veränderung: Einige zerteilte säuerliche Äpfel oder in Scheiben geschnittene Tomaten dazugeben oder 2–3 Eßl. saure Sahne oder geriebenen Käse unterziehen.

Pro Person: 350 Kalorien = 1464 Joule.

Bratkartoffeln II
(Dampfkartoffeln)

1 kg Kartoffeln schälen, waschen, in Scheiben oder Stifte schneiden

75 g Speck in Würfel schneiden, auslassen, die Kartoffeln hineingeben, mit

Salz bestreuen, zunächst zugedeckt, dann in der offenen Pfanne hellbraun braten

Bratzeit: 20–30 Minuten.

Veränderung: 1 abgezogene, in Würfel geschnittene Zwiebel mitbraten.

Pro Person: 330 Kalorien = 1381 Joule.

Pommes frites
(Abb. S. 270)

750 g Kartoffeln	schälen, waschen, in gleich lange, bleistiftdicke Streifen schneiden, in einem Leinentuch gut abtrocknen, schwimmend in siedendem
Ausbackfett (Speiseöl, Schweineschmalz oder Kokosfett)	halbgar backen nicht zu viel Kartoffeln auf einmal nehmen, da sie sich in dem Fettbad nicht berühren dürfen, außerdem kühlt das Fett zu stark ab sobald sich die Spitzen der Kartoffelstreifen gelb färben, diese mit einem Schaumlöffel herausnehmen, auf einem Durchschlag abtropfen lassen wenn die Streifen abgekühlt sind, sie noch einmal in das heiße Fett geben, braun und knusprig werden lassen die Pommes frites mit
feinem Salz	bestreuen, sofort servieren
Backzeit:	Zuerst etwa 2 Minuten, dann 4–5 Minuten.

Pro Person: 290 Kalorien = 1213 Joule.

Kümmelkartoffeln mit Quark
(nach Dr. Bircher-Benner)

	Für die **Kümmelkartoffeln**
1 kg kleine Kartoffeln	gründlich waschen, ungeschält halbieren, mit den Schnittflächen in
Kümmel *Salz*	tauchen, auf ein gefettetes Backblech setzen die Kartoffeln mit
zerlassener Butter oder Speiseöl	bestreichen, in den Backofen schieben
Gas:	2–3
Strom:	175–200
Backzeit:	30–40 Minuten für den **Quark**
250 g Speisequark	mit
3 Eßl. Milch	verrühren, mit
Salz	abschmecken, schaumig rühren.

Pro Person: 279 Kalorien = 1167 Joule.

Kartoffelomelett

500 g Kartoffeln	waschen, mit Wasser zum Kochen bringen, gar kochen lassen, abgießen, heiß pellen, erkalten lassen, in Scheiben schneiden
1 Zwiebel	abziehen, würfeln
50 g fetten Speck	in Würfel schneiden, auslassen, Kartoffeln, Zwiebel hineingeben, mit
Salz	bestreuen, braun braten
1/8 l Milch	
10 g Weizenmehl	
2 Eier	und Salz verschlagen
gehackte Petersilie oder feingeschnittenen Schnittlauch	hinzufügen
	die Eiermilch über die Kartoffeln gießen, stocken lassen, ohne die Kartoffeln zu wenden
	wenn die obere Seite des Omelettes fest geworden und die untere gebräunt ist, das Omelette auf eine vorgewärmte Platte gleiten lassen
Kochzeit:	20–25 Minuten
Bratzeit:	10–15 Minuten.
Beigabe:	Kopfsalat (S. 284), Kürbis, Senfgurken oder Rote Beete.
	Pro Person: 273 Kalorien = 1142 Joule.

Pommes chips

500 g Kartoffeln	schälen, waschen, große Kartoffeln halbieren, in möglichst dünne Scheiben schneiden, in nicht zu großer Menge auf einem Leinentuch ausbreiten, gut abtrocknen
	die Kartoffelscheiben in nicht zu großen Portionen in siedendem
Ausbackfett (Speiseöl, Schweineschmalz oder Kokosfett)	halbgar backen
	sobald sich die Kartoffelscheiben hellbraun färben, diese mit einem Schaumlöffel herausnehmen, auf einem Durchschlag abtropfen lassen, wenn die Scheiben abgekühlt sind, sie noch einmal in das heiße Fett geben, braun und knusprig werden lassen
	die erkalteten Chips mit
feinem Salz	betreuen
Backzeit:	Zuerst 1–2 Minuten, dann etwa 3 Minuten.
	Pro Person: 201 Kalorien = 841 Joule.

Kartoffelbrei

1 kg Kartoffeln	schälen, waschen, in Stücke schneiden, in
Salzwasser	zum Kochen bringen, gar kochen lassen, abgießen, sofort durch die Presse geben oder mit einem elektrischen Handrührgerät zerkleinern
50 g Butter oder Margarine	
etwa 1/4 l heiße Milch	hinzufügen
	den Topf auf die Kochstelle setzen, den Brei so lange schlagen, bis er weiß und schaumig ist, mit
Salz	abschmecken, bergartig anrichten, nach Belieben mit in
Fett gebräunten Zwiebelringen oder	
geröstetem Semmelmehl	garnieren
Kochzeit:	Etwa 20 Minuten.
	Pro Person: 284 Kalorien = 1188 Joule.

Kartoffelkroketten

(Abb. S. 270)

750 g Kartoffeln	schälen, waschen, in
Salzwasser	zum Kochen bringen, gar kochen lassen, abgießen, heiß durch die Presse geben, erkalten lassen
	die Kartoffeln mit
2 Eigelb	
1 gut gehäuften Teel. Dr. Oetker Gustin	verrühren, mit
Salz	
geriebener Muskatnuß	abschmecken
	aus dem Teig knapp 2 cm dicke und 5 cm lange Röllchen formen
	die Röllchen zunächst in
1 verschlagenen Ei	dann in
Semmelmehl	wenden, schwimmend in siedendem
Ausbackfett (Speiseöl, Schweineschmalz oder Kokosfett)	goldbraun backen
Kochzeit:	20–25 Minuten
Backzeit:	2–3 Minuten.
Veränderung:	Anstelle der Röllchen Kugeln formen, für **Mandel-Kroketten** anstelle von Semmelmehl Spaltmandeln (etwa 100 g) verwenden.
	Pro Person: 412 Kalorien = 1724 Joule.

Kartoffelpudding

750 g Kartoffeln	schälen, waschen, halbieren, in
Salzwasser	zum Kochen bringen, gar kochen lassen, abgießen, heiß durch die Presse geben, kalt stellen
60 g Butter oder Margarine	schaumig rühren, nach und nach Kartoffeln,
2–3 Eigelb	
100 g geriebenen Käse	
Salz	
geriebene Muskatnuß	hinzufügen
2–3 Eiweiß	steif schlagen, unterheben
	die Masse in eine mit
Butter oder Margarine	gefettete, mit
Semmelmehl	ausgestreute Puddingform füllen (diese darf höchstens $^3/_4$ gefüllt sein) die Form mit dem Deckel verschließen, in einen Topf mit kochendem Wasser setzen den fertigen Pudding auf eine vorgewärmte Platte stürzen, mit
25 g gebräunter Butter	übergießen
Kochzeit:	Etwa $1^1/_4$ Stunden.
Veränderung:	Die Masse mit geriebenem Käse bestreuen, mit Butterflöckchen belegen, in einer Auflaufform im Ofen backen.
Beigabe:	Tomatensoße (S. 80), Grüner Salat.
	Pro Person: 476 Kalorien = 1992 Joule.

Kartoffelring

750 g Kartoffeln	schälen, waschen, in Hälften schneiden, in
Salzwasser	zum Kochen bringen, gar kochen lassen, abgießen, sofort durch die Presse geben oder mit einem elektrischen Handrührgerät zerkleinern, erkalten lassen
60 g Butter oder Margarine	schaumig rühren
2 Eigelb	und die Kartoffeln,
Salz	
geriebene Muskatnuß	nach und nach hinzugeben
2 Eiweiß	steif schlagen, unter die Kartoffelmasse heben, in eine mit
Butter oder Margarine	gefettete Ringform füllen, in den Backofen schieben den fertigen Kartoffelring auf eine vorgewärmte Platte stürzen, in die Mitte Fleisch- oder Pilzragout geben
Kochzeit für die Kartoffeln:	20–30 Minuten
Einstellung für den Backofen	
Gas:	2–3
Strom:	200-225
Backzeit:	30-40 Minuten.
	Pro Person: 295 Kalorien = 1234 Joule.

KARTOFFELTEIG

Dicker Pickert
(Kastenform)

1 Päckchen Dr. Oetker Hefe	mit
1 Teel. Zucker	
1/8 l lauwarmer Milch	anrühren, gehen lassen
500 g Kartoffeln	schälen, waschen, reiben
3 Eier	
2 gestrichene Teel. Salz	hinzufügen
	zunächst die Hälfte von
750 g Weizenmehl	und die gegangene Hefe unterrühren, dann den Rest des Mehls mit so viel
lauwarmer Milch (etwa 1/8 l)	dazugeben, daß ein dünnflüssiger Teig entsteht
125 g Rosinen	waschen, abtropfen lassen, unter den Teig rühren, den Teig mit einem Rührlöffel so lange schlagen, bis er Blasen wirft, an einem warmen Ort so lange stehenlassen, bis er etwa doppelt so hoch ist, ihn noch einmal durchschlagen, in eine mit
Butter oder Margarine	gefettete Kastenform füllen
	den Teig an einem warmen Ort nochmals so lange stehenlassen, bis er etwa um die Hälfte höher ist, in den Backofen schieben
	den fertigen Pickert stürzen, erkalten lassen, in Scheiben schneiden
Fett	erhitzen, die Scheiben von beiden Seiten darin braun braten
Gas:	3–4
Strom:	175–200
Backzeit:	Etwa 1 Stunde.
Beigabe:	Butter, Sirup, Bohnenkaffee.
	Pro Person: 791 Kalorien = 3310 Joule.

Kartoffelpfannkuchen
(Puffer oder Reibeplätzchen)
(Abb. S. 270)

2 kg Kartoffeln	schälen
2 kleine Zwiebeln	abziehen
	beide Zutaten waschen, reiben, mit
2–3 gestrichenen Teel. Salz	
4 Eiern	
40–60 g Weizenmehl oder	
Semmelmehl	verrühren
	etwas von
1/4 l Speiseöl oder	
etwa 250 g Schweineschmalz	erhitzen, den Teig eßlöffelweise hineingeben, flach drücken, von beiden Seiten braun und knusprig backen.
Beigabe:	Kompott, Apfelmus, Kümmelquark (S. 332).
	Pro Person: 1065 Kalorien = 4456 Joule.

Lappenpickert

1½ kg Kartoffeln	schälen, waschen, auf einer feinen Reibe reiben, mit
Salz	
4 Eiern	
250 g Weizenmehl	
⅛ l Milch	verrühren (der Teig muß dickflüssig sein)
	Lappenpickert auf einer besonderen Eisenplatte, die mit
Speckschwarte	gefettet ist, backen
	den Teig so auf der Platte verteilen, daß entweder ein großes, dünnes, zusammenhängendes Gebäck entsteht oder mehrere kleine Plätzchen
	sobald der Pickert auf der unteren Seite gebräunt ist, ihn mit einem möglichst breiten Messer wenden, auf der anderen Seite bräunen
	den Pickert, frisch oder aufgewärmt, mit
Butter	bestreichen.
	Gesamtmenge: 2643 Kalorien = 11045 Joule.

Kartoffelklöße

(Abb. S. 270)

750 g Kartoffeln	waschen, mit Wasser zum Kochen bringen, gar kochen lassen, abgießen, pellen, heiß durch die Presse geben
1 Ei	
Salz	
	nach Belieben
geriebene Muskatnuß	
100 g Weizenmehl	unterkneten
1 Scheibe Weißbrot	in Würfel schneiden, in
15 g Butter	rösten
	aus dem Teig mit nassen Händen Klöße formen, dabei in jeden Kloß einige Brotwürfel drücken
	die Klöße in
kochendes Salzwasser	geben, zum Kochen bringen, gar ziehen lassen (Wasser muß sich leicht bewegen)
	die garen Klöße gut abtropfen lassen
Kochzeit für die Kartoffeln:	25–30 Minuten
Garzeit für die Klöße:	Etwa 15 Minuten.
	Pro Person: 294 Kalorien = 1230 Joule.

Kartoffelklöße
mit Semmelmehl

1 kg Kartoffeln	waschen, mit Wasser zum Kochen bringen, gar kochen lassen, abgießen, pellen, heiß durch die Presse geben
75 g Semmelmehl	
20 g Weizenmehl	
2 Eier	unterkneten, den Teig mit
Salz	
geriebener Muskatnuß	abschmecken
	aus dem Teig mit nassen Händen Klöße formen, in
kochendes Salzwasser	geben, zum Kochen bringen, gar ziehen lassen (Wasser muß sich leicht bewegen)
	die garen Klöße gut abtropfen lassen
Kochzeit für die Kartoffeln:	25–30 Minuten
Garzeit für die Klöße:	20–25 Minuten.
	Pro Person: 313 Kalorien = 1310 Joule.

Bayerische Zwetschenknödel

Gut 1¼ kg Kartoffeln	waschen, mit Wasser zum Kochen bringen, gar kochen lassen, abgießen, pellen, heiß durch die Presse geben, bis zum nächsten Tag kalt stellen
	1 kg von den durchgepreßten Kartoffeln abwiegen, durch ein Sieb streichen, nach und nach
2 Eier	
Salz	
60 g Grieß	
80 g Weizenmehl	hinzufügen, zu einem glatten Teig verkneten
	aus dem Teig mit bemehlten Händen runde Klöße formen
16–20 Zwetschen	waschen, entsteinen, je 1 Zwetsche in jeden Kloß drücken
	die Klöße in
kochendes Salzwasser	geben, zum Kochen bringen, gar ziehen lassen (Wasser muß sich leicht bewegen)
	die Klöße in
Zwiebackkrumen (etwa 75 g)	wälzen
gebräunte Butter	
Zucker und Zimt	dazureichen
Kochzeit für die Kartoffeln:	25–30 Minuten
Garzeit für die Klöße:	10–15 Minuten.
	Pro Person: 524 Kalorien = 2192 Joule.

Klöße von gekochten und rohen Kartoffeln

750 g Kartoffeln	waschen, mit Wasser zum Kochen bringen, gar kochen lassen, abgießen, pellen, heiß durch die Presse geben, bis zum nächsten Tag kalt stellen
500 g geschälte rohe Kartoffeln	in eine Schüssel mit Wasser reiben, in einem Tuch fest auspressen, zu den gekochten Kartoffeln geben
1 Ei, 65 g Weizenmehl	
1 Teel. Salz	unterkneten
	aus dem Teig mit bemehlten Händen etwa faustgroße Klöße formen, in
kochendes Salzwasser	geben, zum Kochen bringen, gar ziehen lassen (Wasser muß sich leicht bewegen)
Kochzeit für die Kartoffeln:	25–30 Minuten
Garzeit für die Klöße:	15–20 Minuten.
	Pro Person: 295 Kalorien = 1234 Joule.

KARTOFFELN IN SOSSE

Bechamelkartoffeln

1 kg Kartoffeln	waschen, mit Wasser zum Kochen bringen, in 20-30 Minuten gar kochen lassen, abgießen, heiß pellen, erkalten lassen, in Scheiben schneiden
	für die **Bechamelsoße**
1 Zwiebel	abziehen
40 g Schinken	
	beide Zutaten in kleine Würfel schneiden
30 g Butter oder Margarine	mit dem Schinken zerlassen
30 g Weizenmehl	mit den Zwiebeln unter Rühren so lange darin erhitzen, bis es hellgelb ist
$^1/_4$ l Wasser oder Fleischbrühe (z. B. zubereitet aus Brühwürfeln)	
$^1/_4$ l Milch	hinzufügen, mit einem Schneebesen durchschlagen, die Soße zum Kochen bringen, etwa 10 Minuten kochen lassen
	die Soße nach Belieben durch ein Sieb streichen, die Kartoffeln hinzufügen, zum Kochen bringen
	das Gericht mit
Salz, Pfeffer	
geriebener Muskatnuß	
Currypulver	abschmecken, mit
1 Eßl. gehackter Petersilie	bestreuen
Garzeit:	Etwa 30 Minuten.
	Pro Person: 345 Kalorien = 1443 Joule.

KARTOFFELAUFLÄUFE

Kartoffelauflauf mit Rauchenden

1 kg Kartoffeln	waschen, mit Wasser zum Kochen bringen, gar kochen lassen, heiß pellen, erkaltet in Scheiben schneiden
3–4 hartgekochte Eier	pellen
2 Rauchenden	
	beide Zutaten in Scheiben schneiden
	die 3 Zutaten abwechselnd lagenweise in eine mit
Butter oder Margarine	gefettete Auflaufform füllen
	Kartoffel- und Eischeiben jeweils mit
Salz	bestreuen
	die oberste Schicht soll aus Kartoffeln bestehen
1/8 l saure Sahne	über die Kartoffeln gießen, mit
2 schwach gehäuften Eßl. Semmelmehl	bestreuen
15 g Butter	in Flöckchen darauf setzen
	die Auflaufform in den Backofen schieben
Kochzeit für die Kartoffeln:	25–30 Minuten
Einstellung für den Backofen	
Gas:	5–6
Strom:	225–250
Backzeit:	30–40 Minuten.
	Pro Person: 640 Kalorien = 2678 Joule.

Kartoffelauflauf mit Schinken

1 kg Kartoffeln	waschen, mit Wasser zum Kochen bringen, gar kochen lassen, abgießen, heiß pellen, erkalten lassen, in Scheiben schneiden
75 g roher Schinken	
75 g gekochter Schinken	
	den Schinken in kleine Würfel schneiden
	Kartoffeln und Schinken abwechselnd lagenweise in eine mit
Butter oder Margarine	gefettete Auflaufform füllen, die oberste Schicht soll aus Kartoffeln bestehen
	eine helle Grundsoße bereiten aus:
30 g Margarine (z. B. Sanella)	
35 g Weizenmehl	
1/4 l Fleischbrühe (z. B. zubereitet aus Brühwürfeln)	

bitte umblättern

¼ l Milch, Salz	
	die Soße über die Kartoffeln gießen, den Auflauf mit
2 Eßl. Semmelmehl	bestreuen
15 g Butter	in Flöckchen darauf setzen
	die Auflaufform in den Backofen schieben
Kochzeit für die Kartoffeln:	20–30 Minuten
Einstellung für den Backofen	
Gas:	5–6
Strom:	225–250
Backzeit:	30–40 Minuten.
Veränderung:	Statt der hellen Soße ¼ l saure Sahne, ¼ l Brühe, 1 gestrichenen Eßl. Dr. Oetker Gustin, 2 Eier verschlagen, über den Auflauf geben. Den Kartoffelauflauf statt mit Semmelmehl mit geriebenem Käse bestreuen. *Pro Person: 498 Kalorien = 2084 Joule:*

Kartoffelauflauf mit Eiern

1 kg Kartoffeln	waschen, mit Wasser zum Kochen bringen, gar kochen lassen, abgießen, heiß pellen, erkalten lassen
3 hartgekochte Eier	pellen
	beide Zutaten in Scheiben schneiden, abwechselnd lagenweise in eine mit
Butter oder Margarine	gefettete Auflaufform füllen, die oberste Schicht soll aus Kartoffeln bestehen
	eine helle Grundsoße bereiten aus:
30 g Butter oder Margarine	
35 g Weizenmehl	
¼ l Fleischbrühe (z. B. zubereitet aus Brühwürfeln)	
¼ l Milch, Salz	
	die Soße über die Kartoffeln gießen, den Auflauf mit
feingeschnittenem Schnittlauch	
20 g geriebenem Käse	bestreuen
	die Auflaufform in den Backofen schieben
Kochzeit für die Kartoffeln:	20–30 Minuten
Einstellung für den Backofen	
Gas:	5–6
Strom:	225–250
Backzeit:	30–40 Minuten.
	Pro Person: 402 Kalorien = 1682 Joule.

SALATE

„Drei Dinge können Frauen aus einem Nichts zaubern: einen Hut, einen Salat und einen Ehestreit“ – sagen die Amerikaner. Was den Hut und den Ehestreit betrifft, so wollen wir uns dazu nicht äußern. Aber hinsichtlich des Salats haben sie sicherlich recht, denn es gibt wohl kaum etwas Eßbares in der Küche, was sich nicht für einen phantasievollen Salat verwenden ließe.

Ob rohe oder gekochte Salate, ob frischer grüner Salat oder Salat aus Gemüse, Fleisch, Fisch und dergleichen, je einfallsreicher ihre Zusammenstellung, um so besser. Fast alles ist erlaubt, nur sollte man immer darauf bedacht sein, den Eigengeschmack durch passende Gewürze nur sanft zu unterstreichen und nicht zu überdecken.

Regeln

1. Alle rohen Salate gründlich waschen, gut abtropfen lassen, erst dann anrichten.
   Wässeriger Salat schmeckt fade und nimmt das Öl nicht an.
2. Geschnittenen Salat nicht im Wasser liegenlassen; Mineralstoffe sind zum Teil wasserlöslich.
3. Blattsalate nicht ausdrücken, am besten nach dem Waschen in einem Tuch oder Drahtkorb ausschwenken. Blattsalate erst kurz vor dem Verzehr anrichten, da das Aussehen durch längeres Stehen leidet.
4. Gemüse- und Fleischsalate einige Stunden in der Soße oder Mayonnaise durchziehen lassen.

BLATTSALATE

Kopfsalat

Von
2 Köpfen Salat
die welken Blätter entfernen, die anderen vom Strunk lösen, die großen Blätter teilen, die Herzblätter ganz lassen
den Salat in reichlich Wasser gründlich waschen, aber nicht drücken, ihn dann auf einem Durchschlag abtropfen lassen oder in einem Tuch oder Drahtkorb ausschwenken
eine Salatsoße bereiten aus:

3 Eßl. Salatöl
1–2 Eßl. Essig oder Zitronensaft
Salz
1 Teel. gehackten Kräutern
oder
1 Eßl. Salatöl
2–3 Eßl. Essig
Salz
Zucker
4 Eßl. saurer Sahne
1 kleinen gewürfelten Zwiebel
1 Teel. gehackten Kräutern

den Salat kurz vor dem Anrichten mit einer der angegebenen Soßen mischen.

Veränderung: Kopfsalat auch mit Sahnesoße (S. 90) oder Mayonnaise (S. 88) anrichten.

Pro Person: 76 Kalorien = 318 Joule mit einfacher Salatsoße.
Pro Person: 53 Kalorien = 222 Joule mit Sahnesoße.

Feldsalat
(Rapunzeln)

Von
200 g Feldsalat die Wurzelenden abschneiden, fehlerhafte Blätter entfernen, größere Blätter evtl. einmal durchschneiden
den Salat gründlich waschen, abtropfen lassen
eine Salatsoße bereiten aus:

3 Eßl. Salatöl
1–2 Teel. Essig-Essenz
Salz
Zucker
1 Teel. gehackten Kräutern
oder
2 Eßl. Salatöl
2 Eßl. Essig
Salz
Zucker
2 Eßl. saurer Sahne
1 kleinen gewürfelten Zwiebel
1 Teel. gehackten Kräutern

den Salat kurz vor dem Anrichten mit einer der angegebenen Soßen mischen.
Pro Person: 80 Kalorien = 254 Joule mit einfacher Salatsoße.
Pro Person: 45 Kalorien = 188 Joule mit Sahnesoße.

Kressesalat

200 g Kresse sorgfältig verlesen, in reichlich Wasser gründlich waschen, aber nicht drücken, abtropfen lassen
eine Salatsoße bereiten aus:

2–3 Eßl. Salatöl
1–2 Eßl. Essig
Salz
Zucker
1 Teel. gehackten Kräutern

die Kresse mit der Soße mischen.
Pro Person: 72 Kalorien = 301 Joule.

Endiviensalat

Von
1–2 Köpfen Endivien
Wurzeln und äußere Blätter abschneiden
die übrigen Blätter übereinanderlegen, in nudelartige Streifen schneiden, sorgfältig waschen, abtropfen lassen, sollten die Endivien bitter sein, sie etwa 10 Minuten in lauwarmes Wasser legen
eine Salatsoße bereiten aus:

3 Eßl. Salatöl
1–2 Eßl. Essig
Salz
1 Teel. gehackten Kräutern
oder
1 Eßl. Salatöl
1–2 Teel. Essig-Essenz
Salz
Zucker
2 Eßl. saurer Sahne
1 kleinen gewürfelten Zwiebel
1 Teel. gehackten Kräutern

den Salat mit einer der angegebenen Soßen mischen.

Veränderung: Endiviensalat auch mit 1/2 Rezept Sahnesoße (S. 90) anrichten.

Pro Person: 77 Kalorien = 322 Joule mit einfacher Salatsoße.
Pro Person: 68 Kalorien = 284 Joule mit Sahnesoße.

SALATE AUS ROHEM GEMÜSE

Radieschensalat

Von
3–4 Bund Radieschen
Wurzeln und Blätter abschneiden, waschen, fein schneiden
eine Salatsoße bereiten aus:

3 Eßl. Salatöl
1–2 Eßl. Essig
Salz
Pfeffer
Zucker
1 Teel. gehackten Kräutern

die Radieschen mit der Soße mischen
den Salat gut durchziehen lassen.

Pro Person: 61 Kalorien = 235 Joule.

Gurkensalat

1 große Gurke von der Spitze zum Stiel hin schälen (nach Belieben auch ungeschält, aber sorgfältig gewaschen, verwenden) und probieren, ob sie bitter ist, sollte das der Fall sein, so viel abschneiden, bis der Geschmack einwandfrei ist
die Gurke in feine Scheiben schneiden oder hobeln
eine Salatsoße bereiten aus:

3 Eßl. Salatöl
1–2 Eßl. Essig
Salz
1 Teel. gehackten Kräutern

die Gurkenscheiben kurz vor dem Anrichten mit der Soße mischen.

Veränderung: Die Gurkenscheiben mit einer Sahnesoße mischen, an die Salatsoße gehackten Dill geben.

Anmerkung: Die Gurkenscheiben nicht mehr einsalzen, weil dadurch der Salat schwer verträglich würde und durch das Weggießen des Gurkenwassers wertvolle Nährstoffe verloren gehen.

Pro Person: 129 Kalorien = 539 Joule.

Chicorée-Apfelsalat

375 g Chicorée (vorbereitet gewogen) von schlechten Blättern befreien, halbieren, den Strunk keilförmig herausschneiden
die Chicorée waschen, abtropfen lassen, in etwa $^1/_2$ cm breite Streifen schneiden

250 g Äpfel schälen, waschen, vierteln, entkernen, in Streifen schneiden
eine Salatsoße bereiten aus:

4 Eßl. Salatöl
2–3 Eßl. Essig oder Zitronensaft
Salz
Zucker

die geschnittenen Zutaten mit der Soße mischen, den Salat mit Zitronensaft, Salz, Zucker abschmecken
da Chicorée viel Flüssigkeit zieht, den Salat erst kurz vor dem Verzehr mischen.

Veränderung: Statt der Äpfel Apfelsinen verwenden.

Pro Person: 144 Kalorien = 603 Joule.

Erfrischende Zucchini

4 Zucchini (etwa 600 g)	schälen, halbieren, entkernen, in feine Scheiben schneiden
25 g Zucker	mit
3 Eßl. Zitronensaft	gut verrühren, die Zucchini damit mischen, kalt stellen
1 Karree Gervais (62,5 g)	mit
5 Eßl. Sahne	verrühren
	4 Glasteller mit
Salatblättern	auslegen, die Zucchini darauf geben, die Gervaiscreme darüber verteilen, mit
Paprika edelsüß	bestreuen.
	Pro Person: 181 Kalorien = 757 Joule.

Tomatensalat

500 g feste Tomaten	waschen, abtrocknen, mit einem Tomatenmesser in Scheiben schneiden, in eine Salatschüssel geben, dabei jede Schicht mit
Salz	
Pfeffer	
Zwiebelwürfeln	bestreuen
3 Eßl. Salatöl	
1–2 Eßl. Essig	verrühren, über die Tomaten geben
	den Salat mit
1 Teel. gehackten Kräutern	bestreuen.
	Pro Person: 99 Kalorien = 414 Joule.

Möhren-Apfel-Salat

500 g Möhren	schrappen, waschen
250 g Äpfel	schälen, vierteln, entkernen
	beide Zutaten raspeln
	eine Salatsoße bereiten aus:
2–3 Eßl. Zitronensaft	
Salz	
Zucker	
	die geraspelten Zutaten mit der Soße mischen
	den Salat mit Salz, Zucker abschmecken.
	Pro Person: 70 Kalorien = 293 Joule.

Avocadossalat

2 reife Avocados (etwa 500 g)	waschen, abtrocknen, der Länge nach halbieren, das Fruchtfleisch vorsichtig auslösen (nicht die Schale verletzen), in dünne Scheiben oder kleine Stücke schneiden
75 g dünne Scheiben Lachsschinken	in kleine Würfel schneiden (2 Scheiben zum Garnieren zurücklassen) eine Mayonnaise bereiten aus:
1 Eigelb	
1 Eßl. Zitronensaft oder Essig	
1 Teel. Senf	
Salz	
1 Teel. Zucker	
4 Eßl. Salatöl	
4 Eßl. Sahne	anschlagen
1 Päckchen Dr. Oetker Sahnesteif	unter ständigem Schlagen einstreuen, die Sahne steif schlagen, mit
2 Eßl. Joghurt	
2 Teel. Johannisbeergelee	unter die Mayonnaise rühren die geschnittenen Zutaten mit der Soße vermengen den Salat mit Salz,
Zitronensaft	abschmecken, in die ausgehöhlten Avocados füllen, mit dem zurückgelassenen Lachsschinken garnieren.

Pro Person: 355 Kalorien = 1485 Joule.

Chinakohl-Salat

	Von
1 Kopf (750 g) Chinakohl	Wurzeln und äußere Blätter abschneiden, den Kohlkopf längs halbieren, in nudelartige Streifen schneiden, sorgfältig waschen, abtropfen lassen eine Salatsoße bereiten aus:
3 Eßl. Salatöl	
2 Eßl. Essig	
2 Eßl. Wasser	
Salz	
Zucker	
1/2–1 Teel. Senf	
1 Eßl. gehackter Petersilie	
	den Salat mit der Soße mischen, kurze Zeit ziehen lassen.

Pro Person: 100 Kalorien = 418 Joule.

Rettichsalat

2–3 Rettiche schälen, hobeln oder grob raspeln
eine Salatsoße bereiten aus:

3 Eßl. Salatöl
1–2 Eßl. Essig
Salz
1 Teel. gehackten Kräutern
oder
2 Eßl. Salatöl
1–2 Eßl. Essig
Salz
Zucker
2 Eßl. saurer Sahne
1 kleinen gewürfelten Zwiebel
1 Teel. gehackten Kräutern

den Rettich mit einer der angegebenen Soßen mischen
den Salat etwa 1 Stunde durchziehen lassen.

Pro Person: 85 Kalorien = 355 Joule mit einfacher Salatsoße
Pro Person: 76 Kalorien = 318 Joule mit Sahnesoße.

Radieschen-Eiersalat

Von
2 Bund Radieschen (etwa 250 g ohne Grün)
Wurzeln und Blätter abschneiden, waschen, in feine Scheiben schneiden oder hobeln
3 hartgekochte Eier pellen, in kleine Würfel schneiden
eine Salatsoße bereiten aus:

1 Eßl. Salatöl
3 Eßl. saurer Sahne
2 Eßl. Zitronensaft
Salz
Pfeffer
Zucker
1 Eßl. gehackter Petersilie

die geschnittenen Zutaten mit der Soße mischen
den Salat gut durchziehen lassen, mit Salz, Pfeffer, Zucker abschmekken.

Pro Person: 121 Kalorien = 506 Joule.

Fenchelsalat mit gekochtem Schinken

375 g Fenchelknollen (die Stengel vor dem Wiegen bis zur Knolle abschneiden)	waschen, braune Stellen abschneiden
125 g gekochter Schinken	
	beide Zutaten in feine Streifen schneiden eine Mayonnaise bereiten aus:
1 Eigelb *1 Eßl. Essig oder Zitronensaft* *1–2 Teel. Senf* *Salz* *1 Teel. Zucker* *1/8 l Salatöl*	
1 schwach gehäuften Eßl. Dr. Oetker Gustin	mit
1/8 l kaltem Wasser	anrühren, unter ständigem Rühren zum Kochen bringen, den heißen Brei unter die Mayonnaise schlagen die geschnittenen Zutaten mit der Mayonnaise mischen den Salat mit Salz, Zucker, Essig (Zitronensaft) abschmecken, gut durchziehen lassen. *Pro Person: 431 Kalorien = 1803 Joule.*

Paprikasalat mit Gurken und Tomaten

375 g Paprikaschoten (etwa 3 Stück)	halbieren, entstielen, entkernen, die weißen Scheidewände entfernen, die Schoten waschen, in feine Streifen schneiden
1 kleine Salatgurke	von der Spitze zum Stiel hin schälen und probieren, ob sie bitter ist, sollte das der Fall sein, so viel abschneiden, bis der Geschmack einwandfrei ist die Gurke in feine Scheiben schneiden oder hobeln
375 g feste Tomaten	waschen, abtrocknen, in Scheiben schneiden eine Salatsoße bereiten aus:
4 Eßl. Salatöl *etwa 4 Eßl. Essig* *Salz* *Zucker* *gehacktem Dill*	
	die geschnittenen Zutaten mit der Soße mischen, den Salat mit Essig, Zucker, Salz abschmecken, gut durchziehen lassen. *Pro Person: 140 Kalorien = 586 Joule.*

Fenchelsalat

500 g Fenchelknollen (die Stengel vor dem Wiegen bis zur Knolle abschneiden) waschen, braune Stellen abschneiden, die Knollen in feine Streifen schneiden

eine Salatsoße bereiten aus:

4 Eßl. Salatöl
2–3 Eßl. Zitronensaft
Salz
Zucker

den Fenchel mit der Soße mischen

den Salat mit Zitronensaft, Salz, Zucker abschmecken, gut durchziehen lassen.

Pro Person: 157 Kalorien = 657 Joule.

SALATE AUS GEKOCHTEM (GEDÜNSTETEM) GEMÜSE

Kartoffelsalat

750 g Salatkartoffeln waschen, mit Wasser zum Kochen bringen, gar kochen lassen, abgießen, heiß pellen, lauwarm in feine Scheiben schneiden, mit

1/4 l kochendheißem Salzwasser oder Fleischbrühe (z. B. zubereitet aus Brühwürfeln) übergießen, nach kurzer Zeit mit einem Schaumlöffel herausnehmen

1 kleine Zwiebel abziehen, würfeln

Pfeffer

die beiden Zutaten zu den Kartoffeln geben

eine Salatsoße bereiten aus:

3 Eßl. Salatöl
etwa 4 Eßl. Essig
Salz
1 Teel. gehackten Kräutern

die Kartoffeln mit der Soße mischen, 1–2 Stunden durchziehen lassen

den Salat evtl. mit

Petersilie
grünem Salat oder Gurkenscheiben garnieren

Kochzeit: 25–30 Minuten.

Veränderung: Den Kartoffelsalat mit Mayonnaise (S. 87/88) mischen.

Pro Person: 201 Kalorien = 841 Joule.

Eingelegte Rote Beete
(Rote Rüben)

	Von
500 g Roten Beeten	Wurzeln und Blätter etwa 3 cm hoch über den Knollen abschneiden damit die Knollen nicht zu stark ausgelaugt werden, sie unter fließendem Wasser sorgfältig bürsten, in
1/4–1/2 l kochendes Salzwasser	geben, zum Kochen bringen, gar kochen lassen, aus dem Wasser nehmen, mit kaltem Wasser übergießen, damit sich die Schalen besser abziehen lassen die lauwarmen Knollen schälen, in Scheiben schneiden
1 kleine Zwiebel	abziehen, würfeln
1 Teel. feinwürfelig geschnittener Meerrettich *1/8 l Essig (verdünnt)*	
	die Rote Beete mit den Zutaten mischen, mit
Salz *Zucker* *evtl. 1/2 Teel. Kümmel*	abschmecken den Salat gut durchziehen lassen
Kochzeit:	1–1 1/2 Stunden.
	Pro Person: 43 Kalorien = 180 Joule.

Spargelsalat

750 g Spargel	von oben nach unten schälen, darauf achten, daß die Schalen und holzigen Stücke völlig entfernt, die Köpfe aber nicht verletzt werden den Spargel waschen, in 4–5 cm lange Stücke schneiden, in
3/8 l kochendes Salzwasser	geben, zum Kochen bringen, gar kochen, abtropfen lassen eine Salatsoße bereiten aus:
3 Eßl. Salatöl *1–2 Eßl. Essig* *Salz* *Zucker* *1 Teel. gehackten Kräutern*	
	den noch warmen Spargel mit der Soße mischen den Salat gut durchziehen lassen, evtl. abschmecken, nach Belieben mit
Eischeiben *Tomatenscheiben*	garnieren
Kochzeit:	Etwa 30 Minuten.
Veränderung:	Den Salat vor dem Anrichten mit Mayonnaise (S. 87) mischen, in ausgehöhlte Tomaten füllen.
	Pro Person: 130 Kalorien = 544 Joule.

Weiß- oder Rotkohlsalat

	Von
500 g Kohl	die groben Blätter entfernen, den Kohl waschen, in Hälften oder Viertel schneiden, den Strunk herausschneiden, sehr fein schneiden oder hobeln
1 Eßl. Salatöl	erhitzen, den Kohl kurze Zeit darin andünsten
etwas Salzwasser	hinzufügen, halbweich dünsten, abtropfen lassen
	eine Salatsoße bereiten aus:
3 Eßl. Salatöl	
2–3 Eßl. Essig	
Salz	
1 Teel. gehackten Kräutern	
	den noch warmen Kohl mit der Soße,
1 gewaschenen, geriebenen Apfel	mischen
Dünstzeit:	15–20 Minuten.
	Pro Person: 135 Kalorien = 565 Joule.

Bunter Bohnensalat

	Den Inhalt von
1 Päckchen (300 g) Junge Brechbohnen von Dr. Oetker Tiefkühl-Kost	mit
1 Zweig frischem oder 1/4 Teel. getrocknetem Bohnenkraut	
etwas Salz	nach der Vorschrift auf dem Päckchen zubereiten
	die garen Bohnen abgießen, erkalten lassen
4 Tomaten	waschen, abtrocknen, in Scheiben schneiden
2 Paprikaschoten	halbieren, entstielen, entkernen, die weißen Scheidewände entfernen, die Schoten waschen, in dünne Streifen schneiden
2 Eßl. Magerquark	mit
2 Eßl. Speiseöl	
1 Eigelb	
1 Teel. Senf	verrühren, mit Salz,
Zucker	
Paprika edelsüß	
Zwiebelpulver	abschmecken, mit den Salatzutaten vermengen, den Salat gut durchziehen lassen, mit
gehackter Petersilie	bestreuen
Kochzeit für die Bohnen:	Etwa 20 Minuten.
	Pro Person: 163 Kalorien = 682 Joule.

Salate, Rezepte ab Seite 283

Selleriesalat

1/4–1/2 l Wasser
1 Teel. Salz
2–3 Eßl. Essig — zum Kochen bringen
1–2 Sellerieknollen — gründlich unter fließendem Wasser bürsten, in das kochende Essigwasser geben, zum Kochen bringen, gar kochen lassen, aus dem Wasser nehmen, mit kaltem Wasser übergießen, damit sich die Schalen besser ablösen lassen
die lauwarmen Knollen schälen, in Scheiben schneiden
eine Salatsoße bereiten aus:

3 Eßl. Salatöl
1–2 Eßl. Essig
Salz
Zucker
1 Teel. gehackten Kräutern

die Selleriescheiben mit der Soße mischen evtl. mit

Feldsalat
feingehackten Roten Beeten — garnieren

Kochzeit: 1–2 Stunden.
Veränderung: Den Salat mit Mayonnaise (S. 87/88) anrichten.

Pro Person: 104 Kalorien = 435 Joule.

Bohnensalat

500 g Grüne Bohnen oder Wachsbohnen — abfädeln, waschen, in etwa 4 cm lange Stücke brechen oder schneiden, in
1/8 l kochendes Salzwasser — geben, gar kochen, abtropfen lassen
eine Salatsoße bereiten aus:

3 Eßl. Salatöl
1–2 Eßl. Essig
Salz
1 Teel. gehackten Kräutern
(Petersilie, Dill, Bohnenkraut)
1 gewürfelten Zwiebel
saurer Sahne (nach Belieben)

die noch warmen Bohnen mit der Soße mischen
den Salat gut durchziehen lassen, evtl. noch abschmecken

Kochzeit: Etwa 30 Minuten.

Pro Person: 112 Kalorien = 467 Joule.

Forelle blau, gekocht, Rezept Seite 174

Japanischer Salat

60 g Brühreis	waschen, in
1/4 l kochendes Salzwasser	geben, zum Kochen bringen, in etwa 15 Minuten ausquellen lassen den garen Reis auf ein Sieb geben, mit kaltem Wasser übergießen
2 Apfelsinen	schälen
250 g gebratenes oder gekochtes Rindfleisch	
	beide Zutaten in kleine Würfel schneiden eine Mayonnaise bereiten aus:
1 Eigelb	
1 Eßl. Essig	
1 Teel. Senf	
Salz	
1 Teel. Zucker	
1/8 l Salatöl	
Saft einer Apfelsine	mit
Wasser	auf 1/8 l auffüllen
10 g Dr. Oetker Gustin	damit anrühren, unter ständigem Rühren zum Kochen bringen, den heißen Brei unter die Mayonnaise schlagen die Salatzutaten mit der Mayonnaise mischen, den Salat mit Salz,
Zucker	
Zitronensaft	
Curry	abschmecken.
	Pro Person: 556 Kalorien = 2326 Joule.

Eiersalat

5 hartgekochte Eier	pellen
4 Tomaten	waschen
275 g garer Sellerie	
	die Zutaten in Scheiben schneiden, lagenweise abwechselnd in eine Schüssel schichten, dabei die Schichten mit
Salz	bestreuen eine Salatsoße bereiten aus:
4 Eßl. Salatöl	
2 Eßl. Essig	
1 Teel. Senf	
Salz	
Zucker	
1 Eßl. geschnittenem Schnittlauch	
	die Soße über die Salatzutaten gießen.
	Pro Person: 256 Kalorien = 1071 Joule.

Italienischer Salat

125 g Pellkartoffeln	pellen
125 g Äpfel	schälen, vierteln, entkernen
125 g Fleischreste oder gekochter Schinken	
125 g Essiggurken	
100 g gekochte Möhren oder Sellerie	
	die Zutaten in feine Streifen schneiden
2 gewässerte Sardellen	hacken
1 Zwiebel	abziehen, würfeln
1 Teel. gehackte Kräuter	
	eine Mayonnaise bereiten aus:
1 Eigelb	
Salz	
1/8 l Salatöl	
1 Teel. Essig oder Zitronensaft	
	die Salatzutaten mit der Mayonnaise mischen
Ei-, Gurken-, Tomatenscheiben	den Salat mit Salz, Essig abschmecken, nach Belieben mit garnieren.

Pro Person: 426 Kalorien = 1782 Joule.

Gemischter Salat

2 mittelgroße Äpfel	schälen, vierteln, entkernen
125 g gekochter Schinken	
65 g roher Schinken	
375 g gekochter Sellerie	
2–3 kleine Essiggurken	
	die Zutaten in kleine Würfel schneiden
1 Teel. gehackte Kräuter	hinzufügen
	eine Mayonnaise bereiten aus:
1 Eigelb, Salz	
1/8 l Salatöl	
1 Teel. Essig oder Zitronensaft	
	die Salatzutaten mit der Mayonnaise mischen
	den Salat gut durchziehen lassen.

Pro Person: 538 Kalorien = 2251 Joule.

HALBROHKOST-SALATE

Spargel-Tomaten-Salat

250 g garer Spargel
250 g Tomaten

jeden Salat mit einer der angegebenen Salatsoßen (S. 88) für sich anmachen, schichtweise in eine Schüssel füllen.

Pro Person: 24 Kalorien = 100 Joule ohne Soße.

Blumenkohl-Tomaten-Salat

1 mittelgroßer Kopf garer Blumenkohl
250 g Tomaten

jeden Salat mit einer der angegebenen Salatsoßen (S. 88) für sich anmachen, schichtweise in eine Schüssel füllen.

Pro Person: 29 Kalorien = 121 Joule ohne Soße.

Selleriesalat mit Äpfeln

500 g garer Sellerie
1–2 Äpfel

Sellerie mit einer der angegebenen Salatsoßen (S. 88) anmachen, gut durchziehen lassen, rohe Apfelscheiben untermischen.

Pro Person: 66 Kalorien = 276 Joule ohne Soße.

Bohnen-Tomaten-Salat

500 g gare Grüne Bohnen
375 g Tomaten

jeden Salat mit einer der angegebenen Salatsoßen (S. 88) für sich anmachen, schichtweise in eine Schüssel füllen.

Pro Person: 47 Kalorien = 190 Joule ohne Soße.

Bohnen-Gurken-Tomatensalat

375 g gare Grüne Bohnen
1/2 Salatgurke
250 g Tomaten

jeden Salat mit einer der angegebenen Salatsoßen (S. 88) für sich anmachen, gut durchziehen lassen, Bohnen- und Gurkensalat mischen, (Soße von Gurkensalat zurücklassen), Tomatensalat darauf legen.

Pro Person: 38 Kalorien = 151 Joule ohne Soße.

GEMISCHTE SALATE

Waldorfsalat

500 g Äpfel	schälen, vierteln, entkernen
200 g Sellerie	waschen, schälen
	beide Zutaten in feine Streifen schneiden
	von
100 g frischen Walnußkernen	die Häutchen abziehen, die Kerne grob mahlen oder sehr fein hacken
	eine Mayonnaise bereiten aus:
1 Eigelb, Salz	
1/8 l Salatöl	
1 Teel. Essig oder Zitronensaft	
	die Salatzutaten mit der Mayonnaise mischen
	den Salat gut durchziehen lassen.
	Pro Person: 560 Kalorien = 2343 Joule.

Heringssalat

3 Heringe	wässern, abtrocknen, enthäuten, entgräten
2 Äpfel	schälen, vierteln, entkernen
1 gekochte Rote Beete	abziehen
oder	
250 g Rote Beete (aus dem Glas)	
2 Pellkartoffeln	pellen
250 g gebratenes Schweinefleisch	
2 Essiggurken	
	die Zutaten in kleine Würfel schneiden
50 g Hasel- oder Walnußkerne	hacken
1 Eßl. Preiselbeerkompott	
einige Eßl. heiße Brühe	
1 Teel. gehackte Kräuter	
	eine Mayonnaise bereiten aus:
1 Eigelb, Salz	
1/8 l Salatöl	
1 Teel. Essig oder Zitronensaft	
	die Salatzutaten mit der Mayonnaise mischen
	den Salat gut durchziehen lassen, mit Salz, Pfeffer abschmecken, mit
Ei-, Gurkenscheiben, Kapern	
Roten Beeten	garnieren.
	Pro Person: 777 Kalorien = 3251 Joule.

Geflügelsalat

250 g Geflügelfleisch (gekocht oder gebraten)	
250 g garer Spargel	Fleisch in längliche Streifen, Spargel in 3 cm lange Stücke schneiden
1 Teel. gehackte Kräuter	hinzufügen
	eine Mayonnaise bereiten aus:
1 Eigelb	
Salz	
1/8 l Salatöl	
1 Teel. Essig oder Zitronensaft	
	die Salatzutaten mit der Mayonnaise mischen
	den Salat mit Salz, Zitronensaft abschmecken, evtl.
etwas Gemüsewasser	hinzufügen.
Veränderung:	Statt Spargel junge Erbsen oder Sellerie verwenden.
	Pro Person: 412 Kalorien = 1724 Joule.

Tomaten-Zwiebelsalat

250 g Zwiebeln	abziehen, in Scheiben schneiden
1/2 l Wasser	mit
1 Eßl. Essig	
1 Teel. Salz	zum Kochen bringen, die Zwiebeln darin glasig kochen, abtropfen lassen
500 g Tomaten	waschen
2–3 hartgekochte Eier	pellen
	die beiden Zutaten in Scheiben schneiden, abwechselnd lagenweise mit den Zwiebelscheiben,
gehackter Petersilie	in eine Glasschale schichten, dabei die Ei- und Tomatenscheiben mit
Salz	bestreuen
	eine Mayonnaise bereiten aus:
1 Eigelb	
1 Eßl. Essig oder Zitronensaft	
1–2 Teel. Senf	
Salz	
1 Teel. Zucker	
1/8 l Salatöl	
	die Mayonnaise über die Salatzutaten gießen, kalt stellen.
	Pro Person: 413 Kalorien = 1728 Joule.

OBSTSPEISEN

„Eßt mehr Obst, und ihr bleibt gesund" – wer möchte dieser Aufforderung nicht gerne nachkommen. Kaum etwas anderes gibt es, das unserer Gesundheit ebenso dienlich ist, wie es unserem Geschmack entgegenkommt.
Schon lange beschränkt sich das Obstangebot nicht mehr nur auf die heimischen Äpfel und Birnen, Stachelbeeren und Pflaumen. Zu jeder Jahreszeit leuchten Apfelsinen in den Schaufenstern, hängen ganze Bananenstauden an der Decke und locken Ananas und Trauben zum Kauf.

Eingemachte Früchte haben vor allem im Winter als Zugabe zu Süßspeisen oder als Kompott große Bedeutung. Nicht vergessen sei auch die Obsttorte in diesem Zusammenhang. Und schließlich genießen wir täglich Obst in Form von Marmeladen und Gelees.

Regeln

1. Frisches Obst schnell waschen, weniger empfindliches am besten unter fließendem Wasser.
   Das Obst abtropfen lassen oder mit einem Tuch gut abreiben (Äpfel, Birnen, Pflaumen).
2. Getrocknetes oder gedörrtes Obst in lauwarmem Wasser waschen, es danach in kaltem Wasser 12–24 Stunden einweichen.
3. Obst erst nach dem Waschen entsteinen oder schälen.
4. Obst nie längere Zeit im Wasser liegenlassen. Äpfel und Birnen nach dem Schälen mit Zitronensaft beträufeln, damit sie nicht braun werden.
5. Besonders saftreiche Obstsorten im eigenen Saft dünsten.
6. Obstmus erst nach dem Durchrühren süßen, damit kein Zucker mit dem Rückstand verlorengeht.
7. Gewürze wie Zitronen- und Apfelsinenschalen usw. vor dem Anrichten entfernen.

ROHES OBST

Fruchtsalat

(Abb. S. 501)

Fruchtsalate sind besonders wohlschmeckend, wenn man verschiedene Obstsorten mischt

Apfelsinen schälen, von allen weißen Häuten, Kernen befreien

Feigen, Korinthen, Rosinen waschen, einweichen

die Früchte in Scheiben schneiden, mit

Zucker abwechselnd lagenweise in eine Glasschale schichten, sie nach Belieben mit

Zitronensaft
Wein oder unvergorenem Fruchtsaft übergießen, mit

Mandeln
Nußkernen
Rosinen garnieren

besonders erfrischend sind folgende Zusammenstellungen:

1. Äpfel, Apfelsinen, Zucker, Zitronensaft, Nüsse
2. Äpfel, Apfelsinen, Bananen, Zucker, Zitronensaft, Nüsse
3. Äpfel, Feigen, Zucker, Zitronensaft
4. Äpfel, Apfelsinen, Bananen, Ananas, Zucker, Wein
5. Äpfel, Apfelsinen, Birnen, Ananas, Bananen, Zucker, Saft
6. Apfelsinen, Bananen, Zucker, Zitronensaft
7. Pflaumen, Birnen, Pfirsiche, Zucker, Zitronensaft.

Beigabe: Puffreis, Flocken, Zwiebäcke oder Makronen, Sahne oder Soße, zubereitet mit Dr. Oetker Soßen-Pulver Ohne Kochen Vanille-Geschmack.

Fruchtschaum

1 gehäuften Teel. Dr. Oetker Gelatine gemahlen, weiß	mit
3 Eßl. kaltem Wasser	anrühren, 10 Minuten zum Quellen stehenlassen, unter Rühren erwärmen, bis sie gelöst ist
375 g vorbereitete Früchte (z. B. Erdbeeren, Himbeeren)	zerdrücken, mit
100 g Zucker	
Saft von 1/2 Zitrone	schaumig schlagen, zunächst 3 Eßl. davon mit der Gelatinelösung verrühren, unter die übrigen Früchte schlagen
1/4 l Sahne	steif schlagen, unterheben
	den Fruchtschaum mit
Zucker	abschmecken, in Gläser füllen, mit
Früchten oder Gelee	garnieren.
Veränderung:	Anstelle von Erdbeeren oder Himbeeren Bananen und Brombeeren verwenden. Bei Bananen nur 1 gestrichenen Teel. Gelatine und weniger Zucker nehmen.
	Pro Person: 329 Kalorien = 1377 Joule.

Müsli

(nach Dr. Bircher-Benner)

4 Eßl. Haferflocken	in
12 Eßl. kaltem Wasser	mehrere Stunden einweichen
2 Eßl. Zitronensaft	kurz vor dem Verzehr
4 Eßl. Sahne	hinzugeben
600 g Äpfel	waschen, reiben, unter die Haferflocken mischen
	das Müsli mit
Zucker	
Langnese-Honig	abschmecken
4 Eßl. geriebene Nußkerne oder Mandeln	darüber streuen.
Beigabe:	Ein Stück Vollkornbrot mit Butter oder Langnese-Honig (nahrhaftes Frühstück).
Veränderung:	Statt der Haferflocken Roggen-, Weizen- oder Reisflocken nehmen; statt der Äpfel Beerenfrüchte aller Art (diese zerdrücken) nehmen; statt frischer Früchte gewaschenes, getrocknetes Obst nehmen (100 g für 1 Person), dieses 12 Stunden einweichen, fein schneiden, mit den anderen Zutaten mischen. Anstelle von Sahne Milch verwenden.
	Pro Person: 268 Kalorien = 1121 Joule.

GEKOCHTES OBST

Stachelbeerkompott

500 g halbreife Stachelbeeren	von Stiel und Blüte befreien, waschen
1/8 l Wasser	mit
100 g Zucker	zum Kochen bringen, die Stachelbeeren hineingeben, zum Kochen bringen, weich kochen (nicht durchrühren) das Kompott erkalten lassen, evtl. mit
Zucker	abschmecken.
	Pro Person: 154 Kalorien = 644 Joule.

Apfelkompott

500 g Äpfel	schälen, vierteln oder achteln, entkernen
1/4 l Wasser	mit
50 g Zucker	zum Kochen bringen, die Äpfel hineingeben, zum Kochen bringen, unter öfterem Schütteln weich (glasig) kochen das Kompott erkalten lassen, mit
1 Eßl. Zitronensaft oder Weißwein	
Zucker	abschmecken.
	Pro Person: 109 Kalorien = 456 Joule.

Apfelmus

750 g Äpfel	waschen, von Stiel und Blüte befreien, in kleine Stücke schneiden, mit
5 Eßl. Wasser	zum Kochen bringen, weich kochen lassen, durch ein Sieb streichen, mit
50 g Zucker	abschmecken das Mus in eine Glasschale füllen, mit einem Messer glattstreichen, Verzierungen eindrücken, mit
Geleetupfen oder gequollenen Korinthen	garnieren.
	Pro Person: 139 Kalorien = 582 Joule.

Mirabellenkompott

500 g Mirabellen	waschen, entstielen
1/8 l Wasser	mit
75 g Zucker	zum Kochen bringen, die Mirabellen hineingeben, zum Kochen bringen, weich kochen das Kompott erkalten lassen, evtl. mit
Zucker	abschmecken.
	Pro Person: 153 Kalorien = 640 Joule.

Birnenkompott

500 g Birnen	schälen, halbieren, entkernen
1/8–1/4 l Wasser	mit
etwa 50 g Zucker	
Zitronenschale (ungespritzt)	
oder 1 Päckchen Dr. Oetker	
Vanillin-Zucker	zum Kochen bringen, die Birnen hineingeben, zum Kochen bringen, weich kochen
	das Kompott erkalten lassen, evtl. mit
Zucker	abschmecken.
	Pro Person: 119 Kalorien = 498 Joule.

Pflaumenkompott

500 g Pflaumen	waschen, halbieren, entsteinen
1/8 l Wasser	mit
50 g Zucker	zum Kochen bringen, Pflaumen,
1 Stück Stangenzimt	
3 Nelken (nach Geschmack)	hineingeben, zum Kochen bringen, weich kochen
	das Kompott erkalten lassen, evtl. mit
Zucker	abschmecken.
	Pro Person: 112 Kalorien = 469 Joule.

Quittenkompott

500 g Quitten	mit einem Tuch abreiben, schälen, vierteln oder achteln, entkernen so viel Wasser auf die Quitten geben, daß sie gerade bedeckt sind, zum Kochen bringen, weich kochen lassen, kurz vor Beendigung der Kochzeit
175 g Zucker	hinzugeben, den Saft noch etwas einkochen lassen, mit
Zucker	abschmecken.
	Pro Person: 244 Kalorien = 1021 Joule.

Pfirsichkompott

600 g Pfirsiche	kurz in kochendes Wasser tauchen, in kaltem Wasser abschrecken, enthäuten, halbieren, entkernen, einige Kerne aufbrechen, die Kerne mit
50 g Zucker	
5 Eßl. Wasser	zum Kochen bringen, die Pfirsiche hineingeben, zum Kochen bringen, weich kochen
	das Kompott erkalten lassen, mit
Zucker	abschmecken.
	Pro Person: 112 Kalorein = 469 Joule.

Backobst

250 g gemischtes Backobst	waschen, in
$^3/_4$ l Wasser	12–24 Stunden einweichen, mit dem Einweichwasser
Zitronenschale (ungespritzt)	
Stangenzimt	
60 g Zucker	zum Kochen bringen, weich kochen lassen
2 gehäufte Teel.	
Dr. Oetker Gustin	mit
1 Eßl. kaltem Wasser	anrühren, das Kompott damit binden.
	Pro Person: 246 Kalorien = 1029 Joule.

Brombeerkompott

500 g Brombeeren	verlesen, waschen
$^1/_8$ l Wasser	mit
75 g Zucker	zum Kochen bringen, die Brombeeren hineingeben, zum Kochen bringen, weich kochen
	das Kompott erkalten lassen, mit
Zucker	abschmecken.
	Pro Person: 134 Kalorien = 561 Joule.

Getrocknete Pflaumen

250 g Backpflaumen	waschen, in
$^1/_2$ l Wasser	12–24 Stunden einweichen, mit dem Einweichwasser,
30 g Zucker	
1 Stück Stangenzimt	zum Kochen bringen, weich kochen lassen
1 gestrichenen Teel.	
Dr. Oetker Gustin	mit
1 Eßl. kaltem Wasser	anrühren, das Kompott damit binden.
	Pro Person: 186 Kalorien = 778 Joule.

Getrocknete Apfelringe

125 g Apfelringe	waschen, in
$^1/_2$ l Wasser	12–24 Stunden einweichen, mit dem Einweichwasser,
Zitronen- oder Apfelsinenschale (ungespritzt)	
50 g Zucker	zum Kochen bringen, weich kochen
	das Kompott erkalten lassen, evtl. mit
Weißwein	abschmecken
Kochzeit:	Etwa 25 Minuten.
	Pro Person: 137 Kalorien = 573 Joule.

GEDÜNSTETES OBST

Heidelbeerkompott

500 g Heidelbeeren	verlesen, waschen, mit
75 g Zucker	bestreuen
	sobald die Früchte Saft gezogen haben, sie mit
gelber Zitronenschale (ungespritzt)	weich dünsten
	das Kompott erkalten lassen, evtl. mit
Zucker	abschmecken.
	Pro Person: 149 Kalorien = 623 Joule.

Rhabarberkompott

500 g Rhabarber	waschen, in etwa 2 cm lange Stücke schneiden (nicht abziehen), mit
100 g Zucker	bestreuen
	sobald der Rhabarber Saft gezogen hat,
1 Päckchen Dr. Oetker Vanillin-Zucker oder Apfelsinenschale (ungespritzt)	hinzufügen, den Rhabarber weich dünsten
	das Kompott erkalten lassen, evtl. mit
Zucker	abschmecken.
	Pro Person: 126 Kalorien = 527 Joule.

Süß- oder Sauerkirschkompott

500 g Kirschen	waschen, entstielen, entsteinen, mit
125 g Zucker	bestreuen
	sobald die Früchte Saft gezogen haben, sie weich dünsten
	das Kompott erkalten lassen, evtl. mit
Zucker	abschmecken.
	Pro Person: 194 Kalorien = 812 Joule.

Himbeerkompott

500 g Himbeeren	verlesen, mit
50 g Zucker	bestreuen
	sobald die Früchte Saft gezogen haben, sie weich dünsten
	das Kompott erkalten lassen, evtl. mit
Zucker	abschmecken.
	Pro Person: 99 Kalorien = 414 Joule.

Aprikosenkompott

600 g Aprikosen kurze Zeit in kochendes Wasser legen, in kaltem Wasser abschrecken, enthäuten, halbieren, entsteinen, einige Steine aufbrechen, die Kerne zu den Früchten geben, diese mit
75 g Zucker bestreuen
sobald die Früchte Saft gezogen haben, sie weich dünsten
das Kompott erkalten lassen, evtl mit
Zucker abschmecken.

Pro Person: 149 Kalorien = 623 Joule.

Reneklodenkompott

500 g Renekloden waschen, mit einer Nadel mehrmals einstechen (nicht entsteinen)
1/8 l Wasser mit
75 g Zucker zum Kochen bringen, die Renekloden hineingeben, zum Kochen bringen, weich kochen
das Kompott erkalten lassen, evtl. mit
Zucker abschmecken.

Pro Person: 160 Kalorien = 669 Joule.

Erdbeerkompott

500 g Erdbeeren waschen, abtropfen lassen, entstielen, mit
50 g Zucker bestreuen
sobald die Früchte Saft gezogen haben, sie weich dünsten
das Kompott erkalten lassen, evtl. mit
Zucker abschmecken.

Pro Person: 96 Kalorien = 401 Joule.

Bananen

4 Bananen schälen, der Länge nach halbieren
40 g Butter erhitzen, die Bananen darin goldbraun dünsten, nach Belieben mit
Zucker und Zimt bestreuen, warm servieren

Pro Person: 198 Kalorien = 828 Joule.

Johannisbeerkompott

500 g Johannisbeertrauben waschen, die Beeren mit einer Gabel von den Stielen streifen, mit
100 g Zucker bestreuen
sobald die Früchte Saft gezogen haben, sie weich dünsten
das Kompott erkalten lassen, evtl. mit
Zucker abschmecken.

Pro Person: 145 Kalorien = 607 Joule.

GEBACKENES OBST

Puttäpfel
(Bratäpfel)
(Abb. S. 412)

8 Äpfel	waschen, nicht schälen, von der Blütenseite her ausbohren, aber nicht durchstechen die Äpfel in eine flache, gefettete Auflaufform oder auf kleine Teller setzen, mit
25 g Butter *25 g Zucker* *1 Päckchen* *Dr. Oetker Vanillin-Zucker*	füllen, in den Backofen schieben, weich backen die Äpfel nach Belieben mit
Weißwein	begießen
Gas:	3–4
Strom:	200–225
Backzeit:	30–45 Minuten.
	Pro Person: 200 Kalorien = 837 Joule.

Ausgebackene Apfelscheiben
(Für 6 Personen)

750 g saure Äpfel	schälen, mit einem Apfelbohrer das Kerngehäuse ausstechen, die Äpfel in 1 cm dicke Ringe schneiden einen Eierkuchenteig bereiten aus:
250 g Weizenmehl *9 g (3 gestrichene Teel.)* *Dr. Oetker Backpulver Backin* *25 g Zucker* *1 Ei* *etwa ¼ l Milch*	
	die Apfelscheiben in den Teig tauchen, in siedendem
Ausbackfett (Speiseöl, Schweineschmalz oder Kokosfett)	goldgelb backen, auf einem Kuchenrost abtropfen lassen, mit
Zucker und Zimt	bestreuen, warm servieren
Backzeit:	1–2 Minuten.
Veränderung:	Statt der Apfelscheiben Rhabarber- oder Bananenstücke, Aprikosen- oder Pfirsichhälften oder Ananas- oder Birnenscheiben nehmen.
	Pro Person: 436 Kalorien = 1824 Joule.

OBSTAUFLÄUFE

Kirschmichel
(Für 6 Personen)

60 g Butter oder Margarine (z. B. Sanella)	
125 g Zucker	schaumig rühren, nach und nach
1 Päckchen Dr. Oetker Vanillin-Zucker	
3–4 Tropfen Dr. Oetker Backöl Bittermandel	
2 Eier	
150 g Grieß	hinzufügen
125 g Weizenmehl	
9 g (3 gestrichene Teel.) Dr. Oetker Backpulver Backin	mischen, sieben, abwechselnd mit
¼ l Milch	unterrühren
500 g dunkle Süß- oder Sauerkirschen	waschen, entstielen, entsteinen, unter den Teig heben, ihn in eine mit
Butter oder Margarine	gefettete Auflaufform füllen, in den Backofen schieben
Gas:	2–3
Strom:	175–200
Backzeit:	50–60 Minuten.
	Pro Person: 444 Kalorien = 1858 Joule.

Mirabellenauflauf

40 g Butter oder Margarine	zerlassen
4 Scheiben Weißbrot	von beiden Seiten darin goldgelb braten, in eine gut mit
Butter oder Margarine	gefettete Auflaufform legen
750 g Mirabellen	waschen, entstielen, entsteinen, mit
75 g Zucker	bestreuen, auf die Weißbrotscheiben geben
⅛ l Sahne	
3 Eier	
25 g Zucker	
abgeriebene gelbe Schale 1 Zitrone (ungespritzt)	
1 Messerspitze gemahlenen Zimt	verschlagen, über die Mirabellen geben die Auflaufform in den Backofen schieben
Gas:	2–3
Strom:	175–200
Backzeit:	Etwa 1 Stunde.
	Pro Person: 516 Kalorien = 2159 Joule.

Apfelauflauf

500 g Äpfel	schälen, vierteln, entkernen, in Scheiben schneiden
2 Eier	mit
125 g Zucker	schaumig schlagen
1 Eßl. Zitronensaft	hinzufügen
125 g Weizenmehl	
6 g (2 gestrichene Teel.)	
Dr. Oetker Backpulver Backin	mischen, sieben, unterrühren
	den Teig abwechselnd lagenweise mit den Äpfeln in eine mit
Butter oder Margarine	gefettete Auflaufform schichten, die oberste Schicht soll aus Teig bestehen
	die Auflaufform in den Backofen schieben
Gas:	2–3
Strom:	175–200
Backzeit:	Etwa 30 Minuten.
Veränderung:	Statt der Äpfel Heidelbeeren, entsteinte Kirschen oder Zwetschen nehmen.
Beigabe:	Soße, zubereitet mit Dr. Oetker Soßen-Pulver Ohne Kochen Vanille-Geschmack.
	Pro Person: 356 Kalorien = 1490 Joule.

Apfel- oder Birnenauflauf

(Für 6 Personen)

$1\frac{1}{2}$ kg Äpfel oder Birnen	schälen, waschen, vierteln, entkernen, in Scheiben schneiden, mit
100 g Margarine (z. B. Sanella)	
150 g Zucker	
1 Päckchen Dr. Oetker Vanillin-Zucker	
abgeriebener gelber Schale	
1 Zitrone (ungespritzt)	unter Rühren leicht dünsten lassen
$\frac{3}{8}$ l Sahne	
4 Eigelb	verschlagen
4 Eiweiß	steif schlagen, unterheben
12 Zwiebäcke	kurze Zeit in etwas von der Sahnemasse einweichen, mit dem Obst in eine mit
Butter oder Margarine	gefettete Auflaufform schichten
	die oberste Schicht soll aus Zwiebäcken und Sahnecreme bestehen
	die Auflaufform in den Backofen schieben
Gas:	2–3
Strom:	175–200
Backzeit:	50–60 Minuten.
	Pro Person: 687 Kalorien = 2874 Joule.

Kompottauflauf mit Schneehaube

Etwa 1/4 l heiße Milch	mit
5 Tropfen Dr. Oetker Rum-Aroma	mischen
100 g (etwa 9) Zwiebäcke	darin einweichen
etwa 500 g Pflaumenkompott	abtropfen lassen, in eine mit
Butter oder Margarine	gefettete Auflaufform geben, die durchweichten Zwiebäcke dicht nebeneinander darauf legen
	einen Vanillepudding nach der Vorschrift auf dem Päckchen zubereiten aus:
1/2 l Milch	
1 Päckchen Dr. Oetker Pudding-Pulver Vanille-Geschmack	
50 g Zucker	
1 Eigelb	
6 Eßl. kalter Milch oder Wasser	
	den Pudding auf die Zwiebäcke geben
1 Eiweiß	steif schlagen, mit
1 Teel. Zucker	süßen, gleichmäßig auf den Pudding streichen
	die Auflaufform in den Backofen schieben
Gas:	2–3
Strom:	175–200
Backzeit:	15–20 Minuten.
Veränderung:	Anstelle von Pflaumenkompott jedes beliebige andere Kompott verwenden.
	Pro Person: 473 Kalorien = 1979 Joule.

EIERSPEISEN

Eier gehören zum eisernen Bestand in jeder Küche, der nie zu Ende gehen darf. Man braucht sie für Suppen und Soßen, für Kuchen, Puddinge, Aufläufe und Cremespeisen, für Fleischfüllungen und zum Panieren. Kurz, sie werden immer gebraucht.
Außerdem wird man nie über einen unerwarteten Tischgast in Verlegenheit geraten, wenn genügend Eier im Hause sind. Denn neben den vielen Verwendungsmöglichkeiten in anderen Gerichten gibt es unzählige selbständige Eiergerichte, mit denen eine ganze Mahlzeit bestritten werden kann.

Hinzu kommt, daß das Ei – seiner eigentlichen Bestimmung gemäß – alle für den Aufbau eines jungen Organismus notwendigen Stoffe enthält: biologisch vollwertiges Eiweiß, Fett, Mineralstoffe und fast alle Vitamine.

Regeln

1. Eier vor dem Kochen säubern.
2. Eier vorsichtig aufschlagen und prüfen, ob sie gut sind (das einzelne Ei erst in eine Tasse gleiten lassen).
3. Ganze Eier vor dem Einrühren verquirlen oder verschlagen, damit Eiweiß und Eigelb richtig gemischt werden.
4. Bei Verwendung von Eigelb allein, es mit 1 Eßl. Wasser gut verschlagen, dann in die Speise rühren.
5. Legierte Speisen (s. Regeln S. 78, Punkt 3) dürfen nicht mehr kochen, da sonst das Ei gerinnt, die Speise nur vorsichtig erwärmen, am besten im Wasserbad warm halten (S. 363), „Wie bleiben mit Stärke gedickte Nachspeisen steif und Suppen und Soßen dickflüssig?").
6. Beim Schlagen von Eiweiß zu Schnee das Eiweiß sorgfältig vom Eigelb trennen, darauf achten, daß kein Eigelb in das Eiweiß läuft. Auf einem Teller oder in einer Porzellanschüssel das Eiweiß mit einer Gabel (bei kleinen Mengen) oder dem Schneebesen so lange schlagen, bis ein fester Schnee entstanden ist, er darf nicht herausfließen beim Umdrehen des Gefäßes. Eierschnee wird durch Stehen wieder flüssig, deshalb sofort verwenden.
7. Eierschnee lose unterziehen (nicht rühren).
8. Ein übriggebliebenes Eigelb ist, mit Wasser bedeckt, 1–2 Tage haltbar.
9. Sollen Eier für längere Zeit haltbar gemacht werden, so empfiehlt sich das Einlegen in Garantol oder eine zehnprozentige Wasserglaslösung. Hierdurch erleiden die Eier keine Geschmacksverminderung und lassen sich auch zum Schlagen von Eischnee gebrauchen.
10. Das tadellose Ei ist beim Durchleuchten klar und zeigt eine kleine Luftblase. In einer zehnprozentigen Salzlösung sinken frische Eier auf den Boden. Die Eier des Frühjahres sind die schmackhafteren, deshalb sollte man auch seine Vorräte in dieser Jahreszeit einlegen.

ROHE EIER

Ei mit Brühe

1 Ei quirlen oder schlagen, nach und nach in
1 Tasse entfettete Fleisch- oder Gemüsebrühe geben.

97 Kalorien = 405 Joule.

Geschlagenes Ei

1 Ei	mit
etwas Salz oder	
10 g Zucker	schlagen, nach Belieben
1 Eßl. Zitronensaft	unterrühren (als Kräftigungsmittel für Kranke und Genesende geschätzt)
Veränderung:	Das Eiweiß zu Schnee schlagen, mit Eigelb und geschmackgebenden Zutaten verquirlen; z. B. Weinbrand.
	143 Kalorien = 599 Joule.

Ei mit Wein

1 Ei	mit
30 g Zucker	stark schaumig schlagen, nach und nach
1 Glas Rot- oder Weißwein	hinzugießen.
Veränderung:	Anstelle von 1 Ei 2 Eigelb verwenden.
	293 Kalorien = 1226 Joule.

GEKOCHTE EIER

Gekochte Eier

Eier	müssen frisch und sauber sein
Wassermenge	muß reichlich bemessen sein, damit sie nicht zu sehr abkühlt, sehr kalte Eier in lauwarmem Wasser vorwärmen, damit die Schalen beim Einlegen in das kochende Wasser nicht platzen die fertigen Eier kurze Zeit in kaltes Wasser legen, damit sie nicht nachhärten und sich später besser pellen lassen
Kochzeit:	Weiche Eier 3–4 Minuten, pflaumenweiche 4–5 Minuten, harte Eier 8–10 Minuten.
	1 Ei = etwa 60 g = 88 Kalorien = 368 Joule.

Russische Eier

Hartgekochte Eier	pellen, der Länge nach halbieren das Eigelb vorsichtig herausnehmen, durch ein Sieb streichen, mit
Salatöl, Zitronensaft	
Senf, Salz	zu einer geschmeidigen Masse verrühren, in die Eierhälften spritzen, auf
Salatblättern	anrichten, mit
Sardellen oder Gurkenstreifen	garnieren
Mayonnaise	dazureichen.
Veränderung:	Unter die Eigelbfüllung gedünstete, feingeschnittene Pilze, Tomatenmark, feingewiegte grüne Kräuter, feingehackte Sardellen oder feingehackten rohen Schinken rühren, mit Salz abschmecken.
	1 Ei = etwa 60 g = 88 Kalorien = 368 Joule.

Verlorene Eier

1 l Wasser	
Salz	
2 Eßl. Essig-Essenz	zum Kochen bringen
4–6 Eier	einzeln in einer Kelle aufschlagen, vorsichtig in das kochende Wasser geben (bei Gas die Flamme klein stellen, bei Strom die Kochplatte auf Stufe 0 schalten)
	die garen Eier mit einem Schaumlöffel herausnehmen, kurz in kaltes Wasser halten, ringsherum zu einer hübschen Form beschneiden
Kochzeit:	3–4 Minuten.

Verlorene Eier als Einlage für Suppen, auf gerösteten Brotscheiben als Vorspeise, mit verschiedenen Soßen als selbständiges Gericht reichen.

1 Ei = etwa 60 g = 88 Kalorien = 368 Joule.

Eier in kalter Soße

6–8 Eier =
1 Rezept Senfsoße (S. 89)
1 Rezept Mayonnaise (S. 87)
1 Rezept Remouladensoße (S. 90)
1 Rezept Teufelssoße (S. 89)

Die gekochten oder verlorenen Eier auf gerösteten Brotscheiben, in ausgehöhlten Tomatenhälften oder auf grünen Salatblättern anrichten, mit einer der Soßen übergießen.

1 Ei = etwa 60 g = 88 Kalorien = 368 Joule.

Soleier

Frische Eier	hart kochen, ringsherum die Schale leicht anknicken
	die Eier mindestens 24 Stunden in so starkes
Salzwasser	legen, daß sie darin schwimmen
	die Eier können 6–8 Tage darin aufgehoben werden
Kochzeit:	10 Minuten.

1 Ei = etwa 60 g = 88 Kalorien = 368 Joule.

Eier in warmer Soße

4–8 Eier =
½ l Bechamelsoße (S. 81)
½ l Tomatensoße (S. 80)
½ l Champignonsoße (S. 80)
½ l Senfsoße (S. 79)
½ l Specksoße (S. 86)

Zu den vorstehenden Gerichten nach Belieben sowohl gekochte als auch verlorene Eier verwenden.

Verlorene Eier ganz lassen, gekochte in Hälften oder Viertel schneiden, die Eier in eine flache Schüssel legen, mit der warmen Soße übergießen, garnieren.

1 Ei = etwa 60 g = 88 Kalorien = 368 Joule.

GESTOCKTE UND GERÜHRTE EIER

Rührei

4 Eier
4 Eßl. Milch
Salz — verschlagen
30 g Butter oder Margarine — zerlassen, die Eiermilch hineingeben
sobald die Masse zu stocken beginnt, sie mit einem Löffel strichweise vom Boden der Pfanne losrühren, so lange weiter erhitzen, bis keine Flüssigkeit mehr vorhanden ist
Rührei muß weich und großflockig, aber nicht trocken sein
Gerinnungszeit: Etwa 5 Minuten.
Veränderung: Rührei ohne Fett im Wasserbad wie Eierstich (S. 71) zubereiten (Diät).

Pro Person: 158 Kalorien = 661 Joule.

Rührei mit Speck oder Schinken

4 Eier
4 Eßl. Milch, Salz — verschlagen
50 g durchwachsenen Speck — in kleine Würfel schneiden, auslassen, wenn er hellgelb ist, die Eiermilch dazugeben
sobald die Masse zu stocken beginnt, sie mit einem Löffel strichweise vom Boden der Pfanne losrühren, so lange weiter erhitzen, bis keine Flüssigkeit mehr vorhanden ist
Rührei muß weich und großflockig, aber nicht trocken sein
Gerinnungszeit: Etwa 5 Minuten.
Veränderung: Anstelle von durchwachsenem Speck Schinken verwenden.

Pro Person: 184 Kalorien = 770 Joule.

Rührei mit Spargel

4 Eier
4 Eßl. Milch, Salz — verschlagen
100 g Spargelstückchen (aus der Dose) — abtropfen lassen
30 g Margarine (z. B. Sanella) — zerlassen, die Spargelstückchen hineingeben, die Eiermilch darüber gießen, sobald die Masse zu stocken beginnt, sie mit einem Löffel strichweise vom Boden der Pfanne losrühren, so lange weiter erhitzen, bis keine Flüssigkeit mehr vorhanden ist

bitte umblättern

	Rührei muß weich und großflockig, aber nicht trocken sein
Gerinnungszeit:	Etwa 5 Minuten.
	Pro Person: 163 Kalorien = 682 Joule.

Rührei mit Schnittlauch

4 Eier	
4 Eßl. Milch, Salz	verschlagen
1 Eßl. feingeschnittenen Schnittlauch	dazugeben
30 g Margarine (z. B. Sanella)	zerlassen, die Eiermilch hineingeben
	sobald die Masse zu stocken beginnt, sie mit einem Löffel strichweise vom Boden der Pfanne losrühren, so lange weiter erhitzen, bis keine Flüssigkeit mehr vorhanden ist
	Rührei muß weich und großflockig, aber nicht trocken sein
Gerinnungszeit:	Etwa 5 Minuten.
	Pro Person: 158 Kalorien = 661 Joule.

Rührei mit Tomaten

4 Eier	
4 Eßl. Milch, Salz	verschlagen
30 g Margarine (z. B. Sanella)	zerlassen, die Eiermilch hineingeben, etwas stocken lassen
2–3 Tomaten	waschen, in Scheiben schneiden, in das halbfertige Rührei legen
	das Rührei strichweise vom Boden der Pfanne losrühren, so lange weiter erhitzen, bis keine Flüssigkeit mehr vorhanden ist
	Rührei muß weich und großflockig, aber nicht trocken sein
Gerinnungszeit:	Etwa 5 Minuten.
	Pro Person: 166 Kalorien = 695 Joule.

Gestürzte Eier

60 g gekochten Schinken	fein schneiden, mit
40 g geriebenem Käse	mischen
	4 Tassen oder Förmchen gut mit
Butter oder Margarine	ausstreichen
4 Eier	aufschlagen, in jede Tasse 1 Ei geben, die Schinken-Käsemasse darauf füllen
	die Förmchen mit
Dr. Oetker alufolie	abdecken, in heißes, aber nicht kochendes Wasser stellen, stocken lassen (bei Strom die Förmchen in kaltes Wasser setzen, die Platte, bis das Wasser kocht, auf Stufe 3 schalten, dann 5 Minuten auf Stufe 1, anschließend auf Stufe 0, bis die Eiermasse fest ist)
Gerinnungszeit:	Etwa 30 Minuten.
	Pro Person: 187 Kalorien = 782 Joule.

Spiegeleier mit gedünstetem Gemüse, Rezept Seite 323

GEBRATENE EIER

Spiegeleier

30 g Butter oder Margarine	zerlassen
4 Eier	vorsichtig aufschlagen, nebeneinander in das Fett gleiten lassen, mit
Salz	bestreuen, so lange erhitzen, bis sie fest sind
	sehr gut eignen sich zum Braten Pfannen aus feuerfestem Porzellan oder Jenaer Glas, in denen man die Spiegeleier auch zu Tisch gibt
	sollen Spiegeleier auf Spinat, Brotscheiben oder Tomaten angerichtet werden, sie mit einem Glas oder einem Blechrand rund ausstechen
Bratzeit:	Etwa 5 Minuten.
Veränderung:	Die Eier auf einen Teller schlagen, auf Wasserdampf gerinnen lassen (Diät).
	Pro Person: 148 Kalorien = 619 Joule.

Spiegeleier mit gedünstetem Gemüse
(Abb. S. 321)

3 Zwiebeln	abziehen, in Ringe schneiden
1 rote Paprikaschote	halbieren, entstielen, entkernen, die weißen Scheidewände entfernen, die Paprikaschote waschen, in Streifen schneiden
1 große Dose (480 g) Delikateßbohnen	abtropfen lassen
20 g Butter	zerlassen, Zwiebelringe, Paprikastreifen darin andünsten, die Bohnen hinzufügen, mit
Salz, Pfeffer, Basilikum	würzen, das Gemüse dünsten lassen
20 g Butter oder Margarine	zerlassen
8 dünne Scheiben durchwachsenen Speck	darin von beiden Seiten anbraten
8 Eier	vorsichtig aufschlagen, auf die Speckscheiben geben, mit Salz,
Paprika edelsüß	bestreuen, so lange erhitzen, bis die Eier fest sind
4 Scheiben Weißbrot	toasten, nebeneinander auf eine Platte legen, Speck mit Spiegeleiern darauf anrichten, mit dem Gemüse umlegen
Dünstzeit für das Gemüse:	Etwa 10 Minuten
Gerinnungszeit für die Eier:	Etwa 5 Minuten.
	Pro Person: 596 Kalorien = 2494 Joule.

Spiegeleier auf Schinken oder Speck

40 g Schinkenscheiben	anbraten (evtl. etwas Fett hinzufügen)
4 Eier	nebeneinander darauf schlagen, mit
Salz	bestreuen, so lange erhitzen, bis sie fest sind
Bratzeit:	Etwa 5 Minuten.
Veränderung:	Anstelle von Schinken durchwachsenen Speck verwenden.
	Pro Person: 131 Kalorien = 548 Joule.

EIERKUCHEN

Eierkuchen, goldgelb

225 g Weizenmehl	
1 Päckchen	
Dr. Oetker Soßen-Pulver	
Vanille-Geschmack	
6 g (2 gestrichene Teel.)	
Dr. Oetker Backpulver Backin	in eine Schüssel sieben, in die Mitte eine Vertiefung eindrücken
3 Eigelb	
Salz	
Zucker	mit
½ l Milch	verschlagen, etwas davon in die Vertiefung geben, von der Mitte aus Eigelbmilch und Mehl verrühren, nach und nach die übrige Eigelbmilch dazugeben, darauf achten, daß keine Klumpen entstehen
3 Eiweiß	steif schlagen, zuletzt unter den Teig heben
	etwas von
100 g Fett	in einer Stielpfanne zerlassen, eine dünne Teiglage hineingeben, von beiden Seiten goldgelb backen
	bevor der Eierkuchen gewendet wird, etwas Fett auf die ungebackene Seite legen
	die fertigen Eierkuchen mit
Zucker	bestreuen.
Beigabe:	Kompott oder Salat.
	Pro Person: 604 Kalorien = 2527 Joule.

Gefülltes Omelett

(Für 2 Personen)

3 Eier	
Salz	
1 Eßl. Milch	verschlagen
etwa 30 g Butter oder Margarine	zerlassen, die Eier hineingeben (Pfanne mit einem Deckel schließen), langsam stocken lassen, die untere Seite muß bräunlich gebacken sein, die obere weich bleiben
	für die Füllung
gare Pilze, Spargelstückchen, Erbsen oder gehackte Braten- oder Geflügelreste	erhitzen, auf die eine Hälfte des Omeletts geben, die andere Hälfte darüber klappen
oder	das Omelett mit
Gelee oder Konfitüre	füllen
Backzeit:	Etwa 5 Minuten.
	Pro Person: 256 Kalorien = 1071 Joule ohne Füllung.

Omelett

3 Eier	
Salz	
1 Eßl. Milch	verschlagen
etwa 30 g Margarine	
(z. B. Sanella)	zerlassen, die Eier hineingeben (Pfanne mit einem Deckel schließen), langsam gerinnen lassen, die untere Seite muß bräunlich gebacken sein, die obere weich bleiben, die Hälften nach der Mitte zu übereinanderschlagen
	das Omelett auf eine vorgewärmte Platte gleiten lassen, evtl. mit
Puderzucker	bestäuben
	das Omelett erst kurz vor dem Anrichten zubereiten
Backzeit:	Etwa 5 Minuten.
	Pro Person: 256 Kalorien = 1071 Joule.

Eierkuchen mit Obst

Etwa 1 kg mürbe Äpfel	schälen, vierteln, entkernen, in Scheiben schneiden
225 g Weizenmehl	
1 Päckchen	
Dr. Oetker Soßen-Pulver	
Vanille-Geschmack	
6 g (2 gestrichene Teel.)	
Dr. Oetker Backpulver Backin	in eine Schüssel sieben, in die Mitte eine Vertiefung eindrücken
3 Eigelb	
Salz	
Zucker	mit
½ l Milch	verschlagen, etwas davon in die Vertiefung geben, von der Mitte aus Eigelbmilch und Mehl verrühren, nach und nach die übrige Eigelbmilch dazugeben, darauf achten, daß keine Klumpen entstehen
3 Eiweiß	steif schlagen, zuletzt unter den Teig heben
	etwas von
100 g Fett	in einer Stielpfanne zerlassen, eine dünne Teiglage hineingeben, einen Teil der Apfelscheiben darauf legen, den Eierkuchen von beiden Seiten goldgelb backen
	bevor der Eierkuchen gewendet wird, etwas Fett auf die ungebackene Seite legen
	die fertigen Eierkuchen mit
Zucker	bestreuen.
Veränderung:	Anstelle von Äpfeln Bananen, Kirschen, Pflaumen oder Heidelbeeren verwenden.
	Pro Person: 734 Kalorien = 3071 Joule.

Crêpes „Suzette“
(Für 6 Personen)

100 g Weizenmehl	
30 g Zucker	mischen, nach und nach mit
2 Eiern, 1/4 l Milch	verrühren
20 g Butter	zerlassen, unterrühren
60 g Butter	in einem Töpfchen zerlassen
	eine Stielpfanne (Durchmesser 16–18 cm) erhitzen, mit etwas von der Butter auspinseln, eine dünne Teiglage hineingeben, von beiden Seiten goldgelb backen, aufrollen (aus dem restlichen Teig dünne Crêpes auf die gleiche Weise zubereiten)
2 ungespritzte Apfelsinen	waschen, abtrocknen, mit den Ecken von
10 Stück Würfelzucker	die Apfelsinenschale abreiben
60 g Butter	in einer Stielpfanne (Flambierpfanne) erhitzen
	den Würfelzucker,
50 g Zucker	darin auflösen, bräunen lassen
2 Eßl. Zitronensaft	
1/8 l Apfelsinensaft	
(von etwa 5 Apfelsinen)	hinzufügen, erhitzen
	die aufgerollten Crêpes hineinlegen, ebenfalls erhitzen, ab und zu mit der Flüssigkeit begießen, mit
3 Eßl. Grand Marnier	flambieren, die Crêpes „Suzette“ sofort servieren.
	Pro Person: 400 Kalorien = 1674 Joule.

Schaumomelett
(Für 2 Personen)

3 Eigelb	
abgeriebene gelbe Schale einer halben Zitrone (ungespritzt)	
1 1/2 Eßl. Zitronensaft	
30 g Zucker	schaumig schlagen
3 Eiweiß	steif schlagen, auf die Eigelbcreme geben
1 gehäuften Teel.	
Dr. Oetker Gustin	darüber sieben, beides unter die Eigelbcreme heben
etwa 30 g Butter oder Margarine	in einer nicht zu kleinen Stielpfanne zerlassen, den Teig hineingeben (evtl. 2 Omeletts backen), Pfanne mit einem Deckel schließen
	den Teig von unten goldgelb backen
	das Omelett zur Hälfte übereinanderklappen oder es vorher mit
Preiselbeerkompott	
oder Konfitüre	füllen, mit
Puderzucker	bestäuben
Backzeit:	Etwa 10 Minuten.
Veränderung:	Etwa 1 Eßl. Weinbrand unter das Kompott oder die Konfitüre rühren.
	Pro Person: 323 Kalorien = 1351 Joule.

Gefüllte Eierkuchen, salzig

	Für Füllung I
50 g Margarine (z. B. Sanella)	zerlassen
500 g geputzte, in Scheiben geschnittene Pilze	darin andünsten
1/8 l Gemüsekochwasser	hinzufügen, zum Kochen bringen
15 g Dr. Oetker Gustin	mit
4 Eßl. Sahne	anrühren, das Gemüse damit binden, mit
Salz	abschmecken
gehackte Petersilie	unterrühren, das Gemüse warm stellen
oder	für Füllung II
1 Zwiebel	abziehen
200 g roher Schinken	
200 g gekochter Schinken	
	die Zutaten fein würfeln, rohen Schinken und Zwiebel so lange erhitzen, bis das Fett etwas ausgebraten ist
1/4 l Wasser	und den gekochten Schinken hinzufügen, zum Kochen bringen
20 g Dr. Oetker Gustin	mit
4 Eßl. Sahne	anrühren, den Schinken damit binden, warm stellen
	für den Teig
250 g Weizenmehl	
3 g (1 gestrichener Teel.) Dr. Oetker Backpulver Backin	in eine Schüssel sieben, in die Mitte eine Vertiefung eindrücken
3 Eigelb	
Salz	mit
3/8 l Milch	verschlagen, etwas davon in die Vertiefung geben, von der Mitte aus Eigelbmilch und Mehl verrühren, nach und nach die übrige Eigelbmilch dazugeben, darauf achten, daß keine Klumpen entstehen
3 Eiweiß	steif schlagen, zuletzt unter den Teig heben
	etwas von
100 g Fett	in einer Stielpfanne zerlassen, eine dünne Teiglage hineingeben, von beiden Seiten goldgelb backen bevor der Eierkuchen gewendet wird, etwas Fett auf die ungebackene Seite legen damit die Eierkuchen vor dem Füllen nicht kalt werden, sie warm stellen, bis der gesamte Teig gebacken ist die fertigen Eierkuchen mit einer der Füllungen bestreichen, abwechselnd aufeinanderlegen.
Beigabe:	Grüner Salat.
Veränderung:	Anstelle von Pilzen Blumenkohl, Erbsen, Möhren, Spargel oder gemischtes Gemüse verwenden.

Pro Person: 776 Kalorien = 3247 Joule mit Pilzfüllung.
Pro Person: 999 Kalorien = 4180 Joule mit Schinkenfüllung.

EIERAUFLÄUFE

Pfitzauf

75 g Weizenmehl	
50 g Dr. Oetker Gustin	mischen, in eine Schüssel sieben, in die Mitte eine Vertiefung eindrükken
3 Eier	
Salz	
1/4 l Milch	verschlagen, etwas davon in die Vertiefung geben, von der Mitte aus Eiermilch und Mehl-Gustin-Gemisch verrühren, nach und nach die übrige Eiermilch,
25 g zerlassene Butter oder Margarine	dazugeben, darauf achten, daß keine Klumpen entstehen die mit
Butter oder Margarine	gefetteten Pfitzaufformen halbvoll mit Teig füllen, mit dem Rost auf den Boden des Backofens schieben
Gas:	3–4
Strom:	175–200
Backzeit:	Etwa 35 Minuten.
Beigabe:	Birnensuppe oder Suppe aus getrockneten Pflaumen.
	Pro Person: 289 Kalorien = 1209 Joule.

Apfelauflauf

500 g Äpfel	waschen, schälen, vierteln, entkernen, reiben
4 Eigelb	mit
100 g Zucker	schaumig schlagen, das Obst mit
20 g Dr. Oetker Gustin	unter die Eigelbcreme rühren
4 Eiweiß	steif schlagen, unterheben die Masse bergförmig auf eine gefettete ovale feuerfeste Platte füllen, in den Backofen schieben
Gas:	3–4
Strom:	175–200
Backzeit:	25–35 Minuten den Auflauf nach dem Backen mit
Puderzucker	bestäuben, sofort servieren.
Veränderung:	Anstelle von Äpfeln Aprikosen oder Erdbeeren verwenden.
	Pro Person: 288 Kalorien = 1205 Joule.

MILCH- UND QUARKSPEISEN

Milch ist ein vollkommenes Nahrungsmittel und zudem noch preiswert. In einem Liter Kuhmilch sind etwa 35 g Eiweiß, 30–40 g Fett, 45 g Milchzucker, reichlich Mineralsalze und vor allem wichtige Vitamine enthalten. Ihre vielseitige Verwendbarkeit aller aus ihr hergestellten Erzeugnisse bieten so viele Abwechslungsmöglichkeiten, daß sie viel häufiger in den Speiseplan aufgenommen werden sollte.

Ob sie nun in Form von Milchmixgetränken, als köstliche Süßspeise oder Kaltschale gereicht wird, immer bildet die Milch eine Grundlage für wohlschmeckende, erfrischende, für leichte oder auch für sättigende Gerichte.

Neben der Vollmilch – so bezeichnet man die Milch in der natürlichen, unveränderten Zusammensetzung – gibt es die entrahmte, die Magermilch. Sie wird hauptsächlich zur Quark-(Topfen-)Bereitung verwendet. Die Buttermilch, besonders im Sommer zu empfehlen wegen ihrer erfrischenden Säure, ist die bei der Butterbereitung zurückbleibende Flüssigkeit. Sie wirkt anregend auf die Verdauungsorgane, sie enthält (ausgenommen das Fett) fast alle Bestandteile an Eiweiß, Milchzucker und Mineralstoffen – wie die Vollmilch. Sie ist ein leichtverdauliches Nahrungsmittel, das sich vorzüglich zur Bereitung von Suppen eignet, die mit Brot oder Getreideerzeugnissen hergestellt werden. Darüber hinaus läßt sie sich aber auch als Zusatz zu Soßen, Fleisch- und Mehlspeisen verwenden. Mit Obstsäften gemischt, wird sie zu einem köstlichen Getränk, das sicher auch ein Milchgegner nicht verschmähen wird.
Joghurt hat eine ähnliche Wirkung wie Buttermilch. Es entsteht durch Zusatz von Hefepilzen, die den Milchzucker vergären. Man kann Joghurt (ebenso wie Sauermilch oder Dickmilch) mit Zucker, Beerenobst und Konfitüre anreichern. Sauermilch schmeckt aber auch gut zu Schwarzbrot oder zu Pellkartoffeln. Nur in seiner Form hat sich der Quark (Topfen) scheinbar von der Milch entfernt. Da er über 20% Milcheiweiß enthält, stellt er ein hochwertiges Nahrungsmittel dar, das überdies leicht verdaulich ist und durch seinen geringen Eigengeschmack große Verwendungsmöglichkeiten bietet. Quark wird aus der verdickten Magermilch gewonnen. Vermischt mit Kräutern, Wurzeln, Tomaten usw. wird er zum abwechslungsreichen Brotaufstrich. Er läßt sich zu Süßspeisen verwenden, zu Aufläufen und Gebäcken. Er ist auch – nur mit Milch und Gewürzen angerührt – die seit alters her beliebte Zuspeise zu Pellkartoffeln oder Schwarzbrot.
Die meisten Milcherzeugnisse sowie die Milch selbst gehen heute im allgemeinen durch die Molkereien. Sie wird dort kurze Zeit auf ungefähr 70° erhitzt (pasteurisiert), um eventuelle Krankheitserreger abzutöten, ohne dabei die Vitamine zu schädigen. Die Haltbarkeit der Milch ist um so größer, je tiefer die Aufbewahrungstemperatur ist. Da bei einer Zimmertemperatur von über 15° eine schnelle Säuerung vor sich geht, sollte man darauf achten, daß Milch immer kühl aufbewahrt wird. Besonders dazu geeignet ist der Kühlschrank, aber auch der Keller und kühles Wasser sind geeignete Aufbewahrungsorte.
Molkereimäßig behandelte Milch braucht vor dem Genuß nicht aufgekocht zu werden. Ist das Aufkochen jedoch erforderlich, da geeignete Kühlgelegenheiten nicht vorhanden sind, so soll die erhitzte Milch durch Einstellen in kaltes Wasser unter gleichzeitigem Umrühren so schnell wie möglich abgekühlt und an einem kühlen, dunklen Ort aufbewahrt werden. Milchflaschen wie überhaupt alle Gefäße, in denen Milch enthalten war, müssen sofort nach ihrer Entleerung gründlich mit Wasser ausgespült werden, weil sich sonst die Milchreste zersetzen und so fest an den Wandungen haften bleiben, daß sie nur sehr schwer wieder zu entfernen sind.

Regeln

1. Molkereimäßig behandelte Milch braucht vor dem Genuß nicht aufgekocht zu werden.
2. Soll Milch länger aufbewahrt und kann nicht kühl gestellt werden (Kühlschrank, Keller, kühles Wasser), ist ein Aufkochen vor der Verwendung erforderlich.
3. Zum Milchkochen möglichst immer den gleichen Topf mit glatter Innenfläche (Teflon) benutzen. Milch brennt nicht an, wenn die Milch während der Erwärmung umgerührt oder der Topf vor dem Einfüllen mit klarem Wasser ausgespült wird.
4. Wird die Milch auf der Gasflamme zum Kochen gebracht, so stellt man die Flamme so groß wie möglich. Bei der Elektrokochplatte wird sie auf Stufe 3 erhitzt, bis sie Haut zieht, dann läßt man sie auf der ausgeschalteten Platte aufkochen.
5. Nach dem Aufkochen die Milch in kaltes Wasser stellen, ständig umrühren, damit sie möglichst schnell abkühlt.
6. Gekochte Milch soll möglichst kühl aufbewahrt werden, nicht in die Sonne stellen, da sie sich dann geschmacklich verändert. Besonders an gewitterschwülen Tagen kühl und dunkel aufbewahren.

I. MILCHGETRÄNKE	siehe Abschnitt „Getränke" S. 355
II: MILCHSUPPEN	siehe ab S. 60
III. MILCHSOSSEN	siehe Abschnitt „Süße Soßen" S. 93
IV. MILCHBREIE	siehe Abschnitt „Breie" S. 338
V. MILCHSÜSS-SPEISEN	siehe Abschnitt „Süßspeisen" S. 363

QUARK ALS BROTAUFSTRICH

Liptauer Käse

50 g Margarine (z. B. Sanella) schaumig rühren
250 g Speisequark unterrühren
1 kleine Zwiebel abziehen, reiben
1 Teel. Senf
die beiden Zutaten zu der Quarkmasse geben, mit
Salz
Paprika edelsüß abschmecken
aus der Masse Bällchen formen oder den Quark mit 2 Teelöffeln auf
Salatblätter setzen, mit Paprika bestreuen.
Veränderung: Geriebenen Schweizer Käse, feingehackte Essiggurken oder feingewiegten Hering (Sardelle) unter den Quark rühren.

Gesamtmenge: 619 Kalorien = 2590 Joule.

Weißer Quark
(Abb. S. 554)

250 g Speisequark, Magerstufe	mit
4–6 Eßl. Milch	verrühren, mit
Salz	abschmecken, schaumig rühren.
Veränderung:	1–2 Eßl. feingeschnittenen Schnittlauch oder gemischte Kräuter unter den Quark rühren. Anstelle von Milch Sahne verwenden.
	Gesamtmenge: 258 Kalorien = 1079 Joule.

Tomatenquark
(Abb. S. 554)

250 g Speisequark, Magerstufe	mit
3–4 Eßl. Milch	
2 Eßl. Tomatenmark	verrühren
1 kleine Zwiebel	abziehen, würfeln, hinzufügen den Quark mit
Salz	abschmecken, schaumig rühren.
Veränderung:	Anstelle von Milch Sahne verwenden.
	Gesamtmenge: 296 Kalorien = 1288 Joule.

Kümmelquark
(Abb. S. 554)

250 g Speisequark, Magerstufe	mit
3–4 Eßl. Milch	
1 Eßl. Kümmel	verrühren, mit
Salz	abschmecken, schaumig rühren.
Veränderung:	Anstelle von Kümmel nach Geschmack geriebene Zwiebel, geriebene Rote Beete, gehackte Krabben, feingewiegten Räucherfisch oder feingehackte Schinkenreste nehmen, statt Milch Sahne verwenden.
	Gesamtmenge: 249 Kalorien = 1042 Joule.

Paprikaquark

250 g Speisequark, Magerstufe	mit
3–4 Eßl. Milch	verrühren, mit
Salz	
Paprika edelsüß	abschmecken, schaumig rühren.
Veränderung:	Anstelle von Milch Sahne verwenden.
	Gesamtmenge: 249 Kalorien = 1042 Joule.

QUARK ZUM MITTAG UND ZUM ABENDBROT

Quarkpüfferchen

40 g Butter oder Margarine	schaumig rühren, nach und nach
60 g Zucker	
2 Eier	
einige Tropfen Dr. Oetker Backöl Bittermandel oder Zitrone	
1 Teel. Salz	
500 g Speisequark, Magerstufe	hinzufügen
250 g Weizenmehl	
9 g (3 gestrichene Teel.) Dr. Oetker Backpulver Backin	mischen, sieben, eßlöffelweise unterrühren
125 g Korinthen	waschen, gut abtropfen lassen, zuletzt unter den Teig rühren etwas von
80 g Fett	erhitzen, den Teig eßlöffelweise in die Pfanne geben, flachdrücken, die Püfferchen von beiden Seiten braun backen, mit
Zucker	bestreuen
Backzeit:	Etwa 6 Minuten.
	Pro Person: 793 Kalorien = 3318 Joule.

Quarkauflauf mit Obst

500 g Äpfel	schälen, vierteln, entkernen, in feine Scheiben schneiden, mit dem
Saft einer Zitrone	und etwas von
125 g Zucker	mischen, gut durchziehen lassen
500 g Speisequark	nach und nach mit dem restlichen Zucker,
3 Eigelb	verrühren
60 g Dr. Oetker Gustin	
6 g (2 gestrichene Teel.) Dr. Oetker Backpulver Backin	mischen, sieben, zusammen mit den Früchten unter die Quarkcreme rühren
3 Eiweiß	steif schlagen, zuletzt unter die Quarkmasse heben, in eine mit
Butter oder Margarine	gefettete Auflaufform füllen, mit
2 Eßl. Semmelmehl	bestreuen
Butter	in Flöckchen darauf setzen
	die Auflaufform in den Backofen schieben
Gas:	3–4
Strom:	175–200
Backzeit:	50–60 Minuten.
Veränderung:	Anstelle von Äpfeln Sauerkirschen verwenden.
	Pro Person: 469 Kalorien = 1962 Joule.

Pellkartoffeln mit Quark

1 kg Kartoffeln	waschen, mit Wasser zum Kochen bringen, gar kochen lassen, abgießen, pellen
	für den Quark
500 g Speisequark, Magerstufe	
gut 1/8 l Milch oder Sahne	verrühren, mit
Salz	
Pfeffer	abschmecken, schaumig rühren, nach Belieben mit
Tomaten	
Radieschen	anrichten.
	Pro Person: 393 Kalorien = 1644 Joule.

Quarkschmarren
(Für 2 Personen)

250 g Speisequark, Magerstufe	mit
2 Eiern	
1/8 l Milch	
125 g gesiebtem Weizenmehl	
Salz	verrühren
	etwas von
60 g Fett	erhitzen, den Teig jeweils 1 cm dick hineingeben, auf der Unterseite hellgelb backen den Eierkuchen mit 2 Gabeln in kleine Stücke zerreißen, diese unter häufigem Wenden gut bräunen, mit
Zucker und Zimt	bestreuen
Backzeit:	6–8 Minuten.
	Pro Person: 751 Kalorien = 3142 Joule.

Quarkklöße

100 g Margarine (z. B. Sanella)	schaumig rühren, nach und nach
50 g Zucker	
3 Eier	
1 Teel. Salz	
750 g gut ausgepreßten Speisequark, Magerstufe	
75 g Semmelmehl	hinzugeben
300 g Weizenmehl	
6 g (2 gestrichene Teel.)	
Dr. Oetker Backpulver Backin	mischen, sieben, die Hälfte davon unterrühren, den Rest unterkneten sollte der Teig kleben, noch etwas Mehl hinzufügen, aus der Masse mit

	bemehlten Händen Klöße formen, in
kochendes Salzwasser	geben, zum Kochen bringen, gar ziehen lassen (Wasser muß sich leicht bewegen)
	die Klöße mit
50 g gebräunter Butter	
Zucker und Zimt	anrichten.
Garzeit:	20–30 Minuten.
	Pro Person: 922 Kalorien = 2602 Joule.

QUARK ALS SÜSS-SPEISE

Quarkcreme
mit Gelatine

3 gestrichene Teel. Dr. Oetker Gelatine gemahlen, weiß	mit
3 Eßl. kaltem Wasser	anrühren, 10 Minuten zum Quellen stehenlassen, unter Rühren erwärmen, bis sie gelöst ist
3 Eigelb	nach und nach mit
75 g Zucker	
250 g Speisequark, Magerstufe	schaumig schlagen
Saft einer Zitrone	hinzufügen, zunächst 3 Eßl. davon mit der Gelatinelösung verrühren, unter die übrige Speise schlagen, kalt stellen
3 Eiweiß	steif schlagen, unter die dickliche Speise heben.
	Pro Person: 512 Kalorien = 2142 Joule.

Erdbeerquark

250 g Erdbeeren	waschen, abtropfen lassen, entstielen, mit
250 g Speisequark	im Mixer pürieren (einige Erdbeeren zum Garnieren zurücklassen), mit
50 g Zucker	
Zitronensaft	
oder 1 Päckchen	
Dr. Oetker Vanillin-Zucker	abschmecken
	die Speise in eine Glasschale füllen, mit den zurückgelassenen Erdbeeren garnieren.
Veränderung:	1. Statt der Erdbeeren Himbeeren, Brombeeren oder Preiselbeeren verwenden
	2. Dr. Oetker Quarkfein verwenden.
	Pro Person: 127 Kalorien = 531 Joule.

Quark-Sahnecreme

2 gestrichene Teel. Dr. Oetker Gelatine gemahlen, weiß	mit
4 Eßl. kaltem Wasser	anrühren, 10 Minuten zum Quellen stehenlassen, unter Rühren erwärmen, bis sie gelöst ist
250 g Speisequark	nach und nach mit
1/8 l Milch	
100 g Zucker	
abgeriebener gelber Zitronenschale (ungespritzt)	
Saft einer halben Zitrone	verrühren, zunächst 3 Eßl. davon mit der Gelatinelösung verrühren, unter die übrige Speise schlagen
1/8 l Sahne	steif schlagen, mit
1 Päckchen Dr. Oetker Vanillin-Zucker	süßen, unter die Quarkmasse heben
	die Creme in eine Glasschale füllen, kalt stellen, damit sie fest wird, mit
roten Kirschen	garnieren.
Veränderung:	Die Creme über 500 g beliebiges, gezuckertes weiches Obst geben.
	Pro Person: 281 Kalorien = 1176 Joule.

Stippmilch oder Makai

250 g Speisequark, Magerstufe	mit
1/8 l Milch	
40 g Zucker	
1 Päckchen Dr. Oetker Vanillin-Zucker	verrühren
1/8 l Sahne	steif schlagen, unterheben.
Veränderung:	Den Quark ohne Vanillin-Zucker zubereiten, ihn dafür mit Zucker und Zimt bestreuen.
	Pro Person: 216 Kalorien = 904 Joule.

Quarkschaum

2 Eigelb	nach und nach mit
30 g Zucker	
1 Päckchen Dr. Oetker Vanillin-Zucker	
250 g Speisequark, Magerstufe	schaumig schlagen
2 Eiweiß	steif schlagen, unterheben.
Veränderung:	Statt des Vanillin-Zuckers einige Tropfen Dr. Oetker Rum-Aroma verwenden.
	Pro Person: 138 Kalorien = 577 Joule.

GERICHTE AUS GETREIDEERZEUGNISSEN

Nicht nur unser tägliches Brot verdanken wir dem Getreide, sondern auch viele schmackhafte Mittags- und Abendbrotgerichte. Reis, Mais, Nudeln, Grieß, Haferflocken und Graupen bieten sich zur vielfältigen Zubereitung an, ganz abgesehen von dem Mehl, das wir als vielseitige Zutat aus der Küche überhaupt nicht fortdenken können.

Getreideerzeugnisse gestatten der Hausfrau eine Fülle von Verwendungsmöglichkeiten, in jeder Form sind sie nahrhaft und sättigend. Der hohe Stärke- und Eiweißanteil macht sie zu einem unserer wichtigsten Nahrungsmittel.

BREIE

Regeln

1. Breie sind Quellgerichte. Das zu ihrer Herstellung erforderliche Getreideerzeugnis wie Reis, Hirse, Grieß usw. muß bei gleichmäßiger, milder Hitze gar werden.
2. Quellgerichte werden auf dem Gasherd mit großer Flamme zum Kochen gebracht. Sobald sie kochen, stellt man die Flamme unter dem mit einem Deckel verschlossenen Topf so klein wie möglich, damit kein Wasserdampf mehr entweichen kann.
   Beim Elektroherd werden Quellgerichte auf Stufe 3 zum Kochen gebracht, zum Ausquellen genügt in der Regel die Stufe 0. Bei Reis wird zwischendurch (nach 5–10 Minuten) bei Platten mit geringer Speicherwärme 15–20 Minuten wieder auf Stufe 1 geschaltet und dann wieder auf Stufe 0, sonst wird der Reis nicht gar (Ausnahme Brühreis).
3. Um die Kochdauer der gröberen Mahlerzeugnisse wie Grünkern, Graupen und Grütze abzukürzen, sie einige Stunden in kaltem Wasser vorweichen.

Risotto

250 g Brühreis waschen, abtropfen lassen
1 kleine Zwiebel abziehen, würfeln
20 g Butter oder Margarine zerlassen, Zwiebel und Reis darin hellgelb rösten
1 l gesalzene, kochende Fleischbrühe (z. B. zubereitet aus Brühwürfeln) hinzufügen, zum Kochen bringen, ausquellen lassen (Reis nicht umrühren, da er sonst breiig wird)
den garen Reis in eine vorgewärmte Schüssel füllen, mit
gehackten Kräutern bestreuen
Kochzeit: Etwa 25 Minuten.
Veränderung: Anstelle von Reis Graupen nehmen.

Pro Person: 290 Kalorien = 1213 Joule.

Grieß- oder Sagobrei

1 l Milch
10 g Butter oder Margarine
Salz
Zitronenschale (ungespritzt) zum Kochen bringen
125 g Grieß oder Sago hineinstreuen, ausquellen lassen, nach Belieben mit
Zucker abschmecken
Kochzeit: 10–15 Minuten.
Beigabe: Saft oder Kompott.

Pro Person: 295 Kalorien = 1234 Joule.

Reisbrei
(Milchreis)

1 l Milch	
10 g Butter oder Margarine	
Salz	
20 g Zucker	
Zitronenschale (ungespritzt)	zum Kochen bringen
175 g Milchreis	hineingeben, zum Kochen bringen, ausquellen lassen, mit
Zucker und Zimt	bestreuen
Kochzeit:	Etwa 40 Minuten.
Veränderung:	Den Reis mit 30 g Zucker kochen, in einer kalt ausgespülten Form erkalten lassen, stürzen, mit rohem Fruchtsaft, Kompott oder eingezuckerten rohen Beerenfrüchten reichen, in diesem Fall den Reis nicht mit Zimt, sondern mit Dr. Oetker Vanillin-Zucker bestreuen.
	Pro Person: 360 Kalorien = 1506 Joule.

Haferflockenbrei

125 g Haferflocken	
1 l Milch	
Salz	hinzufügen
Zitronenschale (ungespritzt)	
10 g Butter oder Margarine	unter häufigem Umrühren zum Kochen bringen, ausquellen lassen, nach Belieben mit
Zucker	abschmecken
Kochzeit:	Etwa 5 Minuten.
Beigabe:	Sahne, Kompott oder Fruchtsaft.
	Pro Person: 305 Kalorien = 1276 Joule.

Apfelreis

500 g Äpfel	schälen, vierteln, entkernen, in Scheiben schneiden
1 l Wasser, Salz	
50 g Zucker	
2 Tropfen	
Dr. Oetker Backöl Zitrone	zum Kochen bringen, die Äpfel,
200 g Reis	hineingeben, zum Kochen bringen, gar werden lassen, mit
Zucker	abschmecken, den Apfelreis mit
Zucker und Zimt	bestreuen
Kochzeit:	Etwa 40 Minuten.
Veränderung:	Reis und Äpfel für sich kochen, schichtweise in eine Schüssel füllen anstelle von Reis Hirse oder Graupen nehmen.
	Pro Person: 293 Kalorien = 1226 Joule.

Rhabarberreis

1 l Wasser	
Salz	
150 g Zucker	
10 g Butter oder Margarine	
2 Tropfen	
Dr. Oetker Backöl Zitrone	zum Kochen bringen
500 g Rhabarber	waschen, in etwa 2 cm lange Stücke schneiden (nicht abziehen), mit
200 g Milchreis	in das Wasser geben, zum Kochen bringen, gar kochen lassen den Reis mit
Zucker	abschmecken, mit
Zucker und Zimt	bestreuen
Kochzeit:	Etwa 40 Minuten.
Veränderung:	Anstelle von Reis Graupen oder Hirse nehmen.
	Pro Person: 376 Kalorien = 1573 Joule.

Tomatenreis

1 Zwiebel	abziehen, würfeln, mit
1 l Fleischbrühe (z. B. zubereitet aus Brühwürfeln)	
Salz	zum Kochen bringen
250 g Brühreis	waschen, hineingeben, zum Kochen bringen, ausquellen lassen (es muß ständig etwas Dampf aus dem Topf entweichen und der Reis sprudeln)
250 g Tomaten	waschen, in Stücke schneiden, in
20 g Butter oder Margarine	dünsten lassen, durch ein Sieb streichen, unter den Brühreis rühren, mit
Paprika edelsüß	
Rosenpaprika	
Tomaten-Würzsalz	abschmecken
Kochzeit:	Etwa 20 Minuten.
Veränderung:	Anstelle von Tomaten Tomatenmark verwenden.
	Pro Person: 292 Kalorien = 1222 Joule.

Reisring

1 Zwiebel	abziehen, würfeln
20 g Butter oder Margarine	zerlassen, die Zwiebel darin andünsten
250 g Brühreis	waschen, abtropfen lassen, hinzufügen, miterhitzen
1/2 l Fleischbrühe (z. B. zubereitet aus Brühwürfeln)	
Salz	hinzugeben, zum Kochen bringen, ausquellen lassen den garen Reis in eine mit
Speiseöl	ausgepinselte Ringform füllen, fest andrücken, auf eine vorgewärmte Platte stürzen
Kochzeit:	Etwa 20 Minuten.
	Pro Person: 291 Kalorien = 1218 Joule.

TEIGWAREN

Regeln

1. Teigwaren trocken in kochendes Wasser geben.
2. Sie brauchen viel Kochwasser, um genügend quellen zu können.
3. Da sie sich im Anfang leicht zusammenballen und auf dem Boden des Topfes festsetzen, sie ab und zu umrühren.
4. Sollen Teigwaren auf dem Gasherd gekocht werden, bringt man sie auf großer Flamme zum Kochen und läßt sie auf kleiner Flamme weiterkochen. Beim Elektroherd müssen Teigwaren nach dem Aufkochen auf Stufe 3, bei Vollkochplatten mindestens 20 Minuten auf Stufe 0 quellen. Handelt es sich jedoch um Kochplatten mit geringer Speicherwärme, schaltet man im allgemeinen nach dem Aufkochen der Teigwaren für 5–10 Minuten aus. Anschließend geht man für 15–20 Minuten auf Stufe 1 über und läßt dann die Teigwaren noch kurze Zeit auf Stufe 0 quellen.
5. Gare Nudeln zum Abtropfen auf ein Sieb geben, mit kaltem Wasser übergießen, damit sie nicht aneinanderkleben, abtropfen lassen.

Milchnudeln

1 l Milch, Salz	
10 g Butter oder Margarine	zum Kochen bringen
250 g Nudeln	hineingeben, zum Kochen bringen, ausquellen lassen, mit
50 g Zucker	
60 g vorgequollenen Rosinen	mischen
Kochzeit:	Etwa 30 Minuten.
Veränderung:	Die Nudeln statt mit Zucker und Rosinen mit Zucker und Zimt anrichten, Backobst dazureichen.
	Pro Person: 512 Kalorien = 2142 Joule.

Dampfnudeln
(Abb. S. 347)

1 Päckchen Dr. Oetker Hefe	
1 Teel. Zucker	mit 5 Eßl. von
$^1/_4$ l lauwarmer Milch	sorgfältig anrühren, 15 Minuten bei Zimmertemperatur stehenlassen $^2/_3$ von
500 g Weizenmehl	in eine Rührschüssel sieben, in die Mitte eine Vertiefung eindrücken
30 g Zucker	
etwas Salz	
80 g zerlassene Margarine (z. B. Sanella)	
2 Eier	an den Rand des Mehls geben
	die Hefe in die Vertiefung geben, mit Mehl, den übrigen Zutaten und der restlichen Milch verrühren, den Teig so lange schlagen, bis er Blasen wirft, das restliche Mehl unterkneten
	den Teig so lange an einem warmen Ort stehenlassen, bis er etwa doppelt so hoch ist, gut durchkneten und gleichmäßige eigroße Klöße daraus formen
	von
$^1/_2$ l Milch	so viel in einen großen Topf (Kasserole) gießen, daß der Boden etwa 1 cm hoch bedeckt ist
30 g Butter oder Margarine	
30 g Zucker	hinzufügen, die Zutaten erhitzen, die Klöße nebeneinander hineinlegen, an einem warmen Ort so lange stehenlassen, bis sie doppelt so hoch sind
	den Topf mit einem Deckel verschließen, in den Backofen stellen (es darf kein Dampf entweichen)
Gas:	3–4
Strom:	175–200
Backzeit:	Etwa 30 Minuten.
Beigabe:	Gebräunte Butter, Kompott.
	Pro Person: 898 Kalorien = 3757 Joule.

Makkaroni oder Spaghetti

$1^1/_2$ l Wasser, Salz	zum Kochen bringen
200 g Makkaroni oder Spaghetti	in fingerlange Stücke brechen, in das Wasser geben, zum Kochen bringen, ausquellen lassen
	die garen Nudeln auf ein Sieb geben, mit kaltem Wasser übergießen
30 g Butter	zerlassen, die Nudeln darin schwenken
20 g geriebenen Käse	mit
Pfeffer oder Paprika	mischen, die Nudeln damit bestreuen
Kochzeit:	15–20 Minuten.
	Pro Person: 320 Kalorien = 1339 Joule.

Spätzle

500 g Weizenmehl	in eine Schüssel sieben, in die Mitte eine Vertiefung eindrücken
2 Eier	
Salz	mit etwas von
3/8 l kalter Milch	verschlagen, in die Vertiefung geben, von der Mitte aus Eier und Mehl verrühren, nach und nach die übrige Flüssigkeit hinzufügen, darauf achten, daß keine Klumpen entstehen
	den Teig so lange mit einem Holzlöffel schlagen, bis er Blasen wirft, den Teig entweder durch einen Spatzenseiher oder durch ein groblöcheriges Sieb (Gemüsedämpfer) in
kochendes Salzwasser	geben, gar werden lassen (den Teig evtl. aber auch auf ein Holzbrett streichen, mit einem Messer kleine Stücke in kochendes Salzwasser schaben)
	die garen Spätzle in kaltem Wasser abschrecken
40 g Butter	bräunen, die Spätzle darin schwenken
Kochzeit:	3–5 Minuten.
Veränderung:	200 g feingehackten, gedünsteten Spinat oder 150 g geriebenen Käse in den Teig geben oder die Spätzle mit gebräuntem Semmelmehl anrichten.
	Pro Person: 641 Kalorien = 2682 Joule.

Leberspätzle
(Für 2 Personen)

30 g Butter oder Margarine	zerlassen
	den Inhalt von
1 Päckchen (250 g) Leberspätzle von Dr. Oetker Tiefkühl-Kost	hineingeben, etwa 10 Minuten darin braten lassen, auf einer vorgewärmten Platte anrichten, warm stellen
1 Zwiebel	abziehen, würfeln, mit
2 Eßl. gehackter Petersilie	
etwas Basilikum	
1/4 Teel. Thymian	
3/4 Teel. Suppenwürze	
etwas Salz	in das Bratfett geben, etwa 2 Minuten darin dünsten lassen, über die gebratenen Spätzle geben
Bratzeit:	Etwa 10 Minuten.
Beigabe:	Kartoffelbrei, Tomatensalat.
	Pro Person: 289 Kalorien = 1209 Joule.

KLÖSSE

Regeln

1. Kloßteig kräftig durcharbeiten, damit eine geschmeidige Masse entsteht und der Teig beim Kochen nicht auseinanderfällt.
2. Kloßteig vor dem Formen abschmecken.
3. Um sich von der Festigkeit der Teigmasse zu überzeugen, einen Probekloß kochen. Sollte er zu fest sein, ihn durch die Zugabe von gekochten Zutaten wie gekochtem Fleisch, Kartoffeln, Grießbrei oder eingeweichter Semmel lockern.
   Klöße, die auseinanderfallen, durch Zusatz von rohen Zutaten wie Ei, Kartoffeln, Grieß oder Mehl binden.
4. Um Klöße abzustechen, den Löffel vorher in kochendes Salzwasser tauchen.
5. Läßt sich der Teig formen, auf einem bemehlten Holzbrett eine Rolle formen, in gleichmäßige Scheiben schneiden, mit mehlbestäubten Händen zu Klößen formen.
6. Die Klöße bis zum Kochen auf bemehlte Holzbretter legen.
7. Klöße in kochendes Salzwasser legen.
8. Nur so viel Klöße in den Topf geben, wie nebeneinander Platz haben (dabei das Aufgehen berücksichtigen).
9. Klöße sollen mehr ziehen als kochen (Flüssigkeit muß sich leicht bewegen).
10. Klöße im offenen Topf kochen, Dampf würde Klöße auseinanderreißen.
    Eine Ausnahme machen Hefeklöße, diese am besten im Dampftopf garen.
11. Um zu prüfen, ob der Kloß gar ist, ihn mit 2 Gabeln auseinanderreißen; er muß innen trocken und locker sein.
12. Die fertigen Klöße vorsichtig mit einem Schaumlöffel herausnehmen. Vor dem Anrichten abtropfen lassen.

Hefeklöße
(8 Stück)

Einen gekneteten Hefeteig bereiten aus:

1 Päckchen Dr. Oetker Hefe
1 Teel. Zucker
1/8 l lauwarmer Milch
300 g Weizenmehl, 50 g Zucker
1 Päckchen Dr. Oetker Vanillin-Zucker
1/2 gestrichenen Teel. Salz
50 g zerlassener Butter oder Margarine
1 Ei

den Teig an einem warmen Ort so lange stehenlassen, bis er etwa doppelt so hoch ist
den Teig kurz durchkneten, eine Rolle formen, diese in 8 gleichmäßige Stücke schneiden, zu Klößen formen, auf ein mit
Weizenmehl bestäubtes Backbrett legen
die Klöße an einem warmen Ort so lange gehen lassen, bis sie etwa doppelt so hoch sind
ein Tuch recht straff über einen möglichst breiten Topf mit kochendem Wasser spannen, es an den Topfgriffen festbinden, mit Weizenmehl bestreuen, die Klöße darauf legen, eine Schüssel darüber decken, gar werden lassen (Garprobe mit einem Holzstäbchen)
die garen Hefeklöße auf eine vorgewärmte Platte geben, mit
40 g brauner Butter übergießen, nach Belieben mit
gebräunten Spaltmandeln
Zucker und Zimt bestreuen
Garzeit: 15–20 Minuten.
Beigabe: Kompott.
Veränderung: Als „Dicker Michel" den ganzen Hefeteig auf kochendes Backobst legen, gar werden lassen.

Pro Person: 550 Kalorien = 2301 Joule.

Grießklöße

¾ l Milch
20 g Butter oder Margarine
1 Teel. Salz
3 Tropfen
Dr. Oetker Backöl Zitrone
oder 2 Tropfen Dr. Oetker Backöl
Bittermandel zum Kochen bringen, von der Kochstelle nehmen
250 g Grieß unter Rühren hineinstreuen, zu einem glatten Brei rühren, noch etwa 1 Minute erhitzen, bis ein Kloß entstanden ist, in eine Schüssel geben, nacheinander
2 Eier unterrühren, kalt stellen
aus der erkalteten Masse mit nassen Händen Klöße formen, in
kochendes Salzwasser geben, zum Kochen bringen, gar ziehen lassen (Wasser muß sich leicht bewegen)
20 g Semmelmehl in
30 g Butter rösten, die Klöße damit anrichten, zu Kompott oder als Beigabe zu Schmorbraten reichen; bei letzterem aber anstelle von Backöl geschnittenen Schnittlauch oder Petersilie nehmen
Garzeit: Etwa 10 Minuten.

Pro Person: 513 Kalorien = 2146 Joule.

Mehlklöße

40 g Margarine (z. B. Sanella)	schaumig rühren
3 Eier, Salz	nach und nach hinzufügen
400 g Weizenmehl	
3 g (1 gestrichener Teel.)	
Dr. Oetker Backpulver Backin	mischen, sieben, abwechselnd mit
gut 1/8 l Milch	unterrühren
	den Teig mit einem Rührlöffel so lange schlagen, bis er Blasen wirft, mit einem in heißes Wasser getauchten Eßlöffel Klöße abstechen, in
kochendes Salzwasser	geben, zum Kochen bringen, gar ziehen lassen (Wasser muß sich leicht bewegen)
20 g Semmelmehl	in
30 g Butter	rösten, die Klöße damit anrichten, zu Backobst oder Fleisch reichen
Garzeit:	Etwa 10 Minuten.
	Pro Person: 610 Kalorien = 2552 Joule.

Semmelklöße mit Speck
(Semmelknödel)

250 g (etwa 6) alte Semmeln (Brötchen)	in knapp 2 mm dicke Blättchen schneiden, mit
3/8 l kochendheißer Milch	übergießen, 1 Stunde stehenlassen
1 Zwiebel	abziehen, würfeln
60 g Speck	in kleine Würfel schneiden, auslassen, die Zwiebel darin bräunen, abkühlen lassen, mit
100 g Weizenmehl	unter die gequollenen Semmeln rühren
	die Masse kurz erhitzen, zum Kloß abbrennen, abkühlen lassen nach und nach
2 Eier	
1–2 Teel. gehackte Kräuter	
6 g (2 gestrichene Teel.)	
Dr. Oetker Backpulver Backin	unterrühren
	die Masse mit
Salz	abschmecken, mit nassen Händen Klöße daraus formen, in
kochendes Salzwasser	geben, zum Kochen bringen, gar ziehen lassen (Wasser muß sich leicht bewegen)
Garzeit:	Etwa 20 Minuten.
	Pro Person: 508 Kalorien = 2125 Joule.

PFANNENGERICHTE

Regeln

1. Das Gelingen der Pfannengerichte hängt von der zweckmäßigen Auswahl und der richtigen Temperatur des Backfettes ab.
2. Butter und Margarine sind zum Backen der meisten Pfannengerichte ungeeignet, da sie leicht schwarz werden.
3. Am besten Speiseöl, Schmalz oder Kokosfett verwenden.
4. Beim Hineingeben des Teiges muß das Fett heiß sein, damit sich sofort eine Kruste bildet und das Fett nicht eindringen kann.
5. Das Fett wird beim Gasherd auf großer Flamme erhitzt, nach dem Einlegen des Gerichtes wird auf halbgroßer Flamme gebacken. Beim Elektroherd das Fett auf Stufe 3 erhitzen, nach dem Einlegen des Gerichtes zuerst auf Stufe 2, nach dem Wenden auf Stufe 0 schalten. Ist mehr als eine Pfanne zu backen, so wird erst bei der letzten auf Stufe 0 geschaltet.
6. Die Garzeit richtet sich nach der Dicke des Gebäcks. Je länger es backen muß, um so gelinder muß die Backhitze sein, damit es innen gar wird.

Kaiserschmarren

100 g Weizenmehl	in eine Schüssel sieben, in die Mitte eine Vertiefung eindrücken
4 Eigelb	
Salz	
2 Tropfen	
Dr. Oetker Backöl Zitrone	mit
1/4 l Milch	verschlagen, etwas davon in die Vertiefung geben, von der Mitte aus Flüssigkeit und Mehl verrühren, nach und nach die übrige Flüssigkeit dazugeben, darauf achten, daß keine Klumpen entstehen
75 g Korinthen	waschen, gut abtropfen lassen
75 g Mandeln	abziehen, mahlen
4 Eiweiß	steif schlagen
	die 3 Zutaten zuletzt unter den Teig heben
	etwas von
60 g Fett	zerlassen, den Teig jeweils 1 cm dick hineingeben, auf der Unterseite hellgelb backen
	den Eierkuchen dann mit 2 Gabeln in kleine Stücke zerreißen, diese unter häufigem Wenden gut bräunen, mit
Zucker	bestreuen
Backzeit:	8–10 Minuten.
Veränderung:	Anstelle von Milch Sahne verwenden.

Pro Person: 536 Kalorien = 2243 Joule.

Grießschnitten

1/2 l Milch	
20 g Butter oder Margarine	
30 g Zucker, Salz	
2 Tropfen	
Dr. Oetker Backöl Bittermandel	zum Kochen bringen, von der Kochstelle nehmen
150 g Grieß	unter Rühren hineinstreuen, zum Kochen bringen, ausquellen lassen
2 Eier	unterrühren, den Brei etwa 1 1/2 cm dick auf ein mit Wasser abgespültes Backblech streichen, kalt stellen
	den Grießbrei in Scheiben schneiden, in
Semmelmehl	wenden, etwas von
80 g Fett	zerlassen, die Schnitten von beiden Seiten darin backen
Kochzeit:	Etwa 10 Minuten.
Beigabe:	Kompott.
	Pro Person: 560 Kalorien = 2343 Joule.

Arme Ritter

1/2 l Milch	
2 Eier, 20 g Zucker	
2–3 Tropfen	
Dr. Oetker Backöl Zitrone	verschlagen
12 kleine Scheiben Weißbrot	damit übergießen, etwas darin weichen lassen (dürfen nicht zu weich werden), in
60 g Semmelmehl	wenden, etwas von
125 g Fett (z. B. Biskin)	zerlassen, die Brotscheiben von beiden Seiten darin backen
	„Arme Ritter" mit
Zucker und Zimt	bestreuen oder mit Weinschaum- oder Zitronenschaumsoße reichen.
	Pro Person: 655 Kalorien = 2740 Joule.

Mehlpüfferchen

2 Eier, 40 g Zucker	schaumig rühren
1 gestrichenen Teel. Salz	
2–3 Tropfen Dr. Oetker Backöl Zitrone	hinzufügen
250 g Weizenmehl	
9 g (3 gestrichene Teel.)	
Dr. Oetker Backpulver Backin	mischen, sieben, abwechselnd mit
1/4 l Milch	unterrühren
50 g Korinthen	waschen, gut abtropfen lassen, zuletzt unter den Teig heben
	etwas von
80 g Fett	zerlassen, den Teig eßlöffelweise hineingeben, flachstreichen, von beiden Seiten backen, die Püfferchen mit
Zucker	bestreuen.
Beigabe:	Kompott.
	Pro Person: 577 Kalorien = 2414 Joule.

Reisschnitten

1/2 l Milch	
20 g Butter oder Margarine	
Salz	
3 Tropfen	
Dr. Oetker Backöl Zitrone	
20 g Zucker	zum Kochen bringen
100 g Milchreis	
50 g gewaschene Rosinen	hineingeben, zum Kochen bringen, ausquellen lassen
2 Eier	unterrühren, den Brei etwa $1^{1}/_{2}$ cm dick auf ein mit Wasser abgespültes Backblech streichen, kalt stellen
	den Reisbrei in Scheiben schneiden, in
40 g Semmelmehl	wenden
	etwas von
80 g Fett	zerlassen, die Schnitten von beiden Seiten darin backen
Kochzeit:	Etwa 40 Minuten.
Beigabe:	Preiselbeerkompott.
	Pro Person: 537 Kalorien = 2246 Joule.

Mehlschmarren

(Süddeutsche Mehlspeise)

250 g Weizenmehl	in eine Schüssel sieben, in die Mitte eine Vertiefung eindrücken
5 Eigelb	
Salz	
20 g Zucker	
1 Päckchen	
Dr. Oetker Vanillin-Zucker	mit
1/2 l Milch	verschlagen, etwas davon in die Vertiefung geben, von der Mitte aus Eigelbmilch und Mehl verrühren, nach und nach die übrige Eigelbmilch dazugeben, darauf achten, daß keine Klumpen entstehen
5 Eiweiß	steif schlagen, zuletzt unter den Teig heben
	etwas von
100 g Fett	zerlassen, den Teig jeweils knapp 1 cm dick hineingeben, auf der Unterseite hellgelb backen
	den Eierkuchen dann mit 2 Gabeln in kleine Stücke zerreißen, diese unter häufigem Wenden gut bräunen, mit
Zucker	bestreuen
Backzeit:	Etwa 5 Minuten.
	Pro Person: 685 Kalorien = 2866 Joule.

AUFLÄUFE

Regeln

1. Zum Backen von Aufläufen feuerfeste Formen aus Porzellan, Steingut oder Jenaer Glas verwenden.
2. Die Form vor dem Einfüllen der Masse gut mit streichfähiger Butter oder Margarine ausstreichen.
3. Bei allen Aufläufen, die aufgehen (auflaufen) sollen, die Form nur $^3/_4$ füllen.
4. Die Oberfläche mit Semmelmehl oder geriebenem Käse bestreuen, Butterflöckchen darauf setzen.
5. Den Rand der Form nach dem Einfüllen gut säubern, um ein Verbrennen der Reste zu vermeiden.
6. Soll der Auflauf im Gasbackofen hergestellt werden, müssen folgende Hinweise beachtet werden:
   Besteht der Auflauf aus vorwiegend gekochten Zutaten, so wird er im Reglerbackofen bei 5–6 überbacken.
   Sind die Zutaten roh eingeschichtet oder soll der Auflauf aufgehen, so wird der Reglerbackofen auf 3–4 eingestellt. Bei Aufläufen mit vielen Eiern oder aus Kuchenteig wird der Reglerbackofen auf 2–3 eingestellt.
7. Soll der Auflauf im Elektrobackofen hergestellt werden, müssen folgende Hinweise beachtet werden:
   Besteht der Auflauf aus vorgekochten Zutaten, so wird er beim Reglerbackofen auf den Rost auf die Mittelschiene des Backofens gesetzt und bei 225–250 überbacken. (Ausnahmen: Aufläufe, die mit einer Soße übergossen werden, auf die untere Schiene setzen). Sind die Zutaten roh eingeschichtet oder soll der Auflauf aufgehen, so wird er mit dem Rost auf die untere Schiene in den Backofen geschoben. Beim Reglerbackofen liegt die richtige Stellung zum Garen des Auflaufs bei 200-225 bzw. bei 175-200 (Aufläufe mit vielen Eiern aus Kuchenteig).

Reisauflauf

1 l Milch	
Salz	zum Kochen bringen
200 g Milchreis	hineingeben, zum Kochen bringen, ausquellen lassen (er muß noch körnig sein), kalt stellen
50 g Butter oder Margarine	schaumig rühren, nach und nach

75 g Zucker	
1 Päckchen	
Dr. Oetker Vanillin-Zucker	
3 Eier, 2 Tropfen	
Dr. Oetker Backöl Bittermandel	
4 Tropfen	
Dr. Oetker Backöl Zitrone	und den Reis hinzufügen
1 Päckchen Dr. Oetker Pudding-Pulver Vanille-Geschmack	
6 g (2 gestrichene Teel.)	
Dr. Oetker Backpulver Backin	mischen, sieben, unterrühren
1 Eßl. abgezogene, gemahlene Mandeln	
2 Eßl. gewaschene, gut abgetropfte Rosinen	zuletzt unter die Masse rühren, sie in eine mit
Butter oder Margarine	gefettete Auflaufform füllen
	den Auflauf mit
Semmelmehl	bestreuen
Butter	in Flöckchen darauf setzen, die Auflaufform in den Backofen schieben
Kochzeit:	Etwa 30 Minuten
Einstellung für den Backofen	
Gas:	3–4
Strom:	200–225
Backzeit:	40–50 Minuten.
Veränderung:	300 g geschälte, in Scheiben geschnittene Äpfel mit 1–2 Eßl. Zucker mischen, mit den Mandeln und Rosinen unter die Masse heben, den Reis dann aber nur mit $^3/_4$ l Milch quellen lassen.
	Pro Person: 697 Kalorien = 2916 Joule.

Grießauflauf

$^1/_2$ l Milch	
Salz	zum Kochen bringen, von der Kochstelle nehmen
125 g Grieß	unter Rühren hineinstreuen, zum Kochen bringen, ausquellen lassen
75 g Butter oder Margarine	schaumig rühren
60 g Zucker	
1 Päckchen	
Dr. Oetker Vanillin-Zucker	
3 Eier, 4 Tropfen	
Dr. Oetker Backöl Zitrone	nach und nach hinzufügen
1 Päckchen	
Dr. Oetker Pudding-Pulver	
Vanille-Geschmack	mit
3 Eßl. kalter Milch	anrühren, mit dem Grießbrei,

bitte umblättern

3 g (1 gestrichener Teel.)	
Dr. Oetker Backpulver Backin	unterrühren
25 g Rosinen oder Korinthen	waschen, zuletzt unter die Masse heben, in eine mit
Butter oder Margarine	gefettete Auflaufform füllen, glattstreichen
Butter	in Flöckchen darauf setzen, die Auflaufform in den Backofen schieben
Gas:	3–4
Strom:	200–225
Backzeit:	35–45 Minuten.
Beigabe:	Kompott oder Obstsaft.
	Pro Person: 564 Kalorien = 2360 Joule.

Makkaroniauflauf mit Schinken

250 g Makkaroni	in fingerlange Stücke brechen, in
$1\frac{1}{2}$ l kochendes Salzwasser	geben, zum Kochen bringen, gar kochen lassen, auf ein Sieb geben, mit kaltem Wasser übergießen
200 g gekochten Schinken	in kleine Würfel schneiden
60 g Käse	reiben
	Makkaroni, Schinken und Käse abwechselnd lagenweise in eine mit
Butter oder Margarine	gefettete Auflaufform füllen, die oberste Schicht soll aus Makkaroni bestehen
2 Eier, $\frac{1}{4}$ l Milch	
Salz	
geriebene Muskatnuß	
Pfeffer	verschlagen, über die Makkaroni gießen
	den Auflauf mit
2 Eßl. Semmelmehl	bestreuen
Butter	in Flöckchen darauf setzen, die Auflaufform in den Backofen schieben
Kochzeit:	Etwa 15 Minuten
Einstellung für den Backofen	
Gas:	5–6
Strom:	225–250
Backzeit:	Etwa 40 Minuten.
Beigabe:	Grüner Salat.
Veränderung:	Anstelle des gekochten Schinkens halbgar gedünstete Pilze oder rohe Tomatenscheiben einschichten, statt der verschlagenen Eier eine Tomatensoße verwenden.
	Anstelle von Milch saure Sahne verwenden; den Auflauf statt mit Semmelmehl mit geriebenem Käse bestreuen.
	Pro Person: 439 Kalorien = 1837 Joule.

GETRÄNKE

Der Mensch lebt nicht vom Essen allein – er muß auch trinken, und oft macht ihm das Trinken sogar noch größeres Vergnügen als das Essen. Mehr als bei allem anderen spielt hier die Jahreszeit eine entscheidende Rolle. Im Sommer wünscht man sich kühle erfrischende Getränke, im Winter heiße wohlig durchwärmende. Aber ob heiß oder kalt, ob mit Alkohol oder ohne, ob anregend oder entspannend – für jeden Zweck und jede Gelegenheit gibt es die richtigen Getränke.

Abgesehen von den herkömmlichen Zubereitungen, sind der Phantasie bei der Herstellung von schmackhaften Getränken kaum Grenzen gesetzt. Die folgenden Rezepte können daher nur einige Anregungen geben.

WARME GETRÄNKE

Regeln

1. Zur Herstellung von Kaffee, Tee und Kakao nur gute Sorten verwenden, da sie am ergiebigsten und deswegen am preiswertesten sind.
2. Kaffee, Tee und Kakao luftdicht in verschlossenen Behältern aufbewahren, da sie sonst ihr Aroma verlieren. Kaffee erst kurz vor dem Gebrauch mahlen.
3. Zum Aufbrühen der Getränke nur für diesen Zweck bestimmtes Geschirr kaufen.
4. Frisches Wasser verwenden und es nur einmal aufkochen lassen.
5. Die fertigen Getränke nicht mehr kochen lassen, weil sie dadurch ihr Aroma verlieren.

Bohnenkaffee

Etwa 60 g gemahlene Kaffeebohnen in eine heiß ausgespülte Porzellan- oder Steingutkanne geben, mit
1 l kochendem Wasser übergießen, umrühren
den Kaffee 4–6 Minuten ziehen lassen, durch ein Sieb in die vorgewärmte Kaffeekanne gießen
zur Abrundung des Geschmacks
Salz nehmen.
Beigabe: Heiße Milch, Dosenmilch oder Sahne, Zucker.

Veränderung:

a) Die gemahlenen Bohnen in einen Kaffeefilter geben, das kochende Wasser zum Durchlaufen in kleinen Mengen darauf gießen
das Wasser immer wieder zum Kochen bringen, die Kanne während des Filterns in heißes Wasser stellen (Wiener Art).

b) Unter **Mokka** versteht man einen besonders kräftigen Kaffee (80–100 g auf 1 Liter).
Zur Zubereitung eines türkischen Kaffees (Mocca turc) besonders feingemahlenen Kaffee mit kaltem Wasser und Zucker aufsetzen, einmal aufwallen und 5 Minuten ziehen lassen.

c) Zur Herstellung des Kaffees evtl. eine der im Handel befindlichen Kaffeemaschinen verwenden

Bohnenkaffee ohne Zucker und Milch hat keine Kalorien.

Kakao

30 g (3 schwach gehäufte Eßl.) Kakao, 50 g Zucker mit
1/4 l Milch verrühren, in
3/4 l kochende Milch geben, einmal aufkochen lassen.
Veränderung: Den Kakao nur mit Wasser bereiten oder zur Hälfte Milch nehmen.

Pro Person: 245 Kalorien – 1025 Joule.

Schwarzer Tee

5–7 Teel. (12–15 g) Teeblätter in ein heiß ausgespültes Gefäß, das nur für diesen Zweck bestimmt ist, geben
von
1 l kochendem Wasser zunächst 1/4 l und nach 2 Minuten den Rest des kochenden Wassers darauf gießen
den Tee nach kurzem Ziehen durch ein Sieb in die vorgewärmte Teekanne gießen.

Beigabe: Zucker, Zitronensaft, Rum oder Milch.

Veränderung:

a) Den Tee in ein Tee-Ei geben, es in die Kanne hängen, kochendes Wasser darauf gießen, das Ei einige Male hin- und herschwenken, herausnehmen, wenn der Tee goldbraun ist.
b) Einen Tee-Extrakt herstellen, ihn bei Tisch mit heißem Wasser beliebig verdünnen, dafür den Samowar benutzen.

Schwarzer Tee ohne Zucker hat keine Kalorien.

Apfelschalentee

20 g getrocknete Apfelschalen mit
1 l kaltem Wasser übergießen, zum Kochen bringen, kochen lassen, durch ein Sieb gießen, mit
Langnese-Honig
Zucker würzen

Kochzeit: 10–15 Minuten.

Apfelschalentee ohne Honig und Zucker hat keine Kalorien.

Pfefferminztee

10 g Tee mit
1 l kochendem Wasser übergießen, 5–10 Minuten ziehen lassen, durch ein Sieb gießen
Kamillentee, Brombeerblättertee, Lindenblütentee und Fliedertee zubereiten wie Pfefferminztee.

Pfefferminztee ohne Zucker hat keine Kalorien.

Schokolade

100 g Bruchschokolade in kleine Stücke brechen, in
4 Eßl. kochendes Wasser geben, unter ständigem Rühren auflösen
3/4 l Milch hinzugießen, unter Rühren zum Kochen bringen
die Schokolade evtl. mit
Zucker abschmecken.

Pro Person: 261 Kalorien = 1092 Joule.

Glühwein
(Abb. S. 528)

1/4 l Wasser	
1 Stück Stangenzimt, 4 Nelken	
1 Stück gelbe Zitronenschale (ungespritzt)	zum Kochen bringen, kochen lassen
60 g Zucker	darin auflösen
1/2 l Rotwein	hinzufügen, fast bis zum Kochen erhitzen, die Gewürze herausnehmen, mit Zucker abschmecken, nach Belieben in jedes Glas
1 dünne Zitronenscheibe (ungespritzt)	geben
Kochzeit:	Etwa 5 Minuten.
Veränderung:	Das Wasser weglassen und 3/4 l Rotwein mit den Gewürzen erhitzen.
	Pro Person: 142 Kalorien = 594 Joule.

Feuerzangenbowle

5 Gewürznelken	
gelbe Schale 1 Apfelsine (ungespritzt)	in ein Mullsäckchen binden, mit
2 Flaschen Rotwein	in einem Kupferkessel erhitzen (nicht kochen), auf einem Rechaud heiß halten, Gewürze herausnehmen
1 kleinen Zuckerhut (etwa 250 g)	auf einer Feuerzange darüber legen
1/4 l Rum (mindestens 54%)	nach und nach mit Hilfe einer Schöpfkelle über den Zuckerhut laufen lassen, nach dem ersten Übergießen anzünden (der Zucker muß restlos in den Rotwein tropfen) die Bowle heiß servieren.
	Gesamtmenge: 2849 Kalorien = 15808 Joule.

Rotweinpunsch
(Abb. S. 528)

1/2 l heißen starken Tee	durch ein Sieb auf
75 g Zucker	gießen
1/4 l Rotwein	
1/8 l Arrak oder Rum	
Saft einer Zitrone	hinzufügen, fast bis zum Kochen erhitzen, mit
Zucker	abschmecken.
	Pro Person: 234 Kalorien = 979 Joule.

Grog
(Abb. S. 528)

1/2 l Wasser	
30 g Zucker	zum Kochen bringen, mit
1/4 l Rum oder Arrak	mischen.
	Pro Person: 265 Kalorien = 1109 Joule.

KALTE GETRÄNKE

Regeln

1. Die folgenden Getränke recht kalt reichen, im Sommer möglichst eisgekühlt.
2. Alle Zutaten gut mischen, am besten miteinander verquirlen oder verschlagen.
3. Da Zucker sich in kalter Flüssigkeit schlecht auflöst, Zuckersirup (500 g Zucker mit 1/4 l Wasser langsam erhitzen, klar kochen und kalt stellen) verwenden.
4. Bei Verwendung von Eisstücken, diese nach dem Quirlen in das Getränk geben.
5. Kalte Getränke (außer Bowle) in hohen Gläsern mit Glasröhrchen oder Strohhalm reichen.
6. Sehr zu empfehlen sind Mischgetränke aus Sauer- oder Buttermilch, da sie nicht nur erfrischend, sondern auch nahrhaft sind.

Eiermilch
(Diät)

1 Eigelb mit
1 Teel. Zucker
1 Teel. Zitronensaft schaumig schlagen, nach und nach
1/4 l kochendheiße Milch hinzugeben, so lange schlagen, bis die Masse abgekühlt ist
nach dem völligen Erkalten
1 Eßl. Kognak hinzufügen
1 Eiweiß steif schlagen, unterheben.

Gesamtmenge: 328 Kalorien = 1372 Joule.

Erdbeermilch

250 g Erdbeeren waschen, entstielen, durch ein Sieb streichen oder im Mixer pürieren, mit
1/2 l kalter Milch
2 Eßl. Zitronensaft verschlagen, mit
100 g Zucker abschmecken.

Pro Person: 202 Kalorien = 845 Joule.

Joghurt-Fruchtgetränk

1 gut gehäuften Eßl. Ananas-, Aprikosen-, Erdbeer-, Himbeer-, Kirsch- oder Orangenkonfitüre geschmeidig rühren
1 Töpfchen Joghurt unterrühren.

Gesamtmenge: 246 Kalorien = 1026 Joule.

Eisschokolade
(Für 6 Personen)

100 g Schokolade	in kleine Stücke brechen, in
$^{1}/_{8}$ l kochendes Wasser	geben, so lange rühren, bis die Schokolade vollkommen gelöst ist nach und nach
$^{1}/_{2}$ l Milch	
$^{1}/_{8}$ l Sahne	hinzufügen, fast bis zum Kochen erhitzen die Flüssigkeit kalt stellen Gläser zu $^{2}/_{3}$ mit der erkalteten Schokolade füllen
1 Haushaltspackung Dr. Oetker Eiskrem Vanille-Geschmack	in Würfel schneiden, in die Gläser geben
$^{1}/_{8}$ l Sahne	mit
5 g Zucker	süßen, steif schlagen, auf das Eis spritzen.
	Pro Person: 421 Kalorien = 1761 Joule.

Eiskaffee

$^{3}/_{4}$ l starken Kaffee	kalt stellen Gläser zu $^{2}/_{3}$ mit dem erkalteten Kaffee füllen
1 Haushaltspackung Dr. Oetker Eiskrem Vanille-Geschmack	in Würfel schneiden, in die Gläser geben
$^{1}/_{8}$ l Sahne	mit
5 g Zucker	süßen, steif schlagen, auf das Eis spritzen, nach Belieben mit
geraspelter Schokolade	bestreuen.
	Pro Person: 317 Kalorien = 1326 Joule.

Bowle

500 g Pfirsiche	halbieren, entsteinen, kurze Zeit in kochendes Wasser legen, in kaltem Wasser abschrecken, enthäuten die Früchte in Stücke schneiden, abwechselnd mit
100 g Zucker	in ein Bowlengefäß geben, mit $^{1}/_{4}$ l von
2 Flaschen Weißwein	übergießen die Früchte fest zugedeckt 1–2 Stunden, am besten im Kühlschrank, stehenlassen, dann den restlichen Wein,
1 Flasche Sekt (z. B. Söhnlein-Sekt)	hinzufügen.
Veränderung:	Andere Früchte verwenden, z. B. Ananas, Erdbeeren.
	Gesamtmenge: 2147 Kalorien = 8974 Joule.

Teelimonade

1 l kalten Schwarzen Tee	mit
4 Eßl. Zitronensaft	
40 g Zucker	mischen.
	Pro Person: 74 Kalorien = 309 Joule.

SÜSS-SPEISEN

Höhepunkt und festlicher Abschluß einer Mahlzeit – gleichermaßen beliebt bei jung und alt und nicht zuletzt gerade bei den Männern – das ist die süße Nachspeise. Im Sommer ersetzt sie oft das Hauptgericht, auf welches bei warmem Wetter sowieso niemand großen Appetit hat, während ein kühler Pudding mit Saft oder Früchten angenehm erfrischt. Als Abendgericht sättigt die Süßspeise, ohne den Organismus zu belasten. Deshalb kann ein Pudding auch niemals die „schlanke Linie" in Gefahr bringen! In der Kranken- und Schonkost haben Süßspeisen ihren festen Platz ihrer leichten Verdaulichkeit wegen, und weil ein hübsch angerichteter, verlockender Pudding am ehesten die Appetitlosigkeit des Kranken oder Genesenden bekämpft. Kluge Frauen sorgen darum stets für einen ausreichenden Vorrat in allen Dr. Oetker Pudding-Pulvern und bereiten ihren Lieben gern täglich Freude mit einem köstlichen Nachtisch.

PUDDINGE

Regeln

1. Dr. Oetker Pudding-Pulver nach der auf jeder Packung aufgedruckten Vorschrift zubereiten.
2. Dr. Oetker Pudding-Pulver oder Speisestärke wie Dr. Oetker Gustin und Zucker zusammen mit kaltem Wasser oder kalter Milch anrühren, in die kochende Flüssigkeit rühren. Das Anrühren geht schnell und gut mit einer Gabel. Damit sich beim Hineinrühren keine Klumpen bilden, den Topf von der Kochstelle nehmen. Danach die Speise unter Rühren kurz aufkochen lassen.
3. Eigelb mit dem Dickungsmittel, dem Zucker und Flüssigkeit verschlagen, dann aufkochen oder es mit etwas kalter Milch oder Wasser verschlagen, dann unter kräftigem Rühren nach und nach an die heiße, nicht mehr kochende Speise geben (s. Regeln S. 78, Punkt 3).
4. Eiweiß zu steifem Schnee schlagen, sofort nach dem Kochen unter die heiße Speise heben.
5. Soll ein Pudding nach dem Erkalten gestürzt werden, ihn sofort nach dem Kochen in eine mit kaltem Wasser ausgespülte Sturzform füllen. Bevor der Pudding auf eine Platte gestürzt wird, seine obere Seite mit Wasser bestreichen, damit man ihn verschieben kann, falls er nicht in der Mitte liegt.

Wie bleiben mit Stärke gedickte Nachspeisen steif und Suppen und Soßen dickflüssig?

Wenn einwandfrei zubereitete Suppen, Soßen oder Nachspeisen sich verflüssigen, sei es schon während des Abkühlens oder erst bei längerem Aufbewahren, so kann dafür keinesfalls das verwendete Stärkeerzeugnis verantwortlich gemacht werden. Gekochte Stärke wird nur von einem stärkeabbauenden Wirkstoff (Enzym) verflüssigt. Von diesem Wirkstoff muß man wissen, daß er bei Temperaturen über 80° C zerstört und unter 10° C unwirksam wird. Die Schnelligkeit der Verflüssigung der Stärke hängt neben der Temperatur auch von der Festigkeit der betreffenden Speise ab. Soßen werden schneller flüssig als Puddinge, unter Umständen kann man eine Verflüssigung schon nach wenigen Minuten oder erst nach Stunden beobachten. Da mit Stärke angerührte Speisen gekocht werden, ist in ihnen nach dem Kochen kein wirksamer stärkeabbauender Wirkstoff mehr enthalten. Wird eine solche Speise nach dem Kochen trotzdem weich oder sogar flüssig, kann der Wirkstoff nur nachträglich in die Speise gelangt sein, was z. B. durch Zugabe von rohem Eigelb, rohem Eiweiß oder zerkleinerten Walnußkernen geschehen kann. Diese Lebensmittel enthalten nämlich im rohen Zustand stärkeabbauende Wirkstoffe. Darum ist zu beachten, daß diese Zutaten entweder mitgekocht oder der noch kochendheißen Speise zugegeben werden. Eine weitere Ursache für die Verflüssigung von gekochter Stärke ist ein unvorschriftsmäßiges Probieren, bei dem durch einen schon benutzten Löffel kleine Speichelmengen und damit Wirkstoffe in die Speise gelangen, die bei günstigen Bedingungen die gekochte Stärke ebenfalls abbauen und verflüssigen.

Grießpudding

1/2 l Milch zum Kochen bringen

1 Päckchen Dr. Oetker Soßen-Pulver Vanille-Geschmack
30 g Grieß
50 g Zucker
1 Eigelb mischen, mit
6 Eßl. kalter Milch oder Wasser anrühren, unter Rühren in die von der Kochstelle genommene Milch geben, kurz aufkochen lassen

1 Eiweiß steif schlagen, unter die kochendheiße Speise heben, in eine Glasschale oder in eine mit kaltem Wasser ausgespülte Sturzform füllen, kalt stellen, evtl. stürzen.

Beigabe: Gedünstetes Obst oder Fruchtsaft.

Pro Person: 209 Kalorien = 874 Joule.

Pfirsichkranz

500 g rohe Pfirsiche	waschen, halbieren, entsteinen, kurze Zeit in kochendes Wasser legen, in kaltem Wasser abschrecken, enthäuten, mit
175 g Zucker	in
$^3/_8$ l Wasser	geben, zum Kochen bringen, weich kochen, abtropfen lassen
oder 500 g Pfirsiche (aus der Dose)	abtropfen lassen
$^1/_4$ l Pfirsichsaft	abmessen (evtl. mit Wasser ergänzen)
$^3/_8$ l Weiß- oder Apfelwein	hinzufügen, zum Kochen bringen
65 g Dr. Oetker Gustin	
3 Eigelb	mit
6 Eßl. kaltem Wasser	verschlagen, unter Rühren in die von der Kochstelle genommene Flüssigkeit geben, kurz aufkochen lassen
3 Eiweiß	steif schlagen, unter die Speise heben, kurz aufkochen lassen eine Kranzform mit
Speiseöl	auspinseln, die Pfirsiche mit der Wölbung nach unten hineinlegen, die heiße Speise darauf füllen, erkalten lassen die festgewordene Speise vorsichtig vom Rand lösen, auf eine runde Platte stürzen, mit
Schlagsahne	verzieren.
Veränderung:	Anstelle von Pfirsichen Pflaumen, Birnen oder Aprikosen verwenden.
	Pro Person: 428 Kalorien = 1791 Joule.

GELEESPEISEN

Regeln

1. Dr. Oetker Gelatine gemahlen, weiß oder rot, mit etwas kaltem Wasser anrühren, 10 Minuten zum Quellen stehenlassen, unter ständigem Rühren bei schwacher Hitze erwärmen, bis sie gelöst ist.
   3 Eßl. von der Speise mit der Gelatinelösung verrühren, unter die restliche Speise rühren.
2. Eierschnee oder steifgeschlagene Sahne erst dann unter eine Gelatinespeise geben, wenn diese anfängt zu gelieren, andernfalls steigt der Schnee oder die Schlagsahne an die Oberfläche.
3. Gelatinespeisen, die gestürzt werden sollen, in mit kaltem Wasser ausgespülte Formen geben. Die Speise vor dem Stürzen vorsichtig mit einem Messer vom Formenrand lösen. Die Form einen Augenblick in heißes Wasser halten.
4. Bei Verwendung von roter Gelatine zum Steifen von Buttermilch, Sauermilch, Joghurt und Quark, diese Speisen erst einige Stunden vor Gebrauch zubereiten, da sie nach längerem Stehen - abgesehen von einer dünnen rosa Schicht an der Oberfläche - vollkommen weiß werden. Diese Entfärbung wird durch die in diesen Zutaten in ungekochtem Zustand enthaltenen Milchsäurebakterien verursacht. Nur dort, wo der Sauerstoff der Luft direkt an die Speise kommt, vermögen die Milchsäurebakterien nicht zu wirken.

5. Gelatinespeisen immer rechtzeitig zubereiten, da sie Zeit zum Erstarren brauchen und kalt stehen müssen. Bei Zimmertemperaturen über 23° C bleiben Gelatinespeisen flüssig, und bereits festgewordene Speisen können wieder flüssig werden.

Obstsalatgelee

1 mittelgroßer Apfel
1 mittelgroße Apfelsine
1 Banane

das Obst schälen, den Apfel vierteln, entkernen, das Obst in feine Scheiben schneiden, mit

25 g Zucker, 1 Eßl. Kirschwasser mischen, in 6 Schälchen verteilen

aus

1 Päckchen Dr. Oetker Götterspeise Zitrone-Geschmack

1/4 l Wasser, 100 g Zucker nach der Vorschrift auf dem Päckchen (aber nur mit 1/4 l Wasser) eine Götterspeise zubereiten, kalt stellen

1/4 l Weißwein zu der erkalteten, noch flüssigen Götterspeise geben, über das Obst gießen

die Speise mehrere Stunden, am besten über Nacht, kalt stellen, damit sie fest wird.

Beigabe: Soße, zubereitet mit Dr. Oetker Soßen-Pulver Ohne Kochen Vanille-Geschmack.

Pro Person: 241 Kalorien = 1008 Joule.

Quarkgelee

1 Päckchen Dr. Oetker Gelatine gemahlen, weiß mit

3 Eßl. kaltem Wasser anrühren, 10 Minuten zum Quellen stehenlassen, unter Rühren erwärmen, bis sie gelöst ist

250 g Speisequark mit

50 g Zucker

1/4 l Milch glattrühren, zunächst 3 Eßl. davon mit der Gelatinelösung verrühren, unter den restlichen Quark schlagen

die Speise evtl. mit

Zitronensaft abschmecken, in eine kalt ausgespülte Sturzform geben, fest werden lassen, stürzen.

Beigabe: Fruchtsaft oder Kompott.

Pro Person: 153 Kalorien = 640 Joule.

Joghurtgelee

1 Päckchen Dr. Oetker Gelatine gemahlen, weiß	mit
5 Eßl. kaltem Wasser	anrühren, 10 Minuten zum Quellen stehenlassen, unter Rühren erwärmen, bis sie gelöst ist
2 Töpfchen Joghurt	mit
$^{1}/_{8}$ l Milch	
75 g Zucker	
1 Päckchen Dr. Oetker Vanillin-Zucker	
abgeriebener gelber Schale und Saft einer halben Zitrone (ungespritzt)	verschlagen, zunächst 3 Eßl. davon mit der Gelatinelösung verrühren, unter die übrige Speise schlagen die Flüssigkeit in eine Glasschale oder in Schälchen füllen, kalt stellen, damit sie fest wird das erstarrte Gelee mit
Schokoladenstreuseln	garnieren.
	Pro Person: 169 Kalorien = 707 Joule.

Weingelee

1 Päckchen Dr. Oetker Gelatine gemahlen, weiß	mit
$^{1}/_{8}$ l kaltem Wasser	anrühren, 10 Minuten zum Quellen stehenlassen, unter Rühren erwärmen, bis sie gelöst ist
100 g Zucker	mit der Gelatinelösung verrühren
$^{1}/_{4}$ l Weiß- oder Apfelwein	hinzufügen die Flüssigkeit in eine Glasschale füllen, kalt stellen, damit sie fest wird das Weingelee mit
Schlagsahne	verzieren.
	Pro Person: 151 Kalorien = 632 Joule.

Schokoladengelee

1 Päckchen Dr. Oetker Gelatine gemahlen, weiß	mit
3 Eßl. kaltem Wasser	anrühren, 10 Minuten zum Quellen stehenlassen
$^{1}/_{2}$ l Milch	zum Kochen bringen, von der Kochstelle nehmen
100 g Blockschokolade oder bittere Schokolade	in Stücke brechen, mit
25 g Zucker	und der Gelatine in die Milch geben, so lange rühren, bis alles gelöst ist, in eine Glasschale füllen, kalt stellen.
Veränderung:	Unter die dickliche Speise $^{1}/_{8}$ l steifgeschlagene Sahne heben.
	Pro Person: 254 Kalorien = 1063 Joule.

CREMESPEISEN

Regeln

1. Die Creme ist eine halbsteife Süßspeise, die nicht gestürzt werden kann.
2. Als Bindemittel kann Speisestärke oder auch Gelatine verwendet werden.
3. Cremespeisen, die mit Gelatine und geschlagenem Eiweiß oder Sahne bereitet werden, müssen dicklich sein, bevor der Eierschnee oder die Schlagsahne untergehoben wird; andernfalls steigt Schnee oder Sahne an die Oberfläche, und die gelöste Gelatine setzt sich als Geleeschicht am Boden ab.
4. Creme nicht im Aluminiumtopf rühren oder schlagen, da sie sonst grau wird.

Welfenspeise

Für die Creme

30 g Dr. Oetker Gustin
50 g Zucker
1 Päckchen Dr. Oetker Vanillin-Zucker

mit 6 Eßl. von

1/2 l kalter Milch

anrühren, die übrige Milch zum Kochen bringen, von der Kochstelle nehmen, das Gustin unter Rühren hineingeben, kurz aufkochen lassen

2 Eiweiß

steif schlagen, unterheben
die Speise in eine Glasschale füllen (darf nur halbgefüllt sein)
für die **Weinschaumsoße**

1 Ei
2 Eigelb
1 gestrichenen Eßl. Dr. Oetker Gustin
50 g Zucker
1/4 l Weiß- oder Apfelwein
abgeriebene gelbe Schale einer halben Zitrone (ungespritzt)
1 Eßl. Zitronensaft

in einen kleinen Kochtopf geben, gut verschlagen, im Wasserbad oder auf der Automatikplatte so lange mit einem Schneebesen durchschlagen, bis eine dicke Kochblase aufsteigt (nicht kochen lassen)

Erhitzungszeit: Etwa 20 Minuten

die erkaltete Weinschaumsoße auf die weiße Creme füllen, die Speise am Rand mit

Schokoladenstreuseln

garnieren.

Pro Person: 223 Kalorien = 933 Joule.

Sahne-Flana

Den Inhalt von

1 Päckchen Dr. Oetker Flana Mokka-Dessert oder Flana Vanille-Geschmack mit

1 gut gehäuften Teel. Dr. Oetker Gustin

40 g Zucker in einer Tasse mischen, zunächst mit 2 Eßl. von

3/8 l kalter Milch anrühren, dann noch 3 weitere Eßl. hinzugeben

die übrige Milch zum Kochen bringen, von der Kochstelle nehmen, das Pudding-Pulver unter Rühren hineingeben, 1 Minute kochen lassen, kalt stellen, ab und zu durchrühren

den erkalteten Flana mit einem Schneebesen kurz durchschlagen

1/8 l Sahne steif schlagen, unterheben

die Creme in eine Glasschale oder in Gläser füllen.

Veränderung: Anstelle von Flana-Mokka-Dessert und Flana-Vanille Flana-Schokoladen-Dessert verwenden.

Pro Person: 218 Kalorien = 912 Joule.

Aranca mit Wein

(Abb. S. 156)

1/8 l Weißwein, 1/8 l Wasser (von Zimmertemperatur 18–24° C) in eine große Schüssel (am besten aus Porzellan oder Steingut) geben

1 Päckchen Dr. Oetker Aranca Zitrone-Geschmack auf einmal in die Flüssigkeit geben, das Ganze mit einem Schneebesen so lange kräftig schlagen (etwa 2 Minuten), bis die Masse durch und durch hellschaumig ist und anfängt dicklich zu werden, nach Belieben das natürliche Zitronenaroma aus der Kapsel hinzufügen (ein Stückchen vom Kapselhals abschneiden, die Flüssigkeit herausdrücken), unterrühren

1/8 l Sahne steif schlagen, gleichmäßig unterziehen

die Speise in eine Glasschale oder in Gläser füllen, bis zur gewünschten Festigkeit - etwa 30 Minuten - kalt stellen.

Pro Person: 205 Kalorien = 858 Joule.

Paradiescreme mit Kompott

(Abb. S. 156)

Aus

1 Päckchen Dr. Oetker Paradiescreme Vanille

300 ccm kalter Milch nach der Vorschrift auf dem Päckchen eine Creme zubereiten, über

500 g beliebiges Kompott geben.

Pro Person: 114 Kalorien = 477 Joule ohne Kompott.

Marimba mit Wein

	Den Inhalt der beiden Beutel aus
1 Päckchen Dr. Oetker Marimba Zitrone-Geschmack	
125 g Zucker, 1 Päckchen Dr. Oetker Vanillin-Zucker	mischen, mit 6 Eßl. von
1/2 l Flüssigkeit (halb Weißwein - halb Wasser)	anrühren
1 Eigelb	hinzufügen, verrühren die übrige Flüssigkeit zum Kochen bringen, von der Kochstelle nehmen, das Pudding-Pulver unter Rühren hineingeben, kurz aufkochen lassen (erst jetzt gibt die Kapsel das Zitronenaroma frei und löst sich ohne Rückstand auf)
1 Eiweiß	steif schlagen, etwa 1/4 der kochendheißen Speise sofort unter den Eischnee schlagen, bis keine Eiweißflocken mehr zu sehen sind, dann die restliche Speise gleichmäßig unterziehen die Speise in Gläser oder in eine Glasschale füllen, bis zum Verzehr kalt stellen, nach Belieben kurz vor dem Servieren mit
Schlagsahne	verzieren, mit
Kirschen	garnieren.
	Pro Person: 262 Kalorien = 1096 Joule.

Erdbeer-Bavarois

(Für 6 Personen)
(Abb. S. 373)

2 Packungen (600 g) Erdbeeren von Dr. Oetker Tiefkühlkost	in eine Schüssel geben, bei Zimmertemperatur auftauen lassen
1 Päckchen und 2 gestrichene Teel. Dr. Oetker Gelatine gemahlen, rot	mit
4 Eßl. kaltem Wasser	anrühren, 10 Minuten zum Quellen stehenlassen, unter Rühren erwärmen, bis sie gelöst ist die Erdbeeren (einige zum Garnieren zurücklassen) durch ein Sieb streichen, mit
125 g Zucker, 2 Päckchen Dr. Oetker Vanillin-Zucker	
Saft einer Zitrone	verrühren, zunächst 3 Eßl. davon mit der Gelatinelösung verruhren, unter die restliche Erdbeerpülpe schlagen, kühl stellen
1/4 l Sahne	steif schlagen, unter die dicklich gewordene Erdbeerpülpe rühren
2 Eiweiß	steif schlagen, unterheben die Speise in eine dünn mit
Speiseöl	ausgepinselte Puddingform füllen, kalt stellen die vollkommen steife Speise auf eine Platte stürzen, nach Belieben mit
Schlagsahne	verzieren, mit den zurückgelassenen Erdbeeren garnieren.
	Pro Person: 269 Kalorien = 1126 Joule.

Joghurt-Sahnecreme

1 Päckchen Dr. Oetker Gelatine gemahlen, weiß	mit
3 Eßl. kaltem Wasser	anrühren, 10 Minuten zum Quellen stehenlassen, unter Rühren erwärmen, bis sie gelöst ist
1 Töpfchen Joghurt	mit
1/8 l Milch, 1 Päckchen Dr. Oetker Vanillin-Zucker Saft einer Zitrone, 75 g Zucker	verrühren, zunächst 3 Eßl. davon mit der Gelatinelösung verrühren, unter die restliche Speise schlagen, kalt stellen
1/8 l Sahne	steif schlagen, unter die dickliche Speise heben, in eine Glasschale oder in Gläser füllen, mit
Schokoladenstreuseln	garnieren.
	Pro Person: 235 Kalorien = 983 Joule.

Galetta-Apfelsinencreme
(Abb. S. 156)

1/4 l Apfelsinensaft (von etwa 5 Apfelsinen)	mit
6 Eßl. Wasser	in eine Schüssel gießen
1 Päckchen Dr. Oetker Galetta Vanille-Geschmack	auf einmal zu der Flüssigkeit geben, so lange mit einem Schneebesen schnell durchrühren, bis eine gleichmäßige Creme entstanden ist (nach etwa 1 Minute)
1/8 l Sahne	steif schlagen, unterheben die Creme in eine Glasschale füllen, etwa 20 Minuten stehenlassen, damit sie fester wird, nach Belieben mit
Apfelsinenspalten	garnieren Galetta schmeckt frisch am besten und sollte möglichst bald verzehrt werden.
	Pro Person: 205 Kalorien = 858 Joule.

Likörcreme

1/2 l Milch von Zimmertemperatur	in eine Schüssel gießen
1 Päckchen Dr. Oetker Galetta Schokolade	auf einmal zu der Milch geben, so lange mit einem Schneebesen schnell durchrühren, bis eine gleichmäßige Creme entstanden ist (nach etwa 1 Minute)
1 Päckchen Dr. Oetker Vanillin-Zucker 2 Eßl. Curaçao	hinzufügen
1/8 l Sahne	steif schlagen, unterheben die Creme in eine Glasschale oder in Gläser füllen, etwa 20 Minuten stehenlassen, damit sie fester wird.
	Pro Person: 296 Kalorien = 1233 Joule.

Ananas-Gustincreme

(Für 6 Personen)

200 g (3–6 Scheiben) Ananas (aus der Dose)	abtropfen lassen, von dem Saft $^{1}/_{4}$ l abmessen, mit Wasser auf $^{1}/_{2}$ l ergänzen
50 g Dr. Oetker Gustin *75 g Zucker* *1 Päckchen Dr. Oetker Vanillin-Zucker*	mit 6 Eßl. von dem Ananassaft anrühren, den übrigen Saft zum Kochen bringen, von der Kochstelle nehmen, das Gustin unter Rühren hineingeben, kurz aufkochen lassen, kalt stellen, ab und zu durchrühren
2 Eßl. Zitronensaft	unter die lauwarme, noch nicht festgewordene Gustincreme rühren
$^{1}/_{4}$ l Sahne	steif schlagen die Ananasscheiben in Stücke schneiden gut die Hälfte der Schlagsahne und die Ananasstücke unter die Creme heben, in eine Glasschale oder in Gläser füllen, kalt stellen, damit sie fester wird die Creme nach Belieben mit
Ananasstücken	garnieren, mit der restlichen Schlagsahne verzieren.

Pro Person: 243 Kalorien = 1017 Joule.

Zitronencreme mit Milch

(Für 6 Personen)

1 Päckchen Dr. Oetker Gelatine gemahlen, weiß	mit
5 Eßl. kaltem Wasser	anrühren, 10 Minuten zum Quellen stehenlassen, unter Rühren erwärmen, bis sie gelöst ist
2 Eigelb, 1 Eßl. warmes Wasser *Saft von 2 Zitronen*	schaumig schlagen, nach und nach $^{2}/_{3}$ von
100 g Zucker *1 Päckchen Dr. Oetker Vanillin-Zucker*	hinzufügen, so lange schlagen, bis eine cremeartige Masse entstanden ist, darunter nach und nach
abgeriebene gelbe Schale einer halben Zitrone (ungespritzt) *$^{3}/_{8}$ l kalte Milch*	rühren, zunächst 3 Eßl. davon mit der Gelatinelösung verrühren, unter die restliche Creme schlagen, kalt stellen
2 Eiweiß	steif schlagen, unter ständigem Schlagen nach und nach den Rest des Zuckers dazugeben, unter die dickliche Eigelbcreme heben die Creme in eine Glasschale oder in Gläser füllen, kalt stellen, damit sie fest wird.

Pro Person: 224 Kalorien = 937 Joule.

Vanille-Quarkcreme

1/2 l Milch	zum Kochen bringen
1 Päckchen Dr. Oetker Pudding-Pulver Vanille-Geschmack	
50 g Zucker	mit
6 Eßl. kalter Milch	anrühren, unter Rühren in die von der Kochstelle genommene Milch geben, kurz aufkochen lassen, kalt stellen, ab und zu durchrühren, eßlöffelweise mit
50 g Zucker	
1 Päckchen Dr. Oetker Vanillin-Zucker	unter
250 g Speisequark	rühren
	die Creme in eine Glasschale füllen
	da Quark leicht säuert, die Creme möglichst frisch essen.
Veränderung:	Die Creme über 500 g beliebiges gezuckertes weiches Obst geben.
	Pro Person: 299 Kalorien = 1251 Joule.

Reiscreme

(Für 6 Personen)

3/4 l Milch	
Salz	
75 g Zucker	
1 Päckchen Dr. Oetker Vanillin-Zucker	zum Kochen bringen
150 g Milchreis	hineingeben, zum Kochen bringen, ausquellen lassen (er muß noch körnig sein)
1 gut gehäuften Teel. Dr. Oetker Gelatine gemahlen, weiß	mit
2 Eßl. kaltem Wasser	anrühren, 10 Minuten zum Quellen stehenlassen, zu dem garen Reis geben, so lange rühren, bis sie gelöst ist, kalt stellen
1/4 l Sahne	steif schlagen, unter den erkalteten Reisbrei heben, die Creme in eine Glasschale füllen, bis zum Verzehr kalt stellen.
Beigabe:	Fruchtsaftsoße.
	Pro Person: 354 Kalorien = 1481 Joule.

Erdbeer-Bavarois, Rezept Seite 369

EISSPEISEN

EIS – ob als köstliche Erfrischung an heißen Sommertagen oder als lekkeres Dessert serviert, erfreut sich bei jung und alt großer Beliebtheit. Aus einer Vielzahl von Eis-Rezepten wurden die in diesem Kapitel aufgeführten ausgewählt.
Der Hausfrau bleibt es überlassen, Speise-Eis z. B. unter Verwendung von Dr. Oetker Eispulver selbst herzustellen – die Zubereitung ist einfach, mühelos und zuverlässig – oder Dr. Oetker Speise-Eis aus der Tiefkühltruhe zu verwenden, das in Lebensmittelgeschäften in großer Auswahl und hochwertiger Qualität angeboten wird.

Eis aus dem Kühlfach

Regeln

1. Das Gefrierfach des Kühlschranks darf **keine** Eisschicht haben, weil diese den Gefriervorgang verzögern würde.
2. Die Gefrierzeit, die von der Kälteleistung des Kühlschranks abhängig ist, beträgt im allgemeinen 2–3 Stunden.
3. Zwischen den einzelnen Kühlschrankfabrikaten bestehen gewisse Unterschiede, darum müssen auch die Angaben über Eisbereitung in der jedem Kühlschrank beigegebenen Betriebsvorschrift beachtet werden.

Schokoladen-Nußeis

30 g gemahlene Haselnußkerne in einem kleinen Kochtopf unter Rühren goldgelb rösten, kalt stellen

1 Päckchen Dr. Oetker Eispulver Schokolade
¼ l kalte Milch nach der Vorschrift auf dem Päckchen ansetzen
⅛ l Sahne steif schlagen, mit den Haselnußkernen unter das gequollene Eispulver ziehen
das Eis in 2–3 Stunden gefrieren lassen.

Pro Person: 292 Kalorien = 1222 Joule.

Zitroneneis mit warmer Schokoladensoße

1 Päckchen Dr. Oetker Eispulver Zitrone
⅕ l (200 ccm) kaltes Wasser
⅛ l Sahne nach der Vorschrift auf dem Päckchen ansetzen
das Eis in 2–3 Stunden gefrieren lassen

bitte umblättern

Gebratene Gans, Rezept Seite 168

	für die **Schokoladensoße**
75 g zartbittere Schokolade	in kleine Stücke brechen, mit
6 Eßl. Sahne	im Wasserbad oder auf der Automatikplatte zu einer geschmeidigen Masse verrühren
	das Eis mit der Schokoladensoße servieren.
	Pro Person: 372 Kalorien = 1556 Joule.

Krokanteis

	Für den Krokant
1 Messerspitze Butter	
15 g Zucker	unter Rühren so lange erhitzen, bis der Zucker schwach gebräunt ist
30 g abgezogene, gehackte Mandeln	unterrühren, unter ständigem Rühren erhitzen, bis der Krokant genug gebräunt ist, die Masse auf eine geölte Platte geben, erkalten lassen, evtl. in kleine Stücke stoßen
1 Päckchen Dr. Oetker Eispulver Vanille, 1/4 l kalte Milch	nach der Vorschrift auf dem Päckchen ansetzen
1/8 l Sahne	steif schlagen, zusammen mit dem Krokant unterziehen
	das Eis in 2–3 Stunden gefrieren lassen.
	Pro Person: 292 Kalorien = 1222 Joule.

Eiskreme aus der Fertigpackung vom Handel

Erdbeer-Schlemmerei

1 Päckchen Dr. Oetker Soßen-Pulver Vanille-Geschmack	nach der Vorschrift auf dem Päckchen zubereiten, erkalten lassen, in 4 Gläser füllen
10–15 frische Erdbeeren	waschen, abtropfen lassen
oder	
10–15 Erdbeeren von Dr. Oetker Tiefkühl-Kost	auftauen lassen
1 Haushaltspackung Dr. Oetker Eiskrem Fürst-Pückler-Art	in dreieckige Stücke schneiden, aufrechtstehend in die Gläser geben, mit den Erdbeeren garnieren, sofort servieren.
	Pro Person: 219 Kalorien = 917 Joule.

Schoko-Marrakesch

20 g Butter	in einer kleinen Stielpfanne (Flambierpfanne) zerlassen
40 g Zucker	mit
2 Eßl. Kokosflocken	darin bräunen lassen, mit
4 Eßl. Mandarinensaft	loskochen
etwa 200 g Mandarinenspalten (aus der Dose)	abtropfen lassen, hinzufügen, aufkochen lassen
4 Eßl. Weinbrand	unterrühren oder die Früchte damit flambieren
1 Haushaltspackung Dr. Oetker Eiskrem Schokolade	in Würfel schneiden, in 4 Gläser füllen, die heißen Kokos-Mandarinen darüber geben, sofort servieren.

Pro Person: 318 Kalorien = 1330 Joule.

Eis Suzette

2 ungespritzte Apfelsinen	waschen, abtrocknen, mit den Ecken von
10 Stück Würfelzucker	abreiben
20 g Butter	in einer kleinen Stielpfanne (Flambierpfanne) zerlassen, den Würfelzucker darin auflösen, bräunen lassen
8 Eßl. Apfelsinensaft	
2 Eßl. Zitronensaft	hinzufügen, etwas einkochen lassen
4 Eßl. Grand Marnier	dazugeben oder damit flambieren
1 Haushaltspackung Dr. Oetker Eiskrem Vanille	in Würfel schneiden, in 4 Gläser füllen, die heiße Apfelsinensoße darüber geben, sofort servieren.

Pro Person: 223 Kalorien = 934 Joule.

Eisbecher Schwarzwald

250 g entsteinte Sauerkirschen (aus dem Glas)	abtropfen lassen, mit
60 g Zucker	
4 Eßl. Kirschwasser	vermengen, einige Zeit durchziehen lassen
1 Haushaltspackung Dr. Oetker Eiskrem Vanille-Geschmack	in Würfel schneiden, in 4 Gläser füllen, die Kirschen darauf verteilen
1/8 l Sahne	mit
etwas Zucker	steif schlagen, die Portionen damit verzieren, mit
15 g geraspelter Schokolade	garnieren
	das Eis sofort servieren.

Pro Person: 355 Kalorien = 1484 Joule.

Erdbeertörtchen, fürstlich

1 Päckchen (300 g) Erdbeeren von Dr. Oetker Tiefkühl-Kost	auftauen lassen
4–5 Torteletts (fertig gekauft)	mit den Erdbeeren belegen
1 Päckchen Dr. Oetker Tortenguß	nach der Vorschrift auf dem Päckchen zubereiten, über die Erdbeeren geben, erkalten lassen
1 Haushaltspackung Dr. Oetker Eiskrem Fürst-Pückler-Art	in Würfel schneiden, die Erdbeertörtchen damit garnieren. *Pro Person: 260 Kalorien = 1089 Joule.*

Pfirsich Melba

(Abb. S. 438)

1 Päckchen (300 g) Himbeeren von Dr. Oetker Tiefkühl-Kost	auftauen lassen, mit einem elektrischen Handrührgerät zerkleinern
4 Pfirsichhälften (aus der Dose)	abtropfen lassen, fächerartig einschneiden
1 Haushaltspackung Dr. Oetker Eiskrem Vanille	in Würfel schneiden, in 4 Gläser füllen, je 1 Pfirsichhälfte darauf geben, die Himbeersoße darüber verteilen, die Portionen mit
Schlagsahne	verzieren, sofort servieren. *Pro Person: 269 Kalorien = 1126 Joule.*

PUDDINGE IM WASSERBAD

Puddinge, die im Wasserbad hergestellt werden, erfordern wohl mehr Arbeit bei der Zubereitung, bilden aber eine angenehme Abwechslung im Speisezettel. Damit sich der Pudding nach dem Kochen gut stürzen läßt, die Puddingform vor dem Einfüllen der Puddingmasse gut fetten und danach dick mit geriebenem Zwieback oder Semmelmehl ausstreuen.

Da der Pudding während des Kochens noch aufgeht, höchstens $^2/_3$ der Form füllen. Anschließend den Deckel gut auf die Form schrauben und die Form dann in einen Topf mit kochendem Wasser setzen. Damit das Wasser während des Kochens nicht in die verschlossene Form dringen kann und diese fest stehen muß, darf das Wasser nur gut bis zur Hälfte der Form reichen. Während der Kochzeit den Deckel auf den Kochtopf legen, außerdem darauf achten, daß das Wasser nicht sprudelt, sondern nur schwach kocht.

Nach Beendigung der unter jedem Rezept angegebenen Kochzeit den Pudding nicht sofort stürzen. Es empfiehlt sich, ihn noch gut 5 Minuten in der Form zu lassen, dann zu stürzen und auf den Tisch zu bringen.

Plumpudding
(Für 12 Personen)

	Von
2 alten Brötchen	die Rinde abreiben, die Brötchen in
1/8 l Milch	einweichen
3 alte, geriebene Brötchen oder	
100 g Semmelmehl	zu der abgeriebenen Brötchenrinde geben, mit
6 g (2 gestrichene Teel.)	
Dr. Oetker Backpulver Backin	mischen
75 g Rindertalg oder Nierenfett	in eine Rührschüssel reiben, mit
50 g Butter oder Margarine	schaumig rühren, nach und nach
125 g Zucker	
1 Päckchen	
Dr. Oetker Vanillin-Zucker	
4 Eier, 1/2 Teel. Salz	
2 Tropfen	
Dr. Oetker Backöl Bittermandel	
1/2 Fläschchen	
Dr. Oetker Rum-Aroma	
1/4 Teel. gemahlenen Ingwer	
1/4 Teel. gemahlenen Kardamom	
geriebene Muskatnuß	
1/4 Teel. gemahlene Nelken	
1/2 Teel. gemahlenen Zimt	
Saft und abgeriebene gelbe Schale	
einer Apfelsine (ungespritzt)	
Saft und abgeriebene gelbe	
Schale einer halben Zitrone	
(ungespritzt)	und die ausgedrückten Brötchen und das Semmelmehl hinzufügen
50 g getrocknete Aprikosen	
65 g getrocknete Pflaumen	
	beide Zutaten waschen (die Pflaumen entkernen), klein schneiden
65 g Zitronat (Sukkade)	fein schneiden
50 g Mandeln	hacken
50 g Rosinen, 50 g Korinthen	waschen, gut abtropfen lassen
	die Zutaten unter die Semmelmasse rühren, sie in eine mit
Butter oder Margarine	gefettete, mit
Semmelmehl	ausgestreute Puddingform füllen
	die Form mit einem Deckel verschließen, in einen Topf mit kochendem Wasser setzen, vor dem Auftragen den Pudding mit
1 Gläschen Rum (54%ig)	übergießen, den Rum vorsichtig anzünden, den Pudding brennend servieren
Kochzeit:	2 1/2 Stunden.
Beigabe:	Weinschaumsoße (S. 94).
	Pro Person: 325 Kalorien = 1360 Joule.

Zwiebackpudding
(Für 12 Personen)

125 g Zwieback	in kleine Stücke brechen, mit
¼ l heißer Milch	übergießen, zudecken, so lange stehenlassen, bis er weich ist
50 g Butter oder Margarine	schaumig rühren, nach und nach
30 g Zucker	
1 Päckchen Dr. Oetker Vanillin-Zucker	
2 Eier	
2 Tropfen Dr. Oetker Backöl Bittermandel	hinzufügen
1 Päckchen Dr. Oetker Pudding-Pulver Vanille-Geschmack	mit
3 Eßl. kalter Milch	anrühren
3 g (1 gestrichener Teel.) Dr. Oetker Backpulver Backin	
30 g gemahlene Mandeln	
30 g Zitronatwürfel (Sukkade)	
30 g gewaschene, gut abgetropfte Rosinen	
	die Zutaten unter die Zwiebackmasse rühren, sie in eine mit
Butter oder Margarine	gefettete, mit
Semmelmehl	ausgestreute Puddingform füllen
	die Form mit einem Deckel verschließen, in einen Topf mit kochendem Wasser setzen
Kochzeit:	1 Stunde.
Beigabe:	Soße, zubereitet mit Dr. Oetker Soßen-Pulver Ohne Kochen Vanille-Geschmack; Obstsaft oder eingemachtes Obst.
	Pro Person: 170 Kalorien = 711 Joule.

Grießpudding
(Für 12 Personen)

⅜ l Milch	
Salz	zum Kochen bringen, von der Kochstelle nehmen
125 g Grieß	unter Rühren hineinstreuen, quellen lassen
75 g Butter oder Margarine	schaumig rühren, nach und nach
60 g Zucker	
1 Päckchen Dr. Oetker Vanillin-Zucker	
3 Eier	
4 Tropfen Dr. Oetker Backöl Zitrone	und den Grießbrei hinzufügen
1 Päckchen Dr. Oetker Pudding-Pulver	

Vanille-Geschmack	mit
3 Eßl. kalter Milch	anrühren
3 g (1 gestrichener Teel.)	
Dr. Oetker Backpulver Backin	
25 g gewaschene,	
gut abgetropfte Rosinen	
	die drei Zutaten zuletzt unter die Grießmasse rühren, sie in eine mit
Butter oder Margarine	gefettete, mit
Semmelmehl	ausgestreute Puddingform füllen
	die Form mit einem Deckel verschließen, in einen Topf mit kochendem Wasser setzen
Kochzeit:	1¼ Stunden.
Beigabe:	Eingemachtes Obst oder Obstsaft.
	Pro Person: 180 Kalorien = 753 Joule.

Sandpudding

(Für 12 Personen)

100 g Margarine (z. B. Sanella)	schaumig rühren, nach und nach
100 g Zucker	
1 Päckchen	
Dr. Oetker Vanillin-Zucker	
3 Eier	
4 Tropfen	
Dr. Oetker Backöl Zitrone	
Salz	hinzufügen
200 g Weizenmehl	
50 g Dr. Oetker Gustin	
6 g (2 gestrichene Teel.)	
Dr. Oetker Backpulver Backin	mischen, sieben, abwechselnd mit
2 Eßl. Milch	unterrühren
50 g Korinthen	waschen, gut abtropfen lassen, unterheben
	die Masse in eine mit
Butter oder Margarine	gefettete Puddingform füllen, die Form mit dem Deckel verschließen, in einen Topf mit kochendem Wasser setzen
Kochzeit:	1 Stunde
Beigabe:	Soße, zubereitet mit Dr. Oetker Soßen-Pulver Ohne Kochen Vanille-Geschmack.
	Pro Person: 211 Kalorien = 883 Joule.

Mandel- oder Haselnußpudding
(Für 12 Personen)

100 g Margarine (z. B. Sanella)	schaumig rühren, nach und nach
100 g Zucker	
1 Päckchen	
Dr. Oetker Vanillin-Zucker	
3 Eier	
2 Tropfen	
Dr. Oetker Backöl Bittermandel	
Salz	
50 g gemahlene Haselnußkerne	
oder Mandeln	hinzufügen
150 g Weizenmehl	
50 g Dr. Oetker Gustin	
6 g (2 gestrichene Teel.) Dr. Oetker	
Backpulver Backin	mischen, sieben, abwechselnd mit
3 Eßl. Milch	unterrühren
	die Masse in eine mit
Butter oder Margarine	gefettete, mit
Semmelmehl	ausgestreute Puddingform füllen
	die Form mit dem Deckel verschließen, in einen Topf mit kochendem Wasser setzen
Kochzeit:	1 Stunde.
Beigabe:	Weinschaumsoße (S. 94) oder Soße, zubereitet mit Dr. Oetker Soßen-Pulver für Schokoladensoße.
	Pro Person: 221 Kalorien = 925 Joule.

BACKWERK

Selbstgebackener Kuchen – gibt es ein schöneres Zeichen für häusliche Kultur und behagliche Atmosphäre? Aber nicht nur sonntags, oder wenn Besuch kommt, sollte es selbstgebackenen Kuchen geben. Die bewährten Backzutaten von Dr. Oetker machen das Selberbacken so einfach und risikolos, daß man auch mitten in der Woche schnell mal zwischendurch einen Teig anrühren und backen kann, ohne viel Zeit und Arbeit aufwenden zu müssen. Backen macht Freude, viel mehr als jede andere Arbeit in Küche und Haushalt! Und auf ihr „Selbstgebackenes" darf jede Hausfrau stolz sein!

ALLGEMEINE BACKREGELN

Zweckmäßige Geräte

Für das Abwiegen der Zutaten ist eine Waage erforderlich, zumindest ein Meßbecher. Ebenfalls sollte in jedem Haushalt ein Litermaß vorhanden sein. Nur genaue Einhaltung der vorgeschriebenen Mengen sichert den Erfolg.
Rühr- und Biskuitteige sollen in Rührschüsseln mit innen abgerundetem Boden (am besten Dr. Oetker Mepal-Schüsseln) hergestellt werden. Emaille- und Aluminiumschüsseln sind für diese Zwecke ungeeignet (Emaille kann absplittern, Aluminiumgefäße färben Teige grau). Damit sich die Schüssel beim Rühren nicht verschiebt, falls kein Schüsselhalter vorhanden ist, ein feuchtes Tuch unterlegen.
Für die Bereitung der Teige empfehlen sich die bewährten Dr. Oetker Backgeräte, die auf den Arbeitsfotos abgebildet sind.
Zum Rühren einen Löffel mit durchlochtem Blatt, ein Handrührgerät oder eine Küchenmaschine verwenden.
Zur Herstellung von Biskuitteigen ist ein Schneebesen unbedingt erforderlich. Ein Schüttelsieb ist ein unentbehrlicher Helfer beim Sieben von Mehl- und Puderzucker.
Sehr praktisch ist ein Teigschaber (ein viereckiges Blatt, meistens aus Zelluloid), um damit die letzten Teigreste aus der Schüssel zu nehmen, aber auch den Teig gleichmäßig auf dem Backblech zu verstreichen. Bei festen Teigen ihn vorher in Milch oder Wasser tauchen, damit keine Teigreste hängenbleiben.
Bei den in diesem Buch angegebenen Gebäcken, die in einer Springform gebacken werden sollen, reicht die Teigmenge für Formen mit einem Durchmesser von etwa 26 cm.
Alle Formen (Back- und Ausstechformen) und Backbleche sollen nach jedem Gebrauch gewaschen und sorgfältig getrocknet werden.

Einwandfreie Zutaten

Nur gute Zutaten verwenden, minderwertige können das ganze Backwerk verderben.
Das Mehl muß trocken sein, nicht klumpig oder feucht. Backpulver Backin am besten frisch vom Kaufmann besorgen. Soll ein kleiner Vorrat gehalten oder angebrochene Päckchen aufbewahrt werden, dafür sorgen, daß es **kühl, trocken und getrennt von stark riechenden Lebensmitteln,** z. B. Backgewürzen lagert, dafür eine gut schließende Blechdose verwenden.
Möglichst feinkörnigen Zucker nehmen, da er sich besser und schneller löst. Zu grober Zucker kann unter Umständen das ganze Gebäck verderben. Frische oder einwandfrei konservierte Eier (Kühlhaus, Wasserglas, Garantol) nehmen. Sie werden vor dem Gebrauch einzeln über einer Tasse aufgeschlagen, um zu prüfen, ob sie gut sind.

Anstelle von süßer Milch verquirlte saure Milch oder Buttermilch verwenden. Wo Quark zum Backen gebraucht wird, darauf achten, daß er frisch, süß und trocken ist.

Sorgfältige Teigbereitung

Bei der Vorbereitung und bei der Herstellung des Teiges sich genau nach den allgemeinen Angaben richten, die für die betreffende Teigart an den Kopf des Abschnittes gesetzt sind oder nach den Angaben für die elektrischen Küchenmaschinen (S. 387).

Backhitzen

Eine Hausfrau muß, wenn sie gutes Gebäck zubereiten will, nicht nur die Herstellung der verschiedenen Teigarten beherrschen, sondern auch ihren Herd kennen.

a) Gas- und Elektrobacköfen ohne Thermostat
Bei Backöfen ohne Thermostat haben sich vier bestimmte Backhitze-Bezeichnungen, die in der folgenden Tabelle erklärt werden, besonders bewährt.

Hitzebezeichnung	Gas	Strom
Leichte Hitze für Eiweißgebäcke	perlgroße Flamme	5 Minuten vorheizen O 3 - U 3[1], backen O 1 - U 2
Schwache Mittelhitze[2] für Rührteige in hohen und mittelhohen Formen und für Hefenapfkuchen	$^1/_3$ große Flamme	O 1 - U 3
Gute Mittelhitze für Rührteige in mittelhohen Formen mit Obst, für Biskuittorten und für Hefekranzkuchen	$^1/_2$ große Flamme	10 Minuten vorheizen O 3 - U 3, backen O 2 - U 3
Starke Hitze für flache Kuchen und Kleingebäck und für Hefeblechkuchen	5 Minuten vorheizen große Flamme, backen $^1/_2$ große Flamme	10 Minuten vorheizen O 3 - U 3, backen O 3 - U 3[3] oder O 2 - U 3

[1] O = Oberhitze, U = Unterhitze

[2] Bei Stollen und ähnlichen Gebäcken den Gasherd 5 Minuten mit großer Flamme vorheizen und sie dann $^1/_3$ groß einstellen.
Beim Elektroherd 10 Minuten bei O 3 - U 3 vorheizen, dann auf O 2 - U 2 umschalten.

Beim Sandkuchen und beim Englischen Kuchen den Elektroherd bei schwacher Mittelhitze O 0 – U 3 bzw. O 1 – U 2 schalten.
[3] Bei Kleingebäck beim 2. Blech auf O 2 – U 2 umschalten.

Da die unter den Rezepten angegebenen Backzeiten länger oder kürzer sein können, abhängig von Umständen, die auf die Verschiedenartigkeit der Herde zurückzuführen sind, empfiehlt es sich, gegen Ende der Backzeit öfter nach dem Gebäck zu sehen. Beim Einstellen der Gebäcke in den Ofen darauf achten, daß die Formen waagerecht stehen, damit der Teig nicht nach einer Seite läuft. Alle Teige, die in Formen gebacken werden, stets auf den Backrost stellen, nicht auf ein Backblech oder auf den Boden des Backofens, da die Gebäcke dann von unten zu dunkel werden.
Weiterhin ist wichtig, daß die Gebäcke in der richtigen Höhe eingeschoben werden, wobei man sich nach der Höhe der Gebäcke richtet. Je höher ein Gebäck oder die betreffende Backform ist, desto tiefer wird das Backgut eingeschoben. Deswegen Napfkuchenformen auf einen Rost setzen, der auf die unterste Schiene gelegt wurde. Bei flacheren Formen wie Spring- und Kranzkuchenformen bei einem Herd mit drei Schienen den Rost mit der Form in die unterste und bei vier Schienen in die zweitunterste Schiene schieben. Bei halbhohen Gebäcken wie Stollen das Blech bei drei Schienen auf die mittlere und bei vier Schienen auf die zweitunterste Schiene schieben. Bleche mit flachen Gebäkken bei gasbeheizten Backöfen im allgemeinen auf die oberste (Kleingebäck) bzw. auf die zweitoberste (Plattenkuchen) Schiene schieben, bei Elektroherden diese Bleche bei einem Herd mit drei Schienen in die Mitte und bei vier Schienen auf die zweitoberste Schiene schieben. Bevor Gebäcke wie Napfkuchen, Kranzkuchen, Stollen usw. aus dem Ofen genommen werden, die Garprobe machen, d. h. mit einem Hölzchen in die Mitte des betreffenden Gebäcks stechen. Bleiben keine feuchten Krumen daran haften, ist das Gebäck gar und kann aus dem Ofen genommen werden.

b) Gas- und Elektrobacköfen mit Thermostat
Backöfen mit Thermostat können mit Hilfe eines Wählers auf bestimmte Temperaturen eingestellt werden. – Bei Gasherden liegen die Temperaturbereiche zwischen den Zahlen 0 und 8 und bei Elektroherden zwischen 0 und 300. Elektroherde mit Thermostat haben eine Kontroll-Lampe, die aufleuchtet, wenn der Wähler betätigt wird, und erlischt, sobald die gewünschte Temperatur im Backofen erreicht ist. Das Backgut wird bei diesen Elektroherden grundsätzlich in den heißen Backofen gestellt, und zwar dann, wenn die Lampe erloschen ist. Während des Backprozesses leuchtet die Lampe wieder so lange auf, wie der Backofen zur Erhaltung der gewünschten Temperatur von Zeit zu Zeit nachgeheizt wird. Für den weiteren Ablauf des Garvorganges ist dieses Aufleuchten und Erlöschen ohne jede Bedeutung.

Beim Elektrobackofen kommen hohe und halbhohe Formen bei einem nach unten gewölbten Rost auf die untere Einschiebeleiste. Handelt es sich jedoch um einen Füßchenrost, wird er direkt auf den Backofenboden gelegt. Flachkuchen, Kleingebäck, Stollen, Windbeutel und Eiweißgebäck im allgemeinen in die Mitte einschieben. Kleingebäck evtl. höher einsetzen.
Durch das schnelle Aufheizen von Gasherden kann eine Anzahl von Gebäcken in den kalten Backofen gesetzt werden. Darunter fallen besonders Gebäcke in hohen und mittelhohen Formen wie Napf- und Königskuchen. Flach-, Klein- und stollenähnliche Gebäcke werden zweckmäßig im vorgeheizten Ofen gebacken, damit sie ihre Form nicht verlieren.

Richtiges Aufbewahren von Gebäcken

Aus dem Ofen genommene Formkuchen etwa 5 Minuten stehenlassen, bevor sie auf einen Kuchenrost gestürzt werden. Blechkuchen möglichst warm vom Blech nehmen und auf einem Kuchenrost oder dem Backrost auskühlen lassen. Andernfalls schlägt sich die Feuchtigkeit aus dem Kuchen auf dem Backblech nieder und kann den Gebäckgeschmack beeinträchtigen.
Kleingebäck muß, sobald es genügend gebräunt ist, vom Blech genommen und einzeln nebeneinander auf einen Kuchenrost gelegt werden. Erst wenn es erkaltet ist, Gebäck, das knusprig bleiben soll, in gut schließende Blechdosen legen. Gebäcke, die vor dem Verzehr noch weich werden sollen, wie Springerle, einige Tage, und zwar so lange offen an die Luft stellen, bis sie genügend weich sind. Erst dann in Blechdosen aufbewahren.

Teige in elektrischen Küchenmaschinen oder mit elektrischen Rührgeräten

Um sich die Arbeit in der Küche zu erleichtern, bedienen sich immer mehr Hausfrauen elektrischer Geräte, so auch beim Backen.
Damit Gebäcke, die nach Rezepten dieses Buches zubereitet werden, einwandfrei gelingen, empfiehlt es sich, die Arbeitsanleitungen für Maschinen und Teigarten genau zu beachten. Dabei bleibt es jeder Hausfrau überlassen, ob sie bei Rührteigen die Methode A wählt, bei der alle Zutaten auf einmal verarbeitet werden, oder die Methode B, bei der die Zutaten – entsprechend der „Handarbeit“ – besonders sorgfältig nacheinander verarbeitet werden.

Auf den folgenden Seiten sind Arbeitsanleitungen für elektrische Küchenmaschinen und Rührgeräte aufgeführt.
Dadurch soll die Benutzung dieser Geräte beim Backen erleichtert und gutes Gelingen gewährleistet werden.

Arbeitsanleitung für Küchenmaschinen

Rührteig mit Rühr- oder Schlagbesen

Methode A

Das mit Backin gemischte und gesiebte Mehl mit allen übrigen im Rezept aufgeführten Zutaten (außer Früchten und Schokolade) in die Rührschüssel geben (das Fett muß vollkommen streichfähig sein). Das Gerät kurz auf die niedrigste, dann auf die höchste Stufe schalten, 1 Minute rühren lassen. Dann das Gerät ausschalten, den Teig mit einem Teigschaber vom Rand lösen, wieder auf die höchste Stufe schalten, noch 1–2 Minuten rühren lassen. Falls Früchte usw. in den Teig kommen, sie kurz auf der niedrigsten Stufe unterrühren.

Methode B

Das vollkommen streichfähige Fett und Zucker, Eier und Gewürze in die Rührschüssel geben, auf der höchsten Stufe 1 Minute rühren lassen. Das Gerät ausschalten, die Masse mit einem Teigschaber vom Rand lösen, noch 1 Minute auf höchster Stufe rühren lassen.
Dann das Gerät auf die niedrigste Stufe schalten, das mit Backin gemischte und gesiebte Mehl eßlöffelweise abwechselnd mit der Milch unterrühren, jeweils nur so lange rühren lassen, bis weder Mehl noch Milch zu sehen sind. Das Gerät wieder ausschalten, den Teig vom Rand lösen, noch einmal kurz auf der niedrigsten Stufe rühren lassen.
Falls Früchte usw. in den Teig kommen, sie kurz auf der niedrigsten Stufe unterrühren.

Knetteig mit Knethaken

Das mit Backin gemischte und gesiebte Mehl mit allen übrigen im Rezept aufgeführten Zutaten in die Rührschüssel geben (das Fett muß vollkommen streichfähig sein), das Gerät auf der höchsten Stufe so lange arbeiten lassen, bis ein zusammenhängender Teig entstanden ist.
Den Teig auf der Tischplatte zu einer Rolle formen.

Quark-Ölteig mit Knethaken

Das mit Backin gemischte und gesiebte Mehl mit allen übrigen im Rezept aufgeführten Zutaten in die Rührschüssel geben, das Gerät auf die höchste Stufe schalten, etwa ½ Minute arbeiten lassen. Nicht zu lange, Teig klebt sonst.
Den Teig auf der Tischplatte zu einer Rolle formen.

Biskuitteig mit Rühr- oder Schlagbesen

Eier und warmes Wasser in die Rührschüssel geben, das Gerät auf die höchste Stufe schalten, 2–3 Minuten laufen lassen, dann den mit Vanillin-Zucker gemischten Zucker langsam (in etwa 1 Minute) in das laufende Gerät streuen, von Beginn der Zuckerzugabe an noch 6 Minuten laufen lassen.

Das Gerät auf die niedrigste Stufe schalten, das mit Gustin und Backin gemischte und gesiebte Mehl langsam (in etwa 1 Minute) einstreuen. Es darf nicht zu schnell geschehen, da das Mehl dann klumpt, zu langsam darf es jedoch auch nicht vor sich gehen, da dann der Teig zäh wird und das Gebäck nicht genügend aufgeht.

Hefeteig mit Knethaken
Die Hefe nach der Vorschrift auf dem Päckchen ansetzen.
Das Mehl in die Rührschüssel sieben, alle übrigen im Rezept angegebenen Zutaten an die eine Seite der Schüssel und die gegangene Hefe an die andere Seite der Schüssel geben (Hefe darf nicht direkt mit den anderen Zutaten in Berührung kommen).
Das Gerät kurz auf die niedrigste, dann auf die höchste Stufe schalten, etwa 5 Minuten laufen lassen.

Arbeitsanleitung für Rührgeräte

Rührteig mit Rührbesen

Methode A
Das mit Backin gemischte und gesiebte Mehl mit allen übrigen im Rezept aufgeführten Zutaten (außer Früchten und Schokolade) in eine Schüssel (am besten Dr. Oetker Mepal-Schüssel) geben (das Fett muß vollkommen streichfähig sein).
Die Zutaten zunächst auf der niedrigsten Stufe knapp 1 Minute, dann auf der höchsten Stufe noch gut 2 Minuten zu einem glatten Teig rühren.
Falls Früchte usw. in den Teig kommen, sie auf mittlerer Stufe unterrühren.

Methodc B
Das vollkommen streichfähige Fett in eine Schüssel (am besten Dr. Oetker Mepal-Schüssel) geben und auf höchster Stufe $^1/_2$ Minute schaumig rühren. Den mit dem Vanillin-Zucker gemischten Zucker in $^1/_2$ Minute einstreuen. Dann die Gewürze und nach und nach die Eier hinzugeben, jedes Ei etwa $^1/_2$ Minute unterrühren.
Das Gerät auf die niedrigste Stufe schalten und eßlöffelweise abwechselnd mit der Milch das mit Backin gemischte und gesiebte Mehl unterrühren. Den fertigen Teig kurz auf mittlerer Stufe durchrühren.
Falls Früchte usw. in den Teig kommen, sie auf mittlerer Stufe unterrühren.

Knetteig mit Knethaken
Das mit Backin gemischte und gesiebte Mehl mit allen übrigen im Rezept aufgeführten Zutaten in eine Schüssel (am besten Dr. Oetker Mepal-Schüssel) geben (das Fett muß vollkommen streichfähig sein).
Die Zutaten zunächst auf der niedrigsten Stufe kurz, dann auf der mittleren Stufe so lange verarbeiten, bis ein zusammenhängender Teig entstanden ist.
Den Teig auf der Tischplatte zu einer Rolle formen.

Quark-Ölteig mit Knethaken
Das mit Backin gemischte und gesiebte Mehl mit allen übrigen im Rezept aufgeführten Zutaten in eine Schüssel (am besten Dr. Oetker Mepal-Schüssel) geben.
Die Zutaten auf der mittleren Stufe knapp 1 Minute verarbeiten (nicht zu lange, Teig klebt sonst).
Den Teig auf der Tischplatte zu einer Rolle formen.

Biskuitteig mit Rührbesen
Eier und warmes Wasser in eine Schüssel (am besten Dr. Oetker Mepal-Schüssel) geben und auf der höchsten Stufe 1 Minute schlagen. Den mit Vanillin-Zucker gemischten Zucker in 1 Minute einstreuen und dann noch 2 Minuten schlagen. Das Gerät ausschalten.
Die Hälfte des mit Gustin und Backin gemischten Mehls auf die Eiercreme sieben und kurz auf der niedrigsten Stufe unterrühren. Den Rest des Mehls auf dieselbe Weise unterarbeiten.

Hefeteig mit Knethaken
Die Hefe nach der Vorschrift auf dem Päckchen ansetzen.
Das Mehl in eine Schüssel (am besten Dr. Oetker Mepal-Schüssel) sieben, in die Mitte eine Vertiefung eindrücken, die übrigen im Rezept angegebenen Zutaten an den Rand des Mehls, die gegangene Hefe in die Vertiefung geben (Hefe darf nicht direkt mit den anderen Zutaten in Berührung kommen).
Die Zutaten von der Mitte aus zunächst auf der niedrigsten, dann auf der höchsten Stufe etwa 5 Minuten verarbeiten. Der Teig muß schön glatt sein.

DER RÜHRTEIG

Notwendige Vorarbeiten

Mehl und Backin mischen.
Ist Gustin oder Kakao vorgeschrieben, so wird es mit dem Mehl gemischt (Ausnahme Marmorkuchen).

Mehl und Backin sieben.
Das Sieben lockert das Mehl auf und verteilt das Backin gleichmäßig im Mehl. Das Gebäck wird dadurch besser gelockert.

Die Früchte folgendermaßen vorbereiten:
a) Korinthen und Rosinen gründlich in lauwarmem Wasser waschen, gut abtropfen lassen oder in einem Tuch trocknen.
b) Haselnußkerne, je nach Rezept, hacken oder mahlen.
c) Mandeln, die abgezogen werden sollen, in kochendes Wasser geben und sie 2–3 Minuten darin ziehen lassen (Topf von der Kochstelle nehmen). Nachdem sie abgetropft sind, die Schalen abziehen und die Mandeln zerkleinern.
d) Orangeat oder Zitronat in Streifen oder Würfel schneiden.

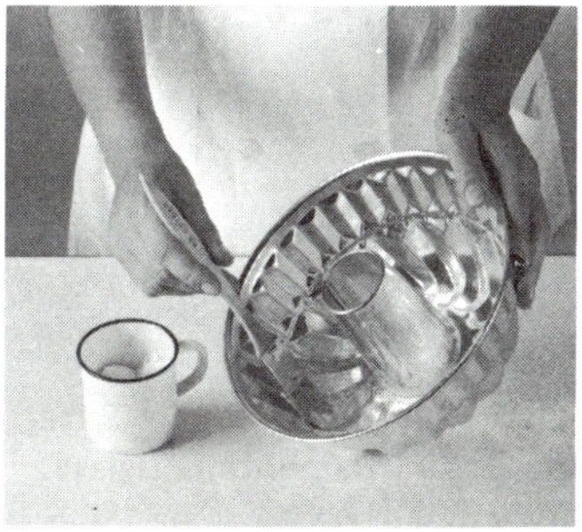

Für Rührteige die Kurchenformen mit streichfähiger Butter oder Margarine gut und gleichmäßig mit einem Pinsel ausfetten.

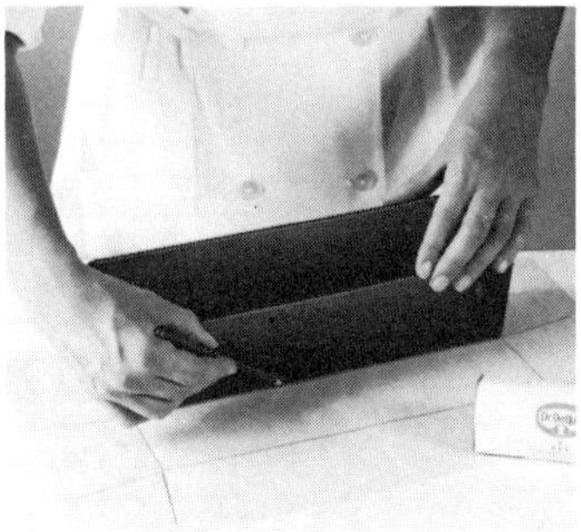

Die Formen evtl. noch mit Semmelmehl ausstreuen. **(Bei Springformen nur den Boden fetten).** Kastenform evtl. nach dem Fetten mit Papier auslegen, dadurch läßt sich das Gebäck besser aus der Form nehmen und bleibt länger frisch. Das Papierfutter so herstellen: Den Boden der Form auf weißes Papier aufzeichnen, die Form kippen und die Seitenlinien aufzeichnen. So mit allen vier Seiten verfahren. Die Ecken ausschneiden und die Bodenlinien knicken.

Die Verarbeitung des Teiges

Die Butter (Margarine, Schweine- oder Butterschmalz) schaumig rühren und nach und nach Zucker, Vanillin-Zucker, Eier und Gewürze hinzugeben. Das mit Backin gemischte und gesiebte Mehl abwechselnd mit der Milch unterrühren. Nur so viel Milch verwenden, daß der Teig schwer (reißend) vom Löffel fällt. Je nach Rezept vorbereitete Früchte zuletzt unter den Teig heben und ihn in die vorbereitete Form füllen.

Die einzelnen Arbeitsgänge

„Die Butter (Margarine, Schweine- oder Butterschmalz) schaumig rühren . . ."
Wichtig dabei ist, daß das Fett weder zu flüssig noch zu fest ist. Flüssiges Fett kann überhaupt nicht schaumig gerührt werden, zu festes Fett muß vorher geschmeidig gemacht werden. Zu diesem Zweck wird die Rührschüssel mit heißem Wasser ausgespült und das Fett mit einem Rührlöffel tüchtig durchgearbeitet. Zum Rühren am besten einen durchlochten Löffel nehmen, ihn möglichst tief anfassen, senkrecht zum Boden der Rührschüssel (am besten Dr. Oetker Mepal-Schüssel) halten und nach links herum rühren (entgegengesetzt der Kaffeemühle). Den Rührlöffel aus dem Fett ziehen; wenn es in kleinen Spitzen daran hängenbleibt, ist das Fett schaumig.

„. . . und nach und nach Zucker, Vanillin-Zucker, . . ."
Zucker und Vanillin-Zucker eßlöffelweise zum schaumig gerührten Fett geben. So lange rühren, bis eine gebundene Masse entstanden ist. Feinkörniger Zucker ist grobkörnigem vorzuziehen, da er sich leichter löst.

„. . . Eier . . ."
Jedes Ei über einer Tasse aufschlagen und prüfen, ob es gut ist. Die Eier niemals auf einmal in das mit Zucker schaumig gerührte Fett geben, da sie sich dann schlecht unterrühren lassen. Jedes Ei jeweils gut unterrühren, bevor das nächste folgt. Wichtig ist, daß die Fett-Zucker-Eiermasse so lange gerührt wird, bis beim Rühren keine Zuckerkörner mehr zu spüren sind.

„. . . und Gewürze hinzugeben . . ."
Nach den Eiern die Gewürze (Backöle, Aromen usw.) unterrühren.

„. . . Das mit Backin gemischte und gesiebte Mehl abwechselnd mit der Milch unterrühren . . ."
Jeweils 2–3 gehäufte Eßl. Mehl unterrühren und wenn der Teig zu fest ist, etwas Milch hinzugeben. Das Mehl-Backin-Gemisch muß ganz untergerührt sein, bevor Milch zugegeben wird, da Backin nicht unmittelbar mit Flüssigkeit in Berührung kommen darf, sonst würde seine Triebkraft vorzeitig ausgelöst und ginge verloren. Sobald Mehl und Milch zum Teig gegeben werden, möglichst kurz rühren, andernfalls tritt eine unregelmäßige Lockerung des Gebäckes ein (Rührblasen).

„. . . Je nach Rezept vorbereitete Früchte zuletzt unter den Teig heben . . ."
Früchte unter den Teig heben und nicht rühren, denn Korinthen und Rosinen werden durch das Rühren zerquetscht und färben den Teig schmutzig grau.

„. . . Nur so viel Milch verwenden, daß der Teig schwer (reißend) vom Löffel fällt . . .“
Die notwendige Milchmenge kann nie genau angegeben werden, da sie von der Aufnahmefähigkeit des Mehls und der Größe der Eier abhängt. Der Teig hat die richtige Beschaffenheit, wenn er schwer (reißend) vom Löffel fällt. Bei Zugabe von zu viel Milch besteht die Gefahr, daß das Gebäck mißrät und Wasserstreifen erhält. Deswegen darf der Teig niemals so dünn sein, daß er vom Löffel läuft. Eine Ausnahme bilden Rührteige, die sehr viel Fett und Eier und wenig oder gar keine Flüssigkeit enthalten. Sie können weicher sein, da die rohen Eier wohl im Teig als Flüssigkeit auftreten, aber im Laufe des Backprozesses durch die Hitze fest werden.

„. . . und ihn in die vorbereitete Form füllen.“
Den fertigen Teig (am besten mit einem Teigschaber) in die vorbereitete Form füllen und mit einer Gabel glattstreichen.
Die Formen müssen etwa zwei Drittel mit Teig gefüllt sein.

Das Backen von Rührteigen

Alle Rührteige nach den Angaben unter den Rezepten backen. Bevor das Gebäck aus dem Backofen genommen wird, muß auf alle Fälle die Garprobe gemacht werden. Mit einem spitzen Hölzchen möglichst in die Mitte des Gebäcks stechen. Wenn kein Teig daran hängenbleibt, ist der Kuchen gar, ihn aus dem Ofen nehmen, etwa 5–10 Minuten stehenlassen und ihn auf einen Kuchenrost stürzen oder heben, damit er besser ausdünsten kann. Bei einer Springform das Gebäck vor dem Herausnehmen mit einem Messer vom Rand lösen (siehe Biskuitteig S. 456).

Bei Elektroherden wird das Backgut grundsätzlich in den vorgeheizten Backofen geschoben, und zwar zeigt die erloschene Kontroll-Lampe an, daß die erforderliche Temperatur erreicht ist.

Gebäck in Formen

Erdbeer-Eistorte

	Für den Teig
50 g Butter oder Margarine	schaumig rühren, nach und nach
50 g Zucker	
1 Päckchen Dr. Oetker Vanillin-Zucker	
1 Ei	hinzugeben
100 g Weizenmehl	
1 Messerspitze Dr. Oetker Backpulver Backin	mischen, sieben, abwechselnd mit
1 Eßl. Milch	unterrühren
	den Teig in eine mit
Butter oder Margarine	gefettete Springform (Rand nicht fetten, Durchmesser etwa 26 cm) füllen
Gas:	3–4
Strom:	175–200
Backzeit:	15–20 Minuten
	den Tortenboden auskühlen lassen, auf eine Tortenplatte legen, mit
50 g Erbeermarmelade	bestreichen, einen Dr. Oetker Tortenring um den Boden legen, schließen
	für den Belag
1 Packung (300 g) Erdbeeren von Dr. Oetker Tiefkühlkost	bei Zimmertemperatur auftauen lassen, durch ein Sieb streichen
1 Päckchen Dr. Oetker Eispulver Erdbeer	mit
50 g Zucker	
1/5 l (200 ccm) kaltem Wasser	nach der Vorschrift auf dem Päckchen ansetzen
1/2 l Sahne	steif schlagen, die Erdbeermasse, das angerührte Eispulver,
5 Eßl. Rum	unterheben
	die Masse bergförmig auf den Tortenboden streichen
Gefrierzeit:	4–5 Stunden
	für die Verzierung
1/8 l Sahne	steif schlagen, die Torte mit einem Messer vom Tortenring lösen, mit der Schlagsahne verzieren.

16 Stücke/pro Stück: 255 Kalorien = 1063 Joule.

Zitronenkuchen
mit Vanillesoße

Aus
1 Packung Dr. Oetker Sonntagskuchen Zitronenkuchen
100 g weicher Margarine (z. B. Sanella)
2 Eiern
75 ccm Wasser — nach der Vorschrift auf der Packung einen Teig zubereiten, in die Backform geben

Gas: 2–3
Strom: Etwa 175
Backzeit: 50–60 Minuten

von dem garen Kuchen die Form ablösen, ihn sofort glasieren dazu
1 Beutel Glasurmischung mit
2 Eßl. warmem Wasser und dem restlichen Zitronenaroma verrühren.

Beigabe: Soße, zubereitet aus Dr. Oetker Soßen-Pulver Vanille-Geschmack (nach Belieben unter die erkaltete Soße 2–3 Eßl. Dr. Oetker Schlagschaum heben).

16 Stücke/pro Stück: 172 Kalorien = 720 Joule ohne Vanillesoße

Salzburger Apfelkuchen

Für den Teig
250 g Butter oder Margarine schaumig rühren, nach und nach
250 g Zucker
1 Päckchen Dr. Oetker Vanillin-Zucker
5 Eier hinzugeben
250 g Weizenmehl
6 g (2 gestrichene Teel.) Dr. Oetker Backpulver Backin mischen, sieben, eßlöffelweise unterrühren

für die Füllung
1 kg Äpfel schälen, vierteln, entkernen, achteln

die Hälfte des Teiges in eine gefettete Springform (Rand nicht fetten, Durchmesser etwa 26 cm) füllen, glattstreichen, die Äpfel in 2 Lagen darauf legen, den übrigen Teig darüber verteilen, glattstreichen

Gas: 3–4
Strom: 175–200
Backzeit: Etwa 65 Minuten

	für den Guß
1 gehäuften Eßl. Aprikosen-Konfitüre	durch ein Sieb streichen , mit
knapp 1 Eßl. Wasser	aufkochen, den Kuchen sofort nach dem Backen damit bestreichen, erkalten lassen
75 g Puderzucker	sieben, mit
2 Eßl. Rum	
etwa ½ Eßl. Wasser	glattrühren, so daß eine dünnflüssige Masse entsteht, das Gebäck damit überziehen.
	16 Stücke/pro Stück: 333 Kalorien = 1393 Joule.

Apfelsinenkuchen
(Rehrückenform)

	Für den Teig
150 g Margarine (z. B. Sanella)	schaumig rühren, nach und nach
150 g Zucker	
1 Päckchen Dr. Oetker Vanillin-Zucker	
3 Eier	
abgeriebene gelbe Schale ½ Apfelsine (ungespritzt)	hinzugeben
150 g Weizenmehl	
3 g (1 gestrichener Teel.) Dr. Oetker Backpulver Backin	mischen, sieben, eßlöffelweise unterrühren
	den Teig in eine mit
Butter oder Margarine	gefettete Rehrückenform füllen
Gas:	3–4
Strom:	175-200
Backzeit:	40–55 Minuten
	zum Tränken
⅛ l ausgepreßten Apfelsinensaft	
abgeriebene gelbe Schale ½ Apfelsine und ½ Zitrone (ungespritzt)	
100 g Zucker	verrühren
	den Kuchen nach dem Backen stürzen, wieder in die Form geben, die flache Seite mit einem Holzstäbchen mehrmals einstechen, mit etwas Saft beträufeln (am besten mit einem Pinsel), kurz einziehen lassen den Kuchen wieder stürzen, die gewölbte Seite einstechen, mit dem restlichen Saft beträufeln.
	15 Stücke/pro Stück: 204 Kalorien = 854 Joule.

Rum-Nußkuchen

275 g Margarine (z. B. Sanella)	schaumig rühren, nach und nach
175 g Zucker	
1 Päckchen Dr. Oetker Vanillin-Zucker	
4 Eier	hinzugeben
200 g Weizenmehl	
3 g (1 gestrichener Teel.)	
Dr. Oetker Backpulver Backin	mischen, sieben, eßlöffelweise unterrühren
100 g Haselnußkerne	fein hacken
150 g SCHWARTAU-Haselnußkerne, gemahlen, leicht geröstet	
	die Haselnußkerne unter den Teig heben, ihn in eine mit
Butter oder Margarine	gefettete, mit Papier ausgelegte Kastenform füllen
Gas:	$1^1/_2$–3
Strom:	165–185
Backzeit:	60–75 Minuten
	in den heißen Kuchen mehrmals mit einem Holzstäbchen stechen, ihn von allen Seiten mit
5 Eßl. Rum	bestreichen
4 Eßl. SCHWARTAU-Konfitüre	
Aprikose	durch ein Sieb streichen, mit
3 Eßl. Wasser	aufkochen, den Kuchen damit bestreichen, gut auskühlen lassen
100 g Schokolade	
15 g Kokosfett	im Wasserbad oder auf der Automatikplatte zu einer geschmeidigen Masse verrühren, den Kuchen damit überziehen.
	16 Stücke/pro Stück: 430 Kalorien = 1799 Joule.

Süddeutscher Zwetschenkuchen

	Für den Teig
100 g Butter	schaumig rühren, nach und nach
100 g Zucker	
1 Päckchen Dr. Oetker Vanillin-Zucker	
2 Tropfen Dr. Oetker Backöl Zitrone	
2 Eier	hinzugeben
150 g Weizenmehl	
$4^1/_2$ g ($1^1/_2$ gestrichene Teel.)	
Dr. Oetker Backpulver Backin	mischen, sieben, abwechselnd mit
1 Eßl. Milch	unterrühren

50 g SCHWARTAU-Mandeln, gemahlen	unterheben
	den Teig in eine mit
Butter oder Margarine	gefettete Springform (Rand nicht fetten, Durchmesser etwa 26 cm) füllen, glattstreichen
1 kg Zwetschen	waschen, abtropfen lassen, einzeln mit einem Tuch abreiben, entsteinen, mit der Innenseite nach oben schuppenförmig auf den Teig legen
15 g SCHWARTAU-Mandeln, gehobelt	darüber streuen
Gas:	3–4
Strom:	175–200
Backzeit:	Etwa 50 Minuten
	das Gebäck vor dem Servieren evtl. mit Puderzucker bestäuben
	16 Stücke/pro Stück: 180 Kalorien = 753 Joule.

Gewürzkuchen

175 g Margarine (z. B. Sanella)	schaumig rühren, nach und nach
225 g Zucker	
1 Päckchen Dr. Oetker Vanillin-Zucker	
4 Eier, Salz	
1/2 gestrichenen Teel. gemahlene Nelken	
1 Messerspitze geriebene Muskatnuß	
1 gestrichenen Teel. gemahlenen Zimt	hinzugeben
300 g Weizenmehl	
1 Päckchen Dr. Oetker Gala Pudding-Pulver	
12 g (4 gestrichene Teel.) Dr. Oetker Backpulver Backin	mischen, sieben, eßlöffelweise unterrühren
100 g Schokolade	reiben, unter den Teig heben, er muß ziemlich fest sein, falls erforderlich, noch
1–2 Eßl. Milch	unterrühren
	den Teig in eine mit
Butter oder Margarine	gefettete Kranzform (Durchmesser etwa 24 cm) füllen
Gas:	3–4
Strom:	175–200
Backzeit:	Etwa 50 Minuten
	den erkalteten Kuchen mit
Puderzucker	bestäuben.
	16 Stücke/pro Stück: 278 Kalorien = 1163 Joule.

Mohntorte

150 g Butter oder Margarine	schaumig rühren, nach und nach
150 g Zucker	
4 Eigelb, Salz	hinzugeben
150 g gemahlenen Mohn	unterrühren
1 Päckchen Dr. Oetker Pudding-Pulver Vanille-Geschmack	
3 g (1 gestrichener Teel.) Dr. Oetker Backpulver Backin	mischen, sieben, abwechselnd mit
3 Eßl. Milch	unterrühren
4 Eiweiß	steif schlagen, mit
50 g SCHWARTAU-Sukkade (Zitronat)	unterheben
	den Teig in eine mit
Butter oder Margarine	gefettete Springform (Rand nicht fetten, Durchmesser etwa 26 cm) füllen, glattstreichen
Gas:	3–4
Strom:	175–200
Backzeit:	30–40 Minuten
	die erkaltete Torte mit
Puderzucker	bestäuben.
	16 Stücke/pro Stück: 207 Kalorien = 866 Joule.

Brauner Sandkuchen

250 g Margarine (z. B. Sanella)	zerlassen, kalt stellen
	in das wieder etwas fest gewordene Fett
250 g Zucker	
1 Päckchen Dr. Oetker Vanillin-Zucker	geben, so lange rühren, bis Fett und Zucker weißschaumig geworden sind, dann nach und nach
4 Eier, Salz	hinzugeben (jedes Ei etwa 2 Minuten unterrühren)
125 g Weizenmehl	
125 g Dr. Oetker Gustin	
25 g Kakao	
3 g (1 gestrichener Teel.) Dr. Oetker Backpulver Backin	mischen, sieben, eßlöffelweise unterrühren
	den Teig in eine mit
Butter oder Margarine	gefettete, mit Papier ausgelegte Kastenform füllen
Gas:	2–3
Strom:	150–175 unterste Schiene
Backzeit:	Etwa 70 Minuten
	den erkalteten Kuchen mit
Puderzucker	bestäuben.
	20 Stücke/pro Stück: 217 Kalorien = 908 Joule.

Kuchen 15 Min. abkühlen, 60 g Aprikosenmarmelade durch ein Sieb streichen und den warmen Kuchen damit bestreich. Auf abgekühlten Kuchen Zartbitterkuvertüre streichen

Nuß-Sahne-Torte

	Aus
1 Packung Dr. Oetker Sonntagskuchen Nußkuchen	
100 g weicher Margarine (z. B. Sanella)	
2 Eiern	nach der Vorschrift auf der Packung einen Teig zubereiten, aber in eine gefettete Springform (Durchmesser etwa 26 cm) füllen, bei der vorgeschriebenen Hitze etwa 30 Minuten backen und auskühlen lassen
	für die Füllung: die Hälfte der
Glasurmischung	mit
2 Päckchen Dr. Oetker Sahnesteif	mischen
$^1/_2$ l Sahne	$^1/_2$ Minute schlagen, die Glasurmischung unter Schlagen einstreuen und die Sahne vollkommen steif schlagen, die Hälfte der Schlagsahne in einen Spritzbeutel füllen, unter den Rest
50 g geraspelte Schokolade	ziehen den Tortenboden einmal durchschneiden, mit der Schokaldensahne füllen, die Torte mit etwas Schlagsahne bestreichen, sie mit dem Rest verzieren, mit
25 g geraspelter Schokolade	garnieren.

16 Stücke/pro Stück: 323 Kalorien = 1351 Joule.

Blitz-Sandtorte

6 Eier	mit
375 g Zucker	
2 Päckchen Dr. Oetker Vanillin-Zucker	gut verrühren
2 Eßl. Zitronensaft	hinzufügen
175 g Weizenmehl	
175 g Dr. Oetker Gustin	
$4^1/_2$ g ($1^1/_2$ gestrichene Teel.) Dr. Oetker Backpulver Backin	mischen, sieben, nach und nach eßlöffelweise unterrühren
375 g Butter	zerlassen – heiß, aber nicht kochend – vorsichtig unterrühren den Teig in eine mit Papier ausgelegte Springform (Durchmesser etwa 26 cm) füllen, sofort backen
Gas:	$1^1/_2$–3
Strom:	150–175
Backzeit:	60–85 Minuten die erkaltete Torte mit
Puderzucker	bestäuben.

16 Stücke/pro Stück: 395 Kalorien = 1653 Joule.

Makronenkuchen

	Für den Teig
200 g Margarine (z. B. Sanella)	schaumig rühren, nach und nach
175 g Zucker	
1 Päckchen Dr. Oetker Vanillin-Zucker	
2 Eier	
2 Eigelb	
Salz	hinzugeben
200 g Weizenmehl	
50 g Dr. Oetker Gustin	
3 g (1 gestrichener Teel.) Dr. Oetker Backpulver Backin	mischen, sieben, eßlöffelweise unterrühren
	den Teig in eine mit
Butter oder Margarine	gefettete, mit Papier ausgelegte Kastenform füllen, in die Mitte des Teiges der Länge nach mit einem Löffel eine Vertiefung etwa 4 cm tief und 4 cm breit eindrücken
	für die Makronenmasse
175 g Mandeln	mahlen
2 Eiweiß	steif schlagen, nach und nach
100 g Zucker	unterschlagen
3 Tropfen Dr. Oetker Backöl Bittermandel	unterrühren
	die Mandeln vorsichtig unter den Eierschnee heben, die Masse in die Teigvertiefung füllen
Gas:	$1^1/_2$–3
Strom:	165–185
Backzeit:	60–80 Minuten.
	20 Stücke/pro Stück: 252 Kalorien = 1054 Joule.

Apfelkuchen, einmal anders

	Für den Teig
125 g Butter oder Margarine	schaumig rühren, nach und nach
125 g Zucker	
3 Eier	
Salz	
4 Tropfen Dr. Oetker Backöl Zitrone	hinzugeben
200 g Weizenmehl	
6 g (2 gestrichene Teel.) Dr. Oetker Backpulver Backin	mischen, sieben, eßlöffelweise unterrühren
	$^2/_3$ des Teiges in eine mit

Butter oder Margarine	gefettete Springform (Rand nicht fetten, Durchmesser etwa 26 cm) füllen, glattstreichen
	für den Belag:
750 g Äpfel	schälen, vierteln, entkernen, in Scheiben schneiden, so kranzförmig auf den Teig legen, daß ein Rand von 10 cm frei bleibt
	unter den restlichen Teig
3 Eßl. Milch	rühren, ihn gleichmäßig über die Äpfel verteilen
50 g Butter oder Margarine	in Flöckchen darauf legen
25 g Zucker	mit
1 gestrichenen Teel. gemahlenem Zimt	mischen, darüber streuen
Gas:	3–4
Strom:	175–200
Backzeit:	40–50 Minuten.
	16 Stücke/pro Stück: 210 Kalorien = 875 Joule.

Zitronenkuchen

	Für den Teig
250 g Butter oder Margarine	schaumig rühren, nach und nach
200 g Zucker	
1 Päckchen Dr. Oetker Vanillin-Zucker	
4 Eier	
abgeriebene gelbe Schale 1 Zitrone (ungespritzt)	
1 Eßl. Zitronensaft	hinzugeben
150 g Weizenmehl	
100 g Dr. Oetker Gustin	
3 g (1 gestrichener Teel.) Dr. Oetker Backpulver Backin	mischen, sieben, eßlöffelweise unterrühren
50 g SCHWARTAU-Mandeln, gemahlen	unter den Teig heben, ihn in eine mit
Butter oder Margarine	gefettete, mit Papier ausgelegte Kastenform füllen
Gas:	2–3
Strom:	150–175
Backzeit:	65–85 Minuten
	für den Guß
125 g Puderzucker	sieben, mit
2–3 Eßl. Zitronensaft	glattrühren, so daß eine dickflüssige Masse entsteht, den noch heißen Kuchen in der Form damit bestreichen.
	20 Stücke/pro Stück: 240 Kalorien = 1004 Joule.

Napfkuchen mit Schokoladenstückchen

250 g Butter oder Margarine	schaumig rühren, nach und nach
250 g Zucker	
1 Päckchen Dr. Oetker Vanillin-Zucker	
3–4 Eier	
Salz	hinzugeben
375 g Weizenmehl	
125 g Dr. Oetker Gustin	
1 Päckchen Dr. Oetker Backpulver Backin	mischen, sieben, abwechselnd mit
gut 1/8 l Milch	unterrühren (nur so viel Milch verwenden, daß der Teig schwer - reißend - vom Löffel fällt)
100 g bittere Schokolade	in kleine Stücke schneiden, unter den Teig heben, ihn in eine mit
Butter oder Margarine	gefettete Napfkuchenform füllen
Gas:	3–4
Strom:	175–200
Backzeit:	50–60 Minuten.
	24 Stücke/pro Stück: 242 Kalorien = 1013 Joule.

Nußkuchen

250 g Butter oder Margarine	schaumig rühren, nach und nach
200 g Zucker	
4 Eier	
2–3 Tropfen Dr. Oetker Backöl Bittermandel	hinzugeben
250 g Weizenmehl	
9 g (3 gestrichene Teel.) Dr. Oetker Backpulver Backin	mischen, sieben, mit
250 g SCHWARTAU-Haselnußkernen, gemahlen	eßlöffelweise unterrühren
50 g Schokolade	klein schneiden, unter den Teig heben, ihn in eine mit
Butter oder Margarine	gefettete Napfkuchenform füllen
Gas:	1 1/2–3
Strom:	165–175
Backzeit:	50–65 Minuten
	den erkalteten Kuchen mit
Puderzucker	bestäuben.
	16 Stücke/pro Stück: 330 Kalorien = 1381 Joule.

Haselnußtorte

	Für den Teig
125 g Margarine (z. B. Sanella)	schaumig rühren, nach und nach
125 g Zucker	
1 Päckchen Dr. Oetker Vanillin-Zucker	
2 Eier	
2–3 Tropfen Dr. Oetker Backöl Bittermandel	hinzugeben
150 g Weizenmehl	
50 g Dr. Oetker Gustin	
12 g (4 gestrichene Teel.) Dr. Oetker Backpulver Backin	mischen, sieben, abwechselnd mit
2–3 Eßl. Milch	unterrühren (nur so viel Milch verwenden, daß der Teig schwer - reißend - vom Löffel fällt)
125 g SCHWARTAU-Haselnußkerne, gemahlen	unterrühren
	den Teig in eine mit
Butter oder Margarine	gefettete Springform (Rand nicht fetten, Durchmesser etwa 26 cm) füllen, glattstreichen
Gas:	3–4
Strom:	175–200
Backzeit:	Etwa 40 Minuten
	das Gebäck gleich nach dem Backen vorsichtig auf einen Kuchenrost stürzen
	für den Guß
200 g Puderzucker	sieben, mit
2 Eßl. Rum	
2–3 Eßl. heißem Wasser	glattrühren, so daß eine dickflüssige Masse entsteht, die gut ausgekühlte Haselnußtorte damit überziehen.
Veränderung:	Vor dem Bestreichen mit Guß die Torte mit Marmelade oder Buttercreme füllen.
	16 Stücke/pro Stück: 278 Kalorien = 1163 Joule.

Sauerkirschkuchen

	Für den Teig
125 g Margarine (z. B. Sanella)	schaumig rühren, nach und nach
125 g Zucker	
1 Päckchen Dr. Oetker Vanillin-Zucker	
3 Eier	hinzugeben
150 g Weizenmehl	
3 g (1 gestrichener Teel.)	
Dr. Oetker Backpulver Backin	mischen, sieben, eßlöffelweise unterrühren den Teig in eine mit
Butter oder Margarine	gefettete Springform (Rand nicht fetten, Durchmesser etwa 26 cm) füllen, glattstreichen
	für den Belag:
1 kg Sauerkirschen	waschen, gut abtropfen lassen, entstielen, entsteinen, gleichmäßig auf den Teig legen, mit
50 g Zucker	bestreuen
Gas:	3–4
Strom:	175–200
Backzeit:	40–50 Minuten.
	12 Stücke/pro Stück: 258 Kalorien = 1079 Joule.

Gebäck auf dem Backblech

Krümelkuchen mit Apfelfüllung

	Für die Füllung
75 g Rosinen	waschen, gut abtropfen lassen
2 kg Äpfel	schälen, vierteln, entkernen, in Stücke schneiden, mit
1 Eßl. Wasser	
100 g Zucker	
etwas gemahlenem Zimt	und den Rosinen unter Rühren leicht dünsten, etwas abkühlen lassen, mit
etwa 75 g Zucker	abschmecken
	für den Teig
250 g Butter oder Margarine	schaumig rühren, nach und nach
200 g Zucker	
1 Päckchen Dr. Oetker Vanillin-Zucker	

1 Ei	
Salz	hinzugeben
500 g Weizenmehl	
1 Päckchen Dr. Oetker	
Backpulver Backin	mischen, sieben
	die Hälfte des Mehls eßlöffelweise unterrühren, den Rest des Mehls auf den Teig geben, so mit den Händen oder mit 2 Gabeln unterarbeiten, daß eine krümelige Masse entsteht
	die Hälfte des Teiges auf ein mit
Butter oder Margarine	gefettetes Backblech geben, den Teig am Boden gut andrücken, an den Rändern etwa $^{1}/_{2}$ cm hochdrücken, die Apfelfüllung darauf streichen, den Rest der Krümel darüber verteilen
Gas:	3–4
Strom:	175–200
Backzeit:	25–45 Minuten.
	24 Stücke/pro Stück: 270 Kalorien = 1130 Joule.

Zitronenkuchen auf dem Blech

	Für den Teig
350 g Butter oder Margarine	schaumig rühren, nach und nach
350 g Zucker	
1 Päckchen Dr. Oetker	
Vanillin-Zucker	
6 Eier	
abgeriebene gelbe Schale von	
2 Zitronen (ungespritzt)	hinzugeben
350 g Weizenmehl	
9 g (3 gestrichene Teel.)	
Dr. Oetker Backpulver Backin	mischen, sieben, eßlöffelweise unterrühren
	den Teig auf ein mit
Butter oder Margarine	gefettetes Backblech geben, glattstreichen
	einen mehrfach umgeknickten Streifen
Dr. Oetker alufolie	vor den Teig legen
Gas:	3–4
Strom:	175–200
Backzeit:	Etwa 20 Minuten
	für den Guß
200 g Puderzucker	sieben, mit
etwa 4 Eßl. Zitronensaft	glattrühren, so daß eine dickflüssige Masse entsteht, den erkalteten Kuchen damit bestreichen, ihn in beliebig große Stücke schneiden.
	24 Stücke/pro Stück: 280 Kalorien = 1172 Joule.

Kleingebäck

Tupfen

250 g Margarine (z. B. Sanella)	schaumig rühren, nach und nach
175 g Zucker	
1 Päckchen Dr. Oetker Vanillin-Zucker	
1 Ei	hinzugeben
175 g Weizenmehl	
175 g Dr. Oetker Gustin	mischen, sieben, eßlöffelweise unterrühren
75 g SCHWARTAU-Mandeln, gemahlen	unterrühren, den Teig in einen Spritzbeutel (mit gezackter Tülle) füllen, in Form von kleinen Tupfen auf ein Backblech spritzen
kandierte Kirschen	in kleine Stücke schneiden, auf jedes Teighäufchen ein Stückchen legen
Gas:	5 Minuten vorheizen 3–4, backen 3–4
Strom:	175–200
Backzeit:	10–15 Minuten.
	Gesamtmenge: 4539 Kalorien = 18973 Joule.

Amerikaner

(20 Stück)

	Für den Teig
100 g Butter oder Margarine	schaumig rühren, nach und nach
100 g Zucker	
1 Päckchen Dr. Oetker Vanillin-Zucker	
2 Eier	
Salz	hinzugeben
1 Päckchen Dr. Oetker Pudding-Pulver Vanille-Geschmack	mit
3 Eßl. Milch	hinzufügen
250 g Weizenmehl	
9 g (3 gestrichene Teel.) Dr. Oetker Backpulver Backin	mischen, sieben, eßlöffelweise unterrühren
	mit 2 Eßlöffeln nicht zu große Teighäufchen auf ein mit
Butter oder Margarine	gefettetes Backblech setzen
Gas:	5 Minuten vorheizen 3–4, backen 3–4
Strom:	175–200
Backzeit:	15–20 Minuten
	für hellen Guß
100 g Puderzucker	sieben, mit

etwa 1 Eßl. heißem Wasser	glattrühren, so daß eine dickflüssige Masse entsteht, die Hälfte der Amerikaner auf der Unterseite mit dem Guß bestreichen
	für dunklen Guß
100 g Puderzucker	
15 g Kakao	mischen, sieben, mit
etwa 2 Eßl. heißem Wasser	glattrühren, so daß eine dickflüssige Masse entsteht, den Rest der Amerikaner auf der Unterseite mit dem Guß bestreichen.
	Pro Stück: 144 Kalorien = 603 Joule.

n Teig
ig rühren, nach und nach

n, gut $^{2}/_{3}$ des Mehls abwechselnd mit

les Mehls leicht unterkneten
nen Fleischwolf mit Spezialvorsatz spritzen, in beliebig
neiden, auf cin Backblech legen
en 3–4, backen 3–4

u oder auf der Automatikplatte zu einer geschmeidigen
verrühren, das Gebäck an einer der Schmalseiten damit bestreichen.

Gesamtmenge: 5606 Kalorien = 23 433 Joule.

Gefüllte Marzipanstangen

200 g SCHWARTAU Marzipan-Rohmasse	verrühren, am besten mit einem elektrischen Handrührgerät
150 g Butter oder Margarine	hinzufügen, schaumig rühren
75 g Zucker	
1 Päckchen Dr. Oetker Vanillin-Zucker	
1 Ei	
3 Tropfen Dr. Oetker Backöl Zitrone	hinzufügen
200 g Weizenmehl	
75 g Dr. Oetker Gustin	mischen, sieben, eßlöffelweise unterrühren
	den Teig in einen Spritzbeutel mit gezackter Tülle füllen, 5 cm lange, leicht gewellte Stangen auf ein mit
Butter oder Margarine	gefettetes Backblech spritzen
Gas:	5 Minuten vorheizen 3–4, backen 3–4
Strom:	175–200
Backzeit:	8–10 Minuten
	die Marzipanstangen erkalten lassen
etwa 4 Eßl. SCHWARTAU Kirsch-Konfitüre	durch ein Sieb streichen, die Hälfte der Marzipanstangen auf der glatten Seite damit bestreichen, die übrigen darauf legen, gut andrücken
etwa 150 g Kuvertüre	im Wasserbad oder auf der Automatikplatte zu einer geschmeidigen Masse verrühren, die Marzipanstangen mit den Enden hineintauchen.
	Gesamtmenge: 4388 Kalorien = 18 342 Joule.

Pflaumenkuchen, Rezept Seite 514

Zuck
Mehl

Gebäck im Waffeleisen

Waffeln

125 g Margarine (z. B. Sanella)	schaumig rühren, nach und nach
25–50 g Zucker	
1 Päckchen Dr. Oetker Vanillin-Zucker	
3 Eier	
½ Fläschchen Dr. Oetker Rum-Aroma oder einige Tropfen Dr. Oetker Backöl Zitrone	hinzugeben
200 g Weizenmehl	
50 g Dr. Oetker Gustin	
6 g (2 gestrichene Teel.) Dr. Oetker Backpulver Backin	mischen, sieben, abwechselnd mit
etwa ¼ l Milch	unterrühren, so viel Milch verwenden, daß der Teig gerade anfängt dünnflüssig zu werden den Teig in nicht zu großer Menge in ein gut erhitztes, mit
Speckschwarte oder etwas Speiseöl	gefettetes Waffeleisen füllen, von beiden Seiten goldbraun backen die Waffeln einzeln auf einem Kuchenrost erkalten lassen, mit
25 g Puderzucker	bestäuben, möglichst frisch essen, da sie im allgemeinen schnell weich werden.

Gesamtmenge: 2625 Kalorien = 10 973 Joule.

Kleine Waffeln (Bricelets)

125 g Butter	schaumig rühren, nach und nach
125 g Zucker	
1 Päckchen Dr. Oetker Vanillin-Zucker	
2 Eier	
Salz	hinzugeben
250 g Weizenmehl	sieben, eßlöffelweise unterrühren, den Teig nicht zu lange rühren, ihn eine Zeitlang kalt stellen aus dem Teig daumendicke Rollen formen, knapp 2 cm lange Stücke davon abschneiden, zu Kugeln rollen, wieder kalt stellen je 1 Kugel in die Mitte eines leicht gefetteten, gut erhitzten Eiserkucheneisens legen, von beiden Seiten goldbraun backen.

Gesamtmenge: 2565 Kalorien = 10 721 Joule.

Puttäpfel, Rezept Seite 311

Mohrenwaffeln (harte Waffeln)

125 g Margarine (z. B. Sanella)	schaumig rühren, nach und nach
150 g Zucker	
1 Päckchen Dr. Oetker Vanillin-Zucker	
4 Eigelb	hinzugeben
30 g Kako	
2 Päckchen Dr. Oetker Schokoladen-Pudding-Pulver	
6 g (2 gestrichene Teel.) Dr. Oetker Backpulver Backin	mischen, sieben, abwechselnd mit
4 Eßl. Sahne oder Dosenmilch	unterrühren
4 Eiweiß	steif schlagen, mit
100 g SCHWARTAU-Mandeln, gemahlen	unterheben
	den Teig in nicht zu großer Menge in ein gut erhitztes, mit
Speckschwarte oder etwas Speiseöl	gefettetes Waffeleisen füllen, backen, einzeln auf einem Kuchenrost erkalten lassen, mit
25 g Puderzucker	bestäuben.
	Gesamtmenge: 3181 Kalorien = 13297 Joule.

DER KNETTEIG

Notwendige Vorarbeiten

1. **Das Fett muß bei der Verarbeitung fest sein;** deswegen weiches Fett vorher kalt stellen.
2. **Die Früchte nach der Anweisung unter Rührteig (S. 391) vorbereiten.**
3. **Für Knetteige Backbleche und -formen im allgemeinen nicht fetten.** Eine Ausnahme bilden Spezial-Tortenbodenformen, Torteletttformen und Bleche für Stollen und für wasser- oder milchreiche Teige.

Die Verarbeitung des Teiges

Mehl und Backin mischen und auf die Tischplatte sieben. In die Mitte eine Vertiefung eindrücken, Zucker, Vanillin-Zucker, Gewürze, Eier und, je nach Rezept, Flüssigkeit hineingeben und mit einem Teil des Mehls zu einem dicken Brei verarbeiten. Darauf die in Stücke geschnittene kalte Butter (Margarine, Schweineschmalz) und, je nach Rezept, die vorbereiteten Früchte geben, sie mit Mehl bedecken und von der Mitte aus alle Zutaten schnell zu einem glatten Teig verkneten. Diesen zu einer Rolle formen. Sollte der Teig kleben, ihn eine Zeitlang kalt stellen oder noch etwas Mehl hinzugeben.

Die einzelnen Arbeitsgänge

„Mehl und Backin mischen und auf die Tischplatte sieben . . ."
Mischen und Sieben lockern das Mehl auf und verteilen das Backin gleichmäßig im Mehl. Das Gebäck wird dadurch besser gelockert. Ist außerdem Kakao angegeben, ihn zum Mehl geben.

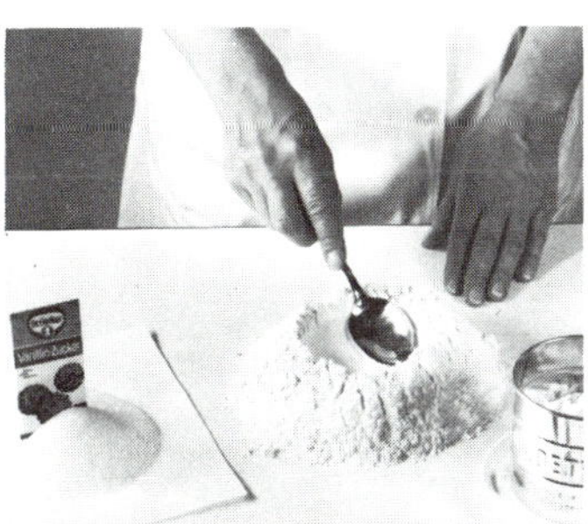

„. . . In die Mitte eine Vertiefung eindrücken, . . ."
Damit der Rand gleichmäßig dick wird, die Vertiefung mit einem Löffel in die Mitte des Mehlberges drücken, darauf achten, daß die Tischplatte auf keinen Fall sichtbar wird.

„. . . Zucker, Vanillin-Zucker, Gewürze, Eier und, je nach Rezept, Flüssigkeit hineingeben . . .“
Die Zutaten in der angegebenen Reihenfolge in die Vertiefung geben (dabei in den Zucker wieder eine Vertiefung drücken). Eier immer vor der Zugabe einzeln über eine Tasse aufschlagen und prüfen, ob sie frisch sind. Falls Flüssigkeit vorgeschrieben ist, sie auf den Zucker geben. Sollte es sich um mehrere Eßlöffel Flüssigkeit handeln, sie nach und nach hinzugeben und jeden einzelnen unter das Mehl und den Zukker arbeiten, bevor der nächste folgt.

„. . . und mit einem Teil des Mehls zu einem dicken Brei verarbeiten . . .“
Mit einer Gabel Zucker, Vanillin-Zucker, Gewürze, Eier und Flüssigkeit zusammen mit einem Teil des Mehls zu einem dicken Brei verarbeiten (Mehl schnell einarbeiten). Wichtig ist, daß der Brei dick genug wird, da sonst die Weiterverarbeitung erschwert wird.

„. . . Darauf die in Stücke geschnittene kalte Butter (Margarine) und, je nach Rezept, die vorbereiteten Früchte geben, . . .“
Für das Gelingen eines einwandfreien Knetteiges ist kalte, feste Butter (Margarine) Voraussetzung. Zu weiches Fett ergibt einen klebrigen Teig, der sich schwer verarbeiten läßt. Mehr Mehl, als im Rezept angegeben, darf bei fettreichen Teigen nicht genommen werden, da der Teig dadurch krümelig und das Gebäck hart wird. Das feste Fett in kleine Stücke schneiden und auf den Brei legen (verteilt sich gleichmäßiger). Sind Früchte vorgeschrieben, sie auf das Fett geben.

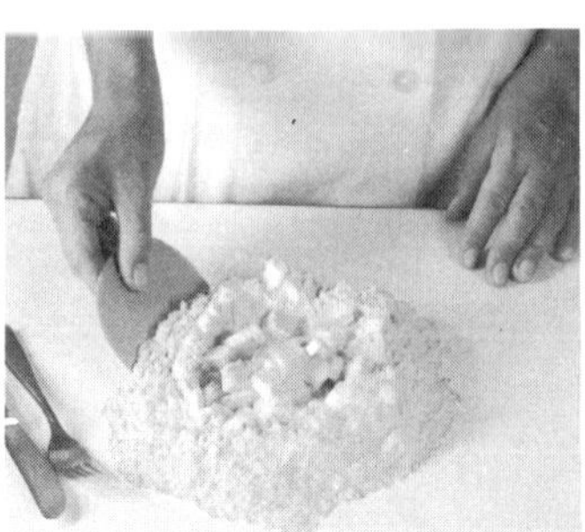

„. . . sie mit Mehl bedecken . . .“
Die Butter (Margarine) mit Mehl bedecken, damit sie beim Kneten gegen die Handwärme geschützt ist.

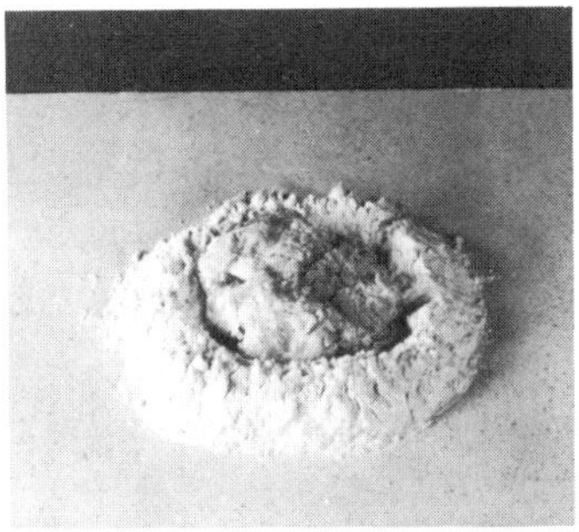

„. . . und von der Mitte aus alle Zutaten schnell zu einem glatten Teig verkneten . . .“
Das Kneten zerfällt in drei Arbeitsgänge, in: Aufheben, Andrücken und Drehen (Abs. a–c).

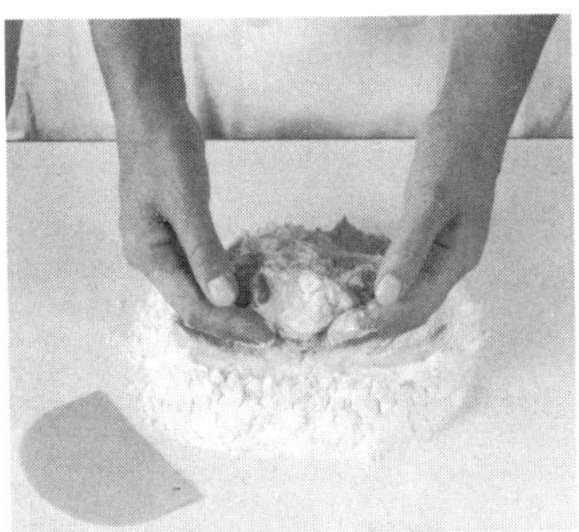

a) Das Aufheben des Teiges:
Mit gestreckten, geschlossenen Fingern unter den Teig fassen, zur Hälfte hochschlagen und über den liegengebliebenen Teig schlagen. Den Teig nur lose anfassen, um ihn nicht unnötig zu erwärmen.

b) Das Andrücken des Teiges:
Das Andrücken nur mit dem Handballen ausführen, damit der Teig nicht zu weich wird. Die ganze Handfläche oder die Finger dürfen niemals den Teig beim Andrücken berühren, deswegen die Finger möglichst hoch vom Teig abhalten.

c) Das Drehen des Teiges:
Die inneren Handflächen leicht an den Teig legen und ihn so bewegen, daß er eine Vierteldrehung nach rechts macht. Hierbei wird er jedesmal auf der Tischplatte bewegt, nimmt etwas Mehl auf und kann nicht festkleben.
Die drei Knetbewegungen so lange wiederholen, bis ein glatter Teig entstanden ist. Hin und wieder das Mehl mit einem Teigschaber zusammenschieben, damit alles Mehl aufgebraucht wird.

„. . . Diesen zu einer Rolle formen. Sollte der Teig kleben, ihn eine Zeitlang kalt stellen oder noch etwas Mehl hinzugeben.“
Damit sich der Teig besser ausrollen läßt, ihn zu einer Rolle formen. Das Kleben fettreicher Teige wird durch Kaltstellen beseitigt. An wasserreiche (milchreiche) Teige noch etwas Mehl geben.
Bevor der Teig ausgerollt wird, die Tischplatte von Teigresten reinigen, damit er nicht kleben kann, und sie gleichmäßig bemehlen.

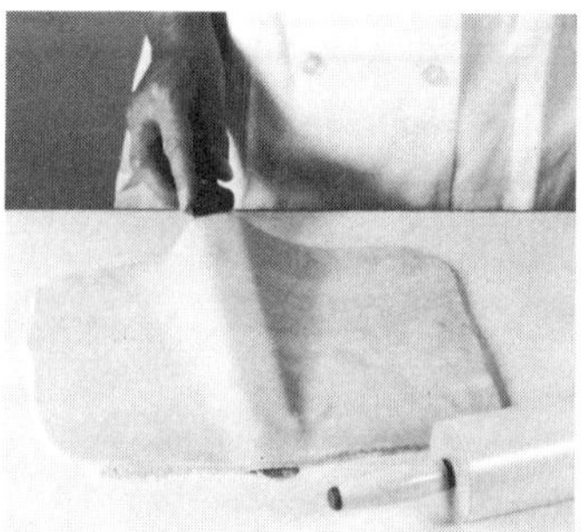

Um die Teigbeschaffenheit beim Ausrollen nicht zu verderben, nicht zu große Teigstücke ausrollen (besonders bei Kleingebäck). Beim Ausrollen muß sich die Teigrolle wirklich drehen und leicht über den Teig gehen (nicht zu stark drücken).
Während des Ausrollens ab und zu mit einem Pfannenmesser unter dem Teig herstreichen, damit er sofort gelöst wird, wenn er irgendwo kleben sollte.

a) **Für Kleingebäck** den Teig so ausstechen, daß möglichst wenig Abfall entsteht (Dr. Oetker Rollausstecher); denn Knetteig wird durch erneutes Zusammenkneten und Ausrollen nicht besser.

b) **Knetteigböden für Obsttorten** entweder in Springformen oder in gefetteten Spezial-Tortenbodenformen backen. Bei einer Springform $^2/_3$ der angegebenen Teigmenge auf dem Boden der Form ausrollen. Den Rest des Teiges mit einem gestrichenen Eßl. Mehl verkneten, zu einer Rolle formen, als Rand auf den Boden legen und mit 2 Fingern so an den Springformrand drücken, daß der Rand etwa 3 cm hoch wird. Danach den Boden mehrmals mit einer Gabel einstechen, damit er keine Luftblasen bekommt.

Das Backen von Knetteigen

Alle Knetteige nach den Angaben unter den Rezepten backen. Wenn der Teig gebacken ist, das Gebäck sofort aus der Form lösen oder vom Backblech nehmen. Dann auf einen Kuchenrost zum Auskühlen legen (Kleingebäck einzeln nebeneinander).

Bei Elektroherden wird das Backgut grundsätzlich in den vorgeheizten Backofen geschoben, und zwar zeigt die erloschene Kontroll-Lampe an, daß die erforderliche Temperatur erreicht ist.

Gebäck in Formen

Speckkuchen

Für den Teig

125 g Weizenmehl
50 g Dr. Oetker Gustin
6 g (2 gestrichene Teel.)
Dr. Oetker Backpulver Backin — mischen, auf eine Tischplatte sieben, in die Mitte eine Vertiefung eindrücken

1/2 gestrichenen Teel. Salz
3 Eßl. Milch oder Wasser — hineingeben, mit einem Teil des Mehls zu einem dicken Brei verarbeiten
75 g kalte Butter oder Margarine — in Stücke schneiden, auf den Brei geben, mit Mehl bedecken, von der Mitte aus alle Zutaten schnell zu einem glatten Teig verkneten, sollte er kleben, ihn eine Zeitlang kalt stellen

2/3 des Teiges auf dem Boden einer Springform (Durchmesser etwa 26 cm) ausrollen, den Rest zu einer Rolle formen, sie als Rand auf den Boden legen, so an die Form drücken, daß der Rand etwa 2 cm hoch wird, den Teigboden mehrmals mit einer Gabel einstechen

für den Belag

2 Zwiebeln — abziehen
125 g Schinkenspeck

beide Zutaten in kleine Würfel schneiden

1 schwach gehäuften Eßl.
Dr. Oetker Gustin
3 Eier
3 Eßl. Milch
Salz
1 Messerspitze Pfeffer
etwas Kümmel (nach Belieben) — gut miteinander verschlagen, dann Zwiebeln und Schinkenspeck unterrühren, die Masse auf den Teigboden geben, glattstreichen

Gas: 3–4
Strom: 175–200
Backzeit: Etwa 30 Minuten.

12 Stücke/pro Stück: 176 Kalorien = 736 Joule.

Obsttorte

	Für den Teig
150 g Weizenmehl *1½ g (½ gestrichener Teel.)* *Dr. Oetker Backpulver Backin*	mischen, auf eine Tischplatte sieben, in die Mitte eine Vertiefung eindrücken
65 g Zucker, 1 Päckchen *Dr. Oetker Vanillin-Zucker* *1 kleines Ei*	hineingeben, mit einem Teil des Mehls zu einem dicken Brei verarbeiten
65 g kalte Butter oder Margarine	in Stücke schneiden, auf den Brei geben, mit Mehl bedecken, von der Mitte aus alle Zutaten schnell zu einem glatten Teig verkneten, sollte er kleben, ihn eine Zeitlang kalt stellen ⅔ des Teiges auf dem Boden einer Springform* (Durchmesser etwa 26 cm) ausrollen, unter den Rest des Teiges
1 gestrichenen Eßl. Weizenmehl	kneten, zu einer Rolle formen, sie als Rand auf den Boden legen, so an die Form drücken, daß der Rand 2–3 cm hoch wird, den Teigboden mehrmals mit einer Gabel einstechen
Gas:	5 Minuten vorheizen 3–4, backen 3–4
Strom:	200–225
Backzeit:	15–20 Minuten den ausgekühlten Tortenboden gleichmäßig mit
Dr. Oetker Sahnesteif	bestreuen, um zu verhindern, daß der mit Obst belegte Boden durchweicht
	für den Belag
750 g rohes Obst *(z. B. Erdbeeren, Himbeeren, Johannisbeeren, Heidelbeeren, Weintrauben)*	waschen (Himbeeren nur verlesen), gut abtropfen lassen, entstielen oder verlesen, mit
Zucker	bestreuen, kurze Zeit stehenlassen
oder *gedünstetes oder eingemachtes Obst (z. B. Aprikosen, Pfirsiche, Sauerkirschen, Stachelbeeren, Mandarinen)*	abtropfen lassen, die Früchte auf den Tortenboden legen aus
1 Päckchen Dr. Oetker Tortenguß *Zucker nach Angabe auf dem Tortenguß-Päckchen* *¼ l Wasser oder Fruchtsaft*	nach der Vorschrift auf dem Päckchen einen Tortenguß zubereiten, auf das Obst geben, die Torte am Rand mit
SCHWARTAU-Mandeln, gehobelt	garnieren. *12 Stücke/pro Stück: 173 Kalorien = 760 Joule.*

*für eine Spezial-Tortenbodenform

Mohnkuchen in einer Springform

	Für den Teig
175 g Weizenmehl	
1 Messerspitze	
Dr. Oetker Backpulver Backin	mischen, auf eine Tischplatte sieben, in die Mitte eine Vertiefung eindrücken
65 g Zucker	
1 Päckchen	
Dr. Oetker Vanillin-Zucker	hineingeben
100 g kalte Margarine (z. B. Sanella)	in Stücke schneiden, auf den Zucker geben, mit Mehl bedecken, von der Mitte aus alle Zutaten schnell zu einem glatten Teig verkneten, sollte er kleben, ihn eine Zeitlang kalt stellen
	$^{2}/_{3}$ des Teiges auf dem Boden einer Springform (Durchmesser etwa 26 cm) ausrollen, mehrmals mit einer Gabel einstechen, hellgelb backen
Gas:	5 Minuten vorheizen 3–4, backen 3–4
Strom:	200–225
Backzeit:	Etwa 15 Minuten
	den Boden erkalten lassen
	den Rest des Teiges zu einer Rolle formen, sie als Rand auf den Boden legen, so an die Form drücken, daß der Rand knapp 3 cm hoch wird
	für die Füllung
150 g Mohn	mahlen
4 Eigelb	
1 Eßl. warmes Wasser	mit einem Schneebesen schaumig schlagen, $^{2}/_{3}$ von
150 g Zucker	nach und nach dazugeben, so lange schlagen, bis eine cremeartige Masse entstanden ist
5 Tropfen	
Dr. Oetker Backöl Zitrone	
Salz	unter die Eigelbcreme mischen
4 Eiweiß	steif schlagen, unter ständigem Schlagen nach und nach den Rest des Zuckers dazugeben
	den Schnee auf die Eigelbcreme geben
50 g Dr. Oetker Gustin	darüber sieben
30 g Rosinen	waschen, gut abtropfen lassen
50 g SCHWARTAU-Sukkade	und den Mohn darauf streuen, alles vorsichtig unter die Eigelbcreme ziehen (nicht rühren), die Masse auf den vorgebackenen Boden füllen, glattstreichen
Gas:	3–4
Strom:	175–200
Backzeit:	25–30 Minuten.
	16 Stücke/pro Stück: 242 Kalorien = 1013 Joule.

Apfel- oder Kirschtorte, gedeckt

	Für den Teig
300 g Weizenmehl *6 g (2 gestrichene Teel.)* *Dr. Oetker Backpulver Backin*	mischen, auf eine Tischplatte sieben, in die Mitte eine Vertiefung eindrücken
100 g Zucker *1 Päckchen* *Dr. Oetker Vanillin-Zucker* *Salz, 1/2 Eigelb, 1 Eiweiß* *1 Eßl. Milch*	hineingeben, mit einem Teil des Mehls zu einem dicken Brei verarbeiten
150 g kalte Margarine (z. B. Sanella)	in Stücke schneiden, auf den Brei geben, mit Mehl bedecken, von der Mitte aus alle Zutaten schnell zu einem glatten Teig verkneten, sollte er kleben, ihn eine Zeitlang kalt stellen etwa die Hälfte des Teiges auf dem Boden einer mit
Butter oder Margarine	gefetteten Springform (Durchmesser etwa 26 cm) ausrollen, mehrmals mit einer Gabel einstechen
Gas:	5 Minuten vorheizen 3–4, backen 3–4
Strom:	200–225
Backzeit:	15–20 Minuten
	für die Apfelfüllung
50 g Rosinen	waschen, gut abtropfen lassen
etwa 2 kg Äpfel	schälen, vierteln, entkernen, in Stücke schneiden, mit
1 Eßl. Wasser *50 g Zucker* *1/2 Teel. gemahlenem Zimt*	und den Rosinen unter Rühren dünsten, etwas abkühlen lassen, mit
50 g Zucker *einigen Tropfen* *Dr. Oetker Rum-Aroma* *oder Dr. Oetker Backöl Zitrone*	abschmecken
oder	für die Kirschfüllung
1 kg Sauerkirschen	waschen, entstielen, entsteinen, mit
100 g Zucker	mischen, kurze Zeit zum Saftziehen stehenlassen, nur eben zum Kochen bringen, abtropfen lassen, wenn Saft und Kirschen kalt sind, von dem Saft 1/4 l abmessen (evtl. mit Wasser ergänzen)
30 g Dr. Oetker Gustin	mit dem Saft anrühren, unter Rühren zum Kochen bringen, kurz aufkochen lassen, die Kirschen unterrühren, kalt stellen, mit
25 g Zucker	abschmecken den übrigen Teig zu einer Platte in der Größe der Springform ausrollen, den Rest zu einer Rolle formen, sie als Rand auf den vorgebackenen Boden legen, so an die Form drücken, daß der Rand etwa 3 cm hoch wird die Füllung auf den Boden streichen, die Teigplatte darauf legen

1/2 Eigelb	
1 Eßl. Milch	verschlagen, die Teigplatte damit bestreichen, mit einer Gabel mehrmals einstechen
Gas:	3–4
Strom:	200–225
Backzeit:	20–30 Minuten.
	16 Stücke/pro Stück: 252 Kalorien = 1054 Joule mit Apfelfüllung
	16 Stücke/pro Stück: 238 Kalorien = 996 Joule mit Sauerkirschfüllung.

Birnentorte mit Rotweincreme

	Für den Teig
250 g Weizenmehl	auf eine Tischplatte sieben, in die Mitte eine Vertiefung eindrücken
75 g Zucker, 1 Päckchen Dr. Oetker Vanillin-Zucker	hineingeben
150 g kalte Butter oder Margarine	in Stücke schneiden, auf den Zucker geben, mit Mehl bedecken, von der Mitte aus alle Zutaten schnell zu einem glatten Teig verkneten, sollte er kleben, ihn eine Zeitlang kalt stellen
	gut 2/3 des Teiges auf dem Boden einer Springform (Durchmesser etwa 26 cm) ausrollen, unter den Rest des Teiges
1 gestrichenen Eßl. Weizenmehl	kneten, zu einer Rolle formen, sie als Rand auf den Boden legen, so an die Form drücken, daß der Rand knapp 3 cm hoch wird, den Teigboden mehrmals mit einer Gabel einstechen
Gas:	5 Minuten vorheizen 3–4, backen 3–4
Strom:	200–225
Backzeit:	Etwa 20 Minuten
	sofort nach dem Backen den Boden vom Springformboden lösen, aber erst erkaltet auf eine Tortenplatte legen
	für den Belag
etwa 500 g Birnen (aus der Dose)	abtropfen lassen, in Scheiben schneiden, auf den Tortenboden legen
	den Inhalt aus
1 Päckchen Dr. Oetker Rotweincreme	und
5 Eßl. Wasser von Zimmertemperatur	nach der Vorschrift auf dem Päckchen schlagen
1/4 l Sahne	1/2 Minute schlagen
25 g Zucker	
1 Päckchen Dr. Oetker Sahnesteif	mischen, einstreuen, die Sahne steif schlagen, die Hälfte davon in einen Spritzbeutel füllen, die restliche Schlagsahne gleichmäßig unter die Rotweinmasse rühren, auf die Birnen geben, glattstreichen
	die Torte mit der Schlagsahne aus dem Spritzbeutel verzieren, mit
geraspelter Schokolade	garnieren, kalt stellen.
	16 Stücke/pro Stück: 247 Kalorien = 1033 Joule.

Käsekuchen

	Für den Teig
150 g Weizenmehl	
$1\frac{1}{2}$ g ($\frac{1}{2}$ gestrichener Teel.)	
Dr. Oetker Backpulver Backin	mischen, auf eine Tischplatte sieben, in die Mitte eine Vertiefung eindrücken
65 g Zucker	
1 Päckchen	
Dr. Oetker Vanillin-Zucker	
1 kleines Ei	hineingeben, mit einem Teil des Mehls zu einem dicken Brei verarbeiten
65 g kalte Margarine	
(z. B. Sanella)	in Stücke schneiden, auf den Brei geben, mit Mehl bedecken, von der Mitte aus alle Zutaten schnell zu einem glatten Teig verkneten, sollte er kleben, ihn eine Zeitlang kalt stellen
	$\frac{2}{3}$ des Teiges auf dem Boden einer Springform (Durchmesser etwa 26 cm) ausrollen
	unter den Rest des Teiges
1 gestrichenen Eßl. Weizenmehl	kneten, zu einer Rolle formen, sie als Rand auf den Boden legen, so an die Form drücken, daß der Rand gut 2 cm hoch wird, den Teigboden mehrmals mit einer Gabel einstechen
Gas:	5 Minuten vorheizen 3–4, backen 3–4
Strom:	200–225
Backzeit:	Etwa 15 Minuten
	für die Käsecreme
750 g mageren Speisequark	
150 g Zucker	
1 Päckchen	
Dr. Oetker Vanillin-Zucker	
$2\frac{1}{2}$ Eigelb	
3 Tropfen	
Dr. Oetker Backöl Zitrone	in eine Rührschüssel geben
	unter Rühren mit einem Schneebesen
$\frac{1}{4}$ l Milch	nach und nach hinzufügen
1 Päckchen	
Dr. Oetker Käsekuchen Hilfe	gut unterrühren
3 Eiweiß	steif schlagen, unter die Quarkmasse ziehen, gleichmäßig auf dem etwas abgekühlten Tortenboden verteilen, glattstreichen
$\frac{1}{2}$ Eigelb	mit
1 Eßl. Milch	verschlagen, die Käsecreme vorsichtig damit bestreichen
Gas:	2
Strom:	Etwa 160
Backzeit:	60–70 Minuten
	nach dem Backen die Torte sofort mit einem Messer vom Springformrand lösen, sie jedoch in der Form erkalten lassen.
	12 Stücke/pro Stück: 284 Kalorien = 1188 Joule.

Linzer Torte

	Für den Teig
200 g Weizenmehl *3 g (1 gestrichener Teel.)* *Dr. Oetker Backpulver Backin*	mischen, auf eine Tischplatte sieben, in die Mitte eine Vertiefung eindrücken
125 g Zucker *1 Päckchen* *Dr. Oetker Vanillin-Zucker* *2 Tropfen* *Dr. Oetker Backöl Bittermandel* *1 Messerspitze gemahlene Nelken* *1 gestrichenen Teel. gemahlenen Zimt* *1 Eiweiß* *$^{1}/_{2}$ Eigelb*	hineingeben, mit einem Teil des Mehls zu einem dicken Brei verarbeiten
125 g kalte Margarine (z. B. Sanella)	in Stücke schneiden, auf den Brei geben
125 g SCHWARTAU-Mandeln oder -Haselnußkerne, gemahlen	darüber streuen, mit Mehl bedecken, von der Mitte aus alle Zutaten schnell zu einem glatten Teig verkneten, sollte er kleben, ihn eine Zeitlang kalt stellen knapp die Hälfte des Teiges zu einer Platte in der Größe der Springform (Durchmesser etwa 26 cm) ausrollen, in 16–20 gleichmäßig breite Streifen rädern, den übrigen Teig auf dem Springformboden ausrollen, mit
etwa 100 g Konfitüre	bestreichen, dabei am Rand etwa 1 cm Teig frei lassen, die Teigstreifen gitterförmig über die Konfitüre legen
$^{1}/_{2}$ Eigelb	mit
1 Teel. Milch	verschlagen, die Teigstreifen damit bestreichen
Gas:	3–4
Strom:	175–200
Backzeit:	25–30 Minuten.
	16 Stücke/pro Stück: 210 Kalorien = 879 Joule.

Böhmischer Apfelkuchen

(Abb. S. 322)

	Für den Teig
175 g Weizenmehl *$1^{1}/_{2}$ g ($^{1}/_{2}$ gestrichener Teel.)* *Dr. Oetker Backpulver Backin*	mischen, auf eine Tischplatte sieben, in die Mitte eine Vertiefung eindrücken
75 g Zucker *1 Päckchen* *Dr. Oetker Vanillin-Zucker*	

bitte umblättern

1 kleines Ei	hineingeben, mit einem Teil des Mehls zu einem dicken Brei verarbeiten
75 g kalte Butter oder Margarine	in Stücke schneiden, auf den Brei geben, mit Mehl bedecken, von der Mitte aus alle Zutaten schnell zu einem glatten Teig verkneten, sollte er kleben, ihn eine Zeitlang kalt stellen
	$^{2}/_{3}$ des Teiges auf dem Boden einer Springform (Durchmesser etwa 26 cm) ausrollen, unter den Rest des Teiges
1 gestrichenen Eßl. Weizenmehl	kneten, zu einer Rolle formen, sie als Rand auf den Boden legen, so an die Form drücken, daß der Rand knapp 3 cm hoch wird
	für die Füllung
100 g Rosinen oder Korinthen	waschen, gut abtropfen lassen
2 Eßl. Rum	hinzufügen, einige Stunden stehenlassen
25 g Butter	zerlassen
25 g Zucker	
2 Eßl. Semmelmehl	unter Rühren darin bräunen
1 gehäufte Messerspitze gemahlenen Zimt	hinzugeben, abkühlen lassen
500 g Äpfel	schälen, vierteln, entkernen, in dünne Spalten schneiden
	Semmelmehl und Rosinen (Korinthen) auf den Teigboden streuen, die Äpfel darauf legen
Gas:	5 Minuten vorheizen 4–5, backen 4–5
Strom:	200–225
Backzeit:	Etwa 20 Minuten
	für den Belag
1 Päckchen Dr. Oetker Pudding-Pulver Vanille-Geschmack	und $^{2}/_{3}$ von
100 g Zucker	
1 Päckchen Dr. Oetker Vanillin-Zucker	
$1^{1}/_{2}$ Eigelb	mit 6 Eßl. von
$^{1}/_{4}$ l kalter Milch	anrühren, die übrige Milch zum Kochen bringen, das Pudding-Pulver unter Rühren in die von der Kochstelle genommene Milch geben, kurz aufkochen lassen
500 g Speisequark	
1–2 Tropfen Dr. Oetker Backöl Zitrone	unterrühren, kurz aufkochen lassen
2 Eiweiß	steif schlagen, den Rest des Zuckers nach und nach unterschlagen, unter die Quarkmasse ziehen, gleichmäßig auf dem Tortenboden verteilen
$^{1}/_{2}$ Eigelb	
1 Eßl. kalte Milch	verschlagen, die Torte damit bestreichen
Gas:	5 Minuten vorheizen 1–2, backen 1–2
Strom:	130–150
Backzeit:	Etwa 55 Minuten.
	16 Stücke/pro Stück: 249 Kalorien = 1042 Joule.

Gebäck auf dem Backblech

Wiener Mohnstrudel

	Für den Teig
200 g Weizenmehl	auf eine Tischplatte sieben, in die Mitte eine Vertiefung eindrücken
Salz	hineingeben, nach und nach
5 Eßl. lauwarmes Wasser	
50 g zerlassene Butter oder Margarine oder 3 Eßl. Speiseöl	mit einem Teil des Mehls zu einem dicken Brei verarbeiten, mit Mehl bedecken, von der Mitte aus alle Zutaten schnell zu einem glatten Teig verkneten, ihn auf Pergamentpapier in einen heißen, trockenen Kochtopf (vorher Wasser darin kochen) legen, mit einem Deckel verschließen, $^{1}/_{2}$ Stunde ruhen lassen
	für die Füllung
250 g Mohn	mahlen, mit
125 g Zucker, 1 Päckchen Dr. Oetker Vanillin-Zucker	
4 Tropfen Dr. Oetker Backöl Zitrone	
$^{1}/_{2}$ gestrichenen Teel. gemahlenem Zimt	mischen
50 g Butter oder Margarine	zerlassen, mit so viel von
$^{1}/_{8}$ l heißer Milch	unterrühren, daß die Masse streichfähig, aber nicht weich ist, kalt stellen
50 g Butter oder Margarine	zerlassen, den Strudelteig etwas auf einem bemehlten großen weißen Tuch (Tischtuch) ausrollen, dünn mit etwas von dem Fett bestreichen, dann mit den Händen zu einem Rechteck von 50 x 70 cm ausziehen, er muß durchsichtig sein, die Ränder, wenn sie dicker sind, abschneiden, $^{2}/_{3}$ des Fettes darauf streichen
	auf $^{2}/_{3}$ des Teiges die Mohnmasse streichen (von der kürzeren Seite ausgehend, an den längeren Seiten etwa 3 cm frei lassen)
50 g Rosinen	waschen, gut abtropfen lassen, darauf verteilen, die freigebliebenen Teigränder auf die Füllung schlagen, den Teig von der kürzeren Seite her, mit der Füllung beginnend, aufrollen, an den Enden gut zusammendrücken, auf ein mit
Butter oder Margarine	gefettetes Backblech legen, mit Fett bestreichen
Gas:	5 Minuten vorheizen 3–4, backen 3–4
Strom:	175–200
Backzeit:	45–55 Minuten
	während des Backens den Strudel mit dem restlichen Fett bestreichen.

10 Stücke/pro Stück: 394 Kalorien = 1649 Joule.

Wiener Apfelstrudel

	Für den Teig
200 g Weizenmehl	auf eine Tischplatte sieben, in die Mitte eine Vertiefung eindrücken
Salz	hineingeben, nach und nach
5 Eßl. lauwarmes Wasser	
50 g zerlassene Butter oder Margarine oder 3 Eßl. Speiseöl	mit einem Teil des Mehls zu einem dicken Brei verarbeiten, mit Mehl bedecken, von der Mitte aus alle Zutaten schnell zu einem glatten Teig verkneten, ihn auf Pergamentpapier in einen heißen, trockenen Kochtopf (vorher Wasser darin kochen) legen, mit einem Deckel verschließen, $^1/_2$ Stunde ruhen lassen
	für die Füllung
$1^1/_2$ kg Äpfel	schälen, vierteln, entkernen, in feine Scheiben schneiden
1 Fläschchen Dr. Oetker Rum-Aroma	
3 Tropfen Dr. Oetker Backöl Zitrone	untermischen
50 g Rosinen	waschen, gut abtropfen lassen
75 g Butter oder Margarine	zerlassen
	den Strudelteig etwas auf einem bemehlten, großen weißen Tuch (Tischtuch) ausrollen, dünn mit etwas von dem Fett bestreichen, dann mit den Händen zu einem Rechteck von 50 x 70 cm ausziehen, er muß durchsichtig sein, die Ränder, wenn sie dick sind, abschneiden, $^2/_3$ des Fettes auf den Teig streichen
50 g Semmelmehl	auf $^2/_3$ des Teiges streuen (von einer der längeren Seiten ausgehend, an den kürzeren Seiten etwa 3 cm frei lassen)
	nacheinander Äpfel, Rosinen,
100 g Zucker	
1 Päckchen Dr. Oetker Vanillin-Zucker	
50 g SCHWARTAU-Mandeln, gehackt	darauf verteilen, die freigebliebenen Teigränder auf die Füllung schlagen, den Teig von der längeren Seite her, mit der Füllung beginnend, aufrollen, an den Enden gut zusammendrücken, auf ein mit
Butter oder Margarine	gefettetes Backblech legen, mit Fett bestreichen
Gas:	5 Minuten vorheizen 3–4, backen 3–4
Strom:	175–200
Backzeit:	45–55 Minuten
	während des Backens den Strudel mit dem restlichen Fett bestreichen.
Veränderung:	Anstelle eines großen 2 kleine Strudel backen.
	10 Stücke/pro Stück: 349 Kalorien = 1460 Joule.

Haselnußkranz

	Für den Teig
300 g Weizenmehl *6 g (2 gestrichene Teel.)* *Dr. Oetker Backpulver Backin*	mischen, auf eine Tischplatte sieben, in die Mitte eine Vertiefung eindrücken
100 g Zucker *1 Päckchen* *Dr. Oetker Vanillin-Zucker* *1 Ei* *2 Eßl. Milch oder Wasser*	hineingeben, mit einem Teil des Mehls zu einem dicken Brei verarbeiten
125 g kalte Margarine (z. B. Sanella)	in Stücke schneiden, auf den Brei geben, mit Mehl bedecken, von der Mitte aus alle Zutaten schnell zu einem glatten Teig verkneten, sollte er kleben, ihn eine Zeitlang kalt stellen
	für die Füllung
200 g SCHWARTAU-Haselnußkerne, gemahlen *100 g Zucker* *4–5 Tropfen* *Dr. Oetker Backöl Bittermandel* *1/2 Eigelb* *1 Eiweiß* *3–4 Eßl. Wasser*	verrühren, so daß eine geschmeidige Masse entsteht
	den Teig zu einem Rechteck von etwa 35 x 45 cm ausrollen, die Nußmasse darauf streichen, den Teig von der längeren Seite her aufrollen, als Kranz auf ein mit
Butter oder Margarine	gefettetes Backblech legen
1/2 Eigelb *1 Eßl. Milch*	verschlagen, den Kranz damit bestreichen, sternförmig einschneiden
Gas:	3–4
Strom:	175–200
Backzeit:	Etwa 45 Minuten.
Veränderung:	Für die Haselnußfüllung statt Zucker 120 g Langnese-Honig verwenden.
	20 Stücke/pro Stück: 223 Kalorien = 933 Joule.

Apfel- oder Kirschrolle

	Für die Apfelfüllung
50 g Rosinen	waschen, gut abtropfen lassen
1 1/2 kg Äpfel	schälen, vierteln, entkernen, in Stücke schneiden, mit
75 g Zucker	und den Rosinen unter Rühren leicht dünsten
	die Äpfel mit
3–4 Tropfen *Dr. Oetker Backöl Zitrone*	abschmecken, kalt stellen

bitte umblättern

oder	für die Kirschfüllung
$1^1/_2$ kg Sauerkirschen	waschen, entstielen, entsteinen, mit
125 g Zucker	mischen, kurze Zeit zum Saftziehen stehenlassen, nur eben zum Kochen bringen, abtropfen lassen wenn Saft und Kirschen kalt sind, von dem Saft $^1/_4$ l abmessen (evtl. mit Wasser ergänzen)
50 g Dr. Oetker Gustin	mit dem Saft anrühren, unter Rühren zum Kochen bringen, kurz aufkochen lassen, die Kirschen unterrühren, kalt stellen
	für den Teig
300 g Weizenmehl *1 Päckchen* *Dr. Oetker Backpulver Backin*	mischen, auf eine Tischplatte sieben, in die Mitte eine Vertiefung eindrücken
75 g Zucker *1 Päckchen* *Dr. Oetker Vanillin-Zucker* *3 Tropfen* *Dr. Oetker Backöl Bittermandel* *Salz, 1 Ei*	hineingeben, mit einem Teil des Mehls zu einem dicken Brei verarbeiten
100 g kalte Margarine (z. B. Sanella)	in Stücke schneiden
125 g Speisequark	
	beide Zutaten auf den Brei geben, mit Mehl bedecken, von der Mitte aus alle Zutaten schnell zu einem glatten Teig verkneten, sollte er kleben, noch etwas Mehl hinzugeben den Teig teilen, jedes Stück zu einem Rechteck von 40 x 30 cm ausrollen, auf jedes Rechteck in der Breite von etwa 4 cm der Länge nach bergförmig die Hälfte der erkalteten Füllung streichen, dabei zum Rand hin einen Teigstreifen von gut 5 cm frei lassen, diesen auf die Füllung schlagen, sie in den Teig einrollen die Rollen an den Enden zusammendrücken, etwas flachdrücken, mit
gezuckerter Milch	bestreichen, mit
Hagelzucker oder grobem Zucker	bestreuen, mit einem scharfen Messer die obere Seite der Rolle der Breite nach in Abständen von knapp 3 cm etwa $^1/_2$ cm tief einschneiden, die Rolle auf ein mit
Butter oder Margarine	gefettetes Backblech legen
Gas:	3–4
Strom:	175–200
Backzeit:	25–30 Minuten.
	16 Stücke/pro Stück: 228 Kalorien = 954 Joule mit Apfelfüllung *16 Stücke/pro Stück: 252 Kalorien = 1054 Joule mit Kirschfüllung.*

Kleingebäck

Nußtaler

375 g Weizenmehl *r. Oetker Gustin* *estrichene Teel.)* *ckpulver Backin*	mischen, auf eine Tischplatte sieben, in die Mitte eine Vertiefung eindrücken
, 1 Päckchen *nillin-Zucker* *3 Tropfen* *termandel* *2 Eier*	hineingeben, mit einem Teil des Mehls zu einem dicken Brei verarbeiten
rgarine	in Stücke schneiden
erne	vierteln, beide Zutaten auf den Brei geben, mit Mehl bedecken, von der Mitte aus alle Zutaten schnell zu einem glatten Teig verkneten, daraus gut $2^1/_2$ cm dicke Rollen formen, so lange kalt stellen, bis sie hart geworden sind, mit einem scharfen Messer in $^1/_2$ cm dicke Scheiben schneiden, auf ein Backblech legen
	5 Minuten vorheizen 3–4, backen 3–4
	175–200
Backzeit.	10–15 Minuten.
	Gesamtmenge: 6673 Kalorien = 27 893 Joule.

Streifen-Keks (Kalter Hund)

250 g Kokosfett	zerlassen, kalt stellen
125 g Puderzucker *oder* *125 g feinkörnigen Zucker* *1 Päckchen* *Dr. Oetker Vanillin-Zucker*	sieben
50 g Kakao	sieben
2 Eßl. Rum	
	die Zutaten in eine Rührschüssel geben, nach und nach mit
2 Eiern	und dem lauwarmen Kokosfett verrühren
250–300 g rechteckige *Butterkekse*	lagenweise abwechselnd mit der Kakaomasse in eine mit Pergamentpapier ausgelegte Kastenform (etwa 20 x 11 cm) füllen, die unterste Schicht muß aus Kakaomasse, die oberste Schicht aus Keksen bestehen den Kuchen mehrere Stunden, am besten über Nacht, kalt stellen, ihn dann in Scheiben schneiden.
	Gesamtmenge: 1135 Kalorien = 4746 Joule.

Zuckersternchen

	Für den Teig
250 g Weizenmehl	
3 g (1 gestrichener Teel.)	
Dr. Oetker Backpulver Backin	mischen, auf eine Tischplatte sieben, in die Mitte eine Vertiefung eindrücken
50 g Zucker	
1 Päckchen	
Dr. Oetker Vanillin-Zucker	
Salz	
5 Tropfen	
Dr. Oetker Backöl Zitrone	
1 Eigelb	
3 Eßl. Milch	hineingeben, mit einem Teil des Mehls zu einem dicken Brei verarbeiten
100 g kalte Margarine (z. B. Sanella)	in Stücke schneiden, auf den Brei geben, mit Mehl bedecken, von der Mitte aus alle Zutaten schnell zu einem glatten Teig verkneten, sollte er kleben, ihn eine Zeitlang kalt stellen den Teig dünn ausrollen, Sternchen ausstechen, auf ein Backblech legen
Gas:	5 Minuten vorheizen 3–4, backen 3–4
Strom:	175–200
Backzeit:	5–10 Minuten
	für den Guß
150 g Puderzucker	sieben, mit
1 Eiweiß	
1 Eßl. Zitronensaft	
etwas heißem Wasser	glattrühren, so daß eine dickflüssige Masse entsteht, die erkalteten Sternchen damit bestreichen.
	Gesamtmenge: 2616 Kalorien = 10935 Joule.

Sahneplätzchen

	Für den Teig
250 g Weizenmehl	
1 Messerspitze	
Dr. Oetker Backpulver Backin	mischen, auf eine Tischplatte sieben, in die Mitte eine Vertiefung eindrücken
100 g Zucker	
1 Päckchen	
Dr. Oetker Vanillin-Zucker	
1 Eigelb	hineingeben, mit einem Teil des Mehls zu einem dicken Brei verarbeiten
175 g kalte Margarine (z. B. Sanella)	in Stücke schneiden, auf den Brei geben, mit Mehl bedecken, von der Mitte aus alle Zutaten schnell zu einem glatten Teig verkneten, sollte er kleben, ihn eine Zeitlang kalt stellen

den Teig etwa 3 mm dick ausrollen, mit einer runden Form (Durchmesser etwa 6 cm) ausstechen, auf ein Backblech legen

1 Eiweiß mit
1 Teel. Wasser verschlagen, die Hälfte der Teigplätzchen dünn damit bestreichen, mit
Hagelzucker bestreuen

Gas: 5 Minuten vorheizen 3–4, backen 3–4
Strom: 175–200
Backzeit: Etwa 10 Minuten

für die Füllung
$^1/_4$ l Sahne $^1/_2$ Minute schlagen
1 Päckchen Dr. Oetker Sahnesteif
etwa 1 Eßl. Zucker
etwas Dr. Oetker Vanillin-Zucker mischen, einstreuen, die Sahne steif schlagen
den Rand der nicht mit Hagelzucker bestreuten Plätzchen mit Schlagsahne bespritzen, in die Mitte
250 g Sauerkirschkompott (angedickt mit Dr. Oetker Gustin) füllen, darauf je ein mit Hagelzucker bestreutes Plätzchen legen.

Gesamtmenge: 3993 Kalorien = 16691 Joule.

Apfelsinen-Schokoladenplätzchen

200 g Weizenmehl
60 g Dr. Oetker Gustin
3 g (1 gestrichener Teel.) Dr. Oetker Backpulver Backin mischen, auf eine Tischplatte sieben, in die Mitte eine Vertiefung eindrücken

100 g Zucker
1 Päckchen Dr. Oetker Vanillin-Zucker
abgeriebene gelbe Schale 1 Apfelsine (ungespritzt)
1 Ei hineingeben, mit einem Teil des Mehls zu einem dicken Brei verarbeiten
125 g kalte Margarine (z. B. Sanella) in Stücke schneiden, auf den Brei geben
100 g zartbittere Schokolade in kleine Stücke schneiden, darüber streuen, mit Mehl bedecken, von der Mitte aus alle Zutaten schnell zu einem glatten Teig verkneten
aus dem Teig 3 etwa 3 cm dicke Rollen formen, mit einem großen Messer breitdrücken, so daß die Teigstreifen etwa 5 cm breit und gut 1 cm hoch sind, kalt stellen, bis der Teig hart geworden ist, die Teigstreifen mit einem scharfen Messer in knapp $^1/_2$ cm dicke Scheiben schneiden, auf ein Backblech legen

Gas: 3–4
Strom: 175–200
Backzeit: Etwa 10 Minuten.

Gesamtmenge: 2983 Kalorien = 12469 Joule.

Zimtstangen

250 g Weizenmehl	auf eine Tischplatte sieben, in die Mitte eine Vertiefung eindrücken
75 g Zucker	
1 Päckchen Dr. Oetker Vanillin-Zucker	
½ Fläschchen Dr. Oetker Rum-Aroma	
1 gestrichenen Eßl. gemahlenen Zimt	
1 Eigelb	hineingeben, mit einem Teil des Mehls zu einem dicken Brei verarbeiten
125 g kalte Margarine (z. B. Sanella)	in Stücke schneiden, auf den Brei geben, mit Mehl bedecken, von der Mitte aus alle Zutaten schnell zu einem glatten Teig verkneten, sollte er kleben, ihn eine Zeitlang kalt stellen
	den Teig dünn ausrollen, Stangen von gut 2 x 6 cm ausschneiden, auf ein Backblech legen
1 Eiweiß	fast steif schlagen, die Stangen damit bestreichen, mit
Zucker	bestreuen
	sollte der Eischnee nicht reichen, die restlichen Stangen mit
Dosenmilch	bestreichen, mit
Zucker (evtl. Spaltmandeln)	bestreuen
Gas:	5 Minuten vorheizen 3–4, backen 3–4
Strom:	175–200
Backzeit:	Etwa 10 Minuten.
	Gesamtmenge: 2434 Kalorien = 10 174 Joule.

Butterplätzchen

400 g Weizenmehl	auf eine Tischplatte sieben, in die Mitte eine Vertiefung eindrücken
200 g Zucker	
1 Päckchen Dr. Oetker Vanillin-Zucker	
1 Ei	hineingeben, mit einem Teil des Mehls zu einem dicken Brei verarbeiten
200 g kalte Butter	in Stücke schneiden, auf den Brei geben, mit Mehl bedecken, von der Mitte aus alle Zutaten schnell zu einem glatten Teig verkneten
	den Teig dünn ausrollen, Plätzchen ausstechen, auf ein Backblech legen, mit
Dosenmilch	bestreichen, mit
200 g SCHWARTAU-Mandeln, gehackt	bestreuen
Gas:	5 Minuten vorheizen 3–4, backen 3–4
Strom:	175–200
Backzeit:	Etwa 10 Minuten.
	Gesamtmenge: 5234 Kalorien = 21 878 Joule.

Rote Nestche
(Abb. S. 47

275 g Weizenm 'atte sieben, in die Mitte eine Vertiefung eindrücken
150 g Zuc
1 Päckch
Dr. Oetker Vanillin-Zuck
2 Eige
2 Tropfe
Dr. Oetker Backöl Bittermande s Mehls zu einem dicken Brei verarbeiten
175 g kalte Margarine (z. B. Sanella) Brei geben, mit Mehl bedecken, von der
u einem glatten Teig verkneten
n ausrollen, mit einer runden Form
hen, auf ein Backblech legen

250 g SCHWARTAU-Marzipan-Rohmasse
2 Eiweiß gu Masse entsteht (evtl. noch
1-2 Eßl. inen Spritzbeutel füllen, als
Kranz auf die
in die Mitte
rotes Gelee oder rote Marmelade geben
den restlichen Teig ausrollen, zu beliebigen Formen ausstechen, auf ein Backblech legen, mit Dosenmilch bestreichen, mit
SCHWARTAU-Mandeln, gehobelt
Zucker und Zimt bestreuen
Gas: 5 Minuten vorheizen 2–3, backen 2–3
Strom: 175–200
Backzeit: 12–20 Minuten.

Gesamtmenge: 4610 Kalorien = 19270 Joule.

Baiserschnitten

Für den Teig
175 g Weizenmehl
$1^1/_2$ g ($^1/_2$ gestrichener Teel.)
Dr. Oetker Backpulver Backin mischen, auf eine Tischplatte sieben, in die Mitte eine Vertiefung eindrücken
1 Päckchen
Dr. Oetker Vanillin-Zucker
2 Eigelb
2 Eßl. Wasser hineingeben, mit einem Teil des Mehls zu einem dicken Brei verarbeiten
100 g kalte Margarine (z. B. Sanella) in Stücke schneiden, auf den Brei geben, mit Mehl bedecken, von der Mitte aus alle Zutaten schnell zu einem glatten Teig verkneten, sollte er kleben, ihn eine Zeitlang kalt stellen

bitte umblättern

	den Teig zu 3 Streifen in der Breite von 6 cm und in der Länge von etwa 35 cm ausrollen, auf ein Backblech legen, hellgelb backen
Gas:	3–4
Strom:	175–200
Backzeit:	Etwa 15 Minuten
	für das Baiser
2 Eiweiß	steif schlagen
100 g Zucker	eßlöffelweise unterschlagen
50 g Korinthen	waschen, gut abtropfen lassen
50 g SCHWARTAU-Mandeln, gemahlen	
50 g SCHWARTAU-Sukkade (Zitronat)	
	die Zutaten unter das Eiweiß heben die Masse gleichmäßig auf die angebackenen Teigstreifen streichen, das Gebäck fertig backen
Gas:	1–2
Strom:	125–150
Backzeit:	20–30 Minuten das Gebäck sofort nach dem Backen in schmale Streifen schneiden. *Gesamtmenge: 2623 Kalorien = 10 964 Joule.*

Sandhörnchen

	Für den Teig
250 g Weizenmehl *3 g (1 gestrichener Teel.)* *Dr. Oetker Backpulver Backin*	mischen, auf eine Tischplatte sieben, in die Mitte eine Vertiefung eindrücken
75 g Zucker *1 Päckchen* *Dr. Oetker Vanillin-Zucker* *1 Fläschchen* *Dr. Oetker Rum-Aroma* *2 Eßl. Wasser*	hineingeben, mit einem Teil des Mehls zu einem dicken Brei verarbeiten
100 g kalte *Margarine (z. B. Sanella)*	in Stücke schneiden, auf den Brei geben, mit Mehl bedecken, von der Mitte aus alle Zutaten schnell zu einem glatten Teig verkneten, sollte er kleben, ihn eine Zeitlang kalt stellen aus dem Teig daumendicke Rollen formen, davon gut 3 cm lange Stücke abschneiden, diese zu etwa 8 cm langen Rollen formen, mit der oberen Seite in
groben Zucker	drücken, in Hörnchenform auf ein Backblech legen

weiter auf Seite 439

Speckschollen, s. Gebratene kleine Fische, Rezept Seite 179

Gas:	5 Minuten vorheizen 3–4, backen 3–4
Strom:	175–200
Backzeit:	10–15 Minuten
	für den Guß
50 g Kuvertüre	im Wasserbad oder auf der Automatikplatte zu einer geschmeidigen Masse verrühren, die Enden der Hörnchen damit bestreichen.
	Gesamtmenge: 2419 Kalorien = 10 111 Joule.

BLÄTTERTEIG

Apfeltaschen

1 Packung (300 g) Dr. Oetker Tiefkühlkost Blätterteig	bei Zimmertemperatur auftauen lassen (den Teig nicht noch einmal durchkneten)
25 g Rosinen	waschen, gut abtropfen lassen
375 g Äpfel	schälen, vierteln, entkernen, in Stücke schneiden, mit
25 g Zucker	und den Rosinen leicht dünsten, etwas abkühlen lassen, mit
etwa 25 g Zucker	abschmecken
	den Teig knapp 1/2 cm dick ausrollen, runde Platten (Durchmesser etwa 10 cm) ausstechen, die Ränder der Teigplatten mit
Dosenmilch	bestreichen, die eine Hälfte jeder Teigplatte mit etwas von der Füllung belegen, die andere Teighälfte darüber klappen, am Rand gut andrükken
	die Apfeltaschen auf ein mit kaltem Wasser abgespültes Backblech legen, dünn mit Dosenmilch bestreichen
Gas:	5 Minuten vorheizen 4–5, backen 4–5
Strom:	200–225
Backzeit:	Etwa 20 Minuten
	für den Guß
75 g Puderzucker	sieben, mit
etwa 1 Eßl. Zitronensaft	glattrühren, so daß eine dickflüssige Masse entsteht, die noch warmen Apfeltaschen damit bestreichen.
	12 Stücke/pro Stück: 160 Kalorien = 669 Joule.

Aprikosenteilchen

1 Packung (300 g) Dr. Oetker Tiefkühlkost Blätterteig	bei Zimmertemperatur auftauen lassen (den Teig nicht noch einmal durchkneten)
	für die Füllung
6 Aprikosen	waschen, halbieren, entsteinen, mit
50 g Zucker	
1 Päckchen Dr. Oetker Vanillin-Zucker	
2 Eßl. Wasser	weich dünsten, abtropfen und erkalten lassen (nach Belieben enthäuten)
oder Aprikosen (aus der Dose, abgetropft)	

	den Teig zu einem Rechteck von 27 x 36 cm ausrollen, mit einem Kuchenrädchen in Vierecke von 9 x 9 cm teilen, die Teigstücke in der Mitte jeweils mit 1 Aprikosenhälfte belegen, zu beliebigen Formen, Dreiekken, Kuverts usw. zusammenschlagen, auf ein mit kaltem Wasser abgespültes Backblech legen, dünn mit
Dosenmilch	bestreichen
Gas:	5 Minuten vorheizen 4–5, backen 4–5
Strom:	200–225
Backzeit:	15–20 Minuten
	für den Guß
75 g Puderzucker	sieben, mit
etwa 1 Eßl. heißem Wasser oder etwa 1 Eßl. Zitronensaft	glattrühren, so daß eine dickflüssige Masse entsteht, die noch warmen Teilchen damit bestreichen.
	12 Stücke/pro Stück: 153 Kalorien = 640 Joule.

Kaffeegebäck

1 Packung (300 g) Dr. Oetker Tiefkühlkost Blätterteig	bei Zimmertemperatur auftauen lassen (den Teig nicht noch einmal durchkneten) den Teig zu einem Rechteck von 24 x 32 cm ausrollen, mit einem Kuchenrädchen in Vierecke von 8 x 8 cm teilen, die Teigstücke in der Mitte mit
150 g SCHWARTAU-Konfitüre	belegen, zu beliebigen Formen, Dreiecken, Kuverts usw. zusammenschlagen, auf ein mit kaltem Wasser abgespültes Backblech legen, dünn mit
Dosenmilch	bestreichen
Gas:	5 Minuten vorheizen 4–5, backen 4–5
Strom:	200–225
Backzeit:	15–20 Minuten
	für den Guß
75 g Puderzucker	sieben, mit
etwa 1 Eßl. heißem Wasser	glattrühren, so daß eine dickflüssige Masse entsteht, das noch warme Kaffeegebäck damit bestreichen.
	12 Stücke/pro Stück: 163 Kalorien = 682 Joule.

Streuselplätzchen

1 Packung (300 g) Dr. Oetker Tiefkühlkost Blätterteig	bei Zimmertemperatur auftauen lassen (den Teig nicht noch einmal durchkneten)
	für die Streusel
150 g Weizenmehl	in eine Rührschüssel sieben, mit
75 g Zucker	
1 Päckchen Dr. Oetker Vanillin-Zucker	
1 Messerspitze gemahlenem Zimt	mischen
100 g kalte Butter oder Margarine	in Flöckchen dazugeben, alle Zutaten mit den Händen oder mit 2 Gabeln zu Streuseln vermengen
	den Blätterteig dünn ausrollen, mit einer runden Form (Durchmesser etwa 6 cm) ausstechen, auf ein mit kaltem Wasser abgespültes Backblech legen, mit
Dosenmilch	bestreichen, gleichmäßig mit den Streuseln bedecken
Gas:	5 Minuten vorheizen 3–4, backen 3–4
Strom:	200–225
Backzeit:	Etwa 10 Minuten.
	Gesamtmenge: 2905 Kalorien = 12 143 Joule.

Schinkenhörnchen

1 Packung (300 g) Dr. Oetker Tiefkühlkost Blätterteig	bei Zimmertemperatur auftauen lassen (den Teig nicht noch einmal durchkneten)
200 g rohen Schinken	kleinschneiden
	den Teig zu einer Platte von 72 x 14 cm ausrollen, Dreiecke daraus rädern oder schneiden (die breite Seite muß jeweils 12 cm lang sein), die Ränder der Dreiecke mit
Dosenmilch	bestreichen, die breite Seite mit etwas von dem Schinken belegen, die Teigstücke zu Hörnchen aufrollen, auf ein mit kaltem Wasser abgespültes Backblech legen, mit Dosenmilch bestreichen
Gas:	5 Minuten vorheizen 4–5, backen 4–5
Strom:	200–225
Backzeit:	Etwa 15 Minuten.
Veränderung:	Anstelle von rohem Schinken gekochten verwenden
	12 Stücke/pro Stück: 172 Kalorien = 720 Joule.

DER QUARK-ÖLTEIG

Notwendige Vorarbeiten

Mehl und Backin mischen und sieben.
Mischen und Sieben lockern das Mehl auf und verteilen das Backin gleichmäßig im Mehl. Das Gebäck wird dadurch besser gelockert.

Für Quark-Ölteige Backbleche und -formen fetten.
Dazu am besten streichfähige Butter oder Margarine verwenden und sie gut und gleichmäßig mit einem Pinsel verteilen.

Die Verarbeitung des Teiges

Den Quark mit Milch, je nach Rezept Ei, Speiseöl, Zucker, Vanillin-Zucker und Salz verrühren. Danach gut die Hälfte des mit Backin gemischten und gesiebten Mehls dazugeben und unterrühren. Den Rest des Mehls unterkneten.

Die einzelnen Arbeitsgänge

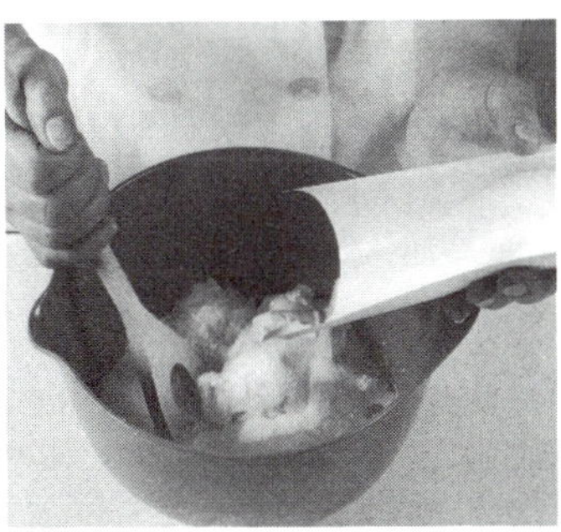

„Den Quark mit Milch, je nach Rezept Ei, Öl, Zucker, Vanillin-Zucker und Salz verrühren . . ."
Die Zutaten in der angegebenen Reihenfolge in die Rührschüssel geben (am besten Dr. Oetker Mepal-Schüssel). Dabei das Ei über einer Tasse aufschlagen und prüfen, ob es gut ist.
Das Öl ist bei dieser Teigart von ausschlaggebender Bedeutung und sollte nicht durch ein festes Fett ersetzt werden. Jedes Speise- oder Tafelöl, das neutral im Geschmack ist, kann verwendet werden. Zum Rühren am besten einen durchlochten Löffel nehmen, ihn möglichst tief anfassen, senkrecht zum Boden der Schüssel halten und nach links herum rühren (entgegengesetzt der Kaffeemühle), so lange, bis eine gebundene Masse entstanden ist.

„Danach gut die Hälfte des mit Backin gemischten und gesiebten Mehls dazugeben und unterrühren . . ."
Das Mehl-Backin-Gemisch nur so lange unterrühren, bis kein Mehl mehr zu sehen ist.

„Den Rest des Mehls unterkneten."
Das restliche Mehl-Backin-Gemisch auf eine Tischplatte geben und darauf den Teigbrei legen, ihn mit Mehl bedecken und von der Mitte aus alle Zutaten schnell zu einem glatten Teig verkneten.

Aus diesem Teig lassen sich die verschiedensten Gebäcke zubereiten; er kann nach Belieben ausgerollt, geformt, gefüllt oder belegt werden. Für Kleingebäck den Teig gut $^1/_2$ cm dick ausrollen, ihn in Vierecke teilen und diese in der Mitte mit etwas Konfitüre belegen. Die Teigstücke zu Dreiecken, Taschen usw. zusammenschlagen, mit Milch bestreichen und auf einem gefetteten Backblech backen.

Das Backen von Quark-Ölteigen

Alle Quark-Ölteige werden nach Rezeptangabe gebacken. Wenn der Teig gebacken ist, wird das Gebäck sofort aus der Form gelöst oder vom Backblech genommen und zum Auskühlen auf einen Kuchenrost gelegt. Gebäcke aus Quark-Ölteig sollten möglichst frisch gegessen werden.

Bei Elektroherden wird das Backgut grundsätzlich in den vorgeheizten Backofen geschoben, und zwar zeigt die erloschene Kontroll-Lampe an, daß die erforderliche Temperatur erreicht ist.

Bunter Zuckerkuchen

Für den Teig

150 g Speisequark
6 Eßl. Milch
6 Eßl. Speiseöl
75 g Zucker
1 Päckchen Dr. Oetker Vanillin-Zucker
Salz verrühren

300 g Weizenmehl	
1 Päckchen Dr. Oetker	
Backpulver Backin	mischen, sieben, die Hälfte davon unter den Quark rühren, den Rest des Mehls unterkneten
	den Teig etwa $^1/_2$ cm dick auf einem mit
Butter oder Margarine	gefetteten Backblech ausrollen
	für den Belag
250 g Rosinen	waschen, gut abtropfen lassen, auf den Teig streuen, leicht andrücken
125 g Butter	zerlassen, etwas abgekühlt mit
1 Ei	verschlagen, gleichmäßig über die Rosinen verteilen, alles mit
100 g Hagelzucker oder grobem Zucker	
75 g SCHWARTAU-Mandeln, gehobelt	bestreuen
Gas:	3–4
Strom:	175–200
Backzeit:	Etwa 25 Minuten
	das Gebäck in Schnitten schneiden, möglichst frisch essen.
	24 Stücke/pro Stück: 199 Kalorien = 833 Joule.

Streuselkuchen

	Für den Teig
150 g Speisequark	mit
6 Eßl. Milch	
6 Eßl. Speiseöl	
75 g Zucker	
1 Päckchen Dr. Oetker Vanillin-Zucker	
Salz	verrühren
300 g Weizenmehl	
1 Päckchen Dr. Oetker	
Backpulver Backin	mischen, sieben, die Hälfte davon unter den Quark rühren, den Rest des Mehls unterkneten, nach Belieben
75 g Rosinen	waschen, gut abtropfen lassen, unter den Teig kneten, ihn auf einem mit
Butter oder Margarine	gefetteten Backblech ausrollen
	für den Belag
300 g Weizenmehl	in eine Schüssel sieben, mit
150 g Zucker	
1 Päckchen Dr. Oetker Vanillin-Zucker	

bitte umblättern

1 Messerspitze gemahlenem Zimt	mischen
175 g Butter oder Margarine	in Flöckchen dazugeben, alle Zutaten mit den Händen oder mit 2 Gabeln zu Streuseln vermengen, gleichmäßig auf dem Teig verteilen, einen mehrfach umgeknickten, gefetteten Streifen
Dr. Oetker alufolie	vor den Teig legen
Gas:	3–4
Strom:	175–200
Backzeit:	20–25 Minuten.
	24 Stücke/pro Stück: 226 Kalorien = 946 Joule.

Thüringer Mohnkuchen

	Für den Teig
150 g Speisequark	mit
6 Eßl. Milch	
6 Eßl. Speiseöl	
75 g Zucker	
1 Päckchen Dr. Oetker Vanillin-Zucker	
Salz	verrühren
300 g Weizenmehl	
1 Päckchen Dr. Oetker Backpulver Backin	mischen, sieben, die Hälfte davon unter den Quark rühren, den Rest des Mehls unterkneten den Teig auf einem mit
Butter oder Margarine	gefetteten Backblech ausrollen
	für den Belag
250 g gemahlenen Mohn	mit heißem Wasser übergießen, gut abtropfen lassen
50 g Rosinen	waschen, gut abtropfen lassen
1 Päckchen Dr. Oetker Pudding-Pulver Vanille-Geschmack	
50 g Grieß	
200 g Zucker	mischen, mit 8 Eßl. von
3/4 l kalter Milch	anrühren, die übrige Milch zum Kochen bringen, das Pudding-Pulver unter Rühren in die von der Kochstelle genommene Milch geben, kurz aufkochen lassen den Mohn, die Rosinen und
2–3 Tropfen Dr. Oetker Backöl Zitrone	unterrühren, die Hälfte davon auf den Teig streichen, unter den Rest rühren
2 Eigelb	
2 Eiweiß	steif schlagen, unterheben, auf die Mohnmasse streichen
Gas:	3–4
Strom:	175–200
Backzeit:	25–30 Minuten.
	24 Stücke/pro Stück: 227 Kalorien = 950 Joule.

Sächsischer Osterfladen

	Für den Teig
150 g Speisequark	mit
6 Eßl. Milch	
6 Eßl. Speiseöl	
75 g Zucker	
1 Päckchen Dr. Oetker Vanillin-Zucker	
Salz	verrühren
300 g Weizenmehl	
1 Päckchen Dr. Oetker Backpulver Backin	mischen, sieben, die Hälfte davon unter den Quark rühren, den Rest des Mehls unterkneten
	den Teig auf einem mit
Butter oder Margarine	gefetteten Backblech ausrollen
	für den Belag
100 g Margarine (z. B. Sanella)	zerlassen, mit 2/3 von
100 g Zucker	und
3 Eigelb	
1 Päckchen Dr. Oetker Soßen-Pulver Vanille-Geschmack	
1/3 Fläschchen Dr. Oetker Backöl Zitrone	
1 Fläschchen Dr. Oetker Rum-Aroma	
1/8 l Sahne	nacheinander unter
500 g Speisequark	rühren
100 g Korinthen	waschen, gut abtropfen lassen
4 Eiweiß	steif schlagen, nach und nach den Rest des Zuckers unterschlagen, mit den Korinthen und
100 g SCHWARTAU-Mandeln, gemahlen	unter die Quarkmasse heben
	den Belag gleichmäßig auf dem Teig verteilen
1 Eigelb	
1/2 Eßl. Milch	verschlagen, den Belag vorsichtig damit bestreichen
Gas:	3–4
Strom:	175–200
Backzeit:	25–30 Minuten
	den Kuchen sofort nach dem Backen mit
Zucker	bestreuen.
	24 Stücke/pro Stück: 262 Kalorien = 1096 Joule.

Apfelkuchen, Hannoversche Art

	Für die Füllung
50 g Rosinen oder Korinthen	waschen, gut abtropfen lassen
2 kg Äpfel	schälen, vierteln, entkernen, in Stücke schneiden, mit den Rosinen (Korinthen)
30–40 g Butter	
100 g Zucker	
1 gestrichenen Teel.	
gemahlenem Zimt	leicht dünsten, etwas abkühlen lassen, mit Zucker abschmecken, erkalten lassen
	für den Teig
200 g Speisequark	mit
6 Eßl. Milch	
1 Ei	
8 Eßl. (1/8 l) Speiseöl	
100 g Zucker	
1 Päckchen Dr. Oetker	
Vanillin-Zucker	
Salz	verrühren
400 g Weizenmehl	
1 Päckchem und 6 g	
(2 gestrichene Teel.)	
Dr. Oetker Backpulver Backin	mischen, sieben, die Hälfte davon unter den Quark rühren, den Rest des Mehls unterkneten gut die Hälfte des Teiges so ausrollen, daß er etwas größer ist als das Backblech, auf das mit
Butter oder Margarine	gefettete Backblech legen, die Füllung gleichmäßig darauf verteilen, dabei an der offenen Seite des Blechs etwa 2 cm Teig frei lassen, die überstehenden Teigränder über die Füllung schlagen, den Rest des Teiges in der Größe des Backblechs ausrollen, als Decke auf die Füllung legen (die Ränder gut andrücken)
75 g Butter	zerlassen, die Teigdecke damit bestreichen
75 g Zucker	
1 Päckchen Dr. Oetker	
Vanillin-Zucker	
75 g SCHWARTAU-Mandeln,	
gehobelt	mischen, darüber streuen
Gas:	5 Minuten vorheizen 3–4, backen 3–4
Strom:	200–225
Backzeit:	20–30 Minuten.
	24 Stücke/pro Stück: 271 Kalorien = 1134 Joule.

Apfeltaschen

	Für die Füllung
50 g Rosinen	waschen, gut abtropfen lassen
750 g Äpfel	schälen, vierteln, entkernen, in Stücke schneiden, mit
50 g Zucker	und den Rosinen unter Rühren leicht dünsten, etwas abkühlen lassen, mit Zucker abschmecken, kalt stellen
	für den Teig
150 g Speisequark	mit
6 Eßl. Milch	
6 Eßl. Speiseöl	
75 g Zucker	
1 Päckchen Dr. Oetker Vanillin-Zucker	
Salz	verrühren
300 g Weizenmehl	
1 Päckchen Dr. Oetker Backpulver Backin	mischen, sieben, die Hälfte davon unter den Quark rühren, den Rest des Mehls unterkneten den Teig dünn ausrollen, runde Platten (Durchmesser etwa 10 cm) ausstechen, die eine Hälfte jeder Teigplatte mit Apfelfüllung belegen, den Rand der Teigplatten dünn mit
Milch	bestreichen, die andere Teighälfte darüber klappen, die Taschen an den Rändern mit einem Backöl-Fläschchen gut andrücken, auf ein mit
Butter oder Margarine	gefettetes Backblech legen
Gas:	3–4
Strom:	175–200
Backzeit:	Etwa 15 Minuten
	für den Guß
100 g Puderzucker	sieben, mit
1–2 Eßl. heißem Wasser	glattrühren, so daß eine dickflüssige Masse entsteht, die Apfeltaschen sofort nach dem Backen damit bestreichen.
	Gesamtmenge: 3280 Kalorien = 13710 Joule.

Apfel- oder Pflaumenkuchen

	Für den Teig
150 g Speisequark	mit
6 Eßl. Milch	
6 Eßl. Speiseöl	
75 g Zucker	
1 Päckchen Dr. Oetker Vanillin-Zucker	
Salz	verrühren
300 g Weizenmehl	
1 Päckchen Dr. Oetker Backpulver Backin	mischen, sieben, die Hälfte davon unter den Quark rühren, den Rest des Mehls unterkneten den Teig auf einem mit
Butter oder Margarine	gefetteten Backblech ausrollen
	für den Belag
1½ kg Äpfel	schälen, vierteln, entkernen, in Scheiben schneiden, auf den Teig legen
oder	
2 kg Pflaumen	waschen, gut abtropfen lassen, einzeln mit einem Tuch abtrocknen, entsteinen, mit der Innenseite nach oben schuppenförmig auf den Teig legen, einen mehrfach umgeknickten, gefetteten Streifen
Dr. Oetker alufolie	vor den Teig legen
Gas:	5 Minuten vorheizen 3–4, backen 3–4
Strom:	200–225
Backzeit:	15–25 Minuten nach dem Backen den etwas ausgekühlten Kuchen mit
Zucker	bestreuen.

24 Stücke/pro Stück: 130 Kalorien = 544 Joule mit Äpfeln.
24 Stücke/pro Stück: 148 Kalorien = 619 Joule mit Pflaumen.

Gefüllter Zopf

	Für den Teig
200 g Speisequark	
6 Eßl. Milch	
1 Ei	
8 Eßl. (1/8 l) Speiseöl	
100 g Zucker	
1 Päckchen Dr. Oetker Vanillin-Zucker	
Salz	verrühren
400 g Weizenmehl	
1 Päckchen und 6 g (2 gestrichene Teel.)	

Dr. Oetker Backpulver Backin	mischen, sieben, die Hälfte davon unter den Quark rühren den Rest des Mehls unterkneten den Teig in 3 Teile teilen, jeden zu einem Rechteck von 45 x 25 cm ausrollen, mit
100 g Margarine (z. B. Sanella)	bestreichen
	für die Füllung
150 g Rosinen	waschen, gut abtropfen lassen, mit
100 g SCHWARTAU-Sukkade (Zitronat) *100 g SCHWARTAU-Mandeln, gehackt* *50 g Zucker* *1 Päckchen Dr. Oetker Vanillin-Zucker* *1 gestrichenen Teel. gemahlenem Zimt* *1 Fläschchen Dr. Oetker Rum-Aroma* *3 Tropfen Dr. Oetker Backöl Bittermandel*	mischen, je $\frac{1}{3}$ auf die Teigplatten streuen, von der längeren Seite her aufrollen, die 3 Rollen zu einem Zopf flechten, die Enden zusammendrücken, auf ein mit
Butter oder Margarine	gefettetes Backblech legen
Gas:	$2–3\frac{1}{2}$
Strom:	vorheizen 250, backen 160–180
Backzeit:	Etwa 30 Minuten
	für den Guß
150 g Puderzucker	sieben, mit
etwa 2 Eßl. heißem Wasser	glattrühren, so daß eine dickflüssige Masse entsteht, das erkaltete Gebäck damit bestreichen, mit
SCHWARTAU-Mandeln, gesplittert	belegen. *20 Stücke/pro Stück: 323 Kalorien = 1351 Joule.*

Schnecken

	Für den Teig
150 g Speisequark	mit
6 Eßl. Milch, 6 Eßl. Speiseöl	
75 g Zucker	
1 Päckchen	
Dr. Oetker Vanillin-Zucker	
Salz	verrühren
300 g Weizenmehl	
1 Päckchen	
Dr. Oetker Backpulver Backin	mischen, sieben, die Hälfte davon unter den Quark rühren, den Rest des Mehls unterkneten
	den Teig zu einem Rechteck von etwa 45 x 35 cm ausrollen, mit
30 g weicher Butter	bestreichen
	für die Füllung
50 g Korinthen, 50 g Rosinen	waschen, gut abtropfen lassen, mit
50 g Zucker	
1 Päckchen	
Dr. Oetker Vanillin-Zucker	
50 g SCHWARTAU-Mandeln, gehackt	mischen, auf den Teig streuen, von der kürzeren Seite her aufrollen, mit einem scharfen Messer etwa $1^1/_2$ cm breite Stücke von der Rolle abschneiden, auf ein mit
Butter oder Margarine	gefettetes Backblech legen, leicht flachdrücken
Gas:	3–4
Strom:	175–200
Backzeit:	15–20 Minuten
	für den Guß
175 g Puderzucker	sieben, mit
etwa 2 Eßl. heißem Wasser	glattrühren, so daß eine dickflüssige Masse entsteht
	die Schnecken sofort nach dem Backen damit bestreichen.
	22 Stücke/pro Stück: 178 Kalorien = 745 Joule.

DER BISKUITTEIG

Notwendige Vorarbeiten

Haselnußkerne oder Mandeln nach der Anweisung unter Rührteig vorbereiten.

Für Biskuitteige den Boden der Backbleche und -formen mit Papier belegen.

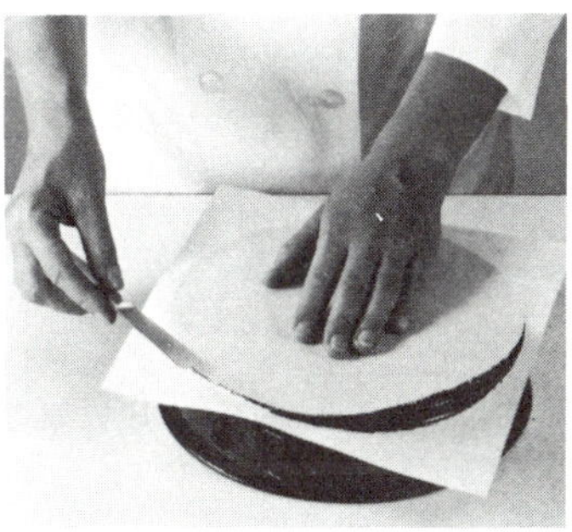

a) Das Papier für eine Springform so herstellen: Die Form umdrehen (Boden nach oben) und ein unbedrucktes Papier, am besten Pergamentpapier, darauf legen. Mit einem Messer das am Rand überstehende Papier abstreifen.

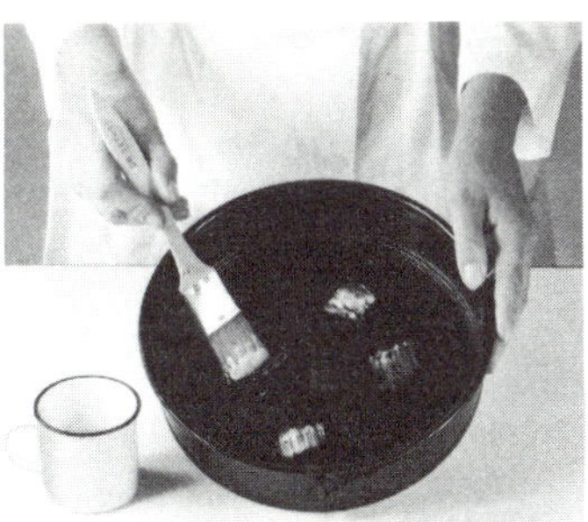

b) Das Ausfetten der Form.
Den Boden an etwa 4 Stellen mit streichfähiger Butter oder Margarine einfetten – am besten mit einem Pinsel. **Den Rand nicht fetten.**

c) Das Papier auf den Boden legen und gut andrücken.

Die Verarbeitung des Teiges

Eigelb und Wasser mit einem Schneebesen schaumig schlagen und nach und nach $^2/_3$ des Zuckers mit dem Vanillin-Zucker dazugeben. Danach so lange schlagen, bis eine cremeartige Masse entstanden ist. Unter die Eigelbcreme die Gewürze rühren. Das Eiweiß zu steifem Schnee schlagen. Der Schnee muß so fest sein, daß ein Messerschnitt sichtbar bleibt. Dann unter ständigem Schlagen nach und nach den Rest des Zuckers dazugeben. Den Schnee auf die Eigelbcreme geben. Darüber das mit Gustin und Backin gemischte Mehl sieben. Alles vorsichtig unter die Eigelbcreme ziehen (nicht rühren) und den Teig in die mit Papier ausgelegte Form (Backblech) füllen.

Die einzelnen Arbeitsgänge

„Eigelb . . .“
Jedes Ei über einer Tasse aufschlagen und prüfen, ob es gut ist. Damit sich das Eiweiß zu recht steifem Schnee schlagen läßt, muß es sehr scharf vom Eigelb getrennt werden. Das Eiweiß erst unmittelbar vor der Weiterverarbeitung schlagen.

„. . . und Wasser mit einem Schneebesen schaumig schlagen . . .“
Zum Eigelb das Wasser geben. Ist die Wassermenge in dem Rezept in einer Spanne angegeben, sich nach der Größe der Eier richten. Bei kleinen Eiern die größere und bei großen Eiern die kleinere Wassermenge nehmen. Eigelb und Wasser müssen vor Zugabe des Zuckers so lange tüchtig geschlagen werden, bis die Masse in dicken Tropfen vom Schneebesen fällt. Biskuitteig am schnellsten und sichersten mit einem Schneebesen zubereiten.

„. . . und nach und nach $^2/_3$ des Zuckers mit dem Vanillin-Zucker dazugeben. Danach so lange schlagen, bis eine cremeartige Masse entstanden ist. Unter die Eigelbcreme die Gewürze geben . . .“
Den Zucker nicht auf einmal zum Eigelb geben, sondern nach und nach unter ständigem Schlagen. Die Beschaffenheit der Masse prüfen, sie vom hochgehaltenen Schneebesen in Ringen in die Rührschüssel laufen lassen. Wenn diese Ringe nicht sofort zerfließen, sondern kurze Zeit stehenbleiben, ist die Masse cremeartig. Die Gewürze in die fertig geschlagene Eigelbcreme geben.

„ . . . Das Eiweiß zu steifem Schnee schlagen. Der Schnee muß so fest sein, daß ein Messerschnitt sichtbar bleibt. Dann unter Schlagen nach und nach den Rest des Zuckers dazugeben . . .“
Biskuitgebäck gelingt nur, wenn der Eierschnee wirklich steif ist. Das Eiweiß ohne Zucker zu festem Schnee schlagen. Um die Festigkeit zu prüfen, den Schneebesen evtl. aus dem Eierschnee ziehen und ihn senkrecht nach oben drehen. Der Schnee ist steif genug, wenn die beim Herausziehen gebildeten Schneespitzen senkrecht stehenbleiben. Danach den Zucker eßlöffelweise unter den Schnee schlagen. Nach jeder Zuckerzugabe so lange schlagen, bis ein Schnitt mit einem sauberen Messer sichtbar bleibt (oder Spitzenprobe), andernfalls wird er flüssig.

„. . . Den Schnee auf die Eigelbcreme geben. Darüber das mit Gustin und Backin gemischte Mehl sieben . . .“
Mischen und Sieben lockern das Mehl auf und verteilen Gustin (Pudding-Pulver, Kakao) und Backin gleichmäßig darin. Das Gebäck wird dadurch besser gelockert. Sind Früchte vorgeschrieben, sie auf das Mehl geben.

„. . . Alles vorsichtig unter die Eigelbcreme ziehen (nicht rühren) . . .“
Damit der Eierschnee nicht zerstört wird, dürfen die Zutaten keinesfalls untergerührt werden. Den Schneebesen vorsichtig von einer Seite der Schüssel bis zur anderen durch den Teig ziehen – über den Boden der Schüssel –, den Schneebesen herausnehmen und ihn leicht schütteln, damit der Teig herausfällt. Die Zutaten sind genügend gemischt, wenn kein Mehl mehr zu sehen ist. Diese Arbeit muß schnell erfolgen, sonst fällt der Schnee zusammen.

„. . . und den Teig in die mit Papier ausgelegte Form (Backblech) füllen.“
Am besten den Teig mit einem Teigschaber in die vorbereitete Form füllen und gleichmäßig verteilen.

Das Backen von Biskuitteigen

Biskuitteige müssen sofort nach der Zubereitung gebacken werden, da sonst der Eierschnee zerläuft. Sie werden nach den Angaben unter den Rezepten gebacken. Bevor das Gebäck aus dem Ofen genommen wird, muß auf alle Fälle geprüft werden, ob es gar ist. Dieses am besten durch leichtes Auflegen der flachen Hand feststellen. Der gare Biskuit darf sich nicht mehr feucht anfühlen und muß in der Krume weich und watteähnlich sein.

Wenn der Biskuit etwas abgekühlt ist, ihn mit einem Messer vom Springformrand lösen und diesen entfernen.

Damit das Gebäck besser ausdünsten kann, es auf einen Kuchenrost legen. Aus demselben Grund das Papier sofort danach vom Biskuitboden abziehen. (Soll der Biskuitboden nicht am gleichen Tag verwendet werden, das Papier bis zum Gebrauch des Bodens darauf lassen.)

TORTEN

Das Füllen von Torten

Den Biskuitboden so auf einen Bogen Papier legen, daß die Unterseite, die besonders schön glatt ist, nach oben kommt. Er kann mit einem Zwirnsfaden oder großen Messer in Schichten geteilt werden.
Damit die Schichten gleichmäßig dick werden, den Tortenrand vorher mit einem kleinen, spitzen Messer ringsherum etwa 1 cm tief einschneiden.

Einen Zwirnsfaden in den Einschnitt legen, die Enden des Zwirnsfadens über Kreuz legen und fest anziehen, dabei durchschneidet der Faden das Gebäck.

Damit die Tortenschicht nicht bricht, sie mit einem Papier abheben. Dazu das Papier an der vorderen Kante nach unten knicken und unter die obere Schicht schieben. Mit den Zeigefingern ab und zu an die obere Schicht fassen, damit das Papier nachgezogen wird.

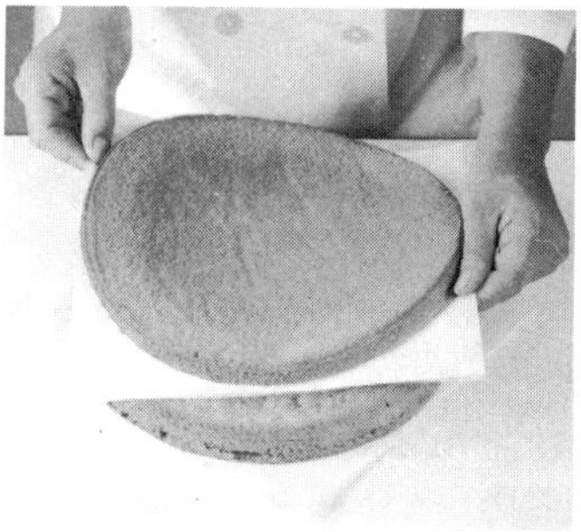

Die obere Schicht abheben.

Soll der Biskuitboden mit einem Messer geteilt werden, am besten ein Messer nehmen, das länger ist als der Boden.

Zum Füllen eignet sich Buttercreme, zubereitet mit Dr. Oetker Pudding-Pulver, Dr. Oetker Torten-Creme-Pulver oder Marmelade (Konfitüre). Bei Buttercremefüllung zur Abwechslung auch eine Schicht mit Konfitüre bestreichen. Dazu einen Teigschaber, ein Messer oder ein Pfannenmesser nehmen.

Mit Hilfe des Papiers die beiden Schichten wieder aufeinanderlegen. Hierbei ist wichtig, daß die Schichten „Kante auf Kante" gesetzt werden.

Die andre Schicht mit Buttercreme bestreichen und die dritte Schicht darauf legen.

Das Verzieren der gefüllten Torte mit Buttercreme

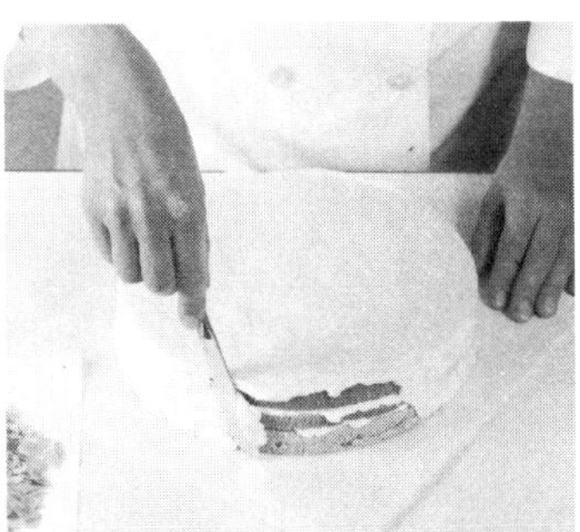

Die Torte am Rand und auf der oberen Seite mit Buttercreme bestreichen. Für das Verteilen der Creme am Rand am besten ein Tafelmesser nehmen.

Den Rand mit Schokoladenstreuseln, Spaltmandeln, gemahlenen Haselnußkernen oder gebräunten Haferflocken bestreuen. Dazu die Streusel auf die Papierunterlage ganz dicht an die Torte geben und sie am Rand mit einem Teigschaber oder Messer hoch schieben.

Bevor die Torte mit Buttercreme verziert wird, die Oberfläche mit einem Dr. Oetker Tortenteiler einteilen.

Beim Verzieren muß der Spritzbeutel senkrecht zur Torte gehalten werden. Mit der rechten Hand den Beutel zuhalten und die Creme herausdrücken. Die linke Hand führt den Beutel. Ihn jedoch nicht mit der ganzen Hand umfassen, sondern mit Daumen und Zeigefinger die Tülle bzw. den Tüllenansatz führen. Sonst wird die Creme durch die Handwärme flüssig und läßt sich nicht spritzen.

Die Torte von der Papierunterlage auf die Tortenplatte setzen. Damit die Torte nicht bricht, mit einem Pfannenmesser und der linken Hand darunter fassen.

Verzierte Torten

Zu einem bestimmten Anlaß die Mitte dieser Torte mit rotem Gelee bestreichen, mit der Zahl verzieren und mit einem Kranz von Sternchen umgeben.
Als Randverzierung die fast senkrechte Wellenlinie spritzen, diese aber nach jeder Auf- und Abwärtsbewegung nach links oder nach rechts verschieben.

Die Mitte der Torte mit rotem Gelee bestreichen, ein Gittermuster auf das Gelee spritzen und mit einem Kranz von Sternchen umgeben.
Als Randverzierung dicht aneinandergelegte Schlingen abwechselnd nach links und nach rechts herumlegen.

In die Mitte der Torte einen Kranz von aneinandergesetzten Sternchen, die zu einer waagerecht liegenden Spitze (Schwänzchen) verlängert werden, spritzen und nach Belieben mit Mandarinenspalten garnieren. Die Randverzierung dieser Torte besteht ebenfalls aus aneinandergesetzten Sternchen, die zu einer waagerecht liegenden Spitze (Schwänzchen) verlängert werden.

Diese Tortenverzierung besteht aus unterschiedlich großen Sternchen, sie werden vom Rand zur Mitte hin kleiner und da zu einem Kranz ergänzt.
Eine hübsche Wirkung haben rote Tüpfchen von geschnittenen Früchten oder Gelee, die am Rand auf die Sternchen gesetzt werden.

Diese Torte mit einfachen Linien, als Gittermuster gespritzt, verzieren. Kleine Rosetten bilden am Rand den Abschluß.

Bei dieser Torte liegen die Linien waagerecht, von der Mitte zum Rand hin breiter werdend.

Diese Torte ist verziert durch fast senkrecht stehende Wellenlinien. Der Anfang in der Mitte ist jedes Mal eine kurze einfache Linie.

Bei der sogenannten „Schmetterlingstorte" auf jedes Tortenstück am Rand eine nur wenig gedrehte Rosette spritzen und dann jeweils zwei nicht abgezogene, halbierte Mandeln am Flügel der Schmetterlinge hineinstecken; ihre länglichen Körper durch Schnitzchen roter kandierter Kirschen oder Liebesperlen andeuten.

Für Buttercremetütchen auf jedes Stück, von der Mitte ausgehend, dicht aneinandergelegte, größer werdende Schlingen spritzen.
Als Abschluß in jedes Tütchen eine Kirsche legen oder etwas rotes Gelee hineinspritzen.

Bei der sogenannten „Sonnenblumentorte" die Mitte mit Schokoladenstreuseln garnieren und diese von einem Kranz aneinandergesetzter Sternchen, die zu einer waagerecht liegenden Spitze (Schwänzchen) verlängert werden, umgeben.
Die Randverzierung dieser Torte besteht aus schräg gelegten Ringen.

Bei dieser Torte an den Rand jedes Tortenstückes ein Fragezeichen mit einer auslaufenden, leicht gedrehten Rosette spritzen. Davor jeweils einen Ring setzen und ihn mit einer Kirsche garnieren.

Das Überziehen von Torten mit Guß

Die Torte vor dem Auftragen des Gusses dünn mit Marmelade bestreichen, damit der Guß nicht einsickert. Dazu eine glatte, nicht stückige Marmelade, für weiße Güsse am besten Aprikosenmarmelade verwenden. (Stückige Marmelade vorher durch ein Sieb streichen.)

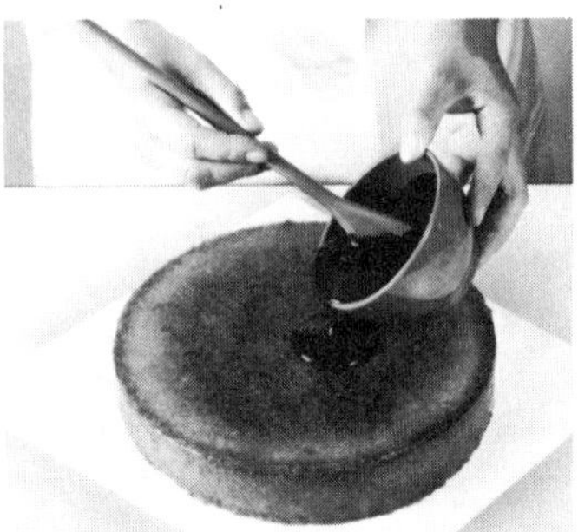

Den angerührten Guß mitten auf die Torte gießen.

Ihn schnell mit einem großen Messer verstreichen, und zwar so, daß er an den Rändern herunterläuft. Das Messer dabei schräg halten und nur leicht aufdrücken. Wenn bei der Verteilung des Gusses die Richtung des Messers geändert werden muß, es nicht jedesmal aus dem Guß herausziehen, weil dadurch leicht Krümel von dem Biskuitboden abgehoben werden und diese den Guß unansehnlich machen.

Der heruntergelaufene Guß wird am Tortenrand mit einem schräg gehaltenen Messer glatt- und hochgestrichen.

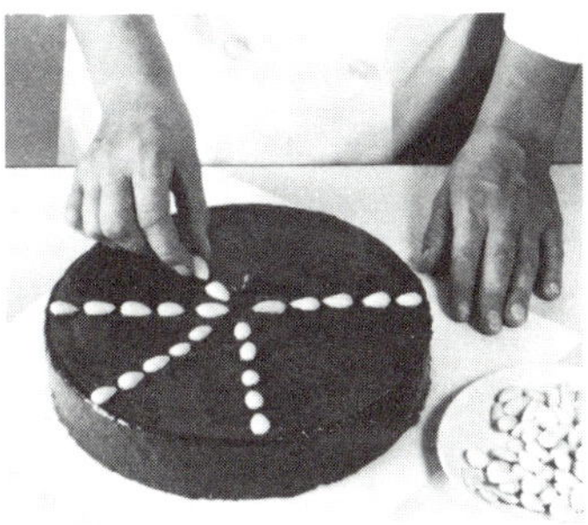

Die Torte kann mit abgezogenen, halbierten Mandeln (Haselnußkernen) garniert werden. Der Guß darf jedoch noch nicht angetrocknet sein, weil dann die Mandeln nicht mehr haften. Deswegen ist schnelles Arbeiten erforderlich. Weiterhin ist wichtig, daß die Torte so schnell wie möglich auf eine Tortenplatte gesetzt wird oder daß der Guß erst vollständig trocken wird (andernfalls Risse im Guß).

Bei Elektroherden wird das Backgut grundsätzlich in den vorgeheizten Backofen geschoben, und zwar zeigt die erloschene Kontroll-Lampe an, daß die erforderliche Temperatur erreicht ist.

Preiselbeer-Sahnetorte

Für den Teig

2 Eigelb
*2–3 Eßl. warmes Wasser** mit einem Schneebesen schaumig schlagen, nach und nach 2/3 von
100 g Zucker
1 Päckchen Dr. Oetker Vanillin-Zucker hinzugeben, so lange schlagen, bis eine cremeartige Masse entstanden ist

2 Eiweiß steif schlagen, nach und nach den Rest des Zuckers unterschlagen, den Schnee auf die Eigelbcreme geben

75 g Weizenmehl
50 g Dr. Oetker Gustin
3 g (1 gestrichener Teel.) Dr. Oetker Backpulver Backin mischen, darüber sieben, unter die Eigelbcreme ziehen (nicht rühren), den Teig in eine mit Papier ausgelegte Springform (Durchmesser etwa 26 cm) füllen, sofort backen

* Bei großen Eiern die kleinere, bei kleinen Eiern die größere Wassermenge nehmen.

bitte umblättern

Gas:	3–4
Strom:	175–200
Backzeit:	20–30 Minuten den Tortenboden gut auskühlen lassen
	Für die Füllung
etwa 450 g Preiselbeeren (aus dem Glas)	abtropfen lassen
1/2 l Sahne	1/2 Minute schlagen
10 g Zucker 1 Päckchen Dr. Oetker Sahnesteif 1/2 Päckchen Dr. Oetker Vanillin-Zucker	mischen, einstreuen, die Sahne steif schlagen den Tortenboden einmal durchschneiden, den unteren Boden mit den Preiselbeeren bestreichen, die Hälfte der Schlagsahne darauf verteilen, den oberen Boden darauf legen, gut andrücken. Rand und obere Seite der Torte gleichmäßig mit der restlichen Sahne bestreichen, die Torte mit
etwa 40 g geraspelter Schokolade	garnieren. *16 Stücke/pro Stück: 240 Kalorien = 1003 Joule.*

Nuß-Sahnetorte

	Für den Teig
*2 Eigelb 2–3 Eßl. warmes Wasser**	mit einem Schneebesen schaumig schlagen, nach und nach 2/3 von
100 g Zucker 1 Päckchen Dr. Oetker Vanillin-Zucker	hinzugeben, so lange schlagen, bis eine cremeartige Masse entstanden ist
2 Eiweiß	steif schlagen, nach und nach den Rest des Zuckers unterschlagen, den Schnee auf die Eigelbcreme geben
75 g Weizenmehl 50 g Dr. Oetker Gustin 3 g (1 gestrichener Teel.) Dr. Oetker Backpulver Backin	mischen, darüber sieben, unter die Eigelbcreme ziehen (nicht rühren), den Teig in eine mit Papier ausgelegte Springform (Durchmesser etwa 26 cm) füllen, sofort backen

* Bei großen Eiern die kleinere, bei kleinen Eiern die größere Wassermenge nehmen.

	den Tortenboden gut auskühlen lassen, einmal durchschneiden
Gas:	3–4
Strom:	175–200
Backzeit:	20–30 Minuten
	Für den Guß
100 g Schokolade	
etwas Kokosfett	im Wasserbad oder auf der Automatikplatte zu einer geschmeidigen Masse verrühren, den oberen Boden damit überziehen
3/4 l Sahne	1 Minute schlagen
75 g Puderzucker	sieben, mit
3 Päckchen Dr. Oetker Sahnesteif	
1 Päckchen Dr. Oetker Vanillin-Zucker	mischen, einstreuen, die Sahne steif schlagen, etwa 3 Eßl. davon abnehmen, unter die übrige Sahne
125 g SCHWARTAU-Haselnußkerne, gemahlen	rühren, auf den unteren Boden und an den Rand streichen, den Rand mit
25 g SCHWARTAU-Haselnußkernen, gemahlen	bestreuen den mit Guß bestrichenen Boden in 16 gleichmäßige Stücke schneiden, auf die Nußsahne legen, andrücken die Torte mit der weißen Sahne verzieren, mit
16 Haselnußkernen	garnieren.
	16 Stücke/pro Stück: 344 Kalorien = 1439 Joule.

Schokoladen-Baisertorte

	Für den Biskuitteig
4 Eigelb	
3 Eßl. warmes Wasser	mit einem Schneebesen schaumig schlagen, nach und nach $^2/_3$ von
100 g Zucker	
1 Päckchen Dr. Oetker Vanillin-Zucker	hinzugeben, so lange schlagen, bis eine cremeartige Masse entstanden ist
1 Eiweiß	steif schlagen, nach und nach den Rest des Zuckers unterschlagen, den Schnee auf die Eigelbcreme geben
75 g Weizenmehl	
50 g Dr. Oetker Gustin	
3 g (1 gestrichener Teel.) Dr. Oetker Backpulver Backin	mischen, darüber sieben, unter die Eigelbcreme ziehen (nicht rühren), den Teig in eine mit Papier ausgelegte Springform (Durchmesser etwa 26 cm) füllen, sofort backen
Gas:	3–4
Strom:	175–200
Backzeit:	Etwa 30 Minuten den Tortenboden gut auskühlen lassen
	Für die Baisermasse
3 Eiweiß	steif schlagen, nach und nach eßlöffelweise
150 g Zucker	
1 Päckchen Dr. Oetker Vanillin-Zucker	unterschlagen, aus der Masse 2 Baiserböden herstellen, dazu jeweils die Hälfte in eine mit
Butter oder Margarine	gefettete, mit gut gefettetem Papier ausgelegte Springform (Durchmesser etwa 26 cm) geben, glattstreichen
Gas:	1, nach 30–40 Minuten Ofen ausschalten, Boden noch etwa 20 Minuten im Ofen stehenlassen
Strom:	100–110
Backzeit:	Etwa 90 Minuten sobald die Böden gebacken sind, das Papier mit Wasser bestreichen, abziehen, die Baiserböden im gut schließenden Kochtopf aufbewahren, damit sie nicht weich werden
	Für die Buttercreme
1 Päckchen Dr. Oetker Gala Pudding-Pulver	
10 g Kakao	
1 Päckchen Dr. Oetker Soßen-Pulver Vanille-Geschmack	
50 g Zucker	mischen, mit
8 Eßl. kalter Milch	anrühren

½ l Milch zum Kochen bringen, das Pudding-Pulver unter Rühren in die von der Kochstelle genommene Milch geben, kurz aufkochen lassen

50 g Kokosfett (nach Belieben) in den heißen Pudding geben, kalt stellen, ab und zu durchrühren

250 g Margarine (z. B. Sanella) schaumig rühren, den Pudding eßlöffelweise darunter geben (darauf achten, daß weder Fett noch Pudding zu kalt sind, da dann die sogenannte Gerinnung eintritt)

den Biskuitboden einmal durchschneiden, den unteren Boden dünn mit Buttercreme bestreichen, einen Baiserboden darauf legen, wieder dünn mit Buttercreme bestreichen, den anderen Baiserboden darauf legen, wieder mit Buttercreme bestreichen, mit dem oberen Boden bedecken, Rand und obere Seite der Torte dünn und gleichmäßig mit Buttercreme bestreichen, den Rand der Torte mit

50 g SCHWARTAU-Mandeln, gehobelt bestreuen, die Torte mit der restlichen Creme verzieren

die Torte schmeckt am besten möglichst frisch (Baiserböden weichen sonst durch).

16 Stücke/pro Stück: 340 Kalorien = 1423 Joule.

Erdbeertorte mit Schlagschaum

Aus

1 Packung Dr. Oetker Grundmischung Biskuitteig
3 Eiern
4 Eßl. Wasser nach der Vorschrift auf der Packung einen Teig zubereiten, in eine mit Pergamentpapier ausgelegte Springform (Durchmesser etwa 26 cm) füllen

Gas: 3–4
Strom: 175–200
Backzeit: 25–30 Minuten

den Tortenboden gut auskühlen lassen, einmal durchschneiden

Für die Füllung

500 g Erdbeeren waschen, gut abtropfen lassen, entstielen, halbieren

1 Päckchen Dr. Oetker Schlagschaum nach der Vorschrift auf dem Päckchen zubereiten

40 g Puderzucker sieben, unterheben

gut die Hälfte der Erdbeeren unter die Hälfte des Schlagschaumes heben, auf den unteren Biskuitboden streichen, den oberen Boden darauf legen, leicht andrücken

die obere Seite der Torte mit dem restlichen Schlagschaum bestreichen, mit einem Löffelrücken leicht eindrücken, schnell hochziehen, verzieren, mit den restlichen Erdbeeren garnieren.

16 Stücke/pro Stück: 138 Kalorien = 577 Joule.

Apfelsinen-Sahnetorte

	Für den Teig
4 Eier	
200 g Zucker	
1 Päckchen Dr. Oetker Vanillin-Zucker	über Wasserdampf mit einem Schneebesen so lange schlagen, bis eine cremeartige Masse entstanden ist, diese dann vom Wasserdampf nehmen, so lange weiterschlagen, bis sie wieder kalt ist
200 g Weizenmehl	
3 g (1 gestrichener Teel.) Dr. Oetker Backpulver Backin	mischen, sieben, vorsichtig unter die Eiercreme ziehen (nicht rühren)
200 g Butter oder Margarine	zerlassen, abgekühlt vorsichtig hinzufügen
	den Teig in eine mit Papier ausgelegte Springform (Durchmesser etwa 26 cm) füllen, sofort backen
Gas:	1 1/2–3
Strom:	150–175
Backzeit:	35–40 Minuten
	sofort nach dem Backen den Biskuit stürzen, das Papier abziehen, den Boden mehrmals mit einer Gabel einstechen
	zum Tränken
100 g Zucker	
abgeriebene gelbe Schale von 2 Apfelsinen und von 1 Zitrone (ungespritzt)	
Saft von 2 Apfelsinen (150 ccm) und von 1 Zitrone (2 Eßl.)	verrühren, den Biskuit damit beträufeln, erkalten lassen
1/4 l Sahne	1/2 Minute schlagen
25 g Puderzucker	sieben, mit
1 Päckchen Dr. Oetker Sahnesteif	mischen, einstreuen, die Sahne steif schlagen
	Rand und obere Seite der Torte mit der Schlagsahne bestreichen, nach Belieben mit
Apfelsinenspalten	garnieren.

16 Stücke/pro Stück: 299 Kalorien – 1251 Joule.

Schwarzwälder Kirschtorte

	Für den Knetteig
125 g Weizenmehl, 10 g Kakao 3 g (1 gestrichener Teel.) Dr. Oetker Backpulver Backin	mischen, auf eine Tischplatte sieben, in die Mitte eine Vertiefung eindrücken
50 g Zucker 1 Päckchen Dr. Oetker Vanillin-Zucker	hineingeben
75 g kalte Butter oder Margarine	in Stücke schneiden, auf den Zucker geben, mit Mehl bedecken von der Mitte aus alle Zutaten schnell zu einem glatten Teig verkneten, sollte er kleben, ihn eine Zeitlang kalt stellen den Teig auf dem Boden einer Springform (Durchmesser etwa 26 cm) ausrollen, mehrmals mit einer Gabel einstechen
Gas:	5 Minuten vorheizen 3–4, backen 3–4
Strom:	200–225
Backzeit:	Etwa 15 Minuten
	Für den Biskuitteig
4 Eigelb 2 Eßl. warmes Wasser	mit einem Schneebesen schaumig schlagen, nach und nach $^2/_3$ von
100 g Zucker 1 Päckchen Dr. Oetker Vanillin-Zucker	hinzugeben, so lange schlagen, bis eine cremeartige Masse entstanden ist
3 Tropfen Dr. Oetker Backöl Bittermandel gut 1 Messerspitze gemahlenen Zimt	unterrühren
4 Eiweiß	steif schlagen, nach und nach den Rest des Zuckers unterschlagen den Schnee auf die Eigelbcreme geben
75 g Weizenmehl 30 g Dr. Oetker Gustin 10 g Kakao $1^1/_2$ g ($^1/_2$ gestrichener Teel.) Dr. Oetker Backpulver Backin	mischen, darüber sieben, unter die Eigelbcreme ziehen (nicht rühren), den Teig in eine mit Papier ausgelegte Springform (Durchmesser etwa 26 cm) füllen, sofort backen
Gas:	3–4
Strom:	175–200
Backzeit:	25–30 Minuten den Tortenboden gut auskühlen lassen

bitte umblättern

	für die Füllung
500 g entsteinte Sauerkirschen (aus dem Glas)	abtropfen lassen
oder	
750 g Sauerkirschen	waschen, entsteinen, mit
75 g Zucker	mischen, kurze Zeit zum Saftziehen stehenlassen, eben zum Kochen bringen, abtropfen und erkalten lassen, $^{1}/_{4}$ l Saft abmessen (evtl. mit Wasser ergänzen)
40 g Dr. Oetker Gustin	mit 4 Eßl. von dem Saft anrühren, den übrigen Kirschsaft zum Kochen bringen, das Gustin unter Rühren in den von der Kochstelle genommenen Kirschsaft geben, kurz aufkochen lassen, die Kirschen unterrühren, kalt stellen, mit
etwa 25 g Zucker	
etwa 2 Eßl. Kirschwasser	abschmecken
$^{1}/_{2}$ l Sahne	$^{1}/_{2}$ Minute schlagen
25 g Puderzucker	sieben, mit
2 Päckchen Dr. Oetker Sahnesteif	
1 Päckchen Dr. Oetker Vanillin-Zucker	mischen, einstreuen, die Sahne steif schlagen
	zunächst die Hälfte der Kirschcreme, dann $^{1}/_{3}$ der Sahne auf den Knetteigboden streichen
	den Biskuitboden einmal durchschneiden, eine Hälfte auf die Sahne legen, gut andrücken, mit der übrigen Kirschcreme, dann mit der Hälfte der übrigen Sahne bestreichen, mit dem oberen Boden bedecken
	den Rand gleichmäßig, die obere Seite bergartig mit der übrigen Sahne bestreichen
	die Torte mit
30 g geraspelter Schokolade	bestreuen.
	16 Stücke/pro Stück: 332 Kalorien = 1389 Joule.

Buttercremetorte

	Für den Teig
3 Eigelb	
*3–4 Eßl. warmes Wasser**	mit einem Schneebesen schaumig schlagen, nach und nach $^{2}/_{3}$ von
150 g Zucker	
1 Päckchen	
Dr. Oetker Vanillin-Zucker	hinzugeben, so lange schlagen, bis eine cremeartige Masse entstanden ist
3 Eiweiß	steif schlagen, nach und nach den Rest des Zuckers unterschlagen, den Schnee auf die Eigelbcreme geben
100 g Weizenmehl	
100 g Dr. Oetker Gustin	
9 g (3 gestrichene Teel.)	
Dr. Oetker Backpulver Backin	mischen, darüber sieben, unter die Eigelbcreme ziehen (nicht rühren)
oder	
4 Eigelb	
2 Eßl. warmes Wasser	mit einem Schneebesen schaumig schlagen, nach und nach $^{2}/_{3}$ von
150 g Zucker	
1 Päckchen	
Dr. Oetker Vanillin-Zucker	hinzugeben, so lange schlagen, bis eine cremeartige Masse entstanden ist
4 Eiweiß	steif schlagen, nach und nach den Rest des Zuckers unterschlagen, den Schnee auf die Eigelbcreme geben
100 g Weizenmehl	
100 g Dr. Oetker Gustin	
6 g (2 gestrichene Teel.)	
Dr. Oetker Backpulver Backin	mischen, darüber sieben, unter die Eigelbcreme ziehen (nicht rühren) den Teig in eine mit Papier ausgelegte Springform (Durchmesser etwa 26 cm) füllen, sofort backen
Gas:	3–4
Strom:	175–200
Backzeit:	20–30 Minuten
	den Tortenboden gut auskühlen lassen
	eine Vanille-Buttercreme nach Vorschrift auf dem Päckchen zubereiten aus
$^{1}/_{2}$ l Milch	
1 Päckchen	
Dr. Oetker Torten-Creme-Pulver	
250 g Butter	
oder Margarine bester Qualität	
1 Päckchen	
Dr. Oetker Vanillin-Zucker	
oder	eine Schokoladen-Buttercreme nach Vorschrift auf dem Päckchen zubereiten aus

* Bei großen Eiern die kleinere, bei kleinen Eiern die größere Wassermenge nehmen.

bitte umblättern

1 Tafel bitterer Schokolade	
1/2 l Milch	
1 Päckchen	
Dr. Oetker Torten-Creme-Pulver	
250 g Butter	
oder Margarine bester Qualität	
oder	eine Mokka-Buttercreme nach Vorschrift auf dem Päckchen zubereiten aus
1/2 l Milch	
1 Päckchen	
Dr. Oetker Torten-Creme-Pulver	
2 schwach gehäuften Teel.	
Kaffee-Extraktpulver	
250 g Butter	
oder Margarine bester Qualität	
evtl. 25 g Puderzucker	
	den Tortenboden zweimal durchschneiden, den unteren Boden mit gut 1/4 der Buttercreme bestreichen (nach Belieben den Boden zunächst mit 2–3 Eßl. Konfitüre bestreichen), den zweiten darauf legen, mit knapp der Hälfte der restlichen Creme bestreichen, mit dem dritten Boden bedecken, Rand und obere Seite der Torte dünn und gleichmäßig mit etwas von der zurückgelassenen Creme bestreichen, den Rand der Torte mit
Mandelscheiben oder Schokoladenstreuseln	bestreuen, die Torte mit der restlichen Creme verzieren.
16 Stücke/pro Stück:	299 Kalorien = 1251 Joule mit Vanille-Buttercreme 333 Kalorien = 1393 Joule mit Schokoladen-Buttercreme 333 Kalorien = 1393 Joule mit Mokka-Buttercreme

Spekulatius, Rezept Seite 497

Einzelne Arbeitsgänge zur Herstellung der Biskuitrolle

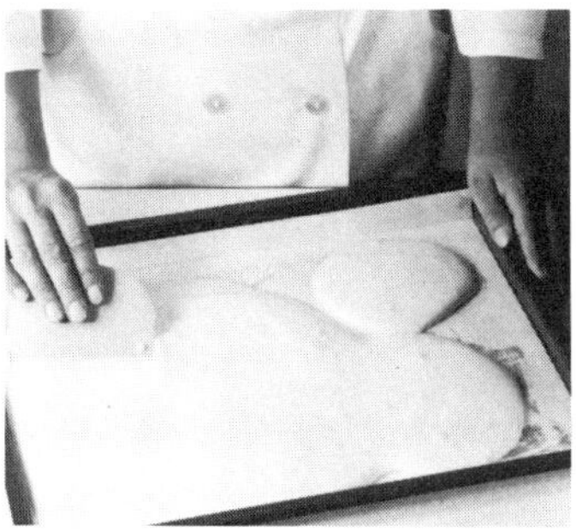

Das Backblech wird mit Pergamentpapier belegt. Dazu wird das Blech an etwa 3 Stellen mit streichfähiger Butter oder Margarine eingefettet – am besten mit einem Pinsel –, das Papier darauf gelegt, gut angedrückt und an der offenen Seite des Blechs zu einer Falte geknickt, daß ein Rand entsteht (damit der Teig nicht auslaufen kann).
Den Teig etwa 1 cm dick auf das vorbereitete Blech streichen.

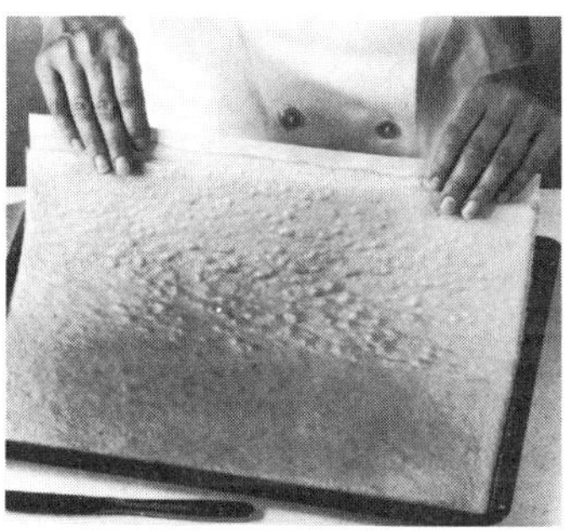

Nach dem Backen wird der Biskuit sofort mit einem Messer von den Rändern des Blechs und von dem Papierrand gelöst, mittels des anhaftenden Papiers hochgehoben und auf ein mit Zucker bestreutes Papier gestürzt.

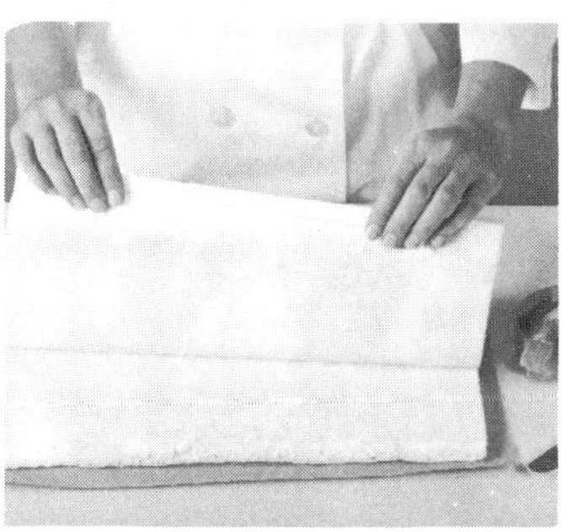

Das Backpapier mit kaltem Wasser bestreichen und es vorsichtig aber schnell abziehen.

Rote Nestchen, Rezept Seite 435
Schneehäubchen, Rezept Seite 503 · Braune Weihnachtskuchen, Rezept Seite 493

Den Biskuit sofort mit Konfitüre bestreichen.

Den Biskuit schnell aufrollen.

Weincremerolle

Für den Teig

4 Eigelb
*3–4 Eßl. warmes Wasser** — mit einem Schneebesen schaumig schlagen, nach und nach 2/3 von
125 g Zucker
1 Päckchen Dr. Oetker Vanillin-Zucker — hinzugeben, so lange schlagen, bis eine cremeartige Masse entstanden ist
4 Eiweiß — steif schlagen, nach und nach den Rest des Zuckers unterschlagen, den Schnee auf die Eigelbcreme geben
75 g Weizenmehl
50 g Dr. Oetker Gustin
1 Messerspitze Dr. Oetker Backpulver Backin — mischen, darüber sieben, unter die Eigelbcreme ziehen (nicht rühren), den Teig etwa 1 cm dick auf ein mit Pergamentpapier belegtes Backblech streichen, an der offenen Seite des Blechs das Papier unmittelbar vor dem Teig zur Falte knicken, so daß ein Rand entsteht, sofort backen

* Bei großen Eiern die kleinere, bei kleinen Eiern die größere Wassermenge nehmen.

Gas:	5 Minuten vorheizen 4–5, backen 4–5
Strom:	200–225
Backzeit:	10–15 Minuten
	den Biskuit nach dem Backen sofort auf ein mit
Zucker	bestreutes Papier stürzen, das Backpapier mit kaltem Wasser bestreichen, vorsichtig, aber schnell abziehen
	den Biskuit mit der Papierunterlage aufrollen, kalt stellen
	Für die Füllung
1 Päckchen Dr. Oetker Gelatine gemahlen, weiß	mit
2 Eßl. kaltem Wasser	anrühren, 10 Minuten zum Quellen stehenlassen
1 Päckchen Dr. Oetker Fruttina Pudding-Pulver Zitrone-Geschmack	
125 g Zucker	mit 4 Eßl. von
1/4 l Wasser	anrühren, das übrige Wasser zum Kochen bringen, das Pudding-Pulver unter Rühren in das von der Kochstelle genommene Wasser geben, kurz aufkochen lassen, die Gelatine dazugeben, so lange rühren, bis sie gelöst ist
1/4 l Weißwein	
1 Eßl. Zitronensaft (nach Belieben)	unterrühren, kalt stellen
1/4 l Sahne	steif schlagen, unter den festgewordenen, aber noch nicht vollkommen erstarrten Pudding heben
	die ausgekühlte Rolle vorsichtig auseinanderrollen, mit der Weincreme (etwas zum Bestreichen zurücklassen) gleichmäßig bestreichen, aufrollen, die äußere braune Haut entfernen, die Rolle mit der restlichen Weincreme bestreichen, mit
gebräunten SCHWARTAU-Mandeln, gehobelt	bestreuen.
	16 Stücke/pro Stück: 195 Kalorien = 816 Joule.

Herrenschnitten

	Für den Knetteig
100 g Weizenmehl	
1 Messerspitze	
Dr. Oetker Backpulver Backin	mischen, auf eine Tischplatte sieben, in die Mitte eine Vertiefung eindrücken
25 g Zucker	
1 Päckchen	
Dr. Oetker Vanillin-Zucker	hineingeben
75 g kalte Butter oder Margarine	in Stücke schneiden, auf den Zucker geben, mit Mehl bedecken, von der Mitte aus alle Zutaten schnell zu einem glatten Teig verkneten, sollte er kleben, ihn eine Zeitlang kalt stellen den Teig in der Größe von 40 x 13 cm auf einem mit
Butter oder Margarine	gefetteten Backblech ausrollen, mehrmals mit einer Gabel einstechen
Gas:	5 Minuten vorheizen 3–4, backen 3–4
Strom:	200-225
Backzeit:	Etwa 10 Minuten das Gebäck sofort nach dem Backen vom Blech lösen, darauf erkalten lassen
	für den Biskuitteig
2 Eigelb	
*2–3 Eßl. warmes Wasser**	mit einem Schneebesen schaumig schlagen, nach und nach 2/3 von
85 g Zucker	
1 Päckchen	
Dr. Oetker Vanillin-Zucker	hinzugeben, so lange schlagen, bis eine cremeartige Masse entstanden ist
2 Eiweiß	steif schlagen, nach und nach den Rest des Zuckers unterschlagen, den Schnee auf die Eigelbcreme geben
50 g Weizenmehl	
50 g Dr. Oetker Gustin	
15 g Kakao	
4 1/2 g (1 1/2 gestrichene Teel.)	
Dr. Oetker Backpulver Backin	mischen, darüber sieben, unter die Eigelbcreme ziehen (nicht rühren) den Teig auf ein mit
Margarine	gefettetes, mit Dr. Oetker alufolie oder Pergamentpapier belegtes Backblech (40 x 13 cm) streichen, an der offenen Seite des Blechs die Folie (Papier) unmittelbar vor dem Teig zur Falte knicken, so daß ein Rand entsteht, sofort backen
Gas:	3–4
Strom:	175–200
Backzeit:	20–25 Minuten sofort nach dem Backen den Biskuit auf ein mit
Zucker	bestreutes Papier stürzen, die Folie (Papier) vorsichtig, aber schnell abziehen, den Biskuit gut auskühlen lassen

* Bei großen Eiern die kleinere, bei kleinen Eiern die größere Wassermenge nehmen.

	für die Füllung
425 g Preiselbeeren (aus dem Glas)	abtropfen lassen, den Saft auf 1/4 l auffüllen (evtl. mit Wasser ergänzen) aus
1 Päckchen Dr. Oetker Tortenguß klar *25 g Zucker* *1/4 l Preiselbeersaft*	einen Guß nach der Vorschrift auf dem Päckchen zubreiten, die Preiselbeeren unterheben, gut 5 Minuten abkühlen lassen, den Knetteigboden gleichmäßig mit der Preiselbeermasse bestreichen den Biskuit einmal durchschneiden, die untere Hälfte auf die Preiselbeermasse legen, gut andrücken
1/2 l Sahne	1/2 Minute schlagen
50 g Puderzucker	sieben, mit
2 Päckchen Dr. Oetker Sahnesteif	mischen, einstreuen, die Sahne steif schlagen, die Hälfte der Sahne auf den unteren Biskuitboden streichen, mit dem oberen bedecken, gut andrücken, die obere Seite des Gebäcks dünn mit Schlagsahne bestreichen das Gebäck in 15 Schnitten schneiden, sie mit der restlichen Schlagsahne verzieren, mit
geraspelter Schokolade	garnieren.
	15 Schnitten/pro Stück: 293 Kalorien = 1226 Joule.

DER BRANDTEIG

Notwendige Vorarbeiten

Mehl und Gustin sieben.
Das Sieben lockert Mehl und Gustin auf.

Brandteig auf einem leicht gefetteten, mit Mehl bestäubten Backblech backen.
a) Etwas Mehl auf eine Seite des Bleches sieben.

b) Damit das Mehl gleichmäßig und in nicht zu dicker Schicht auf dem Backblech liegt, das Backblech mit der nicht bemehlten Seitenkante auf den Tisch schlagen und das überflüssige Mehl entfernen.

Die Verarbeitung des Teiges

Wasser und Fett, am besten in einem Stieltopf, zum Kochen bringen. Dann den Topf von der Kochstelle nehmen, das mit Gustin gemischte und gesiebte Mehl auf einmal hineinschütten, es zu einem glatten Kloß rühren und diesen unter Rühren etwa 1 Minute erhitzen. Den heißen Kloß sofort in eine Schüssel geben und nach und nach die Eier unterrühren. Weitere Eizugabe erübrigt sich, wenn der Teig stark glänzt und so vom Löffel abreißt, daß lange Spitzen hängenbleiben. Danach das Backin in den erkalteten Teig geben.

Die einzelnen Arbeitsgänge

„Wasser und Fett, am besten in einem Stieltopf, zum Kochen bringen. Dann den Topf von der Kochstelle nehmen, das mit Gustin gemischte und gesiebte Mehl auf einmal hineinschütten, . . .“
Wichtig dabei ist, daß das Mehl-Gustin-Gemisch beim Kochen nicht klumpt. Deswegen das kochende Wasser von der Kochstelle nehmen und das mit Gustin gesiebte Mehl auf einmal hineingeben, es niemals langsam einstreuen.

„. . . es zu einem glatten Kloß rühren . . .“
Sobald Mehl und Gustin in das heiße Wasser gegeben werden, kräftig rühren, und zwar so lange, bis ein glatter Kloß entstanden ist.

„. . . und diesen unter Rühren noch etwa 1 Minute erhitzen . . .“
Durch dieses Erhitzen (Abbrennen) wird der Teig fester. Ein Zeichen für genügend langes Abbrennen des Teiges ist eine dünne Haut am Boden des Topfes. Das Abbrennen geschieht bei starker Hitze.

„. . . Den heißen Kloß sofort in eine Schüssel geben . . .“
Ihn in eine Schüssel geben, damit er schneller abkühlt.

„. . . und nach und nach die Eier unterrühren . . .“
Die Eier werden in den heißen Teig gegeben. Jedes Ei wird über einer Tasse aufgeschlagen und geprüft, ob es gut ist. Ein Ei nach dem anderen in den Teig rühren, weil sie sich dann besser unterarbeiten lassen.

„. . . Weitere Eizugabe erübrigt sich, wenn der Teig stark glänzt und so vom Löffel abreißt, daß lange Spitzen hängenbleiben . . .“
Da die Größe der Eier verschieden ist, nach der Zugabe des vorletzten Eies die Teigbeschaffenheit prüfen. Sollte der Teig schon stark glänzen und so vom Löffel abreißen, daß lange Spitzen hängenbleiben, darf kein Ei mehr zugegeben werden, denn zu flüssiger Teig ergibt breitgelaufenes Gebäck. Andernfalls das letzte Ei verquirlen und davon nur so viel wie notwendig in den Teig geben.

„. . . Danach das Backin in den erkalteten Teig geben.“
Backin darf niemals vor dem Backen mit warmen Zutaten zusammengebracht werden, da seine Triebkraft dann vorzeitig ausgelöst würde und verlorenginge. Deswegen wird das Backin bei Brandteig nicht mit dem Mehl gemischt, sondern zuletzt unter den Teig gerührt.

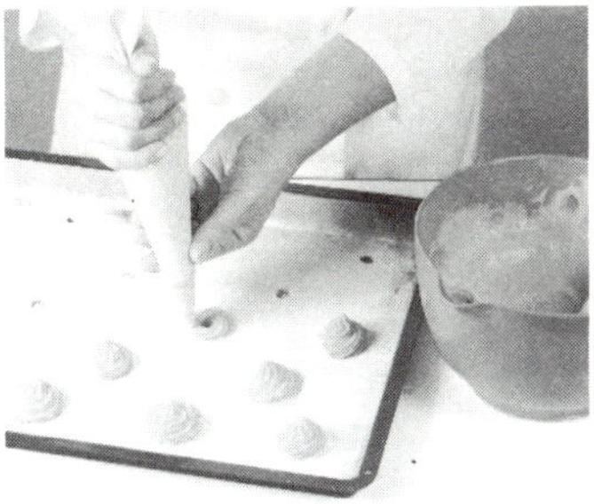

Sollen von dem Teig z. B. Windbeutel gebacken werden, ihn dann mit 2 Teelöffeln in Häufchen auf ein vorbereitetes Backblech setzen oder ihn mit einem Spritzbeutel aufspritzen. Soll der Teig in Fett ausgebacken werden, dann wird er mit 2 Teelöffeln abgestochen oder in Form von Kränzchen auf gefettete Pergamentpapierstückchen gespritzt und in das heiße Fett gegeben (s. Eberswalder Spritzkuchen S. 491).

Das Backen von Brandteigen

Alle Brandteige werden nach den Angaben unter den Rezepten gebakken. Erst gegen Ende der Backzeit darf der Ofen vorsichtig geöffnet und nach dem Gebäck gesehen werden, da es sonst leicht zusammenfällt.
Wird der Teig in Fett ausgebacken, es vorher genügend erhitzen, damit das Gebäck nicht zu viel Fett aufnehmen kann. Das Ausbackfett hat den richtigen Hitzegrad, wenn sich um einen in das Fett gehaltenen Holzlöffelstiel Bläschen bilden (s. Fettgebackenes S. 489).

Käsewindbeutel

	Für den Teig
1/8 l Wasser	
30 g Margarine (z. B. Sanella)	
Salz	am besten in einem Stieltopf zum Kochen bringen
75 g Weizenmehl	
20 g Dr. Oetker Gustin	mischen, sieben, auf einmal in die von der Kochstelle genommene Flüssigkeit schütten, es zu einem glatten Kloß rühren, unter Rühren etwa 1 Minute erhitzen, den heißen Kloß sofort in eine Rührschüssel geben, nach und nach
3 Eier	unterrühren, weitere Eizugabe erübrigt sich, wenn der Teig stark glänzt und so vom Löffel abreißt, daß lange Spitzen hängenbleiben
1½ g (½ gestrichener Teel.) Dr. Oetker Backpulver Backin	in den erkalteten Teig rühren, den Teig in einen Spritzbeutel (enge, gezackte Tülle) füllen, Teighäufchen in der Größe einer halben Walnuß auf ein mit
Butter oder Margarine	gefettetes, mit
Weizenmehl	bestäubtes Backblech spritzen
Gas:	5 Minuten vorheizen 4–5, backen 4–5
Strom:	200–225
Backzeit:	Etwa 20 Minuten
	sofort nach dem Backen von jedem Windbeutel einen kleinen Deckel abschneiden

bitte umblättern

für die Füllung

125 g Butter schaumig rühren

100 g Roquefort mit einer Gabel zerdrücken, unter die Butter rühren

1/8 l Sahne knapp 1/2 Minute schlagen

1 schwach gehäuften Teel. Dr. Oetker Sahnesteif einstreuen, die Sahne steif schlagen, unter die Butter-Käsemasse heben

die Windbeutel mit Käsecreme füllen, die Deckel dünn mit Creme bestreichen, mit

gehackter Petersilie
Kümmel
Mohn bestreuen, auf die Unterteile legen.

Gesamtmenge: 2593 Kalorien = 10 841 Joule.

Eclairs oder Liebesknochen

Für den Teig

1/4 l Wasser
50 g Butter, Margarine oder Schweineschmalz am besten in einem Stieltopf zum Kochen bringen

150 g Weizenmehl
30 g Dr. Oetker Gustin mischen, sieben, auf einmal in die von der Kochstelle genommene Flüssigkeit schütten, es zu einem glatten Kloß rühren, unter Rühren etwa 1 Minute erhitzen, den heißen Kloß sofort in eine Rührschüssel geben, nach und nach

6 Eier unterrühren, weitere Eizugabe erübrigt sich, wenn der Teig stark glänzt und so vom Löffel abreißt, daß lange Spitzen hängenbleiben

3 g (1 gestrichener Teel.) Dr. Oetker Backpulver Backin in den erkalteten Teig rühren, den Teig in einen Spritzbeutel (weite Tülle) füllen, auf ein mit

Butter oder Margarine gefettetes, mit

Weizenmehl bestäubtes Backblech jeweils zwei fingerlange Streifen nebeneinander, einen dritten darauf spritzen

Gas: 5 Minuten vorheizen 4–5, backen 4–5
Strom: 200–225
Backzeit: Etwa 20 Minuten

sofort nach dem Backen von jedem Eclair einen Deckel abschneiden für die Kaffeecreme

1 gestrichenen Teel. Dr. Oetker Gelatine gemahlen, weiß mit

1 Eßl. kaltem Wasser anrühren, 10 Minuten zum Quellen stehenlassen

1 Päckchen Dr. Oetker Pudding-Pulver Schokoladen-Geschmack

100 g Zucker	mischen, mit 4 Eßl. von
1/2 l kalter Milch	anrühren, die übrige Milch zum Kochen bringen, das Pudding-Pulver unter Rühren in die von der Kochstelle genommene Milch geben, kurz aufkochen lassen, die Gelatine,
2 gut gehäufte Teel. Kaffee-Extraktpulver	hineingeben, so lange rühren, bis alles gelöst ist, kalt stellen, ab und zu durchrühren
1/4 l Sahne	steif schlagen, unter die Creme heben, in die Eclairs füllen
50 g Schokolade etwas Kokosfett	im Wasserbad oder auf der Automatikplatte zu einer geschmeidigen Masse verrühren, die Deckel damit bestreichen, auf die Füllung legen.
	Gesamtmenge: 3526 Kalorien = 14 740 Joule.

Windbeutel

	Für den Teig
1/4 l Wasser *50 g Butter, Margarine oder Schweineschmalz*	am besten in einem Stieltopf zum Kochen bringen
150 g Weizenmehl *30 g Dr. Oetker Gustin*	mischen, sieben, auf einmal in die von der Kochstelle genommene Flüssigkeit schütten, es zu einem glatten Kloß rühren, unter Rühren etwa 1 Minute erhitzen, den heißen Kloß sofort in eine Rührschüssel geben, nach und nach
4–6 Eier	unterrühren, weitere Eizugabe erübrigt sich, wenn der Teig stark glänzt und so vom Löffel abreißt, daß lange Spitzen hängenbleiben
3 g (1 gestrichener Teel.) Dr. Oetker Backpulver Backin	in den erkalteten Teig rühren, mit 2 Löffeln oder mit einem Spritzbeutel mandarinengroße Teighäufchen auf ein mit
Butter oder Margarine	gefettetes, mit
Weizenmehl	bestäubtes Backblech setzen
Gas:	5 Minuten vorheizen 4–5, backen 4–5
Strom:	200–225
Backzeit:	25–30 Minuten während der ersten 15 Minuten Backzeit die Backofentür nicht öffnen, da das Gebäck sonst zusammenfällt sofort nach dem Backen von jedem Windbeutel einen Deckel abschneiden
	für die Füllung
500 g Sauerkirschen	waschen, entstielen, entsteinen, mit
50 g Zucker	mischen, einige Zeit zum Saftziehen stehenlassen, nur eben zum Kochen bringen
oder	

bitte umblättern

etwa 400 g entsteinte Sauerkirschen (aus dem Glas)	
	die Kirschen abtropfen lassen wenn Saft und Kirschen kalt sind, von dem Saft $^1/_8$ l abmessen (evtl. mit Wasser ergänzen), mit
20 g Dr. Oetker Gustin	anrühren, unter Rühren zum Kochen bringen, die Kirschen unterrühren, die Füllung kalt stellen, mit
Zucker	abschmecken
$^1/_2$ l Sahne	$^1/_2$ Minute schlagen
25 g Puderzucker	sieben, mit
1 Päckchen Dr. Oetker Vanillin-Zucker	
2 Päckchen Dr. Oetker Sahnesteif	mischen, einstreuen, die Sahne steif schlagen in jeden Windbeutel etwas von den erkalteten Kirschen geben, darauf die Schlagsahne spritzen auf jeden Windbeutel den abgeschnitteten Deckel legen, mit
Puderzucker	bestäuben.
	16 Windbeutel/pro Stück: 230 Kalorien = 962 Joule.

FETTGEBACKENES

Für das einwandfreie Gelingen von Fettgebackenem ist neben der richtigen Auswahl der richtige Hitzegrad des Fettes von großer Bedeutung. Speiseöl soll allein, niemals mit festem Fett gemischt, verwendet werden. Bei festem Fett haben sich dagegen am besten Mischungen bewährt, und zwar von Pflanzen- und tierischen Fetten. Geeignete Zusammenstellungen sind Kokosfett, Schweineschmalz und Rinderfett, evtl. nimmt man von jedem ein Drittel.
Man erhitzt das Fett am besten in einem Eisen- oder Stahltopf. Er muß so weit mit Fett gefüllt sein, daß die Teigstücke darin schwimmen können.
Beim Einlegen des Teiges darf das Fett weder zu heiß noch zu kalt sein. Bei zu starker Hitze bräunt das Gebäck zu schnell, geht nicht richtig auf und bleibt innen teigig. Ist das Fett zu kalt, dann saugt das Gebäck zu viel Fett auf. Außerdem kann das Fett anfangen zu schäumen, sobald der Teig eingelegt wird. Das Schäumen kann so stark werden, daß empfindliche Gebäckstücke förmlich auseinandergerissen werden. Sobald das Fett anfängt zu schäumen, muß man es stärker erhitzen und mit der Zugabe von neuem Teig vorsichtig sein, da dadurch eine weitere Abkühlung des Fettes eintritt. Im übrigen soll man vor jeder Teigzugabe das Fett prüfen, ob es die richtige Temperatur hat, und zwar müssen sich um einen in das Fett gehaltenen Holzlöffelstiel Bläschen bilden. Das Fett wird bei Gas auf großer Flamme und bei Strom auf Stufe 3 erhitzt; der Teig wird auf halbgroßer Flamme bzw. auf Stufe 2 gebacken.

Mutzenmandeln

500 g Weizenmehl
6 g (2 gestrichene Teel.)
Dr. Oetker Backpulver Backin — mischen, auf eine Tischplatte sieben, in die Mitte eine Vertiefung eindrücken

150 g Zucker
3–4 Tropfen
Dr. Oetker Backöl Bittermandel
1 Fläschchen
Dr. Oetker Rum-Aroma
3 Eier — hineingeben, mit einem Teil des Mehls zu einem dicken Brei verarbeiten
150 g Margarine (z. B. Sanella) — in Stücke schneiden, auf den Brei geben, mit Mehl bedecken
von der Mitte aus alle Zutaten schnell zu einem glatten Teig verkneten, sollte er kleben, ihn eine Zeitlang kalt stellen
den Teig etwa 1 cm dick ausrollen, Mutzenmandeln ausstechen,

bitte umblättern

schwimmend in siedendem

Ausbackfett (Speiseöl, Schweineschmalz oder Kokosfett) goldgelb backen, mit einem Schaumlöffel herausnehmen, gut abtropfen lassen, noch heiß in

Zucker wälzen.

Gesamtmenge: 6644 Kalorien = 27772 Joule.

Fettkrapfen

Für den Teig

¼ l Wasser
75 g Margarine am besten in einem Stieltopf zum Kochen bringen

200 g Weizenmehl
25 g Dr. Oetker Gustin mischen, sieben, auf einmal in die von der Kochstelle genommene Flüssigkeit schütten, es zu einem glatten Kloß rühren, unter Rühren etwa 1 Minute erhitzen, den heißen Kloß sofort in eine Rührschüssel geben, nach und nach

5 Eier unterrühren, weitere Eizugabe erübrigt sich, wenn der Teig stark glänzt und so vom Löffel abreißt, daß lange Spitzen hängenbleiben

3 g (1 gestrichener Teel.) Dr. Oetker Backpulver Backin in den erkalteten Teig rühren

65 g Rosinen waschen, gut abtropfen lassen, unterrühren

Ausbackfett (Speiseöl, Schweineschmalz oder Kokosfett) erhitzen, mit einem in das heiße Fett getauchten Teelöffel Teigbällchen abstechen, schwimmend in dem siedenden Fett hellbraun backen, mit einem Schaumlöffel herausnehmen, auf einem Kuchenrost abtropfen lassen, mit

Puderzucker bestäuben.

Gesamtmenge: 4936 Kalorien = 20632 Joule.

Hobelspäne oder Räderkuchen

500 g Weizenmehl
3 g (1 gestrichener Teel.) Dr. Oetker Backpulver Backin mischen, auf eine Tischplatte sieben, in die Mitte eine Vertiefung eindrücken

100 g Zucker, einige Tropfen Dr. Oetker Backöl Zitrone
1 Fläschchen Dr. Oetker Rum-Aroma
3 Eier
4 Eßl. Milch oder Wasser hineingeben, mit einem Teil des Mehls zu einem dicken Brei verarbeiten

125 g Margarine (z. B. Sanella) in Stücke schneiden, auf den Brei geben, mit Mehl bedecken
von der Mitte aus alle Zutaten schnell zu einem glatten Teig verkneten

den Teig dünn ausrollen, in Streifen rädern, in der Mitte einschneiden, das eine Ende einmal durchziehen
die Hobelspäne schwimmend in siedendem

Ausbackfett (Speiseöl, Schweineschmalz oder Kokosfett) goldbraun backen, mit einem Schaumlöffel herausnehmen, auf einem Kuchenrost abtropfen lassen, mit

Puderzucker bestäuben.

Gesamtmenge: 5467 Kalorien = 22852 Joule.

Ballbäuschen

100 g Margarine (z. B. Sanella) schaumig rühren, nach und nach

50 g Zucker
1 Päckchen Dr. Oetker Vanillin-Zucker
2 Eier hinzugeben

250 g Weizenmehl
6 g (2 gestrichene Teel.) Dr. Oetker Backpulver Backin mischen, sieben, abwechselnd mit

etwa 4 Eßl. Milch unterrühren (nur so viel Milch verwenden, daß der Teig schwer - reißend - vom Löffel fällt)

Ausbackfett (Speiseöl, Schweineschmalz oder Kokosfett) erhitzen, mit einem in das heiße Fett getauchten Teelöffel Teigbällchen abstechen, schwimmend in dem siedenden Fett hellbraun backen, mit einem Schaumlöffel herausnehmen, auf einem Kuchenrost abtropfen lassen, mit

Puderzucker bestäuben.

Gesamtmenge: 4457 Kalorien = 18630 Joule.

Eberswalder Spritzkuchen

Für den Teig

1/4 l Wasser
50 g Butter oder Margarine am besten in einem Stieltopf zum Kochen bringen

150 g Weizenmehl
30 g Dr. Oetker Gustin mischen, sieben, auf einmal in die von der Kochstelle genommene Flüssigkeit schütten, es zu einem glatten Kloß rühren, unter Rühren etwa 1 Minute erhitzen, den heißen Kloß sofort in eine Rührschüssel geben, nach und nach

25 g Zucker
1 Päckchen Dr. Oetker Vanillin-Zucker

bitte umblättern

4–6 Eier	unterrühren, weitere Eizugabe erübrigt sich, wenn der Teig stark glänzt und so vom Löffel abreißt, daß lange Spitzen hängenbleiben
3 g (1 gestrichener Teel.) Dr. Oetker Backpulver Backin	in den erkalteten Teig rühren, den Teig in einen Spritzbeutel (weite Tülle) füllen, auf mit
Butter oder Margarine	bestrichene Pergamentpapiere (etwa 10 x 10 cm groß) in Form von Kränzen spritzen durch Eintauchen der Papiere in siedendes
Ausbackfett (Speiseöl, Schweineschmalz oder Kokosfett)	die Kränzchen lösen, schwimmend auf beiden Seiten hellbraun backen, mit einem Schaumlöffel herausnehmen, auf einem Kuchenrost abtropfen lassen
	für den Guß
200 g Puderzucker	sieben, mit
2 Eßl. Zitronensaft *etwa 2 Eßl. heißem Wasser*	glattrühren, so daß eine dickflüssige Masse entsteht, das Gebäck damit überziehen. *Gesamtmenge: 4284 Kalorien = 17 907 Joule.*

WEIHNACHTSGEBÄCK

Honiggebäck

Unter den Weihnachtsgebäcken nehmen die Gebäcke, die Honig oder Sirup (Rübenkraut) enthalten, eine beachtliche Stellung ein. Zum Teil wird das auf den guten Geschmack der damit hergestellten Gebäcke zurückzuführen sein, aber auch ihre gute Haltbarkeit wird sicherlich dazu beigetragen haben.

Für die Verarbeitung von Honig und Sirup zu Gebäcken ist wichtig, daß sie im allgemeinen vor der Herstellung des Teiges zusammen mit Zukker und Fett erwärmt und dabei zerlassen werden. Vorteilhaft ist es, einen Teil oder die gesamte im Rezept angegebene Flüssigkeit dazuzugeben, damit sich der Zucker besser löst. Das Erwärmen dieser Zutaten soll nicht bei zu starker Hitze vor sich gehen; entweder über Wasserdampf oder unter ständigem Rühren auf der Automatikplatte. Sobald alles zerlassen ist, die Honigmasse (Sirupmasse) vom Wasserdampf oder von der Kochstelle nehmen und, je nach Rezept, den Kochtopf oder eine Rührschüssel, in die man die Honigmasse gegeben hat, in kaltes Wasser setzen. Während des Erkaltens die Honigmasse häufig umrühren, damit sie gleichmäßig erkaltet. Wichtig dabei ist, daß die Masse auf Handwärme abgekühlt ist, da andernfalls das Backin schon bei der Teigbereitung treiben würde, was normalerweise erst im Laufe des Backprozesses geschehen soll.

Braune Weihnachtskuchen

(Abb. S. 476)

250 g Langnese-Honig
125 g Zucker, Salz
65 g Butter oder Margarine
65 g Schweineschmalz
1 Eßl. Milch

langsam erwärmen, zerlassen, in eine Rührschüssel geben, kalt stellen, unter die fast erkaltete Masse

5 Tropfen Dr. Oetker Backöl Zitrone
1 gestrichenen Teel. gemahlenen Kardamom
1 gestrichenen Teel. gemahlenen Zimt

rühren

500 g Weizenmehl
9 g (3 gestrichene Teel.) Dr. Oetker Backpulver Backin

mischen, sieben, 2/3 davon eßlöffelweise unterrühren, den Rest des Mehls,

bitte umblättern

30 g SCHWARTAU-Haselnußkerne, gemahlen	unter den Teigbrei kneten, sollte er kleben, noch etwas Mehl hinzugeben, den Teig dünn ausrollen, zu rechteckigen oder runden Plätzchen ausstechen, auf ein gefettetes Backblech legen, dünn mit
Dosenmilch	bestreichen
Gas:	5 Minuten vorheizen 3–4, backen 3–4
Strom:	175–200
Backzeit:	Etwa 10 Minuten.
	Gesamtmenge: 4495 Kalorien = 18789 Joule.

Honigplätzchen

125 g Langnese-Honig	
200 g Zucker	
4 Eßl. Milch	
100 g Margarine (z. B. Sanella)	langsam erwärmen, zerlassen, in eine Rührschüssel geben, kalt stellen, unter die fast erkaltete Masse
1 Päckchen Dr. Oetker Vanillin-Zucker	
3 Tropfen Dr. Oetker Backöl Bittermandel	
1 gestrichenen Teel. gemahlenen Zimt	rühren
400 g Weizenmehl	
20 g Kakao	
100 g Dr. Oetker Gustin	
1 Päckchen Dr. Oetker Backpulver Backin	mischen, sieben, $^{2}/_{3}$ davon unter die Honigmasse rühren, den Rest des Mehls und
75 g SCHWARTAU-Mandeln, gehackt	unter den Teigbrei kneten den Teig etwa $^{1}/_{2}$ cm dick ausrollen, mit einer runden Form (Durchmesser etwa 8 cm) ausstechen, auf ein mit
Butter oder Margarine	gefettetes Backblech legen
1 schwach gehäuften Teel. Kartoffelmehl	mit
6 Eßl. Wasser	anrühren, erhitzen, kurz aufkochen, etwas abkühlen lassen, die Plätzchen dünn damit bestreichen, mit
125 g abgezogenen, halbierten Mandeln	garnieren
Gas:	5 Minuten vorheizen 3–4, backen 3–4
Strom:	175–200
Backzeit:	Etwa 20 Minuten.
	Gesamtmenge: 5268 Kalorien = 22020 Joule.

Liegnitzer
(24 Stück)

Falls keine Backringe vorhanden sind, lassen sich Backförmchen für „Liegnitzer“ auf einfache Weise herstellen: Dr. Oetker alufolie so legen, daß 12mal ein 15 cm langes Stück Folie aufeinanderliegt, auf das oberste Stück Folie 2 Kreise von jeweils 15 cm Durchmesser nebeneinander aufzeichnen, so ausschneiden, daß 24 runde Folienblätter entstehen, diese Folienblätter einzeln mit der blanken Seite auf den Boden eines umgedrehten Bechers (z. B. Joghurtbecher) legen, die überstehende Folie fest andrücken, so daß Förmchen mit einem gleichmäßig hohen Rand entstehen

200 g Langnese-Honig oder Sirup	
125 g Zucker	
65 g Margarine (z. B. Sanella)	
2 Eßl. Milch	langsam erwärmen, zerlassen, in eine Rührschüssel geben, kalt stellen, unter die fast erkaltete Masse
2 Eier, 1/4 Fläschchen Dr. Oetker Backöl Zitrone	
etwas gemahlenen Kardamom	
1/2 gestrichenen Teel. gemahlene Nelken	
1 schwach gehäuften Teel. gemahlenen Zimt	rühren
250 g Weizenmehl	
25 g Kakao	
9 g (3 gestrichene Teel.) Dr. Oetker Backpulver Backin	mischen, sieben, eßlöffelweise unterrühren
65 g Korinthen	waschen, gut abtropfen lassen
65 g SCHWARTAU-Mandeln, gehackt	
65 g SCHWARTAU-Sukkade (Zitronat)	
	die Zutaten zuletzt unter den Teig heben, ihn eßlöffelweise in die mit
Butter oder Margarine	gefetteten Folienförmchen verteilen
Gas:	3–4
Strom:	175–200
Backzeit:	10–15 Minuten
	sofort nach dem Backen das Gebäck aus den Förmchen lösen, erkalten lassen
175 g SCHWARTAU-Aprikosen-Konfitüre	durch ein Sieb streichen, mit
2 Eßl. Wasser	aufkochen, das erkaltete Gebäck dünn damit bestreichen
etwa 200 g Kuvertüre	im Wasserbad oder auf der Automatikplatte zu einer geschmeidigen Masse verrühren, die „Liegnitzer“ mit dem Guß überziehen.

Pro Stück: 220 Kalorien = 920 Joule.

Knetteiggebäck

Stollen

500 g Weizenmehl	
1 Päckchen	
Dr. Oetker Backpulver Backin	mischen, auf eine Tischplatte sieben, in die Mitte eine Vertiefung eindrücken
150 g Zucker	
1 Päckchen	
Dr. Oetker Vanillin-Zucker	
Salz	
4 Tropfen	
Dr. Oetker Backöl Bittermandel	
1 Fläschchen	
Dr. Oetker Rum-Aroma	
4 Tropfen	
Dr. Oetker Backöl Zitrone	
1 Messerspitze	
gemahlenen Kardamom	
1 Messerspitze	
gemahlene Muskatblüte	
2 Eier	hineingeben, mit einem Teil des Mehls zu einem dicken Brei verarbeiten
125 g Margarine (z. B. Sanella)	in Stücke schneiden
50 g Rinderfett	fein hacken
250 g Speisequark	
125 g Korinthen	
250 g Rosinen	
	beide Zutaten waschen, gut abtropfen lassen
125 g SCHWARTAU-Mandeln, gemahlen	
50 g SCHWARTAU-Sukkade (Zitronat)	
	alle Zutaten auf den Brei geben, die Früchte mit Mehl bedecken, von der Mitte aus alle Zutaten schnell zu einem glatten Teig verkneten, sollte er kleben, noch etwas Mehl hinzugeben den Teig zu einem Stollen formen, auf ein mit gefettetem Pergamentpapier belegtes Backblech legen
Gas:	2–3
Strom:	Vorheizen 250, backen 160–180
Backzeit:	50–60 Minuten den Stollen sofort nach dem Backen mit
50 g zerlassener Butter	bestreichen, mit
50 g Puderzucker	bestäuben.
	Gesamtmenge: 6843 Kalorien = 28 604 Joule.

Vanille-Mürbchen

250 g Weizenmehl	auf eine Tischplatte sieben, in die Mitte eine Vertiefung eindrücken
2 Päckchen Dr. Oetker Vanillin-Zucker	
5 Eßl. dicke saure Sahne (süße Sahne einige Tage vorher bei Zimmertemperatur stehenlassen)	hineingeben, mit einem Teil des Mehls zu einem dicken Brei verarbeiten
175 g kalte Butter oder Margarine	in Stücke schneiden, auf den Brei geben, mit Mehl bedecken, von der Mitte aus alle Zutaten schnell zu einem glatten Teig verkneten, sollte er kleben, ihn eine Zeitlang kalt stellen den Teig 1/2 cm dick ausrollen, zunächst mit einer runden Form (Durchmesser etwa 6 cm) ausstechen die Teigplätzchen mit einer kleineren Form (Durchmesser etwa 4 cm) dann so ausstechen, daß Ringe und Plätzchen entstehen diese auf der oberen Seite mit
etwas Dosenmilch	bestreichen, in
etwa 75 g Hagelzucker	drücken, mit der unteren Seite auf ein Backblech legen
Gas:	5 Minuten vorheizen 3–4, backen 3–4
Strom:	175–200
Backzeit:	10–15 Minuten.

Gesamtmenge: 2940 Kalorien = 12289 Joule.

Spekulatius
(Abb. S. 475)

	Für Teig I
500 g Weizenmehl *9 g (3 gestrichene Teel.) Dr. Oetker Backpulver Backin*	mischen, auf eine Tischplatte sieben, in die Mitte eine Vertiefung eindrücken
200 g Zucker, Salz *1 Päckchen Dr. Oetker Vanillin-Zucker* *3 Tropfen Dr. Oetker Backöl Bittermandel* *1 Fläschchen Dr. Oetker Rum-Aroma* *1 gestrichenen Teel. Kakao* *2 Messerspitzen gemahlene Nelken* *1 gestrichenen Teel. gemahlenen Zimt* *1 Ei, 2 Eßl. Milch*	hineingeben, mit einem Teil des Mehls zu einem dicken Brei verarbeiten
150 g kalte Butter oder Margarine	in Stücke schneiden, auf den Brei geben, mit Mehl bedecken von der Mitte aus alle Zutaten schnell zu einem glatten Teig verkneten

bitte umblättern

	für Teig II
500 g Weizenmehl *6 g (2 gestrichene Teel.)* *Dr. Oetker Backpulver Backin*	mischen, auf eine Tischplatte sieben, in die Mitte eine Vertiefung eindrücken
250 g Zucker *1 Päckchen* *Dr. Oetker Vanillin-Zucker* *2 Tropfen* *Dr. Oetker Backöl Bittermandel* *2 Messerspitzen* *gemahlenen Kardamom* *2 Messerspitzen* *gemahlene Nelken* *1 gestrichenen Teel.* *gemahlenen Zimt* *2 Eier*	hineingeben, mit einem Teil des Mehls zu einem dicken Brei verarbeiten
200 g kalte Butter oder Margarine	in Stücke schneiden, auf den Brei geben
100 g SCHWARTAU-Mandeln *oder -Haselnußkerne, gemahlen*	darüber streuen, mit Mehl bedecken, von der Mitte aus alle Zutaten schnell zu einem glatten Teig verkneten, sollte er kleben, ihn eine Zeitlang kalt stellen, den Teig dünn ausrollen, mit beliebigen Formen (vor allem Tierformen) ausstechen, auf ein mit
Butter oder Margarine	gefettetes Backblech legen werden Holzmodel benutzt, den Teig in den gut bemehlten Model drükken, den überstehenden Teig abschneiden, die Spekulatiusstücke aus dem Model schlagen
Gas:	5 Minuten vorheizen 3–4, backen 3–4
Strom:	175–200
Backzeit:	Etwa 10 Minuten.
	Gesamtmenge: 3918 Kalorien = 16 377 Joule für Teig I *5196 Kalorien = 21 709 Joule für Teig II.*

Feine Nußplätzchen

250 g Weizenmehl	
3 g (1 gestrichener Teel.)	
Dr. Oetker Backpulver Backin	mischen, auf eine Tischplatte sieben, in die Mitte eine Vertiefung eindrücken
150 g Zucker	
1 Päckchen	
Dr. Oetker Vanillin-Zucker	
3 Tropfen	
Dr. Oetker Backöl Bittermandel	
4 Eßl. Milch	hineingeben, mit einem Teil des Mehls zu einem dicken Brei verarbeiten
100 g kalte Butter oder Margarine	in Stücke schneiden
200 g Haselnußkerne	mahlen
	beide Zutaten auf den Brei geben, mit Mehl bedecken
	von der Mitte aus alle Zutaten schnell zu einem glatten Teig verkneten, sollte er kleben, ihn eine Zeitlang kalt stellen
	den Teig in kleinen Mengen etwa 3 mm dick ausrollen, runde Plätzchen ausstechen, auf ein Backblech legen, mit
Dosenmilch	bestreichen, mit
halbierten Haselnußkernen	belegen (leicht andrücken)
Gas:	5 Minuten vorheizen 3–4, backen 3–4
Strom:	175–200
Backzeit:	10–15 Minuten.
	Gesamtmenge: 4638 Kalorien = 19387 Joule.

Vanilleplätzchen

250 g Weizenmehl	
3 g (1 gestrichener Teel.)	
Dr. Oetker Backpulver Backin	mischen, auf eine Tischplatte sieben, in die Mitte eine Vertiefung eindrücken
75 g Zucker	
2 Päckchen	
Dr. Oetker Vanillin-Zucker	
1 Ei	hineingeben, mit einem Teil des Mehls zu einem dicken Brei verarbeiten
125 g Margarine (z. B. Sanella)	in Stücke schneiden, auf den Brei geben, mit Mehl bedecken, von der Mitte aus alle Zutaten zu einem glatten Teig verkneten, sollte er kleben, ihn eine Zeitlang kalt stellen
	den Teig dünn ausrollen, mit einer runden Form (Durchmesser etwa 4 cm) ausstechen, auf ein Backblech legen
Gas:	5 Minuten vorheizen 3–4, backen 3–4
Strom:	175–200
Backzeit:	8–10 Minuten

bitte umblättern

etwas Kuvertüre im Wasserbad oder auf der Automatikplatte zu einer geschmeidigen Masse verrühren
die erkalteten Plätzchen auf Pergamentpapier legen, mit einem Teelöffel unregelmäßig mit der Kuvertüre besprenkeln.

Gesamtmenge: 2491 Kalorien = 10 412 Joule.

Kokosplätzchen

250 g Weizenmehl
1½ g (½ gestrichener Teel.)
Dr. Oetker Backpulver Backin mischen, auf eine Tischplatte sieben, in die Mitte eine Vertiefung eindrücken

250 g Zucker
1 Päckchen
Dr. Oetker Vanillin-Zucker
5 Tropfen
Dr. Oetker Backöl Bittermandel
1 Ei hineingeben, mit einem Teil des Mehls zu einem dicken Brei verarbeiten

250 g kalte Butter
(evtl. Margarine) in Stücke schneiden, auf den Brei geben

250 g Kokosraspeln darüber streuen, mit Mehl bedecken, von der Mitte aus alle Zutaten schnell zu einem glatten Teig verkneten
sollte er kleben, ihn eine Zeitlang kalt stellen
den Teig dünn ausrollen, mit einer runden Form (Durchmesser etwa 4 cm) ausstechen, auf ein Backblech legen

Gas: 5 Minuten vorheizen 3–4, backen 3–4
Strom: 175–200
Backzeit: Etwa 10 Minuten.

Gesamtmenge: 4916 Kalorien = 20 548 Joule.

Fruchtsalat, Rezept Seite 304

Gebäck mit geschlagenem Ei oder Eiweiß

Schneehäubchen
(Eiweißverwendung)
(Abb. S. 476)

3 Eiweiß steif schlagen
250 g Puderzucker sieben, eßlöffelweise unterschlagen
zum Bestreichen der Häubchen 4 Eßl. Eierschnee abnehmen

125 g SCHWARTAU-Mandeln, gemahlen
125 g SCHWARTAU-Haselnußkerne, gemahlen, leicht geröstet beide Zutaten unter den übrigen Eierschnee heben, die Masse bergartig auf

etwa 50 Oblaten (Durchmesser etwa 4 cm) streichen, sorgfältig mit dem zurückgelassenen Eierschnee bestreichen, auf ein Backblech legen

Gas: 1–2
Strom: 125–150
Backzeit: Etwa 20 Minuten.

Gesamtmenge: 2709 Kalorien = 11 324 Joule.

Baiser
(Eiweißverwendung)

4 Eiweiß steif schlagen
200 g Zucker eßlöffelweise unterschlagen
die Baisermasse in einen Spritzbeutel füllen, in beliebigen Formen auf ein mit gut gefettetem Pergamentpapier belegtes Backblech spritzen oder mit 2 Teelöffeln aufsetzen, das Gebäck darf nur leicht aufgehen und sich schwach gelblich färben

Gas: 25 Minuten 1, 25 Minuten aus, 15 Minuten 1
Strom: 110–130
Backzeit: 70–100 Minuten.

Gesamtmenge: 853 Kalorien = 3569 Joule.

Nürnberger Elisenlebkuchen

Teig für etwa 40 Oblaten (Durchmesser 6 cm)

	Für den Teig
2 Eier	mit einem Schneebesen schaumig schlagen, nach und nach
200 g Farinzucker oder Zucker *1 Päckchen Dr. Oetker Vanillin-Zucker*	hinzugeben, so lange schlagen, bis eine dicke, cremeartige Masse entstanden ist
1 Messerspitze gemahlene Nelken *1/2 Fläschchen Dr. Oetker Rum-Aroma* *1-2 Tropfen Dr. Oetker Backöl Zitrone* *75 g SCHWARTAU-Orangeat oder SCHWARTAU-Sukkade (Zitronat)*	in sehr feine Würfel schneiden
125 g Mandeln	mahlen, mit
1 Messerspitze Dr. Oetker Backpulver Backin	mischen, sieben alle Zutaten unter die Masse rühren, von
75–125 g SCHWARTAU-Haselnußkernen, gemahlen*	nur so viel unterrühren, daß der Teig noch streichfähig ist auf jede Oblate einen gehäuften Teelöffel des Teiges geben, mit einem in Wasser getauchten Messer bergförmig auf die ganze Oblate streichen, auf ein Backblech legen
Gas:	1–2
Strom:	130–150
Backzeit:	25–30 Minuten
	für den hellen Guß
150 g Puderzucker	sieben, mit
1-2 Eßl. heißem Wasser	glattrühren, so daß eine dickflüssige Masse entsteht
	für den dunklen Guß
75 g Schokolade, 10 g Kokosfett	im Wasserbad oder auf der Automatikplatte zu einer geschmeidigen Masse verrühren die Hälfte der Lebkuchen gleich nach dem Backen mit hellem und den Rest mit dunklem Guß bestreichen.

Gesamtmenge: 3852 Kalorien = 16 101 Joule.

* Die erforderliche Menge Haselnußkerne hängt von der Größe der Eier ab.

DER HEFETEIG
Notwendige Vorarbeiten

Das Backen mit Hefe im allgemeinen erfordert besondere Sorgfalt und braucht verschiedene Voraussetzungen, wenn sie gedeihen und ihre volle Triebkraft entfalten soll.
Dr. Oetker Hefe ist in einem Spezialverfahren haltbar gemacht und muß darum aktiviert werden, damit sie ihre Aufgabe - Teig lockern - erfüllen kann.

1. Dr. Oetker Hefe muß vorschriftsmäßig angesetzt werden, dann zeigt sich schon nach 4 Minuten die erste Wirkung, nach 8 Minuten ist das Volumen bereits etwa verdoppelt, und nach 15 Minuten ist etwa das $2^1/_2$fache des Ausgangsvolumens erreicht.
2. Die Früchte nach der Anweisung unter Rührteig (S. 391) vorbereiten.
3. Backbleche und -formen im allgemeinen fetten, am zweckmäßigsten mit streichfähiger Butter oder Margarine, und, je nach Rezept, mit Semmelmehl ausstreuen.

Die Verarbeitung des Teiges

$^2/_3$ des Mehls in eine Rührschüssel sieben, in die Mitte eine Vertiefung eindrücken, Zucker, Vanillin-Zucker, Gewürze, lauwarmes Fett und evtl. Eier an den Rand des Mehls geben. Die angesetzte Hefe in die Vertiefung geben, von der Mitte aus die Hefe mit dem Mehl, den übrigen Zutaten (restliche Milch) verrühren und dann den Teig mit dem Rührlöffel so lange schlagen, bis er Blasen wirft. Dann das restliche Mehl unterkneten. Sollte der Teig kleben, noch etwas Mehl hinzugeben (aber nicht zu viel, Teig muß weich bleiben). Den Teig an einem warmen Ort so lange stehenlassen, bis er etwa doppelt so hoch ist.
Den Teig, je nach Rezept, weiter verarbeiten (ausrollen, formen, flechten usw.) und in jedem Fall vor dem Backen nochmals gehen lassen.

Die einzelnen Arbeitsgänge

„$^2/_3$ des Mehls in eine Rührschüssel sieben, in die Mitte eine Vertiefung eindrücken, Zucker, Vanillin-Zucker, Gewürze, lauwarmes Fett und evtl. Eier an den Rand des Mehls geben. Die angesetzte Hefe in die Vertiefung geben, . . .“

Wichtig dabei ist, daß die angesetzte Hefe tatsächlich gegangen ist. Voraussetzung dafür ist, daß sie zusammen mit etwas Zucker mit lauwarmer Milch angerührt wird und 15 Minuten bei Zimmertemperatur stehenbleibt. Nur in Gegenwart von Wärme entfaltet die Hefe ihre volle Triebkraft - die Milch sollte etwa handwarm sein, also etwa 37° C haben. Die übrigen Zutaten dürfen erst bei der Teigbereitung selbst mit der Hefe in Berührung kommen, vor allem Salz und Fett, denn sie würden die Tätigkeit der Hefe hemmen.

„. . . von der Mitte aus die Hefe mit dem Mehl, den übrigen Zutaten (restliche Milch) verrühren . . .“
Zum Rühren eignet sich am besten ein durchlochter Löffel, den man möglichst tief faßt. Auch die restliche Milch muß lauwarm sein, damit die Wärme sich dem ganzen Teig mitteilt.

„. . . und dann den Teig mit dem Rührlöffel so lange schlagen, bis er Blasen wirft . . .“
Das Schlagen des Hefeteiges bewirkt eine besonders gute Verbindung aller Zutaten untereinander unter Einschlagen von Luft. Die Hefe wandelt dabei Zucker und Mehl (Stärke), also Kohlenhydrate in Kohlensäure und Alkohol um und bewirkt dadurch die Lockerung des Teiges. Am schnellsten kann sie Zucker verarbeiten, während sie Mehl (Stärke) vorher abbauen muß.

„. . . Dann das restliche Mehl unterkneten. Sollte der Teig kleben, noch etwas Mehl hinzugeben (aber nicht zu viel, Teig muß weich bleiben) . . .“
Das Kneten geschieht am besten auf einer Tischplatte, S. 417.

„. . . Den Teig zugedeckt an einem warmen Ort so lange stehenlassen, bis er etwa doppelt so hoch ist . . .“
Hefeteige dürfen nicht sofort nach der Zubereitung gebacken werden, sondern müssen vorher genügend aufgegangen sein, sie darum an einen warmen Ort stellen, der Gas- und der Elektroherd sind besonders geeignet.
Gas: Bei stärkster Stufe drei Minuten vorheizen. Die Flamme ausdrehen, die Schüssel mit dem Hefeteig hineinstellen und so lange darin lassen, bis der Teig sich verdoppelt hat.
Strom: 30–50 einschalten, die Schüssel mit dem Hefeteig hineinstellen, die Backofentür mit einem Holzlöffel geöffnet halten und den Hefeteig so lange darin lassen, bis der Teig sich verdoppelt hat.

„. . . Den Teig, je nach Rezept, weiter verarbeiten (ausrollen, formen, flechten) und in jedem Fall vor dem Backen nochmals gehen lassen.“
Im Gegensatz zu dem bis jetzt beschriebenen gekneteten Hefeteig können auch gerührte Hefeteige zubereitet werden.
Die Voraussetzungen zum Gelingen sind die gleichen. Für Napfkuchen den Teig in eine mit Butter oder Margarine gefettete und mit Semmelmehl ausgestreute Form füllen, ihn gehen lassen (s. oben), ihn dann backen, wie alle Hefeteige, bei den unter den Rezepten angegebenen Einstellungen.

Gebäck in Formen

Bei Elektroherden wird das Backgut grundsätzlich in den vorgeheizten Backofen geschoben, und zwar zeigt die erloschene Kontroll-Lampe an, daß die erforderliche Temperatur erreicht ist.

Bozener Apfelkuchen

	Für den Hefeteig
1/2 Päckchen Dr. Oetker Hefe	
1 Teel. Zucker	mit
2 Eßl. lauwarmer Milch	sehr sorgfältig anrühren, 15 Minuten bei Zimmertemperatur stehenlassen
150 g Weizenmehl	in eine Rührschüssel sieben, in die Mitte eine Vertiefung eindrücken
25 g Zucker *1 Päckchen Dr. Oetker Vanillin-Zucker* *1 Eßl. Speiseöl*	an den Rand des Mehls geben
4 Eßl. lauwarmer Milch	die Hefe in die Vertiefung geben, mit Mehl, den übrigen Zutaten und verrühren, den Teig so lange schlagen, bis er Blasen wirft sollte er kleben, noch etwas Mehl hinzugeben (aber nicht zu viel, Teig muß weich bleiben) den Teig an einem warmen Ort so lange stehenlassen, bis er etwa doppelt so hoch ist

bitte umblättern

für den Rührteig

80 g Butter schaumig rühren, nach und nach

80 g Zucker
1 Päckchen
Dr. Oetker Vanillin-Zucker
2 Eier, 1–2 Tropfen
Dr. Oetker Backöl Zitrone hinzugeben

80 g Weizenmehl
3 g (1 gestrichener Teel.)
Dr. Oetker Backpulver Backin mischen, sieben, unterrühren

50 g SCHWARTAU-Mandeln, gemahlen unterheben

den Hefeteig gut durchkneten, auf dem mit

Butter oder Margarine gefetteten Boden einer Springform (Durchmesser etwa 26 cm) ausrollen, am Rand gut 1 cm hochdrücken, den Rührteig darauf verteilen, glattstreichen

für den Belag

700 g Äpfel schälen, vierteln, entkernen, mehrmals der Länge nach einritzen, kranzförmig auf den Rührteig legen, nochmals an einem warmen Ort stehenlassen

Gas: 5 Minuten vorheizen 3–4, backen 3–4
Strom: 175–200
Backzeit: Etwa 45 Minuten

zum Aprikotieren

1 gehäuften Eßl. SCHWARTAU-Aprikosen-Konfitüre durch ein Sieb streichen, mit

knapp 1 Eßl. Wasser aufkochen, den Kuchen sofort nach dem Backen damit bestreichen.

16 Stücke/pro Stück: 190 Kalorien = 795 Joule.

Hefe-Napfkuchen

1 Päckchen Dr. Oetker Hefe
1 Teel. Zucker mit

5 Eßl. lauwarmer Milch sehr sorgfältig anrühren, 15 Minuten bei Zimmertemperatur stehenlassen

500 g Weizenmehl in eine Rührschüssel sieben, in die Mitte eine Vertiefung eindrücken

150 g Zucker
1 Päckchen
Dr. Oetker Vanillin-Zucker
6 Tropfen
Dr. Oetker Backöl Zitrone
Salz
200 g zerlassene Margarine (z. B. Sanella)

3 Eier	an den Rand des Mehls geben
	die Hefe in die Vertiefung geben, von der Mitte aus mit Mehl, den übrigen Zutaten,
1/8 l lauwarmer Milch	verrühren, den Teig so lange schlagen, bis er Blasen wirft, so lange an einem warmen Ort stehenlassen, bis er etwa doppelt so hoch ist, noch einmal durchschlagen
125 g Rosinen	waschen, gut abtropfen lassen, unterheben
	den Teig in eine mit
Butter oder Margarine	gefettete, mit
Semmelmehl	ausgestreute Napfkuchenform füllen, nochmals an einem warmen Ort stehenlassen, bis er etwa um 1/3 höher ist, erst dann in den Backofen schieben
Gas:	3–4
Strom:	175–200
Backzeit:	Etwa 50 Minuten.
	24 Stücke/pro Stück: 200 Kalorien = 837 Joule.

Gebäck auf dem Backblech

Schinken im Brotteig

	Aus
1 Packung Dr. Oetker Brotmischung Bauern-Brot	nach der Vorschrift auf der Packung einen Teig zubreiten und gehen lassen
	den Teig mit
Weizenmehl	bestäuben, aus der Schüssel nehmen und kurz durchkneten, auf einer mit Mehl bestäubten Tischplatte in doppelter Größe des Schinkens ausrollen (nach Belieben etwas Teig zum Verzieren zurücklassen)
1 kg gekochten Schinken (im Stück)	auf den Teig legen, die Teigränder mit Wasser bestreichen, um den Schinken schlagen, mit der glatten Seite nach oben auf ein gefettetes Backblech legen, mit dem zurückgelassenen Teig verzieren, mit einem Küchentuch abdecken, nochmals etwa 15 Minuten an einem warmen Ort gehen lassen
	über die Oberseite des Teiges verteilt 2 oder 3 etwa pfenniggroße Löcher ausstechen oder -schneiden (nicht drücken) und den Teig mit Wasser bestreichen
Gas:	5 Minuten vorheizen 3–4, backen 3–4
Strom:	200–225
Backzeit:	40–50 Minuten.
	12 Stücke/pro Stück: 359 Kalorien = 1502 Joule.

Gefüllter Butterkuchen

	Für den Teig
1 Päckchen Dr. Oetker Hefe	
1 Teel. Zucker	mit 5 Eßl. von
1/5 l (200 ccm) lauwarmer Milch	sehr sorgfältig anrühren, 15 Minuten bei Zimmertemperatur stehenlassen
	2/3 von
500 g Weizenmehl	in eine Rührschüssel sieben, in die Mitte eine Vertiefung eindrücken
100 g Zucker	
1 Päckchen Dr. Oetker Vanillin-Zucker	
Salz	
100 g zerlassene Margarine (z. B. Sanella)	
1 Ei	an den Rand des Mehls geben die Hefe in die Vertiefung geben, mit Mehl, den übrigen Zutaten, der restlichen Milch verrühren, den Teig so lange schlagen, bis er Blasen wirft, das restliche Mehl unterkneten sollte der Teig kleben, noch etwas Mehl hinzugeben (aber nicht zu viel, Teig muß weich bleiben) den Teig so lange an einem warmen Ort stehenlassen, bis er etwa doppelt so hoch ist
	für die Füllung
175 g Butter	
250 g SCHWARTAU-Marzipan-Rohmasse	zu einer geschmeidigen Masse verrühren den Teig gut durchkneten, gut die Hälfte davon auf einem mit
Butter oder Margarine	gefetteten Backblech ausrollen, an den Rändern etwas hochdrücken, die Füllung auf dem Teig verteilen, glattstreichen den restlichen Teig in der Größe des Backblechs ausrollen, auf die Füllung legen, an den Seiten gut andrücken
75 g Butter	in Flöckchen auf die Teigdecke setzen
50 g Zucker	
1/2 Teel. gemahlenen Zimt	mischen, darüber streuen den Teig nochmals an einem warmen Ort stehenlassen, bis er etwa doppelt so hoch ist, erst dann in den Backofen schieben
Gas:	5 Minuten vorheizen 4–5, backen 4–5
Strom:	200-225
Backzeit:	Etwa 15 Minuten sollte der Teig während des Backens Blasen werfen, sie mit einem Holzstäbchen einstechen. *24 Stücke/pro Stück: 271 Kalorien = 1134 Joule.*

Zwetschenkuchen mit Streuseln

	Für den Teig
$\frac{1}{2}$ Päckchen Dr. Oetker Hefe	
1 Teel. Zucker	mit 3 Eßl. von
$\frac{1}{8}$ l lauwarmer Milch	sehr sorgfältig anrühren, 15 Minuten bei Zimmertemperatur stehenlassen
	$\frac{2}{3}$ von
300 g Weizenmehl	in eine Rührschüssel sieben, in die Mitte eine Vertiefung eindrücken
50 g Zucker *1 Päckchen* *Dr. Oetker Vanillin-Zucker* *Salz* *50 g zerlassene Butter oder Margarine*	
1 Ei	an den Rand des Mehls geben die Hefe in die Vertiefung geben, mit Mehl, den übrigen Zutaten, der restlichen Milch verrühren, den Teig so lange schlagen, bis er Blasen wirft, das restliche Mehl unterkneten, sollte der Teig kleben, noch etwas Mehl hinzugeben (aber nicht zu viel, Teig muß weich bleiben) den Teig so lange an einem warmen Ort stehenlassen, bis er etwa doppelt so hoch ist, gut durchkneten, auf einem mit
Butter oder Margarine	gefetteten Backblech ausrollen, vor den Teig ein mehrfach umgeknicktes Stück
Dr. Oetker alufolie	legen
	für den Belag
2 kg Zwetschen	waschen, gut abtropfen lassen, einzeln mit einem Tuch abreiben, entsteinen, mit der Innenseite nach oben auf den Teig legen
	für die Streusel
375 g Weizenmehl	in eine Rührschüssel sieben, mit
200 g Zucker *1 Päckchen* *Dr. Oetker Vanillin-Zucker*	
etwa 1 Teel. gemahlenem Zimt	mischen
250 g Margarine (z. B. Sanella)	in Flöckchen dazugeben, alle Zutaten mit den Händen oder mit 2 Gabeln zu Streuseln vermengen, gleichmäßig auf die Zwetschen streuen den Teig nochmals an einem warmen Ort stehenlassen, bis er etwa doppelt so hoch ist, erst dann in den Backofen schieben
Gas:	5 Minuten vorheizen 4–5, backen 4–5
Strom:	200–225
Backzeit:	Etwa 25 Minuten.
	24 Stücke/pro Stück: 300 Kalorien = 1255 Joule.

Gefüllter, aufgeschnittener Kranz

	Für den Teig
1 Päckchen Dr. Oetker Hefe	
1 Teel. Zucker	mit 5 Eßl. von
knapp 1/5 l (200 ccm)	
lauwarmer Milch	sehr sorgfältig anrühren, 15 Minuten bei Zimmertemperatur stehenlassen
	2/3 von
500 g Weizenmehl	in eine Rührschüssel sieben, in die Mitte eine Vertiefung eindrücken
100 g Zucker	
Salz	
1 Ei	
125 g zerlassene Margarine	
(z. B. Sanella)	an den Rand des Mehls geben
	die Hefe in die Vertiefung geben, mit Mehl, den übrigen Zutaten, der restlichen Milch verrühren, den Teig so lange schlagen, bis er Blasen wirft, das restliche Mehl unterkneten, sollte der Teig kleben, noch etwas Mehl hinzufügen (aber nicht zu viel, Teig muß weich bleiben)
	den Teig so lange an einem warmen Ort stehenlassen, bis er etwa doppelt so hoch ist, gut durchkneten, zu einem Rechteck von 40 x 50 cm ausrollen, mit
50 g weicher Butter	
oder Margarine	bestreichen, in der Mitte der Länge nach durchschneiden
	für die Füllung
75 g Korinthen	
125 g Rosinen	waschen, gut abtropfen lassen, mit
50 g SCHWARTAU-Sukkade (Zitronat)	
50 g SCHWARTAU-Mandeln, gehackt	
50 g Zucker	
1 Päckchen	
Dr. Oetker Vanillin-Zucker	mischen, so auf die Teigstücke streuen, daß an der durchgeschnittenen Seite je 2 cm frei bleiben, jede Teighälfte von der längeren Seite her von außen nach innen aufrollen, die beiden Rollen umeinanderschlingen, als Kranz auf ein mit
Butter oder Margarine	gefettetets Backblech legen, mit
Dosenmilch	bestreichen, die aufliegenden Rollen mit einem in Wasser getauchtes Messer etwa 1 cm tief einschneiden
	den Kranz nochmals an einem warmen Ort stehenlassen, bis er etwa um die Hälfte höher ist, erst dann in den Backofen schieben
Gas:	5 Minuten vorheizen 3–4, backen 3–4
Strom:	175–200
Backzeit:	25–35 Minuten

	für den Guß
50 g Puderzucker	mit
etwa 1 Eßl. heißem Wasser	glattrühren, so daß eine dickflüssige Masse entsteht den Kranz sofort nach dem Backen damit bestreichen.
Veränderung:	250 g SCHWARTAU-Marzipan-Rohmasse mit 2 Eigelb und 1 Eßl. Wasser zu einer geschmeidigen Masse verrühren, auf den mit Fett bestrichenen Teig streichen. Den Kranz evtl. etwas länger backen. *24 Stücke/pro Stück: 221 Kalorien = 925 Joule.*

Hörnchen

1 Päckchen Dr. Oetker Hefe	
1 Teel. Zucker	mit 5 Eßl. von
$^1/_5$ l (200 ccm) lauwarmer Milch	sehr sorgfältig anrühren, 15 Minuten bei Zimmertemperatur stehenlassen $^2/_3$ von
500 g Weizenmehl	in eine Rührschüssel sieben, in die Mitte eine Vertiefung eindrücken
75 g Zucker *1 Päckchen Dr. Oetker Vanillin-Zucker* *2 Tropfen Dr. Oetker Backöl Bittermandel* *Salz* *1 Eiweiß* *65 g zerlassene Butter oder Margarine*	an den Rand des Mehls geben die Hefe in die Vertiefung geben, mit Mehl und den übrigen Zutaten verrühren, den Teig so lange schlagen, bis er Blasen wirft, das restliche Mehl unterkneten, den Teig so lange an einem warmen Ort stehenlassen, bis er etwa doppelt so hoch ist, gut durchkneten den Teig in 4 Teile teilen, davon runde Platten (26 cm Durchmesser) ausrollen, diese vierteln, zu Hörnchen aufrollen, auf ein mit
Butter oder Margarine	gefettetes Backblech legen, nochmals an einem warmen Ort so lange stehenlassen, bis sie etwa doppelt so hoch sind
1 Eigelb *1 Eßl. Milch*	verschlagen, die Hörnchen damit bestreichen, in den Backofen schieben
Gas:	5 Minuten vorheizen 4–5, backen 4–5
Strom:	200–225
Backzeit:	10–15 Minuten. *16 Hörnchen/pro Stück: 183 Kalorien = 766 Joule.*

Butter-, Streusel-, Apfel- oder Pflaumenkuchen

(Abb. S. 411)

	Für den Teig
1 Päckchen Dr. Oetker Hefe	
1 Teel. Zucker	mit 5 Eßl. von
$^{1}/_{4}$ l lauwarmer Milch	sehr sorgfältig anrühren, 15 Minuten bei Zimmertemperatur stehenlassen
	$^{2}/_{3}$ von
500 g Weizenmehl	in eine Rührschüssel sieben, in die Mitte eine Vertiefung eindrücken
75 g Zucker	
1 Päckchen Dr. Oetker Vanillin-Zucker	
Salz	
75 g zerlassene Butter oder Margarine	an den Rand des Mehls geben
	die Hefe in die Vertiefung geben, mit Mehl und den übrigen Zutaten verrühren, den Teig so lange schlagen, bis er Blasen wirft, das restliche Mehl unterkneten
	den Teig so lange an einem warmen Ort stehenlassen, bis er etwa doppelt so hoch ist, gut durchkneten, auf einem mit
Butter oder Margarine	gefetteten Backblech ausrollen, vor den Teig ein mehrfach umgeknicktes Stück
Dr. Oetker alufolie	legen
	für den **Butterkuchen**
125 g Butter oder Margarine	in Flöckchen gleichmäßig auf den Teig setzen oder zerlassen darauf streichen
75 g Zucker	
1 Päckchen Dr. Oetker Vanillin-Zucker	mischen, darüber streuen
50 g SCHWARTAU-Mandeln, gehobelt	gleichmäßig darüber verteilen, den Teig nochmals an einem warmen Ort stehenlassen, bis er etwa doppelt so hoch ist, erst dann in den Backofen schieben
Gas:	5 Minuten vorheizen 4–5, backen 4–5
Strom:	200–225
Backzeit:	Etwa 15 Minuten
Veränderung:	$^{1}/_{4}$ l Sahne steif schlagen und sofort nach dem Backen gleichmäßig auf den Butterkuchen streichen

	für den **Streuselkuchen**
300 g Weizenmehl	in eine Rührschüssel sieben, mit
150 g Zucker	
1 Päckchen	
Dr. Oetker Vanillin-Zucker	
gemahlenem Zimt	mischen
200 g Butter oder Margarine	in Flöckchen dazugeben, alle Zutaten mit den Händen oder mit 2 Gabeln zu Streuseln vermengen, gleichmäßig auf dem Teig verteilen den Teig nochmals an einem warmen Ort stehenlassen, bis er etwa doppelt so hoch ist, erst dann in den Backofen schieben
Backzeit:	15–25 Minuten (Schalterstellung wie Butterkuchen)
	für den **Apfelkuchen**
1½ kg Äpfel	schälen, vierteln, entkernen, in dicke Scheiben schneiden, gleichmäßig auf den Teig legen den Teig nochmals an einem warmen Ort stehenlassen, bis er etwa doppelt so hoch ist, erst dann in den Backofen schieben
Backzeit:	20–30 Minuten (Schalterstellung wie Butterkuchen) den etwas ausgekühlten Kuchen mit
Zucker	bestreuen
	für den **Pflaumenkuchen**
2 kg Pflaumen	waschen, gut abtropfen lassen, einzeln mit einem Tuch abreiben, entsteinen, mit der Innenseite nach oben auf den Teig legen den Teig nochmals an einem warmen Ort stehenlassen, bis er etwa doppelt so hoch ist, erst dann in den Backofen schieben
Backzeit:	20–30 Minuten (Schalterstellung wie Butterkuchen) den etwas ausgekühlten Kuchen mit)
Zucker	bestreuen.

24 Stücke/pro Stück: 185 Kalorien = 774 Joule (Butterkuchen)
24 Stücke/pro Stück: 254 Kalorien = 1063 Joule (Streuselkuchen)
24 Stücke/pro Stück: 157 Kalorien = 657 Joule (Apfelkuchen)
24 Stücke/pro Stück: 173 Kalorien = 724 Joule (Pflaumenkuchen).

Brot-Pizza

	Aus
1 Packung Dr. Oetker Brotmischung Bauern-Brot	
$^{1}/_{5}$ l (200 ccm) lauwarmem Wasser	nach der Vorschrift auf der Packung einen Teig zubereiten und gehen lassen
	für den Belag
250 g Zwiebeln	abziehen, würfeln
2 Eßl. Speiseöl	erhitzen, die Zwiebelwürfel mit
4 Eßl. Tomatenmark (aus der Tube)	darin glasig dünsten lassen
500 g Tomaten	kurze Zeit in kochendes Wasser legen, in kaltem Wasser abschrecken, enthäuten, in Scheiben schneiden
200 g Champignonscheiben (aus der Dose)	abtropfen lassen
200 g Salamischeiben	in Viertel schneiden
275 g Gouda-Käse (Scheiben)	in Streifen schneiden, nach Belieben
3–4 Peperoni (aus dem Glas)	entkernen, in kleine Stücke schneiden
	den Teig mit
Weizenmehl	bestäuben, aus der Schüssel nehmen, kurz durchkneten, auf einem gefetteten Backblech etwa $2^{1}/_{2}$ cm dick ausrollen und einen mehrfach umgeknickten Streifen
Dr. Oetker alufolie	vor den Teig legen die Zwiebelmasse gleichmäßig auf den Teig streichen Champignons, Salami, Käse, Tomatenscheiben und Peperonistücke darüber verteilen, mit
Pfeffer *Oregano*	bestreuen die Pizza mit einem Küchentuch abdecken, nochmals etwa 15 Minuten an einem warmen Ort gehen lassen
Gas:	5 Minuten vorheizen 3–4, backen 3–4
Strom:	175–200
Backzeit:	20–30 Minuten.
	24 Stücke/pro Stück: 177 Kalorien = 741 Joule.

Gedeckter Apfelkuchen

	Für den Teig
1 Päckchen Dr. Oetker Hefe	
1 Teel. Zucker	mit 5 Eßl. von
$^{1}/_{5}$ l (200 ccm) lauwarmer Milch	sehr sorgfältig anrühren, 15 Minuten bei Zimmertemperatur stehenlassen $^{2}/_{3}$ von

500 g Weizenmehl	in eine Rührschüssel sieben, in die Mitte eine Vertiefung eindrücken
100 g Zucker	
1 Päckchen Dr. Oetker Vanillin-Zucker	
Salz	
100 g zerlassene Margarine (z. B. Sanella)	
1 Ei	an den Rand des Mehls geben
	die Hefe in die Vertiefung geben, mit Mehl, den übrigen Zutaten, der restlichen Milch verrühren, den Teig so lange schlagen, bis er Blasen wirft, das restliche Mehl unterkneten
	sollte der Teig kleben, noch etwas Mehl hinzugeben (aber nicht zu viel, Teig muß weich bleiben)
	den Teig so lange an einem warmen Ort stehenlassen, bis er etwa doppelt so hoch ist
	für die Füllung
75 g Rosinen	waschen, gut abtropfen lassen
2 kg Äpfel (z. B. Boskop)	schälen, vierteln, entkernen, in Stücke schneiden, mit
75 g Zucker	
1 Päckchen Dr. Oetker Vanillin-Zucker	
1 gestrichenen Teel. gemahlenem Zimt	und den Rosinen unter Rühren dünsten, kalt stellen
	den Teig gut durchkneten, 2/3 davon auf einem mit
Butter oder Margarine	gefetteten Backblech ausrollen, an den Rändern etwas hochdrücken, die Füllung auf dem Teig verteilen, glattstreichen
	den restlichen Teig in der Größe des Backblechs ausrollen, auf die Füllung legen, an den Seiten gut andrücken, die Teigplatte mit einer Gabel mehrmals einstechen, den Teig nochmals an einem warmen Ort stehenlassen, bis er etwa doppelt so hoch ist, erst dann in den Backofen schieben
Gas:	5 Minuten vorheizen 4–5, backen 4–5
Strom:	200–225
Backzeit:	15–20 Minuten
	für den Guß
125 g Puderzucker	sieben, mit
etwa 2 Eßl. Zitronensaft	glattrühren, so daß eine dickflüssige Masse entsteht, den erkalteten Kuchen damit bestreichen.
Veränderung:	Anstelle des Gusses den Teig vor dem Backen mit 50 g weicher Butter bestreichen, mit 75 g Zucker, vermischt mit 2 Messerspitzen gemahlenem Zimt, bestreuen.
	24 Stücke/pro Stück: 220 Kalorien = 920 Joule.

Zopf

1 Päckchen Dr. Oetker Hefe	
1 Teel. Zucker	mit
6 Eßl. lauwarmer Milch	sehr sorgfältig anrühren, 15 Minuten bei Zimmertemperatur stehenlassen
	$^2/_3$ von
500 g Weizenmehl	in eine Rührschüssel sieben, in die Mitte eine Vertiefung eindrücken
75 g Zucker	
1 gestrichenen Teel. Salz	
$^1/_2$ Fläschchen Dr. Oetker Rum-Aroma	
3 Tropfen Dr. Oetker Backöl Zitrone	
3 Tropfen Dr. Oetker Backöl Bittermandel	
1 Messerspitze gemahlenen Kardamom	
1 Messerspitze gemahlene Muskatblüte	
200 g zerlassene Margarine (z. B. Sanella)	
2 Eier	
1 Eiweiß	an den Rand des Mehls geben
	die Hefe in die Vertiefung geben, mit Mehl und den übrigen Zutaten verrühren, den Teig so lange schlagen, bis er Blasen wirft
125 g Rosinen, 125 g Korinthen	beide Zutaten waschen, gut abtropfen lassen
50 g SCHWARTAU-Mandeln, gemahlen	
50 g SCHWARTAU-Sukkade (Zitronat)	
	alle Zutaten mit dem restlichen Mehl unterkneten
	sollte der Teig kleben, noch etwas Mehl hinzufügen (aber nicht zu viel, Teig muß weich bleiben)
	den Teig so lange an einem warmen Ort stehenlassen, bis er etwa doppelt so hoch ist, gut durchkneten
	aus $^2/_3$ des Teiges 3 etwa 40 cm lange Rollen formen, als Zopf auf ein mit
Butter oder Margarine	gefettetes Backblech legen, mit einem Rollholz der Länge nach eine Vertiefung eindrücken

1 Eigelb	
1 Eßl. Milch	verschlagen, die Vertiefung mit etwas davon bestreichen von dem Rest des Teiges 3 etwa 35 cm lange Rollen formen, daraus einen Zopf flechten, auf den größeren legen, ebenfalls mit Eigelb bestreichen den Zopf nochmals an einem warmen Ort so lange stehenlassen, bis er sich sowohl in der Breite wie in der Höhe etwa um die Hälfte vergrößert hat, erst dann in den Backofen schieben
Gas:	3–4
Strom:	175–200
Backzeit:	Etwa 35 Minuten.
	20 Stücke/pro Stück: 260 Kalorien = 1088 Joule.

Bienenstich

1 Päckchen Dr. Oetker Hefe	
1 Teel. Zucker	mit
$^{1}/_{8}$ l lauwarmer Milch	sehr sorgfältig anrühren, 15 Minuten bei Zimmertemperatur stehenlassen $^{2}/_{3}$ von
500 g Weizenmehl	in eine Rührschüssel sieben, in die Mitte eine Vertiefung eindrücken
75 g Zucker	
1 Päckchen Dr. Oetker Vanillin-Zucker	
Salz	
100 g zerlassene Butter oder Margarine	
2 Eier	an den Rand des Mehls geben die Hefe in die Vertiefung geben, mit Mehl und den übrigen Zutaten verrühren, den Teig so lange schlagen, bis er Blasen wirft, das restliche Mehl unterkneten den Teig so lange an einem warmen Ort stehenlassen, bis er etwa doppelt so hoch ist, gut durchkneten, auf einem mit
Butter oder Margarine	gefetteten Backblech ausrollen
	für den Belag
100 g Butter	
150 g Zucker	
1 Päckchen Dr. Oetker Vanillin-Zucker	
2–3 Eßl. Milch	zerlassen
200 g SCHWARTAU-Mandeln, gehobelt	unterrühren, etwas abkühlen lassen, gleichmäßig auf dem Teig verteilen, vor den Teig ein mehrfach umgeknicktes Stück
Dr. Oetker alufolie	legen

bitte umblättern

den Teig nochmals an einem warmen Ort stehenlassen, bis er etwa doppelt so hoch ist, erst dann in den Backofen schieben

Gas: 5 Minuten vorheizen 4–5, backen 4–5
Strom: 200–225
Backzeit: Etwa 15 Minuten

für die Füllung aus

1/2 l Milch
1 Päckchen
Dr. Oetker Torten-Creme-Pulver
1 Päckchen
Dr. Oetker Vanillin-Zucker
250 g Butter
oder Margarine bester Qualität eine Vanille-Buttercreme nach der Vorschrift auf dem Päckchen zubereiten

das erkaltete Gebäck waagerecht durchschneiden, mit der Creme füllen.

24 Stücke/pro Stück: 364 Kalorien = 1523 Joule.

Kartoffelpüfferchen mit Hefe

1 Päckchen Dr. Oetker Hefe
1 Teel. Zucker mit
1/8 l lauwarmer Milch sehr sorgfältig anrühren, 15 Minuten bei Zimmertemperatur stehenlassen
1 kg Kartoffeln schälen, waschen, reiben
2 Eier
2 gestrichene Teel. Salz und die Hälfte von
500 g Weizenmehl unterrühren, die Hefe und das restliche Mehl dazugeben
250 g Rosinen waschen, gut abtropfen lassen, unterrühren

den Teig an einem warmen Ort etwa 1 Stunde gehen lassen, ihn gut durchschlagen, etwas von

200 g Speiseöl in einer Stielpfanne erhitzen, den Teig eßlöffelweise hineingeben, die Püfferchen auf beiden Seiten goldbraun backen.

Gesamtmenge: 5364 Kalorien = 22421 Joule.

Berliner Ballen

1 Päckchen Dr. Oetker Hefe	
1 Teel. Zucker	mit
1/8 l lauwarmer Milch	sehr sorgfältig anrühren, 15 Minuten bei Zimmertemperatur stehenlassen
	2/3 von
500 g Weizenmehl	in eine Rührschüssel sieben, in die Mitte eine Vertiefung eindrücken
30 g Zucker	
1 Päckchen Dr. Oetker Vanillin-Zucker	
3 Tropfen Dr. Oetker Backöl Bittermandel	
1 gestrichenen Teel. Salz	
100 g zerlassene Margarine (z. B. Sanella)	
2 Eier, 1 Eigelb	an den Rand des Mehls geben
	die Hefe in die Vertiefung geben, mit Mehl und den übrigen Zutaten verrühren, den Teig so lange schlagen, bis er Blasen wirft, das restliche Mehl unterkneten, sollte der Teig kleben, noch etwas Mehl hinzufügen (aber nicht zu viel, Teig muß weich bleiben)
	den Teig so lange an einem warmen Ort stehenlassen, bis er etwa doppelt so hoch ist, gut durchkneten, etwa 1/2 cm dick ausrollen, auf der einen Teighälfte mit einem Metallring (Durchmesser etwa 7 cm) Kreise leicht andeuten, den Rand dieser Kreise dünn mit
Eiweiß	bestreichen, in die Mitte
etwas Konfitüre	legen, die leere Teighälfte darüber klappen, den Teig ausstechen, die Teigränder gut zusammendrücken
	die Teigbällchen auf ein mit
Weizenmehl	bestäubtes Backbrett legen, nochmals an einem warmen Ort so lange stehenlassen, bis sie etwa doppelt so hoch sind
	die Bällchen schwimmend in siedendem
Ausbackfett (Speiseöl, Schweineschmalz oder Kokosfett)	auf beiden Seiten hellbraun backen, mit einem Schaumlöffel herausnehmen, auf einem Kuchenrost abtropfen lassen, in
Zucker	wälzen.
	16 Berliner Ballen/pro Stück: 260 Kalorien = 1088 Joule.

Zwetschen-Krapfen

Für den Teig

1 Päckchen Dr. Oetker Hefe
1 Teel. Zucker mit
1/8 l lauwarmer Milch sehr sorgfältig anrühren, 15 Minuten bei Zimmertemperatur stehenlassen

2/3 von
500 g Weizenmehl in eine Rührschüssel sieben, in die Mitte eine Vertiefung eindrücken
30 g Zucker
1 Päckchen Dr. Oetker Vanillin-Zucker
100 g zerlassene Butter oder Margarine
3 Eier an den Rand des Mehls geben

die Hefe in die Vertiefung geben, mit Mehl und den übrigen Zutaten verrühren, den Teig so lange schlagen, bis er Blasen wirft, das restliche Mehl unterkneten, sollte der Teig kleben, noch etwas Mehl hinzugeben (aber nicht zu viel, Teig muß weich bleiben)

den Teig so lange an einem warmen Ort stehenlassen, bis er etwa doppelt so hoch ist

für die Füllung
20 Zwetschen waschen, abtropfen lassen, entsteinen, mit
15 g Zucker bestreuen
75 g SCHWARTAU-Marzipan-Rohmasse mit
25 g Puderzucker verkneten, zu einer daumendicken Rolle formen, diese in 20 Scheiben schneiden, in jede Zwetsche eine Scheibe legen, etwas zusammendrücken

den Teig gut durchkneten, zu einer dicken Rolle formen, diese in 20 Scheiben schneiden, etwas flach drücken, auf jede Teigscheibe eine Zwetsche legen, den Teig darüber zusammendrücken, rund formen

die Bällchen auf ein gut bemehltes Teigbrett legen, an einem warmen Ort so lange stehenlassen, bis sie etwa doppelt so hoch sind

die Bällchen schwimmend in siedendem
Ausbackfett (Speiseöl, Schweineschmalz oder Kokosfett) auf beiden Seiten hellbraun backen, mit einem Schaumlöffel herausnehmen, auf einen Kuchenrost zum Abtropfen legen
125 g Zucker mit
2 Messerspitzen gemahlenem Zimt mischen, die Krapfen darin wälzen.

20 Zwetschen-Krapfen/pro Stück: 266 Kalorien = 1113 Joule.

FÜLLUNGEN UND GÜSSE FÜR KUCHEN, TORTEN UND KLEINGEBÄCK

Zum Füllen und Garnieren von Torten und anderem Gebäck wird gern Buttercreme verwendet. Bei der Herstellung der Buttercreme, die aus Pudding und schaumig gerührter Butter oder Margarine besteht, muß unbedingt darauf geachtet werden, daß der Pudding keine Klumpen enthält. Sollte das einmal der Fall sein, muß er durch ein Sieb gestrichen werden, andernfalls entstehen beim Spritzen Schwierigkeiten; die Klümpchen verstopfen nämlich die Tülle. Aus dem gleichen Grunde ist eine Hautbildung auf dem Pudding unerwünscht, man rührt ihn deswegen während des Erkaltens ab und zu durch.

Der Zusatz von Kokosfett zur Buttercreme ist nicht unbedingt erforderlich. Die Creme gerät auch so, wird aber durch Kokosfett etwas fester. Man gibt das Kokosfett an den heißen Pudding und läßt es darin zergehen.

Die für die Creme angegebene Butter oder Margarine wird, bevor man den Pudding zugibt, schaumig gerührt. Sollte das Fett ziemlich fest sein, darf man es nicht zerlassen, sondern zerstößt es mit dem Rührlöffel in kleine Stücke und beginnt dann mit dem Rühren. Sobald das Fett wirklich schaumig ist – am herausgezogenen Rührlöffel bleibt das Fett in kleinen Spitzen hängen –, rührt man eßlöffelweise den Pudding darunter. Und hier muß man sehr vorsichtig sein; der Pudding soll weder zu kalt noch zu warm sein, am besten hat er eine Temperatur von 20–22° C. Bei der Zugabe von zu kaltem Pudding tritt nämlich die sogenannte „Gerinnung“ ein. Das Fett bleibt dann nicht geschmeidig, sondern setzt sich durch die Kälte des Puddings in kleinen Klümpchen ab. Sollte der Pudding zu warm sein, wird das Fett zu weich, unter Umständen sogar flüssig, und die Creme läßt sich nicht einwandfrei spritzen, sondern zerläuft.

Falls die Buttercreme trotz vorsichtigen Arbeitens einmal gerinnt, kann man sie durch Wärme wieder in Ordnung bringen, indem man 1–2 Eßl. zerlassenes, sehr heißes Kokosfett unter die Buttercreme rührt.

Bei der Herstellung von Buttercreme muß noch auf eine Fehlerquelle hingewiesen werden. In vereinzelten Fällen konnte beobachtet werden, daß Buttercreme nach kürzerem oder längerem Stehen anfing flüssig zu werden, sogar, wenn die Gebäcke schon damit verziert waren. Hier wurde bei der Herstellung des Puddings die Unachtsamkeit begangen, daß man den Pudding mit einem Löffel in Berührung brachte oder umrührte, den man vorher im Mund gehabt hatte. Dadurch besteht nämlich die Gefahr, daß die im Pudding enthaltene Stärke abgebaut wird und eine Verflüssigung eintritt. Die Ursache dafür sind die im menschlichen Speichel enthaltenen Wirkstoffe (Enzyme), von denen schon ganz geringe Mengen die Beschaffenheit einer stärkehaltigen Speise völlig verändern können (s. S. 363 „Wie bleiben mit Stärke gedickte Nachspeisen steif und Suppen und Soßen dickflüssig?“).

Anregungen zum Spritzen von Buttercreme auf Torten siehe S. 459.

Vanille-, Mandel-, Sahne-, Himbeer- oder Zitronen-Buttercreme

1 Päckchen Dr. Oetker Pudding-Pulver Vanille-, Mandel-, Sahne-, Himbeer- oder Zitrone-Geschmack	mit
100 g Zucker	mischen, mit 6 Eßl. von
1/2 l kalter Milch	anrühren, die übrige Milch zum Kochen bringen, das Pudding-Pulver unter Rühren hineingeben, kurz aufkochen lassen
evtl. 50 g Kokosfett (z. B. Biskin)	in den heißen Pudding rühren, kalt stellen, ab und zu umrühren
200 g Butter oder Margarine	schaumig rühren
*einige Tropfen Dr. Oetker Rum-Aroma**	und den erkalteten Pudding eßlöffelweise unterrühren (darauf achten, daß weder Fett noch Pudding zu kalt sind, da dann die sogenannte Gerinnung eintritt).
	Gesamtmenge: 2758 Kalorien = 11528 Joule.

Schlagsahne als Beigabe zu Obsttorten oder zum Spritzen

1/2 l Sahne (gut gekühlt)	in einer kalten Schüssel mit einem Schneebesen etwa 1/2 Minute schlagen
2 Päckchen Dr. Oetker Sahnesteif 1/2 Päckchen Dr. Oetker Vanillin-Zucker	mischen, unter ständigem Schlagen einstreuen, die Sahne vollkommen steif schlagen.
	Gesamtmenge: 1590 Kalorien = 6646 Joule.

Schlagschaum als Beigabe zu Obsttorten oder zum Spritzen

1/8 l kalte Milch	in ein hohes, becherartiges Gefäß geben
	den Inhalt aus
1 Päckchen Dr. Oetker Schlagschaum	hinzufügen, verrühren
	das Ganze mit einem elektrischen Handrührgerät (mit Rührbesen) auf höchster Stufe oder mit einem Schneebesen bis zur gewünschten Festigkeit schlagen.
	Gesamtmenge: 331 Kalorien = 1385 Joule.

* Bei Pudding-Pulver Zitrone-Geschmack einige Tropfen Dr. Oetker Backöl Zitrone zusetzen.

Mokka-Buttercreme

1 Päckchen Dr. Oetker Pudding-Pulver Vanille- oder Sahne-Geschmack	mit
100 g Zucker	mischen, mit 6 Eßl. von
½ l kalter Milch	anrühren, die übrige Milch zum Kochen bringen, das Pudding-Pulver unter Rühren hineingeben, kurz aufkochen lassen
2 schwach gehäufte Teel. Kaffee-Extraktpulver	unterrühren, kalt stellen, ab und zu umrühren
250 g Butter oder Margarine	schaumig rühren, den erkalteten Pudding eßlöffelweise unterrühren (darauf achten, daß weder Fett noch Pudding zu kalt sind, da dann die sogenannte Gerinnung eintritt).

Gesamtmenge: 2758 Kalorien = 11 528 Joule.

Füllung mit Dr. Oetker Torten-Creme-Pulver

½ l Milch	in eine Rührschüssel gießen den Inhalt aus
1 Päckchen Dr. Oetker Torten-Creme-Pulver	auf einmal zu der Milch geben, mit einem Schneebesen etwa 1 Minute schnell durchschlagen, bis eine gleichmäßige Creme entstanden ist
250 g Butter oder Margarine bester Qualität	mit einem elektrischen Handrührgerät oder mit dem Schneebesen **gut** schaumig rühren, die Creme nach und nach unter ständigem Rühren dazugeben die Buttercreme kann sofort zum Füllen und Garnieren von Torten, Rollen und Schnitten verwendet werden.

Gesamtmenge: 2791 Kalorien = 11 666 Joule.

Galetta-Buttercreme

3/8 l Milch von Zimmertemperatur	in eine Porzellanschüssel gießen
1 Päckchen Dr. Oetker Galetta Vanille-Geschmack oder Schokolade	auf einmal zu der Milch geben
25 g Zucker	hinzufügen, so lange mit einem Schneebesen schnell verrühren, bis eine gleichmäßige Creme entstanden ist (nach etwa 1 Minute)
200 g Butter oder Margarine	schaumig rühren, eßlöffelweise die Puddingcreme hinzufügen zuletzt
25 g kochendheißes Kokosfett	unter die Buttercreme rühren.

Gesamtmenge: 2408 Kalorien = 14065 Joule mit Galetta-Vanille.
2465 Kalorien = 10304 Joule mit Galetta-Schokolade.

Vanille- oder Mandelcreme

3 gestrichene Teel. Dr. Oetker Gelatine gemahlen, weiß	mit
2 Eßl. kaltem Wasser	anrühren, 10 Minuten zum Quellen stehenlassen
1 Päckchen Dr. Oetker Pudding-Pulver Vanille- oder Mandel-Geschmack	
100 g Zucker	mischen, mit 6 Eßl. von
3/4 l kalter Milch	anrühren, die übrige Milch zum Kochen bringen, von der Kochstelle nehmen, das Pudding-Pulver unter Rühren hineingeben, kurz aufkochen lassen die Gelatine in die heiße Creme geben, so lange rühren, bis sie gelöst ist die Creme kalt stellen, ab und zu umrühren.

Gesamtmenge: 1057 Kalorien = 4418 Joule.

Schaschlik, Rezept Seite 203

ZUCKERGÜSSE

Zum Überziehen verschiedener Gebäcke Güsse bereiten, die aus Puderzucker und Flüssigkeit (Wasser, Milch, Zitronensaft, Kaffee) oder Eiweiß hergestellt werden. Der Geschmack kann durch Zugabe der Dr. Oetker Backöle oder Aromen in verschiedenen Geschmacksarten oder durch Zusatz von Kakao verändert werden.
Um einen einwandfreien, glatten Guß zu erzielen, den Puderzucker vor der Verwendung sieben. Bei Verwendung von Kakao, diesen mit Puderzucker sieben.
Die Flüssigkeit am besten heiß zum Puderzucker geben, und zwar von der Mitte aus langsam in den Zucker rühren. Wichtig ist dabei, daß die Flüssigkeit wirklich langsam und in kleinen Mengen (am besten eßlöffelweise) zugesetzt wird. Zu flüssiger Guß läßt sich nur schwer in Ordnung bringen, da zu viel Puderzucker gebraucht wird.
Der Guß hat die richtige Beschaffenheit, wenn er dickflüssig ist (Ringe schreiben, die nicht wieder zerlaufen).
Zu flüssiger Guß läuft vom Gebäck herunter, zu dicker Guß läßt sich nicht richtig verstreichen.
Um das Einsickern des Gusses in Biskuittortenböden zu vermeiden, sie vorher dünn mit glatter Konfitüre oder Marmelade bestreichen.

Schnee zum Überbacken
(Baiser)

2 Eiweiß steif schlagen, es muß so fest sein, daß ein Messerschnitt sichtbar bleibt
darunter nach und nach eßlöffelweise
100 g feinkörnigen Zucker schlagen
die Baisermasse auf den fertigen Kuchen streichen oder in Form eines Gitters darauf spritzen
den Guß bei nicht zu starker Oberhitze trocknen, leicht bräunen lassen.

Gesamtmenge: 482 Kalorien = 2017 Joule.

Schokoladen-Zuckerguß mit Fettzusatz

200 g Puderzucker
30 g Kakao mischen, sieben, mit
etwa 3 Eßl. heißer Milch glattrühren, so daß eine dickflüssige Masse entsteht
25 g zerlassene Butter oder zerlassenes Kokosfett unterrühren.

Gesamtmenge: 1172 Kalorien = 4896 Joule.

Glühwein, Rezept Seite 358
Rotweinpunsch, Rezept Seite 358 · Grog, Rezept Seite 358

Zitronen-Zuckerguß

200 g Puderzucker sieben, mit
2–3 Eßl. Zitronensaft oder
2–3 Eßl. heißem Wasser und
einigen Tropfen
Dr. Oetker Backöl Zitrone glattrühren, so daß eine dickflüssige Masse entsteht.

Gesamtmenge: 835 Kalorien = 3495 Joule.

Schokoladen-Zuckerguß

200 g Puderzucker mit
30 g Kakao mischen, sieben, mit
etwa 3 Eßl. heißem Wasser glattrühren, so daß eine dickflüssige Masse entsteht.

Gesamtmenge: 955 Kalorien = 3996 Joule.

Eiweiß-Zuckerguß

1 Eiweiß mit
175 g gesiebtem Puderzucker glattrühren
1 walnußgroßes Stück Butter zerlassen, hinzufügen

sollte der Guß zu fest sein und sich schlecht verstreichen lassen, noch einige Tropfen Wasser hinzugeben.

Gesamtmenge: 837 Kalorien = 3502 Joule.

Rum-Zuckerguß

200 g Puderzucker sieben, mit
1 Fläschchen
Dr. Oetker Rum-Aroma
etwa 2 Eßl. heißem Wasser glattrühren, so daß eine dickflüssige Masse entsteht.

Gesamtmenge: 820 Kalorien = 3431 Joule.

Zuckerguß

200 g Puderzucker sieben, mit so viel
heißem Wasser glattrühren, daß eine dickflüssige Masse entsteht.

Gesamtmenge: 820 Kalorien = 3431 Joule.

REZEPTE FÜR DIABETIKER

Dem Zuckerkranken ist es im allgemeinen versagt, Gebäck und Süßigkeiten zu genießen. Oft hat er aber ein ausgesprochenes Verlangen danach. Um dieses befriedigen zu können, ohne gegen das Verbot des Zuckergenusses zu verstoßen, bedarf es der Bereitung solcher Speisen nach besonderen Vorschriften. Die folgenden Rezepte, bei denen der Zucker durch Sionon oder Süßstoff ersetzt ist, schaffen die Möglichkeit, daß jeder Zuckerkranke Kuchen und Süßspeisen essen kann.

DIABETIKER-GEBÄCKE UND SÜSS-SPEISEN

Leckeres Backwerk und Süß-Speisen für Diabetiker sind nicht nur eine köstliche Überraschung auf seinem Speisezettel, sondern sie tragen gleichzeitig dazu bei, daß die Kost des Diabetikers genau so abwechslungsreich wie eine Normalkost ist.
Viele glauben zwar, Zuckerkranke müßten auf Süß-Speisen verzichten – ein Verzicht, der besonders auch für Kinder sehr schmerzlich wäre. Anstelle von normalem Zucker steht dem Diabetiker für süße Speisen und Gebäcke SIONON „zuckersüß" zur Verfügung. SIONON (Zuckeraustauschstoff Sorbit) hat nur die halbe Süßkraft von Zucker. Durch die Zugabe kleiner Mengen des Süßstoffs Saccharin hat SIONON „zuckersüß" die gleiche Süßkraft des Zuckers.
SIONON „zuckersüß" ist back- und kochbeständig und kann in gleicher Menge wie normaler Haushaltszucker verarbeitet werden. Der physiologische Brennwert von SIONON „zuckersüß" beträgt wie bei Zucker 4 Kalorien bzw. 17 Joule pro Gramm.

Nach der neuen Diät-Verordnung werden Zuckeraustauschstoffe (also Sorbit, Fruchtzucker und Xylit) in die BE-Berechnung einbezogen. Das ist ein rein rechnerischer Vorgang, der keine Veränderung bezüglich der Verträglichkeit mit sich bringt. Alle BE-Angaben dieses Buches entsprechen der neuen Vorschrift. Zur Verdeutlichung wird durchweg der Ausdruck „neue BE" verwendet.

GEBÄCK

Sandkuchen

75 g Butter	schaumig rühren, nach und nach
65 g SIONON „zuckersüß"	
2 Eier	
2 Tropfen	
Dr. Oetker Backöl Zitrone	hinzugeben
100 g Weizenmehl	
25 g Dr. Oetker Gustin	
3 g (1 gestrichener Teel.)	
Dr. Oetker Backpulver Backin	mischen, sieben, eßlöffelweise unterrühren
	den Teig in eine mit
Butter oder Margarine	gefettete, mit Papier ausgelegte Dr. Oetker Klein-Kastenform füllen
Gas:	2–3
Strom:	165–185
Backzeit:	Etwa 55 Minuten.
Ergebnis:	1 Sandkuchen = 16 Stücke
Pro Stück:	*1,6 g E, 4,8 g F, 10,2 g KH = $^{8}/_{10}$ neue BE*
	91 Kalorien = 380 Joule.

Schichtkuchen
(als Kleingebäck)

125 g weiche Butter	schaumig rühren, nach und nach
125 g SIONON „zuckersüß"	
1 Ei, 2 Eigelb	
1 Eßl. Rum	hinzugeben
75 g Weizenmehl	
50 g Dr. Oetker Gustin	
4 g (1 schwach gehäufter Teel.)	
Dr. Oetker Backpulver Backin	mischen, sieben, eßlöffelweise unterrühren
2 Eiweiß	steif schlagen, zuletzt unter den Teig heben
	1 Eßl. des Teiges in eine mit Papier ausgelegte Kastenform (17 x 7 cm) mit einem Pinsel streichen, hellbraun grillen
Grillzeit	
Gas:	Etwa 2 Minuten
Strom:	Etwa 2 Minuten
	auf die gebackene Schicht wieder 1 Eßl. Teig streichen, hellbraun grillen, und auf diese Weise den ganzen Teig verarbeiten (Einschubhöhe zwischen Grill und Teigschicht 20 cm)
	den gut ausgekühlten Kuchen mit
SIONON „zuckersüß"	bestreuen, zuerst in 1 cm breite Streifen, diese dann in Stückchen schneiden
Gesamtergebnis:	*30,5 g E, 121,5 g F, 227,5 g KH = 18 9/10 neue BE* *2221 Kalorien = 9268 Joule.*

Kokosberge

65 g Butter	schaumig rühren, nach und nach
50 g SIONON „zuckersüß"	
1 Ei	hinzugeben
65 g Weizenmehl	
30 g Dr. Oetker Gustin	
3 g (1 gestrichener Teel.)	
Dr. Oetker Backpulver Backin	mischen, sieben, eßlöffelweise unterrühren
50 g Kokosraspeln	zuletzt unter den Teig heben, mit 2 Teelöffeln Häufchen auf ein mit
Butter oder Margarine	gefettetes Backblech setzen
Gas:	5 Minuten vorheizen 3–4, backen 3–4
Strom:	175–200
Backzeit:	Etwa 10 Minuten.
Gesamtergebnis:	*19,3 g E, 93,5 g F, 132,1 g KH = 11 neue BE* *1480 Kalorien = 6144 Joule.*

Apfeltaschen

	Für die Füllung
100 g Äpfel (vorbereitet gewogen)	schälen, vierteln, entkernen, in feine Scheiben schneiden, wiegen, mit
10 g SIONON „zuckersüß“	unter Rühren leicht dünsten lassen, kalt stellen
	für den Teig
25 g Speisequark	
1 Eßl. Milch	
1 Eßl. Speiseöl	
15 g SIONON „zuckersüß“	
Salz	verrühren
50 g Weizenmehl	
3 g (1 gestrichener Teel.) Dr. Oetker Backpulver Backin	mischen, sieben, die Hälfte davon unter den Quark rühren, den Rest des Mehls unterkneten den Teig dünn ausrollen, 4 runde Platten (Durchmesser etwa 10 cm) ausstechen die eine Hälfte jeder Teigplatte mit etwas Apfelfüllung belegen, die andere Teighälfte darüber klappen die Taschen an den Rändern mit einem Backölfläschchen gut andrükken, auf ein mit
Butter oder Margarine	gefettetes Backblech legen, mit
Milch	bestreichen
Gas:	3–4
Strom:	175–200
Backzeit:	Etwa 15 Minuten.
Ergebnis:	4 Apfeltaschen
Pro Apfeltasche:	*2,5 g E, 2,85 g F, 19,2 g KH = 1 6/10 neue BE* *115 Kalorien = 481 Joule.*

Biskuitrolle

	Für den Teig
2 Eigelb	
2 Eßl. warmes Wasser	mit einem Schneebesen schaumig schlagen, nach und nach
50 g SIONON „zuckersüß“	hinzugeben, so lange schlagen, bis eine cremeartige Masse entstanden ist
2 Eiweiß	steif schlagen, auf die Eigelbcreme geben
50 g Weizenmehl	
25 g Dr. Oetker Gustin	
3 g (1 gestrichener Teel.) Dr. Oetker Backpulver Backin	mischen, darüber sieben, unter die Eigelbcreme ziehen (nicht rühren) den Teig auf ein mit Pergamentpapier belegtes Backblech streichen (reicht für die Hälfte eines Blechs von 32 x 46 cm)

	damit der Teig an der offenen Seite nicht auslaufen kann, das Papier unmittelbar vor dem Teig zur Falte knicken, so daß ein Rand entsteht, sofort backen
Gas:	5 Minuten vorheizen 4–5, backen 4–5
Strom:	200–225
Backzeit:	Etwa 8 Minuten den Biskuit nach dem Backen auf ein Papier stürzen, das Backpapier mit kaltem Wasser bestreichen, vorsichtig, aber schnell abziehen den Biskuit von der längeren Seite her mit der Papierunterlage aufrollen, kalt stellen
	für die Füllung
8 g Dr. Oetker Soßen-Pulver Vanille-Geschmack (1/2 Päckchen)	mit
25 g SIONON „zuckersüß" *1 Ei*	in einem kleinen Kochtopf anrühren
50 ccm Milch *50 ccm Wasser*	hinzufügen, unter Rühren zum Kochen bringen, kurz aufkochen lassen
1/2 Fläschchen Dr. Oetker Rum-Aroma *30 g Butter oder Margarine*	hinzufügen, kalt stellen, ab und zu durchrühren die ausgekühlte Rolle vorsichtig auseinanderrollen, mit 2/3 der Creme bestreichen, aufrollen, die äußere braune Haut entfernen, die Rolle mit der restlichen Creme bestreichen, mit
10 g gebräunten Spaltmandeln	bestreuen.
Ergebnis:	1 Biskuitrolle = 15 Stücke
Pro Stück:	*2 g E, 3,3 g F, 9,8 g KH = 8/10 neue BE* *80 Kalorien = 334 Joule.*

Quarkstollen

200 g Weizenmehl *9 g (3 gestrichene Teel.) Dr. Oetker Backpulver Backin*	mischen, auf eine Tischplatte sieben, in die Mitte eine Vertiefung eindrücken
80 g SIONON „zuckersüß" *3 Tropfen Dr. Oetker Backöl Zitrone* *1/2 Fläschchen Dr. Oetker Rum-Aroma* *1 Ei*	hineingeben, mit einem Teil des Mehls zu einem dicken Brei verarbeiten
60 g Margarine (z. B. Sanella)	in Stücke schneiden
75 g Speisequark	
50 g Rosinen	waschen, gut abtropfen lassen

bitte umblättern

100 g SCHWARTAU-Mandeln, gemahlen

alle Zutaten auf den Brei geben, die Früchte mit Mehl bedecken, von der Mitte aus alle Zutaten schnell zu einem glatten Teig verkneten den Teig zu einem Stollen formen, auf ein mit

Butter oder Margarine gefettetes Backblech legen

Gas: 2–3

Strom: vorheizen 250, backen 160–180

Backzeit: Etwa 40 Minuten

den Stollen sofort nach dem Backen mit

10 g zerlassener Butter oder Margarine bestreichen, mit

etwas SIONON „zuckersüß" bestäuben.

Ergebnis: 1 Stollen = 20 Stücke

Pro Stück: *3,1 g E, 6 g F, 15 g KH = $1^{1}/_{4}$ neue BE*
129 Kalorien = 540 Joule.

SÜSS-SPEISEN

Weincreme
(für 2 Personen)

1 gestrichener Teel. Dr. Oetker Gelatine gemahlen, weiß mit

1 Eßl. kaltem Wasser anrühren, 10 Minuten zum Quellen stehenlassen

1 gehäufter Teel. Dr. Oetker Gustin
20 g SIONON „zuckersüß"
$^{1}/_{8}$ l Weißwein
1 Ei in einem kleinen Kochtopf gut verrühren, die Zutaten unter kräftigem Schlagen mit einem Schneebesen erhitzen, bis reichlich Dampf hochsteigt, so lange weiterschlagen, bis die Masse gebunden ist (es muß eine dicke Kochblase aufsteigen), die gequollene Gelatine unterrühren, nach Belieben mit

1 Teel. Zitronensaft abschmecken, in zwei Portionsschälchen füllen, erkalten lassen.

Pro Person: *4,8 g E, 3,0 g F, 13,75 g KH = $1^{2}/_{10}$ neue BE*
147 Kalorien = 615 Joule.

Mokkacreme
(für 2 Personen)

2 gestrichene Teel. Dr. Oetker Gelatine gemahlen, weiß	mit
2 Eßl. kaltem Wasser	anrühren, 10 Minuten zum Quellen stehenlassen
50 ccm Wasser	hinzufügen, unter Rühren erwärmen, bis sich die Gelatine gelöst hat
15 g SIONON „zuckersüß"	
1 gut gehäuften Teel. Kaffee-Extraktpulver	darin auflösen
75 ccm Milch	hinzufügen, kalt stellen, sobald die Speise anfängt dicklich zu werden,
50 g Schlagsahne	unterheben, in 2 Portionsschälchen füllen.
Pro Person:	*4 g E, 8,8 g F, 10,15 g KH = $^{9}/_{10}$ neue BE* *137 Kalorien = 573 Joule.*

Joghurtgelee
(für 1 Person)

1 gestrichener Teel. Dr. Oetker Gelatine gemahlen, weiß	mit
1 Eßl. kaltem Wasser	anrühren, 10 Minuten zum Quellen stehenlassen, unter Rühren erwärmen, bis sie gelöst ist
15 g SIONON „zuckersüß"	hinzufügen
1 Töpfchen Joghurt (150 ccm)	mit einer Gabel verschlagen, nach und nach zur Gelatinelösung geben, mit
1 Teel. Zitronensaft	abschmecken, in ein Schälchen füllen, kalt stellen das Joghurtgelee mit
etwas geraspelter Diabetiker-Schokolade	bestreuen.
	9,9 g E, 36,4 g KH = 3 neue BE *177 Kalorien = 740 Joule.*

Vanillecreme
(für 2 Personen)

8 g ($^{1}/_{2}$ Päckchen) Dr. Oetker Soßen-Pulver Vanille-Geschmack	mit
15 g SIONON „zuckersüß"	
1 Eigelb	in einen kleinen Kochtopf geben, nach und nach
75 ccm Milch	
50 ccm Wasser	unterrühren die Zutaten unter Rühren erhitzen, einmal kurz aufkochen lassen
1 Eiweiß	zu steifem Schnee schlagen, unter den heißen Pudding heben, ihn noch einmal kurz aufkochen lassen.
Pro Person:	*14,9 g E, 4,4 g F, 13 g KH = $1^{1}/_{10}$ neue BE* *114 Kalorien = 476 Joule.*

Schokoladencreme
(für 2 Personen)

1 Päckchen Dr. Oetker Soßen-Pulver Schokoladensoße	mit
15 g SIONON „zuckersüß"	
1 Eigelb	in einen kleinen Kochtopf geben, nach und nach
75 ccm Milch	
50 ccm Wasser	unterrühren
	die Zutaten unter Rühren erhitzen, einmal kurz aufkochen lassen
1 Eiweiß	zu steifem Schnee schlagen, unter den heißen Pudding heben, ihn noch einmal kurz aufkochen lassen
½ geschälte Banane	in Scheiben schneiden, vorsichtig unterheben.
Pro Person:	*5,3 g E, 4,8 g F, 18,3 g KH = 1⁵⁄₁₀ neue BE* *147 Kalorien = 615 Joule.*

Göttercreme mit Milch
(für 1 Person)

1 gestrichenen Teel. Dr. Oetker Götterspeise Zitrone-Geschmack	mit
100 ccm kaltem Wasser	anrühren, 10 Minuten zum Quellen stehenlassen
20 g SIONON „zuckersüß"	hinzufügen, unter Rühren erwärmen (nicht kochen), bis sich alles gelöst hat, die Flüssigkeit so lange kalt stellen, bis sie dicklich ist
	die dickliche Götterspeise schaumig schlagen
2 Eßl. Milch	
1 Teel. Zitronensaft	unterschlagen
	die Creme in ein Schälchen füllen, kalt stellen.
Pro Person:	*2,6 g E, 1,05 g F, 22,3 g KH = 1⁹⁄₁₀ neue BE* *106 Kalorien = 446 Joule.*

HALTBARMACHEN VON LEBENSMITTELN

Wer das Glück hat, einen Obstgarten sei eigen zu nennen, für den ist es selbstverständlich, die Früchte des Sommers in geeigneter Form für den Winter haltbar zu machen. Aber auch wer keinen Garten hat, wirtschaftet vorteilhafter, wenn er das preiswerte Angebot von Früchten im Sommer ausnutzt und Kompott, Gelee und Marmelade für den Winter einkocht.

Wie gut ist eine Hausfrau dran, die, ohne Rücksicht auf die Jahreszeit, auf Witterung oder andere für die Obsternte wichtige Voraussetzungen, nur in die wohlgefüllte Vorratskammer zu gehen braucht, um ein Glas Kirschen für die Obsttorte, eine Flasche Saft für den Pudding oder Erdbeeren für ein köstliches Kompott zu holen.

ALLGEMEINE EINMACHREGELN FÜR OBST UND GEMÜSE

1. Zum Einmachen nur frisch geerntetes Obst und Gemüse verwenden.
2. Alle Früchte müssen der Verwendung entsprechende Reife haben und von bester Beschaffenheit sein. Überreife, fleckige und gedrückte Früchte eignen sich zum Einmachen nicht.
3. Zum Kochen der Früchte eignen sich sowohl Emaille- als auch Aluminiumtöpfe; Kupfer- und Messingkessel kommen nur dann in Frage, wenn keine Säure (Essig) verwendet wird. Sie werden überhaupt weniger gern zum Kochen der Früchte genommen, da die Zerstörung des Vitamins C in ihnen beschleunigt wird.
   Beschädigte Töpfe sind unbrauchbar.
4. Für Marmeladen und Gelees sind Gläser in der Größe von 3/8 bis 1/2 Liter besonders vorteilhaft. Alle Einkochgefäße und -geräte sollten ausschließlich für ihren besonderen Zweck verwendet werden, vor allem dürfen sie nicht mit Fett in Berührung kommen. Sie sind vor jedem Gebrauch mit heißem Wasser und den handelsüblichen Spülmitteln gründlich zu reinigen und in klarem Wasser nachzuspülen. Die Gläser auf ein Tuch stülpen, ablaufen und trocknen lassen.
5. Beim Arbeiten ist auf peinlichste Sauberkeit zu achten, jedes Krümchen Brot z. B., das in ein Einmachgefäß fällt, kann den Inhalt zum Gären, d. h. zum Verderben bringen.
6. Gekochte Früchte, Saft, Gelee usw. nicht im Kochgeschirr erkalten lassen, sondern heiß in die vorbereiteten Gläser, Töpfe oder Flaschen füllen. Um ein Springen der Gefäße zu vermeiden, sie vorwärmen oder beim Einfüllen auf ein feuchtes Tuch stellen.
7. Auf das erkaltete, nicht sterilisierte Eingemachte, ausgenommen Säfte, ein Stück Pergamentpapier oder Cellophan legen. Dazu runde Blättchen in der Größe der Oberfläche des Eingemachten schneiden, durch mit Wasser verdünnten reinen Alkohol, Kornbranntwein, Rum oder Essig ziehen, auf das Eingemachte legen, überall gut andrücken, mit etwas Dr. Oetker Einmach-Hilfe bestreuen. Die Einmach-Hilfe mit einem Pinsel verstreichen.
8. Zum Verschließen der Gefäße Pergamentpapier oder Cellophan verwenden. Dieses in kaltem Wasser anfeuchten, straff über die Öffnung legen, mit Bindfaden (Gummibändchen) festbinden.
9. Flaschen mit Gummikappen verschließen, vorher in Wasser auskochen.

EINKOCHEN

Beim Einkochen (Einsieden, Sterilisieren) werden vorhandene Keime durch Hitze getötet, das Eindringen neuer Keime wird aber durch den luftdichten Verschluß der Gläser verhindert. Für dieses Verfahren Patentgläser oder Steingutkrüge mit Gummiring- und Deckelverschluß verwenden, die sorgfältig zu reinigen und sauber zu halten sind. Gläser und Deckel mit abgestoßenen Rändern sowie fehlerhafte Gummiringe nicht verwenden, weil sie die Sicherheit des Verfahrens in Frage stellen.

Die Früchte werden möglichst dicht in Gläser gefüllt. Den Zucker dazwischenstreuen (100–200 g Zucker für 1 kg Obst) oder eine Zuckerlösung darüber gießen (für süßes Obst 1 l Wasser und 200 g Zucker, für saures Obst 1 l Wasser und 400–500 g Zucker). Bei saftreichen Früchten wie Rhabarber, Kirschen, Pfirsichen und Pflaumen die gekochte, abgekühlte Zuckerlösung nur bis zur Hälfte des Glases einfüllen, weniger saftreiches Obst muß damit bedeckt sein, weil es sonst braun wird. Gummiring und Deckel naß auf den gesäuberten Glasrand legen, mit einer Klammer festhalten.

Das Sterilisieren von Gemüse erfordert ganz besondere Vorsichtsmaßregeln. Das Gemüse vorher kochen, je nach seiner Beschaffenheit 5–15 Minuten in möglichst wenig Wasser und im offenen Topf. Nachdem das Gemüse abgekühlt ist, es in Gläser füllen, es mit Wasser bedecken. Als Kochwasser, abgekochtes Salzwasser oder abgekochtes, ungesalzenes Wasser verwenden, sich dabei nach den Wasserverhältnissen und den eigenen Erfahrungen richten. Abgekochtes, ungesalzenes Wasser ist immer zum Auffüllen geeignet. Die Gläser dürfen nicht zu voll und zu fest gefüllt sein, das Kochgut muß gut durchkochen können. Gummiring und Deckel naß auf den gesäuberten Glasrand legen.

Das Sterilisieren kann in einem der bekannten Einkochapparate erfolgen, wobei die Gläser auf den Einsatz gestellt und die Deckel durch Federn festgehalten werden. Es läßt sich aber auch jeder größere Emailletopf, ja sogar der Waschkessel verwenden, wenn auf seinen Boden ein Drahtuntersatz, ein Lattenrost oder alte Tücher gelegt werden. Die Gläser müssen in diesem Falle mit Bügeln verschlossen werden, sie dürfen sich auch nicht berühren.

Den Kessel mit Wasser, das die Wärme der gefüllten Gläser haben und bis zu ihrem Rand reichen muß, füllen. Im Spezial-Einkochtopf muß das Thermometer in das Wasser tauchen. Wird ein Einkochtopf verwendet, das Wasser so lange erhitzen, bis es die notwendige Temperatur erreicht hat.

Die nachfolgende Tabelle ist für den Spezial-Einkochtopf gedacht, sie soll nur als Beispiel dienen und erhebt keinen Anspruch auf Vollständigkeit. Ausführliche Angaben sind den Apparaten beigegeben und auch einzeln in allen einschlägigen Geschäften zu haben.

	Wärmegrad	Erhitzungsdauer in Minuten	
Aprikosen	75° C	25–30	je nach Weite der Gläser
Birnen (weiche)	90° C	25–30	
Birnen (harte)	90° C	40–50	
Erdbeeren	75° C	20–25	
Heidelbeeren	80° C	25–30	
Himbeeren	75° C	20–25	
Johannisbeeren	90° C	30–40	
Mirabellen	75° C	25–30	
Pflaumen (Zwetschen)	90° C	25–30	
Renekloden	75° C	25–30	
Unreife Stachelbeeren	75° C	25–30	
Süße Kirschen oder Sauerkirschen	80° C	25–40	
Blumenkohl	98° C	90–110	
Bohnen	98° C	100–130	
Erbsen	98° C	100–130	
Kohlrabi	98° C	90–110	
Pilze (gare)	98° C	60–70	
Spargel	98° C	90–120	
Spinat	98° C	90–110	
Tomaten (ganze)	90° C	25–30	
Tomatenmark	90° C	25–30	

EINMACHEN MIT DR. OETKER EINMACH-HILFE

KOMPOTT UND MUS

Das Einkochen in Gläsern und Dosen und das Einfrieren haben das bewährte Verfahren, Früchte durch Zucker und Dr. Oetker Einmach-Hilfe zu konservieren, nicht überflüssig gemacht. Hierbei schützt die Einmach-Hilfe das Eingemachte vor Gärung und Schimmel. Besonders in großen Familien wird diese Methode des Einmachens angewendet. Sie hat den Vorzug, daß sich größere Mengen Obst in verhältnismäßig kurzer Zeit verarbeiten lassen; für eine stark belastete Hausfrau ein nicht zu unterschätzender Vorteil.

Bei der Verwendung von Einmach-Hilfe ist folgendes besonders zu beachten: Eingemachtes soll niemals in einem beschädigten Emailletopf und, sobald es Einmach-Hilfe enthält, nicht mehr erhitzt werden, weil dadurch ein unangenehmer Geschmack auftreten kann. Es ist darauf hinzuweisen, daß dies nicht immer der Fall sein muß. Wenn es erforderlich ist, mit Einmach-Hilfe Konserviertes aufzukochen, empfiehlt es sich, eine kleine Menge des betreffenden Eingemachten - aber nicht in einem beschädigten Emailletopf - zu erhitzen und nach dem Erkalten den Geschmack zu prüfen. Wenn er einwandfrei ist, kann die übrige Menge ebenfalls erhitzt werden.

Regeln

1. Das Obst mit Zucker und Wasser zum Kochen bringen, einmal aufkochen lassen, danach 5–10 Minuten im geschlossenen Topf ziehen lassen.
2. Dr. Oetker Einmach-Hilfe nach Vorschrift unterrühren, das Eingemachte heiß in die vorbereiteten Gläser füllen. Das Eingemachte nach dem Erkalten mit einem durch eine Lösung von Alkohol oder Essig gezogenen Stück Pergamentpapier oder Cellophan bedecken, mit Einmach-Hilfe bestreuen.
3. Die Gläser mit Pergamentpapier oder Cellophan zubinden (Gummibändchen).
4. Das Eingemachte als Kompott reichen, im allgemeinen nicht noch einmal aufkochen.
5. Im übrigen die allgemeinen Einmachregeln (S. 540) beachten.

Pflaumen- oder Zwetschenmus

15 kg Pflaumen oder Zwetschen (vorbereitet gewogen)	waschen, gut abtropfen lassen oder abtrocknen, entsteinen, in kleine Stücke schneiden die angegebene Fruchtmenge genau wiegen, in einen genügend großen Kochtopf geben das Obst unter ständigem Rühren zum Kochen bringen, auf etwa zwei Drittel einkochen lassen
1½ kg Zucker	hinzufügen, die Fruchtmasse wieder zum Kochen bringen, fertig kochen die genaue Kochzeit läßt sich vorher nicht festlegen, sondern muß in jedem Fall mit Hilfe der Marmeladenprobe ermittel werden, dazu etwas Mus auf einen Teller geben, damit es schnell erkaltet, ist es dann dickbreiig, mit dem Kochen aufhören in das fertige noch heiße Mus
1 gestrichenen Teel. gemahlene Nelken *5 g (2 gestrichene Teel.) gemahlenen Zimt* *1 Päckchen Dr. Oetker Einmach-Hilfe*	rühren, es in die vorbereiteten Gläser füllen weitere Verarbeitung s. Regeln S. 543. *Gesamtmenge: 13868 Kalorien = 57968 Joule.*

Dreifrucht

1½ kg Äpfel (vorbereitet gewogen) *1½ kg Birnen (vorbereitet gewogen)*	die Zutaten schälen, vierteln oder achteln, entkernen
1½ kg Pflaumen (vorbereitet gewogen)	waschen, abtrocknen, entsteinen, das Obst wiegen
¾ l Wasser *1½ kg Zucker*	zum Kochen bringen, die Äpfel darin gar kochen lassen, mit einem Schaumlöffel herausnehmen Birnen und Pflaumen ebenso gar kochen, die Früchte noch einmal zusammen aufkochen lassen, von der Kochstelle nehmen
1 Päckchen Dr. Oetker Einmach-Hilfe	unterrühren das Obst in die vorbereiteten Gläser füllen weitere Verarbeitung s. Regeln S. 543. *Gesamtmenge: 8378 Kalorien = 35020 Joule.*

Pflaumen oder Zwetschen

4 kg Pflaumen oder Zwetschen (vorbereitet gewogen) waschen, einzeln sorgfältig abreiben, entsteinen, wiegen, mit
1 kg Zucker
1/8 l Wasser (nach Bedarf) zum Kochen bringen, einmal aufkochen, danach etwa 10 Minuten im geschlossenen Topf ziehen lassen

1 Päckchen Dr. Oetker Einmach-Hilfe nach Vorschrift unter das Obst rühren
weitere Verarbeitung s. Regeln S. 543.
Gesamtmenge: 6068 Kalorien = 25364 Joule.

Heidelbeeren
(Bickbeeren)

4 kg Heidelbeeren verlesen, waschen, mit
1 kg Zucker, 1/4 l Wasser zum Kochen bringen, einmal aufkochen, danach 5–10 Minuten im geschlossenen Topf ziehen lassen

1 Päckchen Dr. Oetker Einmach-Hilfe nach Vorschrift unter die Heidelbeeren rühren
weitere Verarbeitung s. Regeln S. 543.
Gesamtmenge: 6348 Kalorien = 26534 Joule.

SAFT

Obstsaft kann aus allen saftreichen Früchten hergestellt werden, besonders eignen sich Beerenfrüchte und Kirschen.
Früchte, die zur Saftbereitung verwendet werden sollen, müssen vollkommen ausgereift sein; bei größeren Mengen wird dazu eine Saftpresse benötigt, bei kleinen genügt ein Beutel aus lose gewebtem Stoff, in den die zerquetschten, am besten durch die Maschine gedrehten Früchte eingefüllt werden. Darüber wird ein Holzring (Serviettenring) gestreift und damit der Fruchtbrei nach unten gedrückt.
Die Früchte können auch durch Dampf entsaftet werden. Steht kein Saftgewinner zur Verfügung, so kann ein kleiner Topf auf einem Drahtrost in einen größeren gestellt werden, der ungefähr 10 cm hoch mit Wasser gefüllt wird. Zwei Safttücher, von denen das eine tiefer hängen und trichterförmig eingedrückt sein muß, werden über den Topfrand gelegt und festgebunden. Das mit Zucker gemischte Obst wird auf das obere Tuch gegeben, das aus grober Gaze sein kann. Das Obst wird erst mit Pergamentpapier, dann mit einem Deckel bedeckt. Die beiden Tücher werden fest darüber verknotet. Die Früchte werden bei mittlerer Hitze ungefähr 1 Stunde über dem kochenden Wasser gedämpft. Der auf diese Weise gewonnene Saft wird in Flaschen sterilisiert oder in keimfrei gemachte Flaschen gefüllt, die schnell mit sauberen Gummikappen verschlossen werden.

Am gebräuchlichsten sind 2 Arten der Saftgewinnung, einmal die auf kaltem Wege, wobei den Früchten Wein- oder Zitronensäure zugesetzt wird, sodann die auf warmem Wege, d. h. durch Erhitzen der Früchte. Bei beiden Verfahren läuft der Saft durch ein Tuch, dessen 4 Zipfel an die 4 Beine eines umgekehrten Stuhles gebunden werden. Eine Porzellanschüssel wird unter das Tuch gestellt, die den durchsickernden Saft aufnimmt. Es wird gesüßt und in Flaschen gefüllt, die mit Gummikappen verschlossen werden.

Roher Saft

Regeln

1. Die gewogenen Früchte verlesen, waschen (Himbeeren nicht), gut abtropfen lassen, von Stielen befreien (Johannisbeertrauben nur dann entstielen, wenn die Rückstände weiter verarbeitet werden sollen).
2. Die Früchte in eine Porzellan- oder Steingutschüssel geben, zerquetschen.
3. Die Zitronen- oder Weinsäure in der vorgeschriebenen Menge Wasser lösen, über die Früchte gießen.
4. Den Fruchtbrei 24 Stunden in einem kühlen Raum zugedeckt stehenlassen, ihn während dieser Zeit häufig umrühren. Der Fruchtbrei darf nicht zu warm stehen, da dann eine Gärung eintritt.
5. Danach den Fruchtbrei auf ein Tuch geben, ablaufen lassen.
6. Den gewonnenen Saft wiegen oder messen, mit dem Zucker und der Einmach-Hilfe, die mit 1 Teel. Zucker und 1 Eßl. Saft angerührt wurde, damit sie sich gleichmäßig verteilt, verrühren.
   Auf 1 kg (1 Liter) Saft $^3/_4$–1 kg Zucker rechnen.
7. Wenn der Zucker vollständig gelöst ist, den Saft in vorbereitete Flaschen füllen (S. 540). Die Flaschen mit ausgekochten Gummikappen verschließen.

Johannisbeer-Himbeersaft

Aus

3 kg roten Johannisbeeren
2 kg Himbeeren
15 g Weinsäure
1 l Wasser
etwa $2^1/_2$ kg Zucker
1 Päckchen
Dr. Oetker Einmach-Hilfe

Saft zubereiten s. Regeln oben.

Gesamtmenge: 11 768 Kalorien = 49 188 Joule.

Sauerkirschsaft

Aus

4 kg Sauerkirschen (entsteint gewogen)
15 g Weinsäure
1/8 l Wasser
etwa 2 1/2 kg Zucker
1 Päckchen Dr. Oetker Einmach-Hilfe

Saft zubereiten s. Regeln S. 546.

Gesamtmenge: 12418 Kalorien = 51907 Joule.

Erdbeersaft

Aus

3 kg Erdbeeren
25 g Zitronensäure
1 l Wasser
etwa 2 1/2 kg Zucker
1 Päckchen Dr. Oetker Einmach-Hilfe

Saft zubereiten s. Regeln S. 546.

Gesamtmenge: 11028 Kalorien = 46097 Joule.

Himbeersaft

Aus

3 kg Himbeeren
25 g Zitronensäure
1 l Wasser
etwa 2 kg Zucker
1 Päckchen Dr. Oetker Einmach-Hilfe

Saft zubereiten s. Regeln S. 546.

Gesamtmenge: 9088 Kalorien = 37988 Joule.

Gekochter Saft

Regeln

1. Die gewogenen Früchte verlesen, waschen (Himbeeren nicht), gut abtropfen lassen, von Stielen befreien (Johannisbeertrauben nur dann entstielen, wenn die Rückstände weiter verarbeitet werden sollen), Rharbarber in Stücke schneiden.
2. Die Früchte in einen Kochtopf geben, zerquetschen, mit der vorgeschriebenen Menge Wasser zum Kochen bringen.
3. Danach den Fruchtbrei auf ein Tuch geben, ablaufen lassen.
4. Den gewonnenen Saft wiegen oder messen, mit dem Zucker verrühren.

Auf 1 kg (1 Liter) Saft 3/4–1 kg Zucker rechnen.

5. Saft und Zucker einmal aufkochen lassen, danach abschäumen.
6. Die Einmach-Hilfe in den fertigen, aber nicht mehr kochenden Saft rühren.
7. Den heißen Saft in die vorbereiteten Flaschen füllen (S. 540). Nach dem Erkalten die Flaschen mit ausgekochten Gummikappen verschließen.

Erdbeersaft

Aus

3 kg Erdbeeren
1 l Wasser
etwa 2 kg Zucker
1 Päckchen Dr. Oetker Einmach-Hilfe

Saft zubereiten s. Regeln S. 547.

Gesamtmenge: 9058 Kalorien = 37862 Joule.

Rhabarbersaft

Aus

5 kg Rhabarber
1 l Wasser
etwa 2 kg Zucker
1 Päckchen Dr. Oetker Einmach-Hilfe

Saft zubereiten s. Regeln S. 547.

Gesamtmenge: 8888 Kalorien = 37152 Joule.

Brombeersaft

Aus

3 kg Brombeeren
1 1/2 l Wasser
etwa 2 kg Zucker
1 Päckchen Dr. Oetker Einmach-Hilfe

Saft zubereiten s. Regeln S. 547.

Gesamtmenge: 5388 Kalorien = 22521 Joule.

EINLEGEN IN ESSIG

Da Säuren die Bakterien nicht nur am Wachstum hindern, sondern sie zerstören, leicht zersetzbare Früchte und Gemüse in Essig einlegen, der aber so stark sein muß, daß er nicht selbst von Schimmelpilzen angegriffen werden kann. Die in den Rezepten vorgeschriebene Essigmenge also nicht willkürlich herabsetzen. Wird dem Essig noch Zucker zugesetzt, so hat man die sogenannte „Gemischte Konservierung". Sie wird vor allem bei Obst angewendet, aber auch Gurken und Kürbis sind in dieser Form beliebt.

Regeln

1. Den Essig mit Zucker aufkochen, die Gewürze in ein Mull-Läppchen geben, damit das Eingemachte keine Flecken bekommt.
2. Wenn die Früchte in Essig gekocht werden, nur so viel in den Topf legen, wie nebeneinander Platz haben. Den Saft eindicken, über die Früchte geben.
3. Alles in Essig Eingemachte mit Pergamentpapier oder Cellophan zubinden.
4. Im übrigen die allgemeinen Einmachregeln (S. 540) beachten.

Senfgurken

5 kg große, ausgewachsene, feste Gurken (vorbereitet gewogen) waschen, schälen, der Länge nach durchschneiden, das Mark mit einem Löffel auskratzen
die Gurken waschen, in fingerlange Streifen schneiden, mit
200 g Salz in ein Tongefäß schichten, 12–24 Stunden stehenlassen, auf ein Sieb geben, abtrocknen
250 g Perlzwiebeln abziehen
1/2 Stange Meerrettich putzen, waschen, in kleine Stücke schneiden
10 Gewürzkörner
3–5 Lorbeerblätter
15–20 weiße und schwarze Pfefferkörner
die Zutaten abwechselnd mit den Gurken in einen Steintopf oder in Gläser schichten
1 Mullbeutel mit 100 g gelben Senfkörnern auf die Gurken legen
1 1/2 l Weinessig (5%ig) mit
1 l Wasser
500 g Zucker zum Kochen bringen, von der Kochstelle nehmen
1 Päckchen Dr. Oetker Einmach-Hilfe unterrühren, heiß über die Gurken geben
den Steintopf (Gläser) nach dem Erkalten verschließen (s. Regeln S. 540, Punkt 8)
nach etwa 4 Wochen können die Gurken verwendet werden.

Gesamtmenge: 2667 Kalorien = 11 148 Joule.

Kürbis

2 kg Kürbis (vorbereitet gewogen) waschen, schälen, das Mark mit einem Löffel auskratzen
den Kürbis wiegen, waschen, mit dem Buntschneidemesser in kleine Würfel schneiden, in eine Steingutschüssel geben

1 l Wasser
½ l Speiseessig mischen, über den Kürbis gießen, am nächsten Tag mit einem Schaumlöffel herausnehmen, abtropfen lassen

¼ l Weinessig
1 kg Zucker
Saft und gelbe Schale einer Zitrone (ungespritzt)
1 kleines Stück Ingwer (etwa 50 g) zum Kochen bringen, den Kürbis portionsweise darin glasig kochen lassen, mit einem Schaumlöffel herausnehmen, in einen Steintopf oder in Gläser füllen
den Saft dick einkochen lassen, heiß über den Kürbis geben, den Steintopf (Gläser) nach dem Erkalten verschließen (s. Regeln S. 540, Punkt 8).

Gesamtmenge: 4677 Kalorien = 19550 Joule.

Essigbirnen

3 kg Birnen schälen, halbieren, von Blüte, Stiel und Kerngehäuse befreien

¾ l Einmach- oder Weinessig (5%ig) mit
½ l Wasser
2 kg Zucker
1 Stück Stangenzimt
4–5 Nelken
Schale einer halben Zitrone (ungespritzt) zum Kochen bringen, die Birnen nach und nach darin gar kochen lassen, mit einem Schaumlöffel herausnehmen, in einen Steintopf oder in Gläser füllen
den Saft dick einkochen lassen, von der Kochstelle nehmen

1 Päckchen Dr. Oetker Einmach-Hilfe unterrühren, den Saft über die Früchte geben
den Steintopf (Gläser) nach dem Erkalten verschließen (s. Regeln S. 540, Punkt 8).

Gesamtmenge: 9568 Kalorien = 33994 Joule.

Essiggurken

4 kg mittelgroße, gerade gewachsene, feste Gurken	waschen, mit
Salzwasser (auf 4 l Wasser 300 g Salz)	bedecken, 12–24 Stunden stehenlassen, gründlich bürsten, abspülen, abtrocknen, schlechte Stellen entfernen
375 g Perlzwiebeln	
75 g Meerrettich	putzen, waschen, in Würfel schneiden
6 gestrichene Teel. Gurkengewürz	
Dill	
Estragon	
	die Zutaten abwechselnd mit den Gurken in einen Steintopf oder in Gläser schichten
1½ l Weinessig (5%ig)	mit
1½ l Wasser	
250 g Zucker	zum Kochen bringen, von der Kochstelle nehmen
½ Päckchen Dr. Oetker Einmach-Hilfe	unterrühren, so viel von der heißen Flüssigkeit über die Gurken geben, daß sie gut bedeckt sind
	den Steintopf (Gläser) nach dem Erkalten verschließen (s. Regeln S. 540, Punkt 8).
	Gesamtmenge: 1491 Kalorien = 6232 Joule.

Russische Gurken

4 kg mittelgroße, feste Gurken	
	die Gurken einmachen wie Essiggurken (s. oben), nur den Essig noch mit
Zucker	süßen, zu den Kräutern
1–2 Knoblauchzehen	geben.
	Gesamtmenge: 477 Kalorien = 1996 Joule.

MARMELADE UND GELEE MIT DR. OETKER GELFIX

Wichtige Winke! Marmeladen und Gelees lassen sich mühelos und schnell mit Dr. Oetker Gelfix zubereiten. Infolge der sehr kurzen Kochzeit bleiben das frische Aroma und die natürliche Farbe der Früchte weitgehend erhalten.

1. Nur reife, einwandfreie Früchte verwenden.
2. Die vorgeschriebenen Mengen genau einhalten, nicht schätzen, sondern wiegen oder abmessen.
3. Kochtöpfe müssen so groß sein, daß sie höchstens $^{1}/_{4}$ mit Frucht oder Fruchtsaft gefüllt sind. Bei Frucht- oder Saftmengen unter $1^{1}/_{2}$ kg ($1^{1}/_{2}$ l) eignen sich am besten Töpfe mit einem Durchmesser von 24 cm.
   Beträgt die Frucht- oder Saftmenge $1^{1}/_{2}$ kg ($1^{1}/_{2}$ l) und mehr, Töpfe mit einem Durchmesser von 28 cm verwenden.
4. Größere Frucht- oder Saftmengen, als im Rezept angegeben, dürfen nicht auf einmal gekocht werden.

Marmelade

Regeln

1. Dr. Oetker Gelfix gleichmäßig in die vorbereitet gewogene Fruchtmenge einrühren.
2. Das Kochgut unter ständigem Rühren zum Kochen bringen. Dabei darauf achten, daß etwa noch vorhandene Klümpchen durch Zerdrükken vollständig gelöst werden.
3. Sobald alles bei ständigem Rühren durch und durch sprudelnd kocht, den abgewogenen Zucker (auf keinen Fall weniger nehmen) einrühren, das Ganze wieder zum Kochen bringen.
4. Wenn die Marmelade durch und durch stark kocht, sie unter ständigem Rühren 1 Minute (nach der Uhr) sprudelnd kochen lassen.
5. Den Topf von der Kochstelle nehmen, die Marmelade noch 5 Minuten weiter rühren, wenn erforderlich, abschäumen, in die vorbereiteten Gläser (s. allgemeine Einmachregeln S. 540 ab Punkt 4) füllen.

Grünkohl, Rezept Seite 250

Pflaumen- oder Zwetschenmarmelade

1000 g (1 kg) reife Pflaumen oder Zwetschen (vorbereitet gewogen) waschen, gut abtropfen lassen oder abtrocknen, entstielen, entsteinen, durch den Fleischwolf drehen oder fein würfeln
die angegebene Fruchtmenge genau wiegen, in einen entsprechend großen Kochtopf (s. Wichtige Winke S. 552) geben
die weitere Verarbeitung mit

1 Päckchen Dr. Oetker Gelfix
1000 g (1 kg) Zucker erfolgt nach den auf S. 552 gegebenen Regeln zur Herstellung von Marmelade.

Gesamtmenge: 4530 Kalorien = 18935 Joule.

Sauerkirschmarmelade

750 g (3/4 kg) Sauerkirschen (vorbereitet gewogen) waschen, gut abtropfen lassen, entstielen, entsteinen
die angegebene Fruchtmenge genau wiegen, in einen entsprechend großen Kochtopf (s. Wichtige Winke S. 552) geben
die weitere Verarbeitung mit

1 Päckchen Dr. Oetker Gelfix
750 g (3/4 kg) Zucker erfolgt nach den auf S. 552 gegebenen Regeln zur Herstellung von Marmelade
damit die Sauerkirschen im Glas gleichmäßig verteilt sind, ist es ratsam, die Marmelade im Kochtopf abkühlen zu lassen und, erst wenn sie dicklich ist, in Gläser zu füllen.

Gesamtmenge: 3495 Kalorien = 14609 Joule.

Hagebuttenmarmelade

900 g Hagebutten (vorbereitet gewogen) verlesen, entstielen, waschen, gut abtropfen lassen, wiegen, mit
700 g Wasser im geschlossenen Topf zum Kochen bringen, etwa 25 Minuten kochen lassen
den Fruchtbrei durch ein Sieb streichen, so daß der Rückstand vollkommen trocken ist, wiegen, in einen entsprechend großen Kochtopf (s. Wichtige Winke S. 552) geben
die weitere Verarbeitung mit

700 g Fruchtbrei
1 Päckchen Dr. Oetker Gelfix
800 g Zucker erfolgt nach den auf S. 552 gegebenen Regeln zur Herstellung von Marmelade.

Gesamtmenge: 4130 Kalorien = 17263 Joule.

Tomatenquark, Rezept Seite 332
Weißer Quark, Rezept Seite 332 · Kümmelquark, Rezept Seite 332

Stachelbeermarmelade

1375 g (1 3/8 kg) reife Stachelbeeren (vorbereitet gewogen)	von Stiel und Blüte befreien, sorgfältig waschen, gut abtropfen lassen, durch den Fleischwolf drehen die angegebene Stachelbeermenge genau wiegen, in einen entsprechend großen Kochtopf (s. Wichtige Winke S. 552) geben die weitere Verarbeitung mit
1 Päckchen Dr. Oetker Gelfix *1500 g (1 1/2 kg) Zucker*	erfolgt nach den auf S. 552 gegebenen Regeln zur Herstellung von Marmelade.
Doppelkochung: *2375 g (2 3/8 kg) reife Stachelbeeren (vorbereitet gewogen)*	wie oben verarbeiten die weitere Verarbeitung mit
2 Päckchen Dr. Oetker Gelfix *2500 g (2 1/2 kg) Zucker*	erfolgt nach den auf S. 552 gegebenen Regeln zur Herstellung von Marmelade.

Gesamtmenge: 6575 Kalorien = 27484 Joule.
11015 Kalorien = 46043 Joule für Doppelkochung.

Preiselbeermarmelade

1250 g (1 1/4 kg) Preiselbeeren (vorbereitet gewogen)	verlesen, waschen, gut abtropfen lassen, mit
250 g (1/4 l) Wasser	in einen Kochtopf (Durchmesser 24 cm) geben, im geschlossenen Topf zum Kochen bringen, 15 Minuten ziehen lassen den Fruchtbrei abkühlen lassen, lauwarm verwenden die weitere Verarbeitung mit
1 Päckchen Dr. Oetker Gelfix *1250 g (1 1/4 kg) Zucker*	erfolgt nach den auf S. 552 gegebenen Regeln zur Herstellung von Marmelade.
Doppelkochung: *2000 g (2 kg) Preiselbeeren (vorbereitet gewogen)* *375 g (3/8 l) Wasser*	wie oben verarbeiten die weitere Verarbeitung mit
2 Päckchen Dr. Oetker Gelfix *2000 g (2 kg) Zucker*	erfolgt nach den auf S. 552 gegebenen Regeln zur Herstellung von Marmelade.

Gesamtmenge: 5560 Kalorien = 23240 Joule.
8920 Kalorien = 37285 Joule für Doppelkochung.

Erdbeer-Rhabarbermarmelade

500 g (1/2 kg) Erdbeeren (vorbereitet gewogen) waschen, gut abtropfen lassen, sorgfältig verlesen, entstielen die angegebene Erdbeermenge genau wiegen, in einen entsprechend großen Kochtopf (s. Wichtige Winke S. 552) geben die Erdbeeren vorsichtig zerdrücken, am besten mit einem Holzstampfer

500 g (1/2 kg) Rhabarber (vorbereitet gewogen) waschen, abtrocknen (nicht abziehen), die angegebene Rhabarbermenge genau wiegen, in ganz feine Stücke schneiden, zu den Erdbeeren geben, die weitere Verarbeitung mit

1 Päckchen Dr. Oetker Gelfix
1125 g (1 1/8 kg) Zucker erfolgt nach den auf S. 552 gegebenen Regeln zur Herstellung von Marmelade.

Gesamtmenge: 4788 Kalorien = 19014 Joule.

Pfirsichmarmelade

850 g Pfirsiche (vorbereitet gewogen) waschen, abtrocknen oder gut abtropfen lassen, entsteinen, in kleine Stücke schneiden, die angegebene Pfirsichmenge genau wiegen, in einen entsprechend großen Kochtopf (s. Wichtige Winke S. 552) geben die weitere Verarbeitung mit

1 Päckchen Dr. Oetker Gelfix
1000 g (1 kg) Zucker erfolgt nach den auf S. 552 gegebenen Regeln zur Herstellung von Marmelade.

Doppelkochung:
1500 g (1 1/2 kg) Pfirsiche (vorbereitet gewogen) wie oben verarbeiten die weitere Verarbeitung mit

2 Päckchen Dr. Oetker Gelfix
2000 g (2 kg) Zucker erfolgt nach den auf S. 552 gegebenen Regeln zur Herstellung von Marmelade.

Gesamtmenge: 4391 Kalorien = 18354 Joule.
8690 Kalorien = 36324 Joule für Doppelkochung.

Heidelbeermarmelade
(Bickbeeren, Blaubeeren)

800 g Heidelbeeren (vorbereitet gewogen) sorgfältig verlesen, waschen, gut abtropfen lassen
die Früchte vorsichtig zerdrücken, am besten mit einem Holzstampfer, wiegen, in einen entsprechend großen Kochtopf (s. Wichtige Winke S. 552) geben
die weitere Verarbeitung mit

1 Päckchen Dr. Oetker Gelfix
750 g ($^{3}/_{4}$ kg) Zucker erfolgt nach den auf S. 552 gegebenen Regeln zur Herstellung von Marmelade.

Gesamtmenge: 3495 Kalorien = 14 609 Joule.

Erdbeermarmelade

1000 g (1 kg) Erdbeeren waschen, gut abtropfen lassen, sorgfältig verlesen, entstielen, die angegebene Fruchtmenge genau wiegen, in einen
entsprechend großen Kochtopf (s. Wichtige Winke S. 552) geben, die Erdbeeren vorsichtig zerdrücken, am besten mit einem Holzstampfer,
die weitere Verarbeitung mit

1 Päckchen Dr. Oetker Gelfix
1125 g ($1^{1}/_{8}$ kg) Zucker erfolgt nach den auf S. 552 gegebenen Regeln zur Herstellung von Marmelade.

Gesamtmenge: 4863 Kalorien = 20 327 Joule.

Rhabarbermarmelade

1000 g (1 kg) Rhabarber (vorbereitet gewogen) waschen, abtrocknen (nicht abziehen), in ganz kleine Stücke schneiden, die angegebene Rhabarbermenge genau wiegen, in einen entsprechend großen Kochtopf (s. Wichtige Winke S. 552) geben
die weitere Verarbeitung mit

1 Päckchen Dr. Oetker Gelfix
1125 g ($1^{1}/_{8}$ kg) Zucker erfolgt nach den auf S. 552 gegebenen Regeln zur Herstellung von Marmelade.

Doppelkochung:
1750 g ($1^{3}/_{4}$ kg) Rhabarber (vorbereitet gewogen) wie oben verarbeiten
die weitere Verarbeitung mit

2 Päckchen Dr. Oetker Gelfix
2000 g (2 kg) Zucker erfolgt nach den auf S. 552 gegebenen Regeln zur Herstellung von Marmelade.

Gesamtmenge: 4653 Kalorien = 19 450 Joule.
8280 Kalorien = 34 610 Joule für Doppelkochung.

Himbeermarmelade

1250 g (1¼ kg) Himbeeren (vorbereitet gewogen) sorgfältig verlesen, entstielen, die angegebene Himbeermenge genau wiegen, in einen entsprechend großen Kochtopf (s. Wichtige Winke S. 552) geben
die Früchte vorsichtig zerdrücken, am besten mit einem Holzstampfer
die weitere Verarbeitung mit

1 Päckchen Dr. Oetker Gelfix
1250 g (1¼ kg) Zucker erfolgt nach den auf S. 552 gegebenen Regeln zur Herstellung von Marmelade.

Gesamtmenge: 5485 Kalorien = 22927 Joule.

Apfelsinenmarmelade

8–10 Apfelsinen (ungespritzt)
25 g gelbe Apfelsinenschale abreiben, die Früchte schälen, die Apfelsinenspalten in Stücke schneiden

900 g Fruchtfleisch zusammen mit der Apfelsinenschale in einen Kochtopf (Durchmesser 24 cm) geben
die weitere Verarbeitung mit

1 Päckchen Dr. Oetker Gelfix
1000 g (1 kg) Zucker erfolgt nach den auf S. 552 gegebenen Regeln zur Herstellung von Marmelade.

Veränderung: Unter die Marmelade zum Schluß 3 Teel. Cointreau rühren.

Gesamtmenge: 4936 Kalorien = 20632 Joule.

Zitronenmarmelade

Etwa 15 mittelgroße Zitronen (ungespritzt) waschen, abtrocknen, 6 Früchte **dünn** schälen (die geschälten Zitronen zudecken, kalt stellen), die Schalen mit

Salzwasser (auf je 1/8 l Wasser 1 Messerspitze Salz) **bedecken,** 12 Stunden an einem kühlen Ort stehenlassen, das Salzwasser abgießen, die Schalen mit frischem Wasser **bedeckt** im geschlossenen Topf zum Kochen bringen, 15 Minuten kochen lassen
die Zitronenschalen mit einem Schaumlöffel aus dem Kochwasser nehmen, in feine Streifen schneiden
die übrigen Zitronen ebenfalls **dünn** schälen, von allen Früchten die weiße Haut sorgfältig entfernen
600 g von den Früchten (genau wiegen) in kleine Stücke schneiden, mit den Schalen wiegen, mit dem Kochwasser auf 900 g ergänzen, in einen entsprechend großen Kochtopf (s. Wichtige Winke S. 552) geben, die weitere Verarbeitung mit

bitte umblättern

1 Päckchen Dr. Oetker Gelfix
1000 g (1 kg) Zucker erfolgt nach den auf S. 552 gegebenen Regeln zur Herstellung von Marmelade.

Doppelkochung:
Etwa 30 mittelgroße Zitronen (ungespritzt) wie oben verarbeiten, nur die Mengen verdoppeln, also 1200 g Fruchtfleisch nehmen, zusammen mit den geschnittenen Zitronenschalen (von 12 Zitronen) mit Kochwasser auf 1800 g ergänzen, in einen entsprechend großen Kochtopf (s. Wichtige Winke S. 552) geben, die weitere Verarbeitung mit

2 Päckchen Dr. Oetker Gelfix
2000 g (2 kg) Zucker erfolgt nach den auf S. 552 gegebenen Regeln zur Herstellung von Marmelade.

Gesamtmenge: 4108 Kalorien = 17171 Joule.
8216 Kalorien = 34342 Joule für Doppelkochung.

Gelee

Regeln

1. Dr. Oetker Gelfix gleichmäßig in den abgewogenen (abgemessenen) Fruchtsaft einrühren.
2. Die Flüssigkeit unter ständigem Rühren zum Kochen bringen. Dabei darauf achten, daß etwa noch vorhandene Klümpchen durch Zerdrükken vollständig gelöst werden.
3. Sobald alles bei ständigem Rühren durch und durch sprudelnd kocht, den abgewogenen Zucker (auf keinen Fall weniger nehmen) einrühren, das Ganze wieder zum Kochen bringen.
4. Wenn das Gelee durch und durch stark kocht, es unter ständigem Rühren 1/2 Minute (nach der Uhr) sprudelnd kochen lassen.
5. Den Topf von der Kochstelle nehmen, das Gelee abschäumen, heiß in die vorbereiteten Gläser (s. allgemeine Einmachregeln S. 540 ab Punkt 4) füllen.

Quittengelee

Für den Saft

1500 g ($1\frac{1}{2}$ kg) reife Quitten (vorbereitet gewogen)
trocken abreiben, um den Pflaum zu entfernen, waschen, von Stiel, Blüte und schlechten Stellen befreien, in Stücke schneiden, wiegen
die Früchte in einen Kochtopf geben, mit

1125 g ($1\frac{1}{8}$ l) Wasser
im geschlossenen Topf zum Kochen bringen, weich kochen lassen
damit der Saft ablaufen kann, den Fruchtbrei auf ein gespanntes Safttuch geben (den Fruchtbrei nicht auspressen)
die weitere Verarbeitung für das Gelee mit

875 g ($\frac{7}{8}$ l) Saft
1 Päckchen Dr. Oetker Gelfix
1000 g (1 kg) Zucker
erfolgt nach den auf S. 560 gegebenen Regeln zur Herstellung von Gelee.

Doppelkochung:

für den Saft

2500 g ($2\frac{1}{2}$ kg) reife Quitten (vorbereitet gewogen)
2000 g (2 l) Wasser
wie oben verarbeiten
die weitere Verarbeitung für das Gelee mit

1750 g ($1\frac{3}{4}$ l) Saft
2 Päckchen Dr. Oetker Gelfix
2000 g (2 kg) Zucker
erfolgt nach den auf S. 560 gegebenen Regeln zur Herstellung von Gelee.

Gesamtmenge: 5020 Kalorien = 20984 Joule.
9700 Kalorien = 40560 Joule für Doppelkochung.

Zitronengelee

Für den Saft

4 Zitronen (ungespritzt)
waschen, abtrocknen, dünn schälen
die Schalen in einen Kochtopf geben, mit

700 g ($\frac{7}{10}$ l) Wasser
im geschlossenen Topf zum Kochen bringen, 15 Minuten kochen lassen (es darf kein Dampf entweichen)
das Kochwasser etwas abkühlen lassen, die Zitronenschalen herausnehmen

für das Gelee
die Zitronen auspressen, mit dem Kochwasser auf 750 g ($\frac{3}{4}$ l) auffüllen, in einen entsprechend großen Kochtopf (s. Wichtige Winke S. 552) geben
die weitere Verarbeitung mit

1 Päckchen Dr. Oetker Gelfix
875 g ($\frac{7}{8}$ kg) Zucker
erfolgt nach den auf S. 560 gegebenen Regeln zur Herstellung von Gelee.

Gesamtmenge: 3536 Kalorien = 14780 Joule.

Himbeer-Johannisbeergelee

	Für den Saft
750 g (3/4 kg) Himbeeren (vorbereitet gewogen)	sorgfältig verlesen, wiegen, in einen Kochtopf geben
750 g (3/4 kg) Johannisbeertrauben (vorbereitet gewogen)	waschen, gut abtropfen lassen, sorgfältig verlesen (nicht entstielen), wiegen, zu den Himbeeren geben die Früchte zerdrücken, am besten mit einem Holzstampfer, mit
250 g (1/4 l) Wasser	unter Rühren bis kurz vor dem Kochen erhitzen (nicht kochen) damit der Saft ablaufen kann, den Fruchtbrei auf ein gespanntes Safttuch geben, nach dem Erkalten kräftig auspressen
	für das Gelee
1125 g (1 1/8 l) Saft	genau wiegen oder messen (gegebenenfalls mit Wasser ergänzen), in einen entsprechend großen Kochtopf (s. Wichtige Winke S. 552) geben die weitere Verarbeitung mit
1 Päckchen Dr. Oetker Gelfix *1375 g (1 3/8 kg) Zucker*	erfolgt nach den auf S. 560 gegebenen Regeln zur Herstellung von Gelee.
	Gesamtmenge: 6055 Kalorien = 25310 Joule.

Johannisbeergelee
(aus roten Johannisbeeren)

	Für den Saft
2000 g (2 kg) Johannisbeertrauben (vorbereitet gewogen)	waschen, gut abtropfen lassen, sorgfältig verlesen (nicht entstielen), wiegen die Früchte in einen Kochtopf geben, zerdrücken, am besten mit einem Holzstampfer, mit
500 g (1/2 l) Wasser	unter Rühren bis kurz vor dem Kochen erhitzen (nicht kochen) damit der Saft ablaufen kann, den Fruchtbrei auf ein gespanntes Safttuch geben, nach dem Erkalten kräftig auspressen
	für das Gelee
1500 g (1 1/2 l) Saft	genau wiegen oder messen (gegebenenfalls mit Wasser ergänzen), in einen entsprechend großen Kochtopf (s. Wichtige Winke S. 552) geben die weitere Verarbeitung mit
1 Päckchen Dr. Oetker Gelfix *1750 g (1 3/4 kg) Zucker*	erfolgt nach den auf S. 560 gegebenen Regeln zur Herstellung von Gelee.
	Gesamtmenge: 7695 Kalorien = 33265 Joule.

Johannisbeergelee
(aus schwarzen Johannisbeeren)

Für den Saft

2000 g (2 kg) Johannisbeertrauben (vorbereitet gewogen) waschen, gut abtropfen lassen, sorgfältig verlesen (nicht entstielen), wiegen

die Früchte in einen Kochtopf geben, zerdrücken, am besten mit einem Holzstampfer, mit

1250 g (1¼ l) Wasser unter Rühren bis kurz vor dem Kochen erhitzen (nicht kochen)

damit der Saft ablaufen kann, den Fruchtbrei auf ein gespanntes Safttuch geben, nach dem Erkalten kräftig auspressen

für das Gelee

2000 g (2 l) Saft genau wiegen oder messen (gegebenenfalls mit Wasser ergänzen), in einen entsprechend großen Kochtopf (s. Wichtige Winke S. 552) geben

die weitere Verarbeitung mit

1 Päckchen Dr. Oetker Gelfix
2000 g (2 kg) Zucker erfolgt nach den auf S. 560 gegebenen Regeln zur Herstellung von Gelee.

Gesamtmenge: 8860 Kalorien = 37035 Joule.

Rhabarbergelee

Für den Saft

1250 g (1¼ kg) Rhabarber (vorbereitet gewogen) waschen, abtrocknen, wiegen, in ganz feine Stücke schneiden (nicht abziehen), mit

375 g (⅜ l) Wasser unter Rühren bis kurz vor dem Kochen erhitzen, 5 Minuten im geschlossenen Topf ziehen lassen

damit der Saft ablaufen kann, den Fruchtbrei auf ein gespanntes Safttuch geben, nach dem Erkalten kräftig auspressen

für das Gelee

800 g Saft genau wiegen oder messen (gegebenenfalls mit Wasser ergänzen), in einen entsprechend großen Kochtopf (s. Wichtige Winke S. 552) geben

die weitere Verarbeitung mit

1 Päckchen Dr. Oetker Gelfix
1000 g (1 kg) Zucker erfolgt nach den auf S. 560 gegebenen Regeln zur Herstellung von Gelee.

Gesamtmenge: 4250 Kalorien = 17765 Joule.

Weintraubengelee
(von hellen Trauben)

Für den Saft

2250 g ($2^1/_4$ kg) helle Weintrauben (vorbereitet gewogen) verlesen, waschen, wiegen, die Früchte in einen Kochtopf geben, zerdrücken, am besten mit einem Holzstampfer, mit

125 g ($^1/_8$ l) Wasser unter Rühren bis kurz vor dem Kochen erhitzen (nicht kochen) damit der Saft ablaufen kann, den Fruchtbrei auf ein gespanntes Safttuch geben, nach dem Erkalten kräftig auspressen

für das Gelee

1125 g ($1^1/_8$ l) Saft genau wiegen oder messen (gegebenenfalls mit Wasser ergänzen), in einen entsprechend großen Kochtopf (s. Wichtige Winke S. 552) geben die weitere Verarbeitung mit

1 Päckchen Dr. Oetker Gelfix
1375 g ($1^3/_8$ kg) Zucker erfolgt nach den auf S. 560 gegebenen Regeln zur Herstellung von Gelee.

Gesamtmenge: 7143 Kalorien = 29 858 Joule.

Himbeergelee

Für den Saft

1250 g ($1^1/_4$ kg) Himbeeren (vorbereitet gewogen) sorgfältig verlesen, wiegen, in einen Kochtopf geben die Früchte zerdrücken (am besten mit einem Holzstampfer), mit

125 g ($^1/_8$ l) Wasser unter Rühren bis kurz vor dem Kochen erhitzen (nicht kochen) damit der Saft ablaufen kann, den Fruchtbrei auf ein gespanntes Safttuch geben, nach dem Erkalten kräftig auspressen

für das Gelee

800 g Saft genau wiegen oder messen (gegebenenfalls mit Wasser ergänzen), in einen entsprechend großen Kochtopf (s. Wichtige Winke S. 552) geben die weitere Verarbeitung mit

1 Päckchen Dr. Oetker Gelfix
1000 g (1 kg) Zucker erfolgt nach den gegebenen Regeln zur Herstellung von Gelee S. 560.

Gesamtmenge: 4660 Kalorien = 19 479 Joule.

NÄHRWERTTABELLE

Kleine Nährwerttabelle der Deutschen Gesellschaft für Ernährung e. V. (Auszug)

zusammengestellt von Prof. Dr. W. Wirths im Max-Planck-Institut für Ernährungsphysiologie, Dortmund

Nahrungsmittel 100 g enthalten:	Eiweiß g	Fett g	Kohlenhydrate g	Kalorien kcal	Joule kJ

Lebensmittel tierischer Herkunft

Fleisch[1]) und Fleischwaren

Nahrungsmittel	Eiweiß g	Fett g	Kohlenhydrate g	Kalorien kcal	Joule kJ
Schweinefleisch, sehr mager	21	4	.	118	494
Schweinefleisch, mager	19	7	.	143	599
Schweinefleisch, mittelfett	18	21	.	269	1126
Schweinefleisch, fett	10	37	.	389	1628
Schweinefleisch, sehr fett	8	46	.	475	1988
Rindfleisch, sehr mager	22	2	.	111	465
Rindfleisch, mager	15	11	.	173	724
Rindfleisch, mittelfett	15	18	.	238	996
Rindfleisch, fett	14	24	.	293	1226
Hackfleisch (halb u. halb)	20	14	.	210	879
Kalbfleisch, mittelfett	16	3	.	93	389
Hammelfleisch, mittelfett	13	20	.	246	1030
Kaninchenfleisch	16	6	1	132	553
Pferdefleisch	16	2	+	89	373
Herz, Durchschnitt aus Rind u. Kalb	12	5	1	117	490

Nahrungsmittel 100 g enthalten:	Eiweiß g	Fett g	Kohlenhydrate g	Kalorien kcal	Joule kJ
Hirn (Kalb)	10	8	1	125	523
Kaldaunen (Kutteln)	19	2	.	97	406
Leber (Kalb)	18	4	4	137	573
Leber (Rind)	18	3	6	131	548
Leber (Schwein)	19	5	1	137	573
Lunge (Kalb)	13	2	+	75	314
Niere (Kalb)	15	6	1	121	507
Zunge (Rind)	12	12	+	167	699
Schinken, geräuchert, roh	16	29	.	344	1440
Schinken, gekocht	19	20	.	274	1147
Speck, fett	2	80	.	770	3223
Speck, durchwachsen	8	60	.	605	2533
Blutwurst	14	44	.	463	1938
Bratwurst	12	35	.	375	1570
Fleischwurst	11	30	.	324	1356
Leberkäse	13	23	+	271	1134
Leberwurst	12	40	1	440	1842
Leberwurst, mager	17	21	2	268	1122
Mettwurst (Braunschw. Mettw.)	12	51	.	530	2219
Mortadella	12	32	+	360	1507
Salami	17	47	+	523	2189
Schwartenmagen	15	20	.	248	1038
Cervelatwurst	17	41	.	454	1900
Dosenwürstchen	13	20	.	239	1000
Frankfurter Würstchen	13	21	+	250	1047
Kasseler Rippchen	15	22	+	272	1139
Corned beef, deutsch	22	6	.	153	640
Fleischkonserven (Roastbeef)	25	14	.	233	975
Bratensoße, kochfertig	10	10	53	350	1465
Fleischbrühe	1	1	1	15	63
Gekörnte Brühe	25	8	.	176	737
Knochen (auskochbarer Wert i. D.)	.	6	.	60	251
Gelatine	84	+	+	340	1423
Hase	17	2	.	99	414
Reh (Rücken)	16	3	.	93	389
Wildgeflügel i. D.	13	3	.	81	339

Nahrungsmittel 100 g enthalten:	Eiweiß g	Fett g	Kohlenhydrate g	Kalorien kcal	Joule kJ
Ente	15	14	.	194	812
Gans	10	20	.	230	963
Huhn (Brathuhn)	15	4	.	107	448
Suppenhuhn	20	13	.	200	837
Truthahn (Puter)	15	11	+	168	703
Fische und Fischwaren					
Aal	9	18	+	209	875
Heilbutt	14	4	.	98	410
Hering (ganzer Fisch)	11	12	.	161	674
Hering, Filet	17	19	+	255	1067
Hering-Rogen	26	3	+	143	599
Kabeljau, Dorsch (ganzer Fisch)	10	+	+	44	184
Kabeljau, Dorsch (Filet)	17	+	+	78	327
Rotbarsch, Goldbarsch (ganzer Fisch)	10	2	+	61	255
Rotbarsch, Goldbarsch (Filet)	19	3	+	112	469
Schellfisch (ganz. Fisch)	10	+	+	46	193
Schellfisch (Filet)	18	+	+	80	335
Seelachs (ganzer Fisch)	12	1	+	57	239
Seelachs (Filet)	18	1	+	88	368
Forelle, Bach-Regenbogenforelle	10	1	+	52	218
Hecht	10	1	.	49	205
Karpfen	10	4	+	83	347
Aal, geräuchert	14	19	1	246	1030
Bückling, geräuchert	14	9	+	146	611
Seelachs, geräuchert	19	1	.	87	364
Hering, mariniert (Bismarckhering)	17	13	.	203	850
Salzhering (Pökelhering)	9	7	+	100	419
Matjeshering (ganzer Fisch)	12	12	.	161	674
Heringe in Soßen	17	20	3	268	1122
Lachs in Büchsen	21	9	.	170	712
Ölsardinen (nur abgetropfte feste Teile)	24	14	1	240	1005

Nahrungsmittel 100 g enthalten:	Eiweiß g	Fett g	Kohlenhydrate g	Kalorien kcal	Joule kJ
Thunfisch in Öl (feste und flüssige Anteile)	24	21	.	304	1273
Krabben in Büchsen	18	1	1	84	352
Stockfisch (Kabeljau, Schellfisch getrocknet)	51	2	.	238	996
Eier					
Hühnerei (Gesamtei-Inhalt)	11	10	1	147	615
Hühnerei, St. ca. 57 g	7	6	+	84	352
Hühnereidotter (Flüssigeigelb)	16	32	+	377	1578
Hühnereiklar (Flüssigeiweiß)	11	+	1	55	230
Hühnervollei, getrocknet (Trockenvollei)	46	42	2	613	2566
Milch und Milcherzeugnisse					
Kuhmilch, 3,5% Fett (Trinkmilch)	3,5	3,5	5	66	276
Kuhmilch (Roh-, Vorzugsmilch)	3,5	4	5	70	293
Magermilch (entrahmte Milch)	4	+	5	35	147
Buttermilch	4	1	4	36	151
Kondensmilch, ungez. (7,5% Fett)	7	8	10	137	573
Kondensmilch (10% Fett)	9	10	13	181	758
Kondensmilch (entrahmt)	9	+	12	86	360
Trockenvollmilch (Vollmilchpulver)	25	26	38	500	2093
Trockenmagermilch (Magermilchpulver)	35	1	52	370	1549
Schlagsahne mit mindestens 30% Fett	2	30	3	320	1264

Nahrungsmittel 100 g enthalten:	Ei-weiß g	Fett g	Kohlen-hydrate g	Kalo-rien kcal	Joule kJ
Sahne (Rahm)	3	10	4	127	532
Trinkmilch-Joghurt	5	4	5	74	310
Eiscreme	4	12	20	205	858
Hartkäse, vollfett (45% Fett i. Tr.)	25	27	3	372	1557
Hartkäse, dreiviertelfett (30% Fett i. Tr.)	27	16	3	279	1168
Weichkäse, halbf. (20% Fett i. Tr.)	26	9	1	195	816
Edamer Käse, fett (40% Fett i. Tr.)	24	22	3	316	1323
Doppelrahmfrischkäse (60% Fett i. Tr.)	15	31	2	355	1486
Camembert (45% F. i. Tr.)	19	23	2	300	1256
Schmelzkäse (45% F. i. Tr.)	14	24	6	305	1277
Schmelzkäse, halbfett	25	11	1	209	875
Magerkäse, unter 10% Fett i. Tr.	37	3	4	192	804
Speisequark, mager	17	1	2	88	368
Schichtkäse (10% Fett i. Tr.)	16	4	3	115	481
Sahnequark (40% Fett i. Tr.)	12	12	4	166	695

Öle und Fette (pflanzliche und tierische)

Butter Deutsch. Markenbutter	1	83	+	775	3244
Lebertran	+	100	+	948	3968
Margarine	1	80	+	761	3186
Mayonnaise, 80% Fett	2	80	3	764	3198
Mayonnaise, 52% Fett	1	52	5	509	2131
Rindertalg	1	97	+	921	3855
Schweineschmalz	+	100	+	947	3964
sonst. pflanzl. Fette u. Öle (Olivenöl)	+	100	+	927	3880

Nahrungsmittel 100 g enthalten:	Eiweiß g	Fett g	Kohlenhydrate g	Kalorien kcal	Joule kJ
Lebensmittel pflanzlicher Herkunft					
Getreideerzeugnisse					
Vollreis	7	2	75	371	1553
Reis, poliert	7	1	79	368	1540
Gerstengraupen	10	1	74	371	1553
Haferflocken	14	7	66	402	1683
Weizengrieß	10	1	75	370	1549
Corn flakes	8	1	83	388	1624
Eierteigwaren (Nudeln, Makk., Spaghetti u. ä.)	13	3	72	390	1633
Weizenmehl, Type 1050	12	2	71	370	1549
Weizenmehl, Type 550	11	1	74	370	1549
Roggenmehl, Type 1150	9	.	75	356	1490
Kartoffelstärkemehl	1	+	83	361	1511
Maisstärkemehl	+	.	87	367	1536
Puddingpulver	5	2	80	366	1532
Roggenvollkornbrot	7	1	46	239	1000
Roggenbrot	6	1	51	253	1059
Brötchen (Semmeln)	7	1	58	278	1164
Mischbrot (Roggen-Weizen)	7	1	52	252	1055
Weizenvollkornbrot	8	1	47	241	1009
Knäckebrot	10	1	77	380	1591
Zwieback, eifrei	10	4	76	403	1687
Biskuit	9	5	82	441	1846
Kuchen i. D.	7	13	39	314	1314
Paniermehl	13	1	72	352	1473
Klare Suppen mit Einlagen	12	6	59	350[2])	1465[4])
Gebundene Suppen mit Getreideerzeugnissen	10	10	61	385[3])	1612[5])
Gebundene Suppen mit Hülsenfrüchten	19	11	52	395[4])	1653[6])

Nahrungsmittel 100 g enthalten:	Ei-weiß g	Fett g	Kohlen-hydrate g	Kalo-rien kcal	Joule kJ
Kartoffeln					
Kartoffeln mit Schalen	2	+	15	68	285
Kartoffeln ohne Schalen	2	+	19	85	356
Trockenkartoffeln	7	1	82	372	1557
Kartoffelknödelmehl	5	+	77	337	1411
Pommes frites (erhitzte)	4	8	34	220	921
Hülsenfrüchte					
Bohnen, weiße	21	2	57	349	1461
Erbsen, gelbe, geschält	22	1	59	359	1503
Linsen	24	1	56	354	1482
Sojamehl, vollfett (Sojaflocken)	37	21	26	469	1963
Süßwaren					
Zucker	.	.	100	394	1649
Bonbons i. D.	1	+	94	390	1633
Vollmilchschokolade	9	33	55	563	2357
Pralinen i. D.	5	16	70	457	1913
Kakaopulver, schwach entölt	20	25	38	472	1976
Bienenhonig i. D.	+	.	81	305	1277
Marmelade i. D.	+	.	66	261	1093
Bierhefe, getrocknet	48	1	36	344	1440
Gemüse					
Blumenkohl	2	+	2	17	71
Bohnen, grün (Schnittbohnen)	2	+	5	31	130
Chicorée	1	+	2	14	59
Endiviensalat	1	+	2	13	54
Erbsen, grün	3	+	6	37	155
Feldsalat (Rapunzel)	2	+	3	21	88
Grünkohl (Braunkohl)	2	1	3	23	96

Nahrungsmittel 100 g enthalten:	Eiweiß g	Fett g	Kohlenhydrate g	Kalorien kcal	Joule kJ
Gurken, ungeschält	+	+	1	7	29
Kohlrabi	1	+	3	18	75
Kohlrübe	1	+	6	29	121
Kopfsalat	1	+	1	10	42
Kürbis	1	+	4	20	84
Lauch	1	+	4	22	92
Meerrettich	2	+	8	40	167
Möhren (Karotten, Mohrrüben)	1	+	6	29	121
Paprikafrüchte, -schoten	1	+	4	22	92
Petersilie	3	+	6	37	155
Radieschen	1	1	2	20	84
Rettich	1	+	3	15	63
Rhabarber	0,5	+	3	14	59
Rosenkohl	4	1	6	42	176
Rote Beete	1	+	6	29	121
Rotkohl (Blaukraut)	1	+	4	21	88
Schwarzwurzeln	1	+	9	41	172
Sellerie	1	+	5	28	117
Sauerkraut	2	+	4	26	109
Schnittlauch	4	1	8	55	230
Spargel	1	+	2	15	63
Spinat	2	+	2	18	75
Tomaten	1	+	3	18	75
Weißkohl (Weißkraut)	1	+	3	19	80
Wirsingkohl	2	+	3	24	100
Zwiebeln	1	+	9	42	176
Gemüsekonserven i. D.	2	+	6	36	151
Erbsen, grün (Konserven)	4	+	11	66	276
Tomatenketchup	2	+	24	107	440
Tomatenmark	2	+	9	50	209
Champignons	3	+	3	22	92
Pfifferlinge (Rehling)	1	+	2	14	59
Steinpilze	2	+	4	27	113
Steinpilze, getrocknet	20	3	44	283	1185
Grüne Bohnen, getrocknet	21	1	56	328	1373
Karotten, getrocknet	7	2	68	328	1373
Kohl, getrocknet	14	2	69	355	1486
Zwiebeln, getrocknet	11	1	69	338	1415

Nahrungsmittel	Eiweiß	Fett	Kohlenhydrate	Kalorien	Joule
100 g enthalten:	g	g	g	kcal	kJ
Obst		Fruchtsäure			
Äpfel	0,3	1	12	50	209
Aprikosen	0,8	1	11	49	205
Birnen	0,5	+	13	55	230
Kirschen, süß	0,7	1	13	57	239
Pfirsiche	0,7	1	10	42	176
Pflaumen	0,7	1	12	50	209
Brombeeren	1,2	1	9	48	201
Erdbeeren	0,8	1	7	36	151
Hagebutten	2,3	2	14	66	276
Heidelbeeren	0,6	1	13	60	251
Himbeeren	1,3	1	8	40	167
Johannisbeeren, rot	1,1	4	8	37	155
Johannisbeeren, schwarz	1,0	3	10	46	193
Preiselbeeren	0,3	2	9	43	180
Stachelbeeren	0,8	.	9	43	180
Weintrauben	0,7	.	16	70	293
Ananas	0,3	.	7	30	126
Apfelsinen, Orangen	0,7	1	9	39	163
Bananen	0,8	+	14	61	255
Pampelmusen	0,5	4	7	23	96
Zitronen	0,5	3	5	18	75
Erdnüsse,		Fett			
geröstet und geschält	27	47	19	631	2641
Haselnüsse o. Sch.	14	62	13	690	2888
Mandeln o. Sch.	18	54	16	651	2725
Walnüsse o. Sch.	15	63	14	705	2951
Trockenobst		Fruchtsäure			
Trockenmischobst i. D.	2,7	+	64	276	1155
Äpfel	1,4	4	65	279	1168
Aprikosen	5,0	2	70	306	1281
Feigen	3,5	1	61	269	1126
Pflaumen	1,9	2	59	249	1042
Rosinen	2,3	1	64	271	1134
Obstkonserven i. D.	0,5	+	20	84	352
Apfelkompott	0,2	+	19	79	331

Nahrungsmittel	Eiweiß	Fett	Kohlenhydrate	Kalorien	Joule
100 g enthalten:	g	g	g	kcal	kJ
Obstsäfte					
Apfelsaft	+	1	12	46	193
Brombeersaft	.	2	8	35	147
Grapefruitsaft i. Dosen	1	.	10	30	126
Himbeersaft, gezuckert	+	1	69	286	1197
Holundersaft	2	1	8	38	159
Johannisbeersaft, rot	0,4	1	12	50	209
Johannisbeersaft, schwarz	0,4	1	13	55	230
Orangensaft	1	1	10	47	197
Sanddornbeerensaft	1	4	.	26	109
Traubensaft	+	+	18	74	310
Zitronensaft	+	6	8	24	100

Alkoholische Getränke	Eiweiß	Alkohol	Extrakt	Kohlenhydrate	Kalorien	Joule
Weißwein, deutsche Lage	.	7,6	2,3	0,1[5])	61	255
Rotwein, deutsche Lage	.	8,5	2,6	0,1[5])	69	289
Vollbier, hell	0,5	3,8	4,5	[6])	47	197
Vollbier, dunkel	0,4	2,4	3,5	[6])	33	138
Malzbier, Malztrunk	0,6	1,1	10,4	[6])	52	218
Trinkbranntwein	·	26,4	·	·	185	774
Weinbrand i. D.	·	31,4	·	·	220	921
Eierlikör	3,8	13,4	7,4[7])	[6])	169	707

1) einschließlich des Nährwertes der eingewachsenen auskochbaren Knochen
2) Je Teller (250 ccm) 18 g Substanz = 60 kcal
3) Je Teller etwa 20 g Substanz = 75–80 kcal
4) Je Teller etwa 22 g Substanz = 85–90 kcal
5) Zuckerfreier Extrakt
6) Kohlenhydrate sind im Extrakt enthalten
7) Fett

INHALTS-VERZEICHNIS

Verzeichnis der Farbtafeln

Seite

1000 g
5 g
capacity 34 oz
not legal for trade